Thomas Mann Jahrbuch Band 26

THOMAS MANN
Jahrbuch

Band 26 2013

Begründet von
Eckhard Heftrich und Hans Wysling

Herausgegeben von
Katrin Bedenig, Thomas Sprecher und Hans Wißkirchen

KLOSTERMANN

Herausgegeben in Verbindung mit der Deutschen Thomas Mann-Gesellschaft,
Sitz Lübeck e.V. und der Thomas Mann Gesellschaft Zürich

Redaktion und Register: Silke Schulenburg

© Vittorio Klostermann GmbH Frankfurt am Main 2013

Gedruckt auf alterungsbeständigem Papier ⊗ ISO 9706
Satz: post scriptum, www.post-scriptum.biz
Druck: Hubert & Co., Göttingen
Printed in Germany
ISSN 0935-6983
ISBN 978-3-465-03774-3

Inhalt

Vorwort

Vier Themenblöcke sind es, die das vorliegende Jahrbuch strukturieren. Da findet sich als erster und gewichtigster das Thema »Thomas Mann und die bildende Kunst«, dem sich die Deutsche Thomas Mann-Gesellschaft als Projekt schon seit März 2011 widmet. Damals fand in Pisa unter dem Titel »Thomas Mann und die Künste – Thomas Mann e le arti« eine internationale Tagung statt, die mit einer von der Vizepräsidentin der Deutschen Thomas Mann-Gesellschaft, Frau Prof. Dr. Elisabeth Galvan, verantworteten Sektion über Thomas Mann und die bildende Kunst das Thema erstmals im Rahmen eines wissenschaftlichen Kolloquiums aufgriff.

Fortgesetzt wurden diese Bemühungen auf der Jahrestagung 2012 in Lübeck, die diese Vermessung eines bisher weitgehend unbekannten Raumes ausweitete. Zu seinem vorläufigen Ende kommt das Projekt mit einer Ausstellung, die das Lübecker Buddenbrookhaus zusammen mit dem Museum Behnhaus Drägerhaus vom September 2014 bis Januar 2015 durchführen wird. An dieser Ausstellung wird sich die Deutsche Thomas Mann-Gesellschaft ebenfalls beteiligen und die wissenschaftlichen Ergebnisse beider Tagungen werden in die Konzeption der Ausstellung einfließen. In diesem Jahrbuch finden sich die auf der Jahrestagung zum obigen Thema gehaltenen Vorträge abgedruckt. Außerdem haben sich die Herausgeber dazu entschieden, den auf dem Workshop der Jungen Thomas Mann-Forscher gehaltenen Vortrag von Tim Sparenberg abzudrucken, da dieser unserer Zielsetzung Rechnung trägt, künftig einer kulturwissenschaftlich orientierten Germanistik mehr Raum im Jahrbuch zu geben.

Den zweiten Themenblock konstituieren die beiden Vorträge, die auf der Jahrestagung 2012 der Thomas Mann Gesellschaft Zürich gehalten wurden. Die Tagung widmete sich anlässlich des 50. Todestages Hermann Hesses den vielfältigen Verbindungen in Leben und Werk von Thomas Mann und seinem Schriftstellerkollegen.

Im dritten Themenblock »Abhandlungen« beschäftigen sich zwei Forschungsbeiträge mit den Romanen *Buddenbrooks* und *Der Zauberberg*.

Der vierte Themenblock bringt zwei aktuelle Berichte aus der Forschung: Karolina Kühn berichtet über ein Fundstück, das im Rahmen der Ausstellung zu Elisabeth Mann Borgese im Buddenbrookhaus nun neu bestimmt werden kann, und Hermann Kurzke dokumentiert neue Quellenfunde zu den *Betrach-*

tungen eines Unpolitischen, die in der aktuellen Ausgabe der GKFA nicht mehr berücksichtigt werden konnten.

Den Anhang bildet wie immer die Auswahlbibliographie, diesmal aus dem Zeitraum 2011–2012, sowie die Mitteilungen der Deutschen Thomas Mann-Gesellschaft und der Thomas Mann Gesellschaft Zürich.

Auf zwei Dinge sei abschließend besonders verwiesen. Zum einen wird Prof. Dr. Ruprecht Wimmer mit dieser Ausgabe nicht mehr als Mitherausgeber des Thomas Mann Jahrbuchs tätig sein. Er hat dieses Amt seit 2001, also für insgesamt elf Jahrbücher, innegehabt. Im Namen der Deutschen und der Schweizer Thomas Mann-Gesellschaft sagen wir ihm unseren herzlichsten Dank für die Arbeit des vergangenen Jahrzehnts. Erstmals im Gremium der Herausgeber ist die neue Leiterin des Thomas-Mann-Archivs der ETH-Bibliothek Zürich, Frau Dr. Katrin Bedenig.

Zum zweiten präsentiert sich das Thomas Mann Jahrbuch in einem neuen Layout. Uns schien dies nach 25 Jahren an der Zeit, wobei es den Herausgebern und dem Vittorio Klostermann Verlag ein Anliegen war, keinen radikalen Schnitt zu machen, sondern das Neue in einer Kontinuität zum guten Alten zu sehen.

Die Herausgeber

Dieter Bartetzko

Sich eine Form geben

Thomas Mann und die Architektur

Lübeck: Ich würde einiges darauf wetten, dass sehr viele von Ihnen, als sie sich für die Teilnahme an dieser Tagung entschieden, das auch taten, weil sie die Gelegenheit sahen, während einer Pause durch die Stadt Thomas Manns schlendern zu können. Mag die UNESCO, als sie ihr den Titel Weltkulturerbe verlieh, sich an Backsteingotik und Hansestil orientiert haben, mögen Kunsthistoriker von den Kunstschätzen der hiesigen Museen schwärmen und der Kulturtourismus von der Trutzgotik des Holstentors und der Süße des Marzipans – die Leser des *Tonio Kröger* und der *Buddenbrooks* kennen die Stadt an der Trave als das Stein gewordene Abbild eines maßvoll liberalen, in Maßen weltläufigen und über alle Maßen selbstbeherrschten Bürgertums, dessen Lebensstil uns noch heute Vorbild und Warnung zugleich ist.

Dank der *Buddenbrooks,* des *Kleinen Herrn Friedemann* und des verträumten *Tonio Kröger* ist uns jedes historische Gebäude Lübecks vertraut und kennen wir das Stammhaus der Familie Mann bis in den letzten Winkel. Und das so sehr, dass uns mitunter Heimweh überkommt, wenn der letzte Lübeckbesuch zu lange zurückliegt. Warum das so ist, ist in den letzten Zeilen des ersten Teils der *Buddenbrooks* verschlüsselt. Sie beschreiben mit der beginnenden Nachtruhe im Hause Mengstraße ein Gefühl, das jedermann aus der eigenen Kindheit bekannt ist und nach dem man sich zeitlebens zurücksehnt:

Das letzte Flämmchen verlosch unter dem Metallhütchen. [...] Der Konsul stieg die Treppe hinauf in seine Wohnung, und der Alte tastete sich am Geländer ins Zwischengeschoß hinunter. Dann lag das weite alte Haus wohlverschlossen in Dunkelheit und Schweigen. Stolz, Hoffnungen und Befürchtungen ruhten, während draußen in den stillen Straßen der Regen rieselte und der Herbstwind um Giebel und Ecken pfiff. (1.1, 54)

Was da in Dunkelheit und Schweigen versinkt, hat der Leser zuvor ausführlich in Augenschein genommen. Thomas Mann hat ihn gleich zu Beginn in das »Landschaftszimmer« (1.1, 12) geführt, dann in den Speisesaal – »[a]us dem himmelblauen Hintergrund der Tapeten traten zwischen schlanken Säulen weiße Götterbilder fast plastisch hervor. Die schweren roten Fenstervorhänge waren geschlossen [...].« (1.1, 23) Und in einem weiteren Kapitel hat er den Konsul die zum Einweihungsessen versammelten Freunde der Familie durch das weitläufige Anwesen führen lassen.

Wer sich einmal mit der Kunst- und Baugeschichte des Bürgerhauses der ostseeischen Hansestädte beschäftigt hat, wird erkennen, dass der Schriftsteller dabei eine bestechend präzise Baubeschreibung sowohl des Grundtypus dieser Bauten als auch ihrer spezifischen spätbarocken und klassizistischen Ausprägung liefert. Doch seine Schilderung ist selbstverständlich alles andere als wissenschaftlich nüchtern: Das Haus samt seinen Räumen ist, wie bei allen Architekturbeschreibungen Thomas Manns, in erster Linie Stimmungsträger, wird im Sinne des Kulturwissenschaftlers Aby Warburg zur Pathosformel, die im Gedächtnis des Lesers als Chiffre des Wesens und des Schicksals der handelnden Personen haften bleibt. Als »Gefühlswert«[1] (Alois Riegl) historischer Bauten ist diese Eigenschaft seit der vorigen Jahrhundertwende in der Denkmalpflege und seit einiger Zeit als »Anmutungsqualität« in der Gegenwartsarchitektur ein fester Begriff.

Thomas Mann verwendete virtuos, was die Wissenschaft akribisch mühsam in Formeln zu fassen suchte. Ein Beispiel:

›Wann ist das Haus noch gebaut worden?‹ fragte Herr Hoffstede schräg über den Tisch hinüber den alten Buddenbrook, der sich in jovialem und etwas spöttischem Tone mit Madame Köppen unterhielt.
›Anno … warte mal … Um 1680, wenn ich nicht irre. Mein Sohn weiß übrigens besser mit solchen Daten Bescheid …‹
›Zweiundachtzig‹, bestätigte, sich vorbeugend, der Konsul […]. ›1682, im Winter, ist es fertig geworden. Mit Ratenkamp & Komp. fing es damals an, aufs Glänzendste bergauf zu gehen … Traurig, dieses Sinken der Firma in den letzten zwanzig Jahren …‹ (1.1, 24)

Diese Passage, in der das ehrwürdige Alter des Hauses und der Niedergang seiner vorherigen Bewohner in einem Atemzug genannt werden, ist die erste, in der das Generalthema anklingt, von dem der Untertitel der *Buddenbrooks* spricht: der »Verfall einer Familie«.

Wäre Ende des 19. Jahrhunderts das Buddenbrookhaus, will sagen: das Stammhaus der Familie Mann, nicht tatsächlich durch den Abriss seiner hinteren Flügelbauten verstümmelt worden, Thomas Mann hätte ihn erfinden müssen. Denn diese architektonische Amputation bei gleichzeitiger Inbesitznahme des Vorderhauses durch den Emporkömmling Hagenström ist die sichtbare Folge des Niedergangs der Buddenbrooks und Vorwegnahme ihres finalen Sturzes, der in Thomas Buddenbrooks entwürdigendem Schlaganfall gipfelt, der ihn mitten in der Fischergrube »vornüber auf das nasse Pflaster« (1.1, 749) schleudert.

---

[1] Alois Riegl: Neue Strömungen in der Denkmalpflege, in: Kunstwerk oder Denkmal? Alois Riegls Schriften zur Denkmalpflege, hrsg. von Ernst Bacher, Wien u. a.: Böhlau 1995, S. 224.

In den Zeilen vom Tod des Senators führt diskretes Entsetzen die Feder; bei den Sätzen über den Teilabriss des Buddenbrookhauses dagegen herrscht eine solch spöttische Lakonik, dass man sie heute jedem abrissfreudigen Stadtplaner, Baudezernenten und Investor (auch und gerade in Lübeck) ins Stammbuch schreiben möchte:

Kaum aber stand das Haus in der Mengstraße leer, als auch schon eine Schar von Arbeitern am Platze erschien, die das Rückgebäude abzubrechen begannen, daß der alte Mörtelstaub die Luft verfinsterte ... Das Grundstück war nun endlich in den Besitz Konsul Hagenströms übergegangen. Er [...] begann nun, sein Eigentum in der ingeniösen Art zu verwerten, die man seit langer Zeit an ihm bewunderte. Schon im Frühjahr bezog er mit seiner Familie das Vorderhaus, indem er dort nach Möglichkeit Alles beim Alten beließ [...]. Schon aber war das Rückgebäude vom Boden verschwunden, und an seiner Statt stieg ein neues empor, ein schmucker und luftiger Bau, dessen Front der Bäckergrube zugekehrt war und der für Magazine und Läden hohe und weite Räume bot.
[...] hie und da führte ihr [Frau Permaneders] Weg sie notwendig an den rasch aufs Vorteilhafteste vermieteten Läden und Schaufenstern des Rückgebäudes oder der ehrwürdigen Giebelfaçade andererseits vorüber, wo nun unter dem ›Dominus providebit‹ der Name Konsul Hermann Hagenströms zu lesen war. Dann aber begann Frau Permaneder-Buddenbrook auf offener Straße und angesichts noch so vieler Menschen einfach laut zu weinen. (1.1, 670)

Die Tränen, denen auch unsereins gelegentlich freien Lauf lassen möchte, wenn in unseren Städten wieder einmal Raum für Läden geschaffen wird, die sich aufs Vorteilhafteste vermieten lassen, die hemmungslose laute Trauer also hat der Schriftsteller an Tony Buddenbrook delegiert – die einzige seiner Hauptfiguren, der ein gewisses Maß an Spontaneität gestattet ist. Aber es bleibt kein Zweifel, dass er, wie sie, mit geradezu leidenschaftlicher Liebe das Buddenbrookhaus beschrieben respektive von Zeit zu Zeit als Kind bewohnt und seinen Verlust tief bedauert hat.
Wie aber ist es um Thomas Manns Verhältnis zur seinerzeit aktuellen Architektur bestellt? Nahm er, als er 1896 die *Buddenbrooks* niederzuschreiben begann, Notiz von den hitzigen Architekturdebatten, dem Streit zwischen Historismus und Jugendstil, Heimatschutz und anderen Reformbestrebungen? Davon ist in den damaligen Zeitschriften-Artikeln und Aufsätzen Thomas Manns nichts zu lesen. Doch in der aus distanzierter Bewunderung und kaum merklicher Abschätzigkeit gemischten Beschreibung des neuen Hauses, das sich Thomas Buddenbrook bauen lässt, nimmt er indirekt Stellung zum Historismus, der 1901, im Erscheinungsjahr der *Buddenbrooks,* bereits heftig umstritten war:

Herr Voigt übernahm den Bau, und bald schon konnte man Donnerstags im Familienkreise seinen sauberen Riß enrollen und die Fassade im voraus schauen: ein prächtiger

Abb. 1: Das »Buddenbrookhaus«: Haus der Großeltern Thomas Manns
in der Mengstraße in Lübeck, 1910
© Heinrich-und-Thomas-Mann-Zentrum Lübeck

Rohbau mit Sandstein-Karyatiden, die den Erker trugen, und einem flachen Dache
[...].
Der Herbst kam, graues Gemäuer stürzte zu Schutt zusammen, und über geräumi-
gen Kellern erwuchs [...] Thomas Buddenbrooks neues Haus. Kein Gesprächsstoff
in der Stadt, der anziehender gewesen wäre! Es wurde tip-top, es wurde das schönste
Wohnhaus weit und breit! Gab es etwa in Hamburg schönere? ... Mußte aber auch
verzweifelt teuer sein, und der alte Konsul hätte solche Sprünge sicherlich nicht gemacht ... (1.1, 466f.)

Tony Buddenbrook ist es, die unwissentlich die Wahrheit über diesen Protzbau
ausspricht:

... sie schritt [...] am Comptoireingang vorbei, ein wenig nach rechts, dorthin, wo
über ihr das kolossale Treppenhaus sich aufthat, dieses Treppenhaus, das im ersten
Stockwerk von der Fortsetzung des gußeisernen Treppengeländers gebildet ward, in
der Höhe der zweiten Etage aber zu einer weiten Säulengalerie in Weiß und Gold
wurde, während von der schwindelnden Höhe des ›einfallenden Lichtes‹ ein mächtiger,
goldblanker Lustre herniederschwebte ... ›Vornehm!‹ sagte Frau Permaneder leise und
befriedigt, indem sie in diese offene und helle Pracht hineinblickte, die ihr ganz einfach
die Macht, den Glanz und Triumph der Buddenbrooks bedeutete. (1.1, 469)

»Vornehm« sagt Tony Buddenbrook vom neuen historistischen Palast ihres
Bruders und dem Leser ist klar, dass damit das Parvenuehafte, das Hagen-
strömsche hohle Protzentum gemeint ist – und dass die Buddenbrooks in dem
unbewussten verzweifelten Versuch, mit diesem skrupellosen Aufsteigertum
Schritt zu halten, ihre wahre Vornehmheit verloren haben.
    Nicht so der Schriftsteller. Als der abgebrochene Obersekundaner, in Lü-
becks Augen ein Versager, 1896 nach München in die Achtzimmerwohnung
in der Schwabinger Rambergstraße zu seiner Mutter und seinen Geschwistern
zog, nahm er, bei aller Sympathie für die Stadt, dennoch sehr aufmerksam
und indigniert deren Hang zur historischen Architekturmaskerade wahr.
Beginnen konnte er damit in seiner unmittelbaren Umgebung. Die mütterliche Erdgeschosswohnung schwelgte, wie das Mietshaus auch, im üppigsten
Makartstil. »Im Eßzimmer schaute ein Kastell auf mich herunter, das ›Büfett‹
hieß, und die Löwenpranken, die den Tisch trugen, waren so gigantisch, daß
jede für sich ein Raubtier sein konnte«,[2] schrieb Thomas Manns Bruder Viktor in seinen Lebenserinnerungen. Literarischen Niederschlag fand Thomas
Manns distanziertes Verhältnis zum historischen Bau- und Lebensstil 1902
in den berühmten einleitenden Passagen der Novelle *Gladius Dei*. Auf das so

[2] Viktor Mann: Wir waren fünf. Bildnis der Familie Mann, Frankfurt/Main: S. Fischer 1998,
S. 35.

häufig zitierte »München leuchtete« nämlich folgen untergründig ironische Beschreibungen wie diese:

Vor der Akademie der bildenden Künste, die ihre weißen Arme zwischen der Tür-kenstraße und dem Siegesthor ausbreitet, hält eine Hofkarosse. Und auf der Höhe der Rampe stehen, sitzen und lagern in farbigen Gruppen die Modelle, pittoreske Greise, Kinder und Frauen in der Tracht der Albaner Berge. [...]
Überall sind die kleinen Skulptur-, Rahmen- und Antiquitätenhandlungen verstreut, aus deren Schaufenstern dir die Büsten der florentinischen Quattrocentro-Frauen voll einer edlen Pikanterie entgegenschauen. Und der Besitzer des kleinsten und billigsten dieser Läden spricht dir von Donatello und Mino da Fiesole, als habe er das Verviel-fältigungsrecht von ihnen persönlich empfangen. (2.1, 222 f.)

Auch die exzentrischen Versuche der neuen Architektur registriert Thomas Mann:

Manchmal tritt ein Kunstbau aus der Reihe der bürgerlichen hervor, das Werk eines phantasievollen jungen Architekten, breit und flachbogig, mit bizarrer Ornamentik [...]. Und plötzlich ist irgendwo die Thür an einer allzu langweiligen Fassade von einer kecken Improvisation umrahmt, von fließenden Linien und sonnigen Farben [...]. (2.1, 223)

Der damalige gebildete Leser wird in diesen Andeutungen sofort das seinerzeit berühmt-berüchtigte, 1899 erbaute *Atelier Elvira* von August Endell erkannt haben, einen Pionierbau des Jugendstils in Deutschland.

Halten sich in Manns flüchtiger Skizze des Ateliers noch Wohlwollen und Mokanz die Waage, so zeigt sich nach der Heirat mit Katia Pringsheim, die sich übrigens mehrmals im *Atelier Elvira* hatte fotografieren lassen, eine gewisse Sympathie für die Reformbestrebungen dieses neuen Bau- und Dekorations-stils: Wann immer Neuanschaffungen für die Wohnung des jungen Paares in der Franz-Joseph-Straße 2, die der Schwiegervater 1905 besorgt und mit erle-senen Antiquitäten eingerichtet hatte, getätigt wurden, so waren es Stücke des Jugendstils oder des ebenfalls als reformistisch angesehenen Neobiedermeier, die das junge Paar bevorzugte. Und wenn Katia Mann mit ihren in rascher Folge geborenen ersten Kindern für Fotografen posierte, so waren sie und die Kleinen in bestickte, lose fallende Gewänder des sogenannten Reformstils gekleidet.

Folgerichtig wandte sich Thomas Mann in jenen Jahren endgültig von der Architektur des Historismus ab. Auch persönliche Gründe, sprich: die unter-schwellige Antipathie gegen die immens reichen, ihm gegenüber oft ein wenig herablassenden Schwiegereltern, dürften eine Rolle gespielt haben, als er 1906 in seiner Novelle *Wälsungenblut* ein giftig verächtliches Abbild der schäumen-den Neorenaissance ihres stadtbekannten *Palais Pringsheim* in der Münch-

Abb. 2: Das »Herrensitzchen«: Landhaus der Familie Mann in Bad Tölz
© Thomas-Mann-Archiv der ETH-Bibliothek Zürich

ner Arcisstraße zeichnete. Alfred Pringsheims blendende Kunstkennerschaft und die geschmackvolle Einrichtung des Palais mit Originalen der Renaissance unterschlagend, führt er den Bau und dessen Interieurs als Inbegriff neureichen Protzentums und hohler Prunksucht vor. Selbst als er 1930 seinen *Lebensabriß* niederschrieb, konnte er seine Abneigung gegen den prunkenden Pringsheimschen Historismus nicht ganz verbergen: »Das im Geiste kaufmännischer Kultureleganz Vertraute fand ich hier ins Prunkhaft-Künstlerische und Literarische mondänisiert und vergeistigt.« (XI, 117)

Dass Thomas Mann auch architektonisch seinen eigenen Weg und ein festes Urteil gefunden hatte, zeigte sich 1908, als er, nun arriviert, sein Landhaus in Bad Tölz bauen ließ, das man auf Anhieb der gemäßigten Moderne eines Paul Schmitthenner oder Heinrich Tessenow zurechnen kann, die damals mit einer Mischung aus Neobiedermeier, Regionalstilen und forcierter Sachlichkeit Furore machten. Doch diese bauhistorischen Kategorien sind in unserem Zusammenhang zweitrangig. In erster Linie nämlich ist das Tölzer Haus, wie alle folgenden Häuser des Schriftstellers, sozusagen Mann'sche Papierarchitektur in dreidimensionaler Gestalt. Will sagen: Die Kunst Thomas Manns, Bauten und Interieurs auf suggestive Charakteristika und verdichtet Atmosphärisches zu reduzieren, wurde in den Häusern, die er sich und den Seinen bauen ließ, bauliche Gestalt und Wirklichkeit.

So mutet denn das von der Familie innig geliebte Tölzer Landhaus, entworfen von dem Münchner Architekten Hugo Roeckl, auf den ersten Blick folkloristisch an, ist ein gemäß den Regeln des neuen Heimatschutzstils vereinfachtes Abbild oberbayerischer Bauernhäuser mit Walmdach und holzverkleidetem Obergeschoss. Doch damit allein wollte sich der selbstbewusste Nachfahre »kaufmännischer Kultureleganz« nicht begnügen. Roeckl musste ihm an drei Seiten Erker und zum Garten hin einen von Rundbögen überspannten, durchlaufenden Altan samt krönender Balkonterrasse bauen. Damit wurde aus dem Feriendomizil jenes »Herrensitzchen« (21.1, 422), als das Thomas Mann es beschrieb. Tölz entstand also als Bedeutungsträger jenes Bürgertums, das Thomas Mann zur Grundlage seines, wie er es nannte, literarisch-repräsentativen Lebens machte. Wie sich selbst sollte er fortan auch seinen Häusern eine *Form* geben.

Im Arbeitszimmer des Tölzer Hauses verfasste Thomas Mann die ersten Kapitel des *Felix Krull*, in dem er en passant noch einmal mit der charmanten Hohlheit des Historismus abrechnete, begann den *Zauberberg*, in dem die Architektur des Davoser Sanatoriums zum Seelenspiegel wird, und schrieb den *Tod in Venedig*, in dem die Luxushotels des Lido als morbide Stimmungsträger fungieren.

»War es münchnerisch, war es lübeckisch? Weder das eine noch das andere, fanden die Besucher. Es war auch durchaus nicht ›künstlerisch‹. Es war bürgerlich-herrschaftlich.«[3] Mit diesen Worten kennzeichnet Thomas Manns Biograph Peter de Mendelssohn jenen Wohnsitz Thomas Manns, der bis heute sein berühmtester ist: Das am 5. Januar 1914 fertig gestellte Haus in der Poschingerstraße Nr.1 in München.

In erster Linie, um auf Peter de Mendelssohns Fragen zurückzukommen, war Thomas Manns Haus eines, das sich stilistisch auf der Höhe der Zeit befand. Ein klassischer Kubus an der Grenze zur Monumentalität: die eine Schaufront mit einem halbrunden zweigeschossigen Ausbau, dem sogenannten Rondell, die andere von einem polygonen zweistöckigen Erker verziert. Damit und mit den großen, behäbigen und halbrund abschließenden Gauben im mächtigen umlaufenden Mansarddach, war dieses Anwesen ein Musterexemplar des zeitgenössischen Villenbaus, wie ihn Hermann Muthesius, Peter Behrens, Theodor Fischer und selbst der junge Mies van der Rohe in den Nobelvierteln von Hamburg bis Berlin, Frankfurt bis München, Leipzig bis Köln praktizierten. Und der war, ideal für Thomas Mann, ein sozusagen impressionistischer Reduktionsstil: suggestiv, trotz aller Dezenz bedeutungsschwer und von geradezu einschüchternder Würde.

---

[3] Peter de Mendelssohn: Der Zauberer. Das Leben des deutschen Schriftstellers Thomas Mann. In drei Bänden, Bd. 2: 1905 bis 1918, überarbeitet und mit Zitatnachweisen versehen von Cristina Klostermann. Frankfurt/Main: S. Fischer 1996, S. 1550.

Abb. 3: Die »Poschi«: Villa der Familie Mann in der Poschingerstraße 1 in München
© Thomas-Mann-Archiv der ETH-Bibliothek Zürich

Vorbilder dieser Villen war die Frühzeit des Klassizismus, insbesondere die Landhausentwürfe von David und Friedrich Gilly sowie Karl Friedrich Schinkel. Damit sind wir unversehens wieder an der Trave. Denn Lübecks elegant diskreten Sommervillen »vor dem Tore« eifern durchweg dem Stil der Gillys nach. So spannt sich im Haus Poschingerstraße der Bogen zwischen dem Frühklassizismus von 1800 und dem Neoklassizismus der Jahre nach 1900, der seinerseits in die Moderne übergleiten sollte.

Selbstverständlich sorgte der Bau- und Hausherr Thomas Mann auch für ein herrschaftliches Architektur-Detail in der Poschingerstraße. Schließlich war er es, der dem hellsichtigen Studenten Morten Schwarzkopf in einem Gespräch mit Tony Buddenbrook die Worte in den Mund gelegt hatte: »Sie haben Sympathie für die Adligen ... soll ich Ihnen sagen warum? Weil Sie selbst eine Adlige sind! [...] Ein Abgrund trennt Sie von uns Andern, die wir nicht zu Ihrem Kreise von herrschenden Familien gehören.« (1.1, 151) Und so, wie besagte Tony mit ihrer Neigung zum Vornehmen später üppigste Atlasschleifen auch um die kleinsten Geschenke schlang, ließ der Schriftsteller an der straßenseitigen Front seines Hauses zwei Säulen den Eingang rahmen, über denen sich auf einem verkröpften Architrav ein halbrunder Bogen wölbte – schönstes, anachronistisches Münchner Neobarock.

Abb. 4: Thomas Manns Residenz in Kalifornien: San Remo Drive 1150,
Pacific Palisades
© Thomas-Mann-Archiv der ETH-Bibliothek Zürich

»Auf den ersten Blick nimmt sich das alte Ding gar nicht so übel aus. Der
reine Bluff! – wie ich bei näherm Hinschauen alsbald konstatieren mußte. Das
Gerüst hat standgehalten, aber nur als Attrappe und hohle Form. Drinnen ist
alles wüst und ausgebrannt, wie in Hitlers ›Berghof‹.«[4] So beschrieb Klaus
Mann im Mai 1945 seinem Vater in einem Brief den Zustand des Hauses in der
Poschingerstraße. Der Schriftsteller empfing das Schreiben in seinem Haus in
Pacific Palisades, das er sich 1942 am dortigen San Remo Drive hatte bauen
lassen.

Der Unterschied dieses in einem legeren, sozusagen antidogmatisch locker
gruppierten Bauhausstil errichteten Wohnsitzes zur dezent pompösen Poschingerstraße scheint größer kaum denkbar. Und doch sind beide Häuser
Kinder eines Geistes: Schon mit der Wahl des Architekten Julius Ralph Davidson knüpfte der Schriftsteller an die vertraute, auf Repräsentanz bedachte
kaufmännische Kulturleganz an. Der aus einer jüdischen Berliner Familie
stammende Davidson nämlich hatte sein Handwerk bei der Ausstattung von
Luxusschiffen gelernt. 1923 nach Los Angeles übersiedelt, arbeitete er als Film-

---

[4] Brief Klaus Manns an Thomas Mann vom 16. 5. 1945 aus dem US Press Camp, Rosenheim
(Bayern), in: Klaus Mann: Wendepunkt, Reinbek bei Hamburg: Rowohlt 1999, S. 670.

architekt für Cecil B. DeMille, der bekannt war für seinen Hang zu pompö-
sem, stimmungsträchtigem Design. Für die Manns arbeitete Davidson gemeinsam mit dem Innenarchitekten Paul Huldschinsky. Dieser, 1939 aus Berlin
emigriert, stattete Villen in Los Angeles aus, fiel so Theater- und Filmprodu-
zenten auf, arbeitete schließlich überwiegend in diesem Bereich und erhielt
1945 einen Oscar für die Ausstattung von George Cukors Film *Das Haus der
Lady Alquist*.

Für die Mann'sche Villa am San Remo Drive schufen Davidson und Huldschinsky Interieurs, die gediegene Leichtigkeit ausstrahlten: Wandschränke,
Sitz- und Arbeitsnischen, vor allem aber ineinander gleitende, lichtdurchflutete
Zimmer, zu deren strahlender Helle das eher wuchtige, mühsam aus Deutschland hierher geschaffte Mobiliar der Familie eindrucksvoll, bisweilen auch ein
wenig bizarr kontrastierte.

In diesem Haus vollendete Thomas Mann die *Joseph*-Tetralogie. Er nannte es
den idealen Ort dafür. Zweifellos wird der Dichter dabei das milde, zuweilen
auch sengende Klima Kaliforniens im Sinn gehabt haben, die Üppigkeit seines Gartens, die ihm Anregung für die Parks seiner altägyptischen Villen und
Paläste lieferte. Doch liest man in *Joseph und seine Brüder* von den flutenden
Räumen der Residenz des Echnaton, von der Freizügigkeit, mit der sie sich dem
strahlenden Licht des neuen Sonnengottes Atons öffnen, der Zwanglosigkeit,
mit der sie mittels Terrassen und Rampen in Gärten übergehen, wo gemauerte
niedrige Bänke an schattigen Plätzen warten, so könnte man meinen, Thomas Mann beschriebe die Moderne seines Hauses am San Remo Drive. Und
so scheint denn auch der raffinierte Kontrast, den der Schriftsteller in den
Joseph-Romanen zwischen den schwebeleichten Räumen und der pompösen
Wucht des Thronsessels von Echnaton in Worte fasst, sein Echo in der begeis-
terten Beschreibung zu finden, mit der Thomas Mann sein Arbeitszimmer
in Pacific Palisades in einem Brief an seine Tochter Erika feiert: »Die Bibliothek nimmt sich unvergleichlich besser darin aus, als in Princeton, und bei der
strahlenden Doppel-Aussicht durch die Venetian blinds, sollte der Joseph mir
eigentlich von der Hand gehen […].« (Br II, 242)

Zugespitzt formuliert: Thomas Manns Haus in Pacific Palisades ist der ge-
baute Sonnenkult des Pharaos Echnaton. In ihm vereinigen sich das Beste
altägyptischer Wohnbauten und die Luxusvariante der Bauhausmoderne. Damit kehrten der Schriftsteller und seine beiden Architekten unbewusst das
rassistische Verdikt des Architekten Paul Bonatz, das in Nazideutschland zum
geflügelten Wort geworden war, in sein Gegenteil: Bonatz hatte die Bauhaus-
würfel der Stuttgarter Weißenhofsiedlung 1929 als Vorstadtsiedlung Jerusa-
lems diffamiert, Thomas Mann adelte den Stil zum Erbe einer auch im Alten
Orient wurzelnden abendländischen respektive deutschen Kultur. Dass er seiner kalifornischen Wohnstatt mit einem flach geneigten Walm- anstelle des

Abb. 5: Das letzte Domizil: Thomas Manns Villa in der Alten Landstraße 39 in Kilchberg bei Zürich
© Thomas-Mann-Archiv der ETH-Bibliothek Zürich

Flachdachs sozusagen das lübisch-kaufmännische Siegel aufdrückte, versteht sich vor diesem Hintergrund fast von selbst.

»Wo ich bin, ist Deutschland«:[5] Thomas Manns herrisches, wunderbares Wort, das ebenso auf alle seine Häuser zutrifft, gilt auch für seinen letzten Wohnsitz, das Haus in Kilchberg bei Zürich. »Unser 5. Haus, dieses nicht selbst gebaut. Besitzergefühl doch angenehm. Möge Segen ruhen auf dem Lebensschritt!« (Tb, 2. 2. 1954), so notiert der Schriftsteller, unwissentlich anspielend auf das »Dominus providebit« des Buddenbrookhauses, 1954 in seinem Tagebuch.

Betrachtet man dieses letzte Domizil, wiederholt sich, was schon beim Tölzer Landhaus, seinem ersten Besitz, zu beobachten war. Denn man glaubt zu-

---

[5] So Thomas Manns vielzitierter Ausspruch bei seiner Ankunft in New York am 21. Februar 1938 auf die Frage eines Reporters der New York Times, ob er das Exil als eine schwierige Last empfinde. Das Interview wurde am 22. Februar 1938 in der New York Times veröffentlicht: »He was asked whether he found his exile a difficult burden. ›It is hard to bear‹, he admitted, ›but what makes it easier is the realization of the poisoned atmosphere in Germany. That makes it easier because it's actually no loss. Where I am, there is Germany. I carry my German culture in me. *I have contact with the world and I do not consider myself fallen.*‹«

nächst ein unverwechselbar schweizerisches Einfamilienhaus zu sehen, breit
gelagert, mit Knickwalmdach und den charakteristischen türkisgrünen Fens-
terläden und Traufen des Schweizer Landstrichs; eine schweizerische Variante
also des Heimatschutzstils. Dann aber, wie beim Tölzer Haus und später dem
in der Poschingerstraße, heben sich Charakteristika jener herrschaftlichen
Bürgerlichkeit ab, der Thomas Mann zeitlebens verhaftet geblieben ist: Die
Mitte der Straßenfassade markiert ein geschoßübergreifendes Fenster, letzter
Abglanz sozusagen des Rondells in der Poschingerstraße und des Mittelrisalits
in der Mengstraße. Und an der Gartenseite wölbt sich, wie in München, zwei-
geschossig ein nobler mittiger Erker nach vorn.

Kilchberg also war architektonisch die Rückkehr zu den Ursprüngen. Es
mutet seltsam an, dass derselbe Mann, der in jungen Jahren so faszinierend
von den roten Vorhängen im Esszimmer des Buddenbrookhauses geschrieben
hatte, als Greis in seinem Tagebuch die Vollendung seiner letzten Wohnstatt
1954 mit folgenden Sätzen festhielt: »Fortschritte in der Dekoration des Hauses.
Rote Vorhänge im Esszimmer. Vorhänge in der Halle und in meinem Schlafzimmer.« (Tb, 1. 5. 1954); »Die Diele dekoriert mit der chinesischen Stickerei.«
(Tb, 2. 5. 1954); »Das Haus wird sehr hübsch und würdig.« (Tb, 3. 5. 1954)

Würdig – das waren alle Häuser Thomas Manns. Und als Schriftsteller wür-
digte er die Architektur, indem er sie wie kaum ein zweiter als Spiegel derer
erkannte und darstellte, die sie bauen und in ihr leben. Was Wunder also, dass
der Bankier Alexander Dibelius sich 2005 von seinem Cousin Thomas das
Mann'sche Haus in der Poschingerstraße auf dem historischen Erdgeschoss,
das 1951 zu einem Bungalow umgewandelt worden war, rekonstruieren ließ.
Er dürfte unter demselben Heimweh gelitten haben, das ich eingangs als unser
aller Heimweh nach dem Buddenbrookhaus erwähnt habe. Es ist die Sehnsucht
nach jener Würde, in der Architektur und Mensch einander finden, erkennen
und bestätigen.

Iris Wenderholm

»Totentanz-Heimat«

Literarische Funktionalisierung sakraler Kunst bei Thomas Mann

Am 10. Juli 1948 berichtet Der Spiegel über einen eigenartigen Vorfall:

Thomas Mann brachte ein Telephongespräch zum Scheitern, das die ›Lübecker Nachrichten‹ mit ihm führen wollten. Die Zeitung wollte den Dichter bitten, in Amerika für Hilfe beim Wiederaufbau der bedrohten Lübecker St.-Marienkirche einzutreten. [...] Nach den geltenden Bestimmungen muß jedoch der amerikanische Teilnehmer die Gebühren tragen. Die Verbindung kam zustande, aber Thomas Mann wollte das Gespräch nur führen, wenn die Zeitung seiner alten Heimatstadt für die Kosten aufkäme. Das war nicht möglich. Das Gespräch mußte abgebrochen werden.[1]

Hintergrund des Spiegel-Berichts war eine Meldung, die in der vorherigen Ausgabe des Magazins zu lesen war: »Lübeck bietet an: Memling-Altar«[2] lautete die Schlagzeile, mit der auf den drohenden Verkauf von Hans Memlings Passionsretabel aufmerksam gemacht wurde. Die Bomben des Zweiten Weltkriegs hatte das Werk glücklich überstanden und auch das Kaufgebot eines Amerikaners von sechs Millionen Dollar im Jahr 1933. Nun sollte das Retabel zugunsten der dringenden Instandsetzungsmaßnahmen an den Lübecker Kirchen veräußert werden. Am Ende verblieb es auch ohne das Engagement Thomas Manns in der Hansestadt. Die Frage, ob der Dichter einschätzen konnte, worin es in diesem Gespräch gehen sollte, ob persönliche Gründe oder latentes Desinteresse an einem Meisterwerk des Spätmittelalters dahinter standen, kann hier nicht geklärt werden.

Sollte dem vielbeschworenen »Ohrenmenschen« Thomas Mann diese Begebenheit also kein gutes Zeugnis ausstellen und sollten seine vorgegebene ausschließlich auditive Begabung und Leidenschaft tatsächlich dazu geführt haben, sich an einem wichtigen kulturpolitischen Momentum verweigert zu haben? Es soll im Folgenden nicht um die bekannten Stereotypen von Augen- und Ohrenmenschen gehen und auch nicht um die sich anschließende Frage, ob nicht das auffällige visuelle Vermögen Thomas Manns, sich die charakterlichen Eigentümlichkeiten fremder Menschen quasi fotografisch einzuprägen, durch seine vorgebrachte auditive Begabung konterkariert wurde.

---

[1] Der Spiegel, 10.7.1948, Jg. 2, H. 28, S. 17.
[2] Der Spiegel, 3.7.1948, Jg. 2, H. 27, S. 26.

Die Begebenheit bietet jedoch Anlass genug zu fragen, wie das Verhältnis eines Autors, der sich in seinem fiktionalen Œuvre intensiv mit der Zeit des Mittelalters und ihrer Gedächtnisgeschichte auseinandersetzt, zu den Kunstgegenständen dieser Epoche ist. Präzise gefragt geht es dabei darum, wie sich Thomas Manns literarischer Umgang mit sakraler Kunst des Mittelalters beschreiben lässt und wie konkret er kirchliche Objekte in seinen Erzählungen und Romanen verarbeitet. Dabei geht die Fragestellung über solche Studien hinaus, die einen bestimmten Künstler wie Albrecht Dürer oder Tilman Riemenschneider in den Mittelpunkt rücken, präzisiert sie jedoch in dem Sinne, dass es nicht allgemein um Thomas Manns Verhältnis zur bildenden Kunst geht, sondern um Wahrnehmung und Instrumentalisierung von Objekten aus dezidiert kirchlichem Zusammenhang. Dabei wird zusätzlich zu den künstlerisch überformten Gegenständen auch noch der sakrale Raum berücksichtigt, der diese umfing.

Gelegenheiten

Anlässe für die Rezeption von Kunstgegenständen, die der frühneuzeitlichen Frömmigkeitpraxis entstammen, bot zunächst der Kontext von Thomas Manns Geburtstadt Lübeck. Hier hatte er in seiner Kindheit und Jugend seine intensivsten und wohl auch einzigen religiösen Erfahrungen, da er später Kirchen nur mehr sporadisch besuchte.[3]

Thomas Manns Kindheit und Jugend im protestantischen Lübeck verlief nicht sonderlich kirchennah, aber christlich. Der Besuch der sonntäglichen Messe in St. Marien gehörte schon aus Repräsentationsgründen der Senatorenfamilie dazu.[4] Seine Taufe sowie seine Konfirmation am Palmsonntag 1892 wurden in St. Marien gefeiert, der Stadtkirche, die im 13. Jahrhundert als Gegenstück zum Dom erbaut worden war.[5] Hier, gegenüber dem »Buddenbrookhaus«, dem Haus seiner Großeltern, kam Thomas Mann regelmäßig mit Werken religiöser Kunst in Berührung,[6] strotzte der Kirchenraum vor den gewaltigen Zerstörungen des Zweiten Weltkriegs doch von hochwertigen Kapellenausstattungen und barocken Epitaphien (siehe Abb. 1). In den Kapellen waren sowohl importierte Altarretabel, v. a. aus Antwerpen, als auch heimische

---

[3] Herbert Lehnert: Thomas Mann. Fiktion, Mythos, Religion, Stuttgart u. a.: Kohlhammer 1965, S. 142.

[4] Ebd., S. 141.

[5] Gert Heine / Paul Schommer (Hrsg.): Thomas Mann Chronik, Frankfurt / Main: Klostermann 2004, S. 10.

[6] Dies ist durch eigene Aussagen in den Reden und Essays belegt. Noch im Juni 1953 erinnert er sich anlässlich einer »Ansprache vor Hamburger Studenten« an »... jenes ›Gnade sei mit euch‹, mit dem in der Lübecker Marienkirche allsonntäglich die Predigt begann [...].« (X, 400)

Abb. 1: St. Marien zu Lübeck, Innenansicht (vor Palmarum 1942)
© Fotoarchiv der Hansestadt Lübeck

Stücke Lübecker Werkstätten zu sehen, ebenso wie der bekannte *Totentanz* Bernt Notkes.

Die andere Kirche, die Thomas Mann mit einiger Sicherheit in seiner Jugend besucht haben dürfte, ist die Katharinenkirche. Als Schüler des Katharineums, das direkt an die Kirche angrenzt, ging er jeden Tag an ihr vorbei. Die Morgenandacht der Schüler wurde jedoch zu Thomas Manns Zeiten, wie auch in den *Buddenbrooks* beschrieben wird, in der Turnhalle und nicht in St. Katharinen abgehalten. Auf dem Hochchor des ehemaligen Franziskanerklosters wurden seit 1827 mittelalterliche, sakrale Kunstgegenstände gelagert, die seit 1848 als »Sammlung lübeckischer Kunstaltertümer« zugänglich waren.[7] Während der 700-Jahr-Feier der Reichsfreiheit der Hansestadt im Jahr 1926 besuchte der Dichter nachweislich die Katharinenkirche, deren gesamter Innenraum nun in ein Museum umgewandelt worden war:[8] Nach seinem Vortrag im Stadttheater über *Lübeck als geistige Lebensform* schritt die Festgesellschaft in die Katharinenkirche, um die von Carl Georg Heise kuratierte Ausstellung *Lübecker Künstler außerhalb Lübecks* zu sehen und an der feierlichen Enthüllung des Abgusses der St. Jürgen-Gruppe teilzunehmen.[9]

Umsetzungen

Die Verarbeitung der Gegensätze von Nord und Süd stellt, wie oft betont wurde, Thomas Manns dichterisches Tableau und die Grundlage seiner poetischen Reflexionen dar. In *Lübeck als geistige Lebensform* spricht er den »Augenmenschen« die »Empfänglichkeit des *Südens*« (XI, 389), den »Ohrenmenschen« hingegen die »Sensibilität des *Nordens*« (XI, 390) zu. Der Topos der »Ohrenmenschen«, denen er sich in der Nachfolge Nietzsches selbst zugehörig fühlte, bedeutet für Thomas Mann nicht nur die Betonung des Hörsinns als überlegene Wahrnehmungsform, sondern gereicht ihm zugleich als Hinweis auf seine norddeutsche Herkunft. Der Selbstbezeichnung Thomas Manns als »Ohrenmensch« folgend, sind nur solche Beschreibungen realer Gegenstände aus den Kirchen seiner Kindheit in seinem literarischen Werk zu vermuten, die akustisch vermittelt wären.

Dies lässt sich anhand von Selbstaussagen und Zitaten aus seinem poetischen Œuvre belegen: Thomas Mann stellt in seinem Vortrag von 1926 zwar die Architektur der Lübecker Gotik heraus, die sein Werk geprägt habe und wie eine

---

[7] Heike Trost: Die Katharinenkirche in Lübeck. Franziskanische Baukunst im Backsteingebiet von der Bettelordensarchitektur zur Bürgerkirche, Kevelaer: Butzon & Bercker 2006 (= Franziskanische Forschungen, Bd. 47), S. 237.

[8] Ebd., S. 245.

[9] Zu der Ausstellung »Lübeckische Kunst außerhalb Lübecks« in der Katharinenkirche und den Exponaten vgl. Abram Enns: Kunst & Bürgertum. Die kontroversen zwanziger Jahre in Lübeck, Hamburg: Christians 1978, S. 99 ff. sowie zu dem Festakt im Stadttheater S. 107. Zum Verhältnis von Thomas Mann und Carl Georg Heise vgl. Jörg Traeger: Aus dem Lübecker Umfeld von Thomas Mann. Der Kunsthistoriker Carl Georg Heise und die Schriftstellerin Ida Boy-Ed, in: Zwischen den Wissenschaften. Beiträge zur deutschen Literaturgeschichte. Bernhard Gajek zum 65. Geburtstag, hrsg. von Gerhard Hahn und Ernst Weber, Regensburg: Friedrich Pustet 1994, S. 413–426.

unsichtbare Macht hinterfange, geht auf die Architektur selbst und ihre Wirkungsweise im Folgenden jedoch nicht weiter ein. Er führt aus, dass »Lübeck als Stadt, als Stadtbild und Stadtcharakter, als Landschaft, Sprache, Architektur durchaus nicht nur in ›Buddenbrooks‹, [...] sondern [...] in meiner ganzen Schriftstellerei zu finden ist, sie entscheidend bestimmt und beherrscht.« (XI, 387 f.) Dabei ist für Thomas Mann die »Landschaft« der Stadt vornehmlich ihre Architektur, die Lübecker Gotik, deren »Einwirkungen« und »Spiegelung« in seinem gesamten Œuvre zu finden« seien. Es überrascht wenig, dass er in seinem Vortrag auf den Rhythmus des Meeres in seiner »musikalischen Transzendenz«, auf die Sprache bzw. den Dialekt und damit die Musikalität künstlerischer Schöpfung abhebt.

Seine Vorstellung von der Heimatstadt formuliert Thomas Mann in *Bilse und ich*: »Lübeck hatte nicht viel Realität für mich, man kann es mir glauben, ich war von seiner Existenz nicht sehr überzeugt. Es war mir [...] nicht wesentlich mehr als ein Traum, skurril und ehrwürdig [...].« (14.1, 101) Es lässt sich beobachten, dass mit zunehmender örtlicher Distanz dieser »Traum« von Lübeck oder ganz allgemein das Mittelalter, dessen stilistische Epoche der Stadt Lübeck als Charakter eingeschrieben ist, als Hintergrundfolie sein poetisches Werk begleitet.[10] Im konkreten Fall von Lübeck ist die Stadt nicht nur in dem Wort Thomas Manns von den »giebeligen Gassen« als visuelle Evokation eines gewachsenen, vielleicht auch verwachsenen Stadtkörpers präsent;[11] Lübeck ist zugleich Hamburg, Nürnberg und Kaisersaschern. Ein ähnlicher Zugriff auf den Stadtorganismus erfolgt schon über den Umschlag der einbändigen Ausgabe der *Buddenbrooks* von 1903: Die Leserlenkung und Einstimmung auf die Lektüre bewegt sich in der Unkonkretheit und Ausschnitthaftigkeit einer mittelalterlichen Stadt, der das Bedrohliche durch Schattenzeichnungen symbolisch eingeschrieben ist – ohne dass jedoch ein sakrales oder auch allgemein konkret identifizierbares Gebäude sichtbar wird (siehe Abb. 2).[12] Diese Beobachtung wird durch Berücksichtigung des in der Jugend Rezipierten und literarisch Verarbeiteten untermauert: Es scheint in der Tat in Thomas Manns literarischem Œuvre kaum eine Stelle vorzukommen, in der ein konkretes Ob-

[10] Thomas Mann schrieb, wie ein Rezensent der *Entstehung des Doktor Faustus* 1949 bemerkte, auch einige Jahre nach Ende des Zweiten Weltkriegs noch immer »aus tief gekränkter Deutschheit sich das Heimweh nach München, nach Lübeck und dem Lande seines Ursprungs von der Seele.« (Günter Schab in der Rhein-Neckar-Zeitung, 29.4.1949; vgl. 19.2, 514).

[11] In den *Buddenbrooks*, in *Der Kleiderschrank* (2.1, 196), in *Tonio Kröger* (2.1, 288) rekurriert er zudem auf das Holstentor, auf dessen prägnante Inschrift »Concordia domi foris pax« er auch in der Ansprache anlässlich der Verleihung der Ehrenbürgerwürde verweist. (XI, 536)

[12] Unterstützt wird die hier verfolgte These durch die Untersuchung von Manfred F. Fischer, der herausgearbeitet hat, dass es sich bei der Illustration von Wilhelm Schulz um eine Komposition von Lüneburger Häusern und Straßenansichten handelt, was er für sein Argument der Delokation fruchtbar gemacht hat. Vgl. Manfred F. Fischer: Unter fremder Flagge. Das Stadtbildmotiv des Einbandes der Volksausgabe von W. Schulz (1903), in: »Buddenbrooks«. Neue Blicke in ein altes Buch, hrsg. von Manfred Eickhölter und Hans Wißkirchen, Lübeck: Dräger 2000, S. 204–211.

Abb. 2: Umschlag der einbändigen
»Volksausgabe« der *Buddenbrooks*
von 1903

jekt oder ein spezifischer Innenraum einer der Lübecker Kirchen eine detaillierte Beschreibung erführe, es scheint sogar, als sei diese Art von Einschrei-
bung der eigenen Biographie explizit vermieden.[13]

(An)Klänge

Wenn auch generell ein an den Realien orientierter Zugriff auf die bildkünstlerische Umgebung unterbleibt, so kommen in Thomas Manns Œuvre auf einer
allgemeinen Ebene Kloster- und Kirchenräume oft genug vor. Sie verbleiben
jedoch im Bereich der Allusion oder vagen Nennung, etwa Settembrinis Bezeichnung des Sanatoriums als »Kloster« und des Speisesaals als »Refekto-
rium« (5.1, 295) im *Zauberberg*. Hier wird statt des identifizierbaren Ortes ein
Assoziationsraum geschaffen, der die Konnotation von Sakralität und strenger
mönchischer Regel trägt.

---

[13] Die Kindstaufe bei den *Buddenbrooks* etwa wird dem Stand der Senatorenfamilie gemäß
zu Hause abgehalten.

Selbst St. Marien, die Kirche seiner Konfirmation, erwähnt Thomas Mann in den *Buddenbrooks* nur einmal kurz, jedoch nicht als visuelle, sondern als auditiv-atmosphärische Evokation: »Die Glocken [...] von Sankt Marien spielten zur Feier des Augenblicks sogar, ›Nun danket alle Gott‹ ... Sie spielten es grundfalsch, [...] sie hatten keine Ahnung von Rhythmus [...].« (1.1, 778) Diese Form der Evokation eines Höreindrucks findet sich an vielen Stellen des poetischen Œuvres. Dem Klang der Glocken von St. Marien kommt dabei ein besonderer Stellenwert zu: »Von der Kanzel der Marienkirche herab, [...] deren Glockenspiel in meine Kindheit hineinklang, [...] ist allezeit viel die Rede gewesen von Tod und Auferstehung.« (XIII, 804)

Das Motiv des Glockenklangs griff Thomas Mann immer wieder auf, wenn es um die Erzeugung einer besonders religiösen Stimmung ging, die von feierlich-andächtig bis parodistisch reichen konnte. Am vielzitierten Anfang des *Erwählten* ist es der »Glockenschall, Glockenschwall«, der das »gnadenvolle Ende« vorwegnimmt und als Klang außerhalb der Kirchen erzählt wird. Die Architektur der Lübecker Gotik scheint damit für Thomas Mann primär als Resonanzraum existiert zu haben, nicht als konkretes und identifizierbares Gebäudeensemble. Dabei verwendet er das Glockenmotiv zur Suggestion einer sakralen Raumerfahrung, d. h. über den Nachhall des Glockenklangs im Leser vermittelt er Größe und Sakralität des Raums, der das literarische Geschehen umfängt.

Abwesenheiten und Konkretisierungen im Bild

Literarisch lässt sich bei Thomas Mann die Verarbeitung von christlicher Kunst und sakraler Architektur nur mit der Strategie der Setzung von Leerstellen und dem Bilden von Assoziationsräumen beschreiben. Der Dichter lässt dem Leser in diesem Sinne Raum für die Entwicklung eigener visueller Vorstellungen oder des Wiedererinnerns von etwas einmal Gesehenem oder Gehörtem.[14] Hans Wysling hat in seinen Studien darauf verwiesen, dass die Konstruktion

---

[14] Diese literarische Strategie ist auch für die Kunst und Architektur außerhalb Lübecks zutreffend: In dem *Erwählten* etwa wird der überwältigende Innenraum von St. Peter sowie Gianlorenzo Berninis kolossaler Bronzebaldachin mit folgenden Worten gerade nicht benannt: »... Jünglinge in Scharlachseide trugen ihn durch die Basilika, ganz umher, mit Frommen angefüllt wie sie war bis zum letzten heidnischen Marmorstück ihres Fußbodens: sei es dort, wo sie sich unter der hohen Decke des Mittelschiffs weit und lang ausdehnt und aus der Ferne der Apsis her die Augen mit musivischem Glanze blendet, oder dort, wo sie unter derselben Last der Dächer nach beiden Seiten in doppelten Säulenhallen die Arme breitet. Zum Hauptaltar über dem Grabe trugen sie ihn, da feierte er seine Krönungsmesse [...]. Viele Bischöfe und Erzbischöfe saßen da um ihn und glänzten wie die Sterne; [...]. Sang und Wonne waren da groß und mannigfaltig. Danach wurde er, während der Glockenschwall noch andauerte, rund um den Platz Sankt Peter getragen [...].« (VII, 237)

von poetischer Wirklichkeit bei Thomas Mann über ein komplex verwobenes Netz von Faktischem und Fiktionalem erfolgt.[15] In dem vorliegenden Untersuchungsfeld lässt Thomas Mann wie oben beschrieben das Atmosphärische, Akustische des sakralen Raums an die Stelle des konkret-identifizierbaren Kircheninnern treten.

Nur einige wenige sakrale Kunstwerke werden, so die Hypothese, innerhalb von Thomas Manns Œuvre allusiv eingesetzt bzw. faktisch als Vorlage verwendet. Als eines der wenigen konkreten Objekte verknüpft der Dichter im *Doktor Faustus* die Beschreibung des Adrian Leverkühn ein Jahr vor seinem Tod mit einer mittelalterlichen Grabskulptur:

> Im Hintergrunde des Zimmers, auf einer Chaiselongue, deren Fußende mir zugekehrt war, so daß ich ihm ins Gesicht sehen konnte, lag unter einer leichten Wolldecke der, der einst Adrian Leverkühn gewesen war, und dessen Unsterbliches nun so heißt. Die bleichen Hände [...] lagen, wie bei einer Grabfigur des Mittelalters, auf der Brust gekreuzt. Der stärker ergraute Bart zog das verschmälerte Gesicht noch mehr in die Länge, so daß es nun auffallend dem eines Greco'schen Edlen glich. Welch ein höhnisches Spiel der Natur [...], daß sie das Bild höchster Vergeistigung erzeugen mag, dort, wo der Geist entwichen ist! (10.1, 737)

Gerade die Gegenüberstellung mit der Textpassage aus *Der kranke Nietzsche*, auf die sich Thomas Mann in dieser Beschreibung Leverkühns nachweislich stützte, macht in den Abweichungen deutlich, dass Thomas Mann sehr bewusst etwas anderes vor Augen hatte, das er prägnant in die Textvorlage einschreibt: Den »ungeheuerlichen Schnurrbart« Nietzsches ersetzt Thomas Mann mit einem »stärker ergrauten« (also bereits auf den körperlichen Verfall hinweisenden) Kinnbart, der das Gesicht Leverkühns in die Länge zieht. Statt von »einer in Stein gehauenen alten Grabfigur« spricht Thomas Mann von »einer Grabfigur des Mittelalters«, lässt also das Medium Stein verschwinden und öffnet mit »Mittelalter« einen epochalen Assoziationsraum. In der Tat scheint der Erzähler – die Perspektive zu Füßen des Langhingestreckten eingenommen – eine bestimmte Liegefigur mittelalterlicher Grabmäler vor Augen zu haben, etwa Tilman Riemenschneiders Grabmal des Würzburger Fürstbischofs Rudolfs von Scherenberg (1496, Würzburg, Dom).

Naheliegender erscheint es jedoch, an die bronzene Tumba des Bischofs Bockholt im Lübecker Dom zu denken und ihre konkrete Vorbildhaftigkeit zu vermuten (siehe Abb. 3): Bei dem »stärker ergrauten Bart« ist nicht nur an einen metallenen Ton – und eben nicht an das explizit vermiedene Medium Stein – zu denken. Auch die Tatsache, dass der Bart der Liegefigur überhaupt

---

[15] Vgl. etwa Hans Wysling / Yvonne Schmidlin (Hrsg.): Bild und Text bei Thomas Mann. Eine Dokumentation, Bern u. a.: Francke 1975.

Abb. 3: Johann Apengeter, Tumba des
Bischofs Heinrich Bockholt, nach 1341,
Lübeck, Dom
© Fotoarchiv der Hansestadt Lübeck

explizit erwähnt wird, verdient hierbei Beachtung. Viele der bronzenen Liegefiguren des Mittelalters tragen keinen Bart, da dies nicht der zeitgenössischen Bartmode entsprach. Die Tumba Bockholts ist hier eine der wenigen Ausnahmen und könnte von Thomas Mann im Schreibakt mitgedacht worden sein.

Leverkühn wird in Rückgriff auf ein biographisches Motiv Nietzsches an progressiver Paralyse leidend beschrieben, ein Versteinern oder Zu-Metall-Werden bei Verlust der Lebenskräfte ist dabei ein möglicher Assoziationsraum, den Thomas Mann hier eröffnet.

Im Gegensatz zu der Vorlage, wo es heißt: »Mir schien sein Geist in einer unendlichen Ferne von allen menschlichen Beziehungen, in grenzloser Einsamkeit zu hausen. Wer kann ermessen, wieviel von der großen unglücklichen Seele in dem gebannten Körper noch lebte?«,[16] schreibt Thomas Mann davon, dass Leverkühn einem »*Bild* höchster Vergeistigung« gleicht, »wo der Geist entwichen ist«, lässt also in der Andeutung die konkrete Assoziation eines plastischen Grabbildes zu. Damit verstärkt er die Wirkung von Leverkühns Körper als changierend zwischen zwei ontologischen Zuständen, tot und lebendig, die jedem mimetischen, lebensgroßen Grabbild anhaftet. Durch die assoziative Erweiterung kann Thomas Mann auf Funktion und Wirkungsweise mittelalterlicher und frühneuzeitlicher Grabbildnisse zurückgreifen, bildlicher Träger des vergänglichen Aussehens eines Verstorbenen zu sein, das Vergängliche zu fixieren und damit einem Bereich des Übergangs zwischen Lebendigkeit und Tod, auch Scheintod, anzugehören.

---

[16] Erich F. Podach (Hrsg.): Der kranke Nietzsche. Briefe seiner Mutter an Franz Overbeck, Wien: Bermann-Fischer 1937, S. 253; vgl. den Kommentar in 10.1, 899–900.

Dürerzeit und Dämonie

Die Dürerzeit um 1500 ist für Thomas Mann dämonisch-bedrohlich besetzt, wie sich im *Doktor Faustus* zeigt.[17] Der Dichter beschreibt in *Deutschland und die Deutschen* diese innere Verbindung von Deutschtum, Volksglauben und Dämonie, die sich in mittelalterlichen Städten wie Lübeck konkretisiere, und verknüpft sie dabei ganz explizit mit ihrer architektonischen Gestalt. Die eigene Biographie liefert den Ausgangspunkt seiner Reflexionen über die Analogie von gebauter Stadt und Gemütszustand, die sich in ihrer bedeutsam aufgeladenen Atmosphäre zeigt. Deutschland ist für ihn etwas primär »visuell und seelisch«, in der »Gestalt dieses wunderlich-ehrwürdigen Stadtbildes« Erlebtes, das ihn dazu bewog, »eine geheime Verbindung des deutschen Gemütes mit dem Dämonischen zu suggerieren« (Ess V, 264).

Das mittelalterliche Stadtbild Lübecks bedingt dabei, dass sich eine ganze Reihe von irrationalen Assoziationen einstellen, die dem 15. Jahrhundert zu entstammen scheinen: »... man konnte sich denken, daß plötzlich [...] ein Sankt-Veitstanz, eine Kreuzwunder-Exzitation mit mystischem Herumziehen des Volkes oder dergleichen ausbräche, – kurzum, ein altertümlich-neurotischer Untergrund war spürbar [...].« (Ess V, 263)

Diese untergründige Dämonie Lübecks, die für Thomas Mann eng mit dem Aberglauben seiner Bewohner verknüpft ist, ist es, die ihn nicht loslässt. Durch die deutsche Geisteshaltung nach 1933 bietet sie zugleich Folie und Vision von Deutschlands Untergang. Weit vor 1933 lässt sich in Werk und Biographie ein Interesse an der Aktualisierung irrationaler Formen von Religiosität antreffen. 1921, zur Zeit der Abfassung des *Zauberbergs*, war Thomas Mann in Lübeck und hielt einen Vortrag über *Goethe und Tolstoi*. Wie das Tagebuch bezeugt, schaute er sich im Begleitprogramm der Nordischen Woche die Aufführung des Totentanzspiels von Hans Holtorf in St. Aegidien an.[18] Als unmittelbarer Reflex auf das Erlebte und Aktualisierung etwas lange Vertrauten nannte Thomas Mann Lübeck im Jahre 1921 die »Stadt des Totentanzes« (BrB, 104) und seine »Totentanz-Heimat« (15.1, 435).

Legt man im Sinne der hier verfolgten Fragestellung den Fokus auf Kunstobjekte, die Thomas Mann aus einem sakralen Funktionszusammenhang ent-

---

[17] Vgl. Hans J. Elema: Thomas Mann, Dürer und »Doktor Faustus«, in: Thomas Mann, hrsg. von Helmut Koopmann, Darmstadt: Wissenschaftliche Buchgesellschaft 1975 (= Wege der Forschung, Bd. CCCXXXV), S. 320–350, sowie besonders Ulrich Finke: Dürer and Thomas Mann, in: Essays on Dürer, hrsg. von C. R. Dodwell, Manchester University Press/University of Toronto Press 1973, S. 121–146. Finke kann nachweisen, woher Thomas Mann seine detaillierte Kenntnis von Dürers Werk und Kunst der Zeit bezog, indem er u.a. die persönliche Bibliothek des Dichters auswertete, die sich im Thomas-Mann-Archiv der Eidgenössischen Technischen Hochschule in Zürich befindet (ebd., S. 132 ff. und S. 146, Anm. 40).

[18] Tb 17.9.1921: »Der Totentanz in St. Marien.« Allgemein zur Nordischen Woche vgl. Enns, Kunst & Bürgertum (zit. Anm. 9), S. 47.

Abb. 4: Anton Wortmann (nach Bernt Notke), Totentanz, 1701, ehemals Lübeck,
St. Marien (zerstört), Fotografie von Wilhelm Castelli
© Fotoarchiv der Hansestadt Lübeck

nimmt, so zeigt sich bereits früh ihre Konnotation mit einer negativen Wirkungsweise. In einer Notiz zu *Gladius Dei* heißt es, es sei »Sache der Kunst,
– Gottesangst zu wecken«,[19] wobei »Angst« vielmehr mit einer existentiellen
Gotteserfahrung ohne ein Aufgefangenwerden durch den Glauben konnotiert
ist, die etwa der positiv belegten »Gottesfurcht«, zu deren semantischem Feld
Vorstellungen von Hingabe, Demut und Gottesliebe gehören, fehlt. Ich möchte
dieser Spur der Gottesangst und des Bedrohlichen im Folgenden weiter nachgehen.

Seit dem späten 19. Jahrhundert erfuhr das Thema des Totentanzes neue
Aktualität, etwa in den Umsetzungen von Hugo von Hofmannsthal im *Jedermann*. Für Thomas Manns Vorstellung dürfte das Totentanz-Thema sehr eng
mit einem konkreten Bilderzyklus verknüpft gewesen sein, mit Bernt Notkes
1463 entstandenem Lübecker Totentanz, der sich ehemals in St. Marien befand
und von dem sich eine zeitgenössische zweite Version in Tallinn befindet (siehe
Abb. 4). Noch 1945 verweist er auf die »humoristisch-makabren Schauer, die
von der Totentanz-Malerei in der Marienkirche ausgingen« (Ess V, 263). Interessanterweise ist es also tatsächlich der Totentanz-Zyklus von Bernt Notke, der

---

[19] Notb II, 246; vgl. auch 2.2, 109.

als Bild so intensiv und so prägend gewesen zu sein scheint, dass Thomas Mann diesen als visuellen Topos bzw. Metapher auf den gesamten Stadtorganismus Lübecks übertrug. Es ist anzunehmen, dass ihn der Totentanz seit seiner Konfirmandenzeit begleitet hatte, versammelten sich doch die Konfirmanden in der Totentanz-Kapelle, um zum Altar geführt zu werden.[20] Es scheint kein Zufall, dass der »Ohrenmensch« Thomas Mann gegenüber dem Totentanzthema besonders empfänglich war. Das Bildmotiv zeichnet sich ja gerade dadurch aus, dass die allegorischen Darstellungen in ihrer musikalisch-performativen Gestalt in Malerei übersetzt werden.

Eindrücklich dürften für Thomas Mann auch die 1701 erneuerten Reime gewesen sein, die unter Notkes Figuren angebracht waren und im Jahre 1923 neu publiziert wurden, so etwa der Dialog von Tod und Arzt:

Der Tod. ›Beschaue dich nur selbst,/ und nicht dein Kranken-Glaß,/ Du bist dem Cörper nach/ so dauerhaft, als das,/ ein Stoß zerbricht das Glaß,/ der Mensch zerfällt im Sterben,/ was findet man hernach/ von beyden? Nichts als Scherben.‹
Der Arzt. ›Verläßt mich meine Kunst,/ alß dann gesteh ich frey,/ Daß zwischen Glaß und Mensch kein Unterscheid nicht sey./ Ihr Brüder sucht umbsonst/ in Gärten, Thälern, Gründen/ Umb für die letzte Noth,/ ein Recipe zu finden.‹[21]

Im *Zauberberg*, in dem auch ein Kapitel den Titel *Totentanz* trägt, findet sich folgende Passage, die in Zusammenhang mit Thomas Manns Rezeption des Lübecker Totentanzes gesehen werden sollte, kombiniert sie doch in auffälliger Weise Bildmotiv und *memento mori*-Vorstellungen:

Und Hans Castorp sah, was zu sehen er hatte erwarten müssen, was aber eigentlich dem Menschen zu sehen nicht bestimmt ist, und wovon auch er niemals gedacht hatte, daß ihm bestimmt sein könne, es zu sehen: er sah in sein eigenes Grab. Das spätere Geschäft der Verwesung sah er vorweggenommen durch die Kraft des Lichtes, das Fleisch, worin er wandelte, zersetzt, vertilgt, zu nichtigem Nebel gelöst, und darin das kleinlich gedrechselte Skelett seiner rechten Hand, um deren oberes Ringfingerglied sein Siegelring [...] schwarz und lose schwebte [...]. Mit den Augen jener Tienappelschen Vorfahrin erblickte er einen vertrauten Teil seines Körpers, durchschauenden, voraussehenden Augen, und zum erstenmal in seinem Leben verstand er, daß er sterben werde. Dazu machte er ein Gesicht, wie er es zu machen pflegte, wenn er Musik hörte, – ziemlich dumm, schläfrig und fromm, den Kopf halb offenen Mundes gegen die Schulter geneigt. Der Hofrat sagte: ›Spukhaft, was?‹ (5.1, 333)

Die Rede vom »humoristisch-makabren Schauer«, den Thomas Mann für Notkes Totentanz reklamiert hatte, scheint eine zentrale Bemerkung zu sein, was seine Rezeption mittelalterlicher Kunst betrifft. Vor allem seit den 1920er

---

[20] Wilhelm Mantels / Carl Julius Milde: Der Todtentanz in der Marienkirche zu Lübeck, Lübeck: Rathgens 1866, S. 3.
[21] Texte von Nathanael Schlott, zitiert nach der Abbildung bei Mantels / Milde 1866.

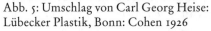

Abb. 5: Umschlag von Carl Georg Heise: Abb. 6: Vesperbild (Pietà Roettgen),
Lübecker Plastik, Bonn: Cohen 1926   um 1300
© LVR-LandesMuseum Bonn

Jahren war die Rezeption des Mittelalters stark von der aktuellen Kunstströmung des Expressionismus geprägt, wie sich etwa auch an der Aufbereitung von mittelalterlicher Skulptur in wissenschaftlichen Publikationen der Zeit nachweisen lässt (siehe etwa die Umschlaggestaltung von Carl Georg Heises *Lübecker Plastik* von 1926, Abb.5). Darauf lässt auch die bekannte Passage im *Zauberberg* schließen, in der Naphta und Hans Castorp das rheinische Vesperbild (siehe Abb. 6) betrachten.[22] Nach dem »Eindruck« gefragt, den es ihm mache, erwidert Castorp: »Das kann seinen Eindruck auf den Beschauer denn doch wohl gar nicht verfehlen. Ich hätte nicht gedacht, daß etwas zugleich so häßlich – entschuldigen Sie – und so schön sein könnte.« (5.1, 593)

In den *Betrachtungen eines Unpolitischen*, in denen Thomas Mann u. a. seine Vorstellungen vom Expressionismus entwickelt, setzt er dessen Stil- und Ausdrucksmerkmale in Analogie zur »Groteskkunst«.[23] Der Dichter, der sich für

---

[22] Vgl. Claude Gandelman: La Pietà de Naphta dans La Montagne Magique de Thomas Mann, in: Etudes Germaniques, Jg. 32, Paris: Klincksieck 1977, S. 180–190, sowie Wysling/Schmidlin, Bild und Text (zit. Anm. 15), S. 176–177.

[23] »Der innere Konflikt der Satire, so scheint mir, ist der, daß sie notwendig Groteskkunst, das heißt: Expressionismus ist [...].« (13.1, 615) Dort vgl. auch seine Ausführungen, in denen er dem Expressionismus eigenschöpferische Kraft und Autonomie der Form zugesteht: »Ex-

den expressionistischen Holzschneider Frans Masereel erwärmte, dürfte hier einen Zugang zur mittelalterlichen Kunst gefunden haben. Denn ein makaber-grotesker Zug musste für einen modernen Betrachter der Pietà Roettgen anhaften. Thomas Manns Kenntnis dieses zentralen Stücks rheinischer Holzschnitzkunst, die bisher nicht hinreichend geklärt werden konnte,[24] dürfte – so die These – auf den Kontakt mit Wilhelm Pinder oder die Kenntnis seiner Schriften zurückgehen. Dieser arbeitete in jenen Jahren an der Erforschung der deutschen Pietà-Gruppen und hielt sich zeitgleich mit Thomas Mann für einen Vortrag anlässlich der Nordischen Woche in Lübeck auf. 1919 war von Pinder der Aufsatz *Marienklage* erschienen, 1920 folgte der Aufsatz *Die dichterische Wurzel der Pietà* und 1922 die Monographie *Die Pietà*. Auch Pinders Schüler Walter Passarge brachte 1924, zeitgleich zur Veröffentlichung des *Zauberbergs*, die Monographie *Das deutsche Vesperbild* heraus. Das starke Interesse vonseiten der Kunstgeschichte und vor allem des Pinder-Kreises an dem Bildmotiv des Vesperbildes dürfte ein wesentliches Indiz dafür sein, dass Thomas Manns Kenntnis dieses exzeptionellen Stücks vielleicht auf den Austausch mit dem auf die Zeitgenossen charismatisch wirkenden Wilhelm Pinder auf einem der in den Tagebüchern erwähnten Diners und Soupers 1921 in Lübeck zurückgeht.

An diesem Punkt ist die generelle Frage zu stellen, wie gut Thomas Mann von seinen eigenen Studien her in der Geschichte der bildenden Kunst bewandert war, wenn schon Ernst Bertram 1915 in einem Brief an Ernst Glöckner über Thomas Mann schreibt: »Tom kennt aber auch erbärmlich wenig, er redet sich immer auf den ›Ohrenmenschen‹ hinaus (der vor 1 ½ Jahren zum *1.* Mal die Matth. Passion hörte!!).« (BrB, 212) Sicher ist, dass er – betrachten wir die alte Kunst – sich um das Erlangen kunsthistorischer Grundkenntnisse bemühte: Er besaß Wilhelm Waetzoldts Dürer-Monographie (10.2, 64) ebenso wie Wölfflins Studie zu den Handzeichnungen Dürers.[25] Zudem besuchte er in seinem ersten Jahr in München mehr oder weniger sporadisch die Vorlesungen des Kunsthistorikers Franz von Reber an der Technischen Hochschule[26] und könnte darüber einige kunstgeschichtliche Grundlagen gelegt haben.

---

pressionismus [...] ist jene Kunstrichtung, welche, in heftigem Gegensatz zu der Passivität, der demütig aufnehmenden und wiedergebenden Art des Impressionismus, die Nachbildung der Wirklichkeit aufs tiefste verachtet, jede Verpflichtung an die Wirklichkeit entschlossen kündigt und an ihre Stelle den souveränen, explosiven, rücksichtslos schöpferischen Erlaß des Geistes setzt.« (13.1, 613)

[24] Vgl. den Kommentar von Michael Neumann zu *Der Zauberberg* (5.2, 279).

[25] Finke, Dürer (zit. Anm. 17), S. 130 ff.

[26] Heine/Schommer, Chronik (zit. Anm. 5), S. 12. – Es ist nicht nachzuweisen, dass Thomas Mann während seines Aufenthaltes auf der Nordischen Woche 1921 in Lübeck auch den Vortrag von Wilhelm Pinder zur »Deutschen Plastik in der Jugendzeit Albrecht Dürers« selbst hörte. Berichte oder Gespräche über diesen Vortrag könnten jedoch seine Vorliebe für Tilman Riemenschneider, wie er sie 1945 in *Deutschland und die Deutschen* formuliert, geweckt oder bestärkt haben.

Schluss

Bei Thomas Mann dürfen wir mit Otto Gerhard Oexle ein emblematisches Verständnis des Mittelalters unterstellen.[27] Sakrale Kunstgegenstände, ob sie nun aus seiner Lübecker Heimat stammen oder sich auf Eindrücke zurückführen lassen, die er während seiner Reisen sammelte, scheinen meist in poetischer Verdichtung auf, nicht als konkret benennbare Objekte. Thomas Mann selbst findet eine Formulierung, die sich exakt auf Oexles Gedächtnisgeschichte des Mittelalters anwenden ließe, wenn im *Zauberberg* Castorp bei genauer Betrachtung der Pietà Roettgen sagt: »Ja, das ist das Mittelalter, wie es im Buche steht, ich erkenne gewissermaßen die Vorstellung darin wieder, die ich mir in letzter Zeit vom Mittelalter gemacht habe.«[28]

Das »ausschmückende Nacherzählen«, das Thomas Mann für seine literarischen Neubearbeitungen reklamierte, bedeutet für ihn im konkreten Fall der Einbindung religiöser Kunst nicht ihre genaue Beschreibung, etwa des Kirchenraums, des Bildschmucks, sondern das auf der Ebene der Assoziation liegende, auditiv-atmosphärische Erlebnis von Sakralität, dessen bildkünstlerische und architektonische begleitende Form in diesem Sinne mitgedacht werden muss. Eine Rechtfertigung für diese Annahme findet sich in *Lübeck als geistige Lebensform*. Thomas Mann spricht über die Lübeck umgebenden Landschaften und über die Gegenwart des Erinnerten und des in der Kindheit an visuellen Eindrücken Empfangenen:

Aber wo sind sie [= die Landschaften] in meinen Büchern? Ich habe sie nicht beschrieben, sie sind nicht da!
Doch, meine geehrten Zuhörer. Sie müssen da sein, und sie sind da, irgendwie da, wenn auch nicht direkt, als Schilderung und Beschreibung. Es gibt verschiedene Arten des Daseins: die atmosphärische […], statt der körperlichen, die akustische, statt der visuellen. (XI, 389)

---

[27] Otto Gerhard Oexle: »Das Mittelalter« – Bilder gedeuteter Geschichte, in: Gebrauch und Missbrauch des Mittelalters, 19.–21. Jahrhundert, hrsg. von János M. Bak, München: Fink 2009 (= Mittelalterstudien, Bd. 17), S. 21–43, 40. Oexle nennt explizit Thomas Manns *Doktor Faustus* als zu einer Gedächtnisgeschichte des Mittelalters zugehörig: »fundamentale kritische Analyse des deutschen Mediävalismus«. – Zum Begriff des emblematischen Mittelalters vgl. ebd., S. 37 passim.

[28] 5.1, 593. Dies steht ganz im Einklang mit seinen Äußerungen dazu, warum er etwa als Thema des *Erwählten* den mittelalterlichen Stoff Hartmann von Aues gewählt hatte, dessen Motivgeschichte bereits weit bekannt war: Thomas Mann interessierte sich primär dafür, unter Hinzuziehung aller neueren Erkenntnisse aus dem Bereich der Psychologie und Erzählkunst den »Mythos neu [zu] machen« (Brief an Eberhard Hilscher vom 3. 11. 1951, zitiert nach: Nachbemerkungen des Herausgebers, in: Thomas Mann. »Der Erwählte«, hrsg. von Peter de Mendelssohn, Frankfurt/Main: S. Fischer 1980, S. 291).

Michael Thimann

Thomas Mann und das Michelangelo-Bild der Deutschen

Es gab für den älteren Thomas Mann wohl zwei Anlässe dafür, sich mit Michelangelo zu beschäftigen. Diese sind von der Forschung bereits benannt worden, nämlich zum einen das späte Erlebnis erotischer Verzückung und platonischer Verliebtheit, die den 75-jährigen im Juni 1950 in der Begegnung mit dem 19-jährigen Kellner Franz Westermeier im Zürcher Grand Hotel Dolder ergriff.[1] Zum anderen aber der Zufall, der ihm just in jenen Tagen großer emotionaler Aufwühlung die im selben Jahr erschienene Neuübersetzung der Gedichte Michelangelos aus der Feder des Schweizer Kulturhistorikers und Schriftstellers Hans Mühlestein in die Hände spielte.[2] Diese Ereignisse bilden gewissermaßen die faktische Grundlage für den Essay *Die Erotik Michelangelo's*,[3] der in weit geringerem Maß eine Rezension der neuen Übersetzung als vielmehr eine literarische Verarbeitung und Objektivierung der eigenen erotischen Erfahrung ist.[4] Wie Michelangelo noch in hohem Alter von der Schönheit und der Liebe entflammt worden war und diese Liebeserfahrung Gedichte, die zwar regelwidrig, aber von großer individueller Sprachkraft sind, entstehen ließ, so offenbarte sich auch dem 75-jährigen Thomas Mann in der Schönheit des jungen Mannes »la forza di un bel viso«, die Macht eines schönen Gesichts, die ihn im Michelangelo-Essay zu Reflexionen über die platonische Vorstellung von Liebe und Schönheit veranlasst hat. Thomas Mann hat den Essay in letzter Konsequenz nicht für gelungen erachtet, die Objektivierung hatte ihm den

---

[1] Zum biographischen Kontext und zur Werkgeschichte siehe den Kommentar zu *Michelangelo in seinen Dichtungen*, in: Ess VI, S. 501–509, 501. Vgl. dazu mit weiterführender Literatur Katrin Bedenig: Nur ein »Ohrenmensch«? Thomas Manns Verhältnis zu den bildenden Künsten, Bern u. a.: Lang 2001 (= Europäische Hochschulschriften. Reihe I: Sprache und Literatur, Bd. 1803), S. 81–124; James Northcote-Bade: »Noch einmal also dies«: Zur Bedeutung von Thomas Manns »letzter Liebe« im Spätwerk, in: TM Jb 3, 1990, S. 139–148; Jens Rieckmann: »In deinem Atem bildet sich mein Wort«: Thomas Mann, Franz Westermeier und »Die Bekenntnisse des Hochstaplers Felix Krull«, in: TM Jb 10, 1997, S. 149–165; Hermann Kurzke: Thomas Mann. Das Leben als Kunstwerk, München: Beck 1999, S. 565–584.

[2] Ausgewählte Dichtungen des Michelangelo Buonarroti. Italienische Originale samt deutschen Umdichtungen von Hans Mühlestein, Celerina: Quos Ego 1950. Zu dem Übersetzer siehe Robert Kuster: Hans Mühlestein. Beiträge zu seiner Biographie und zum Roman »Aurora«, Zürich: Limmat 1984.

[3] Hier zitiert nach Thomas Mann: Die Erotik Michelangelo's, in: IX, S. 783–793. Erstmals erschienen in: Du, Nr. 10, Zürich: Conzett & Huber 1950; erste Buchausgabe: Thomas Mann: Michelangelo in seinen Dichtungen, Celerina: Quos Ego 1950.

[4] Vgl. dazu die ausführlichen Zitate aus den Tagebüchern Thomas Manns bei Bedenig, »Ohrenmensch« (zit. Anm. 1).

Gegenstand eher ferngerückt, als dass er wirklich zu dessen künstlerischer Bewältigung vorgedrungen war.

Es wäre nun leicht, bei dem okkasionellen biographischen Befund und dem rein literarischen Kontext der Lektüre der Michelangelo-Dichtungen stehen zu bleiben. Vonseiten der Kunstgeschichte wäre dem Problem dann wenig Neues hinzuzufügen. Daher soll der Essay zur Erotik Michelangelos hier auf andere Weise, nämlich als ein Monument der Michelangelo-Rezeption in seinem ideengeschichtlichen Kontext betrachtet werden. Die Wahrnehmung und Aneignung von Michelangelo Buonarroti, jenes schon im 16. Jahrhundert als *divino*, also göttlich, titulierten Künstlers,[5] markiert in der deutschen Ideengeschichte eine besondere Variante des neuzeitlichen Künstlerkultes.[6] Die Untersuchung ist daher ideengeschichtlich ausgerichtet, es geht um die Idee des Künstlers Michelangelo in der deutschen Literaturgeschichte, die ihren Gegenpart in der viel intensiveren und auf weite Strecken auch mit viel stärkerer Affirmation vorgetragenen Idee des Künstlers Raffael besitzt. Der Raffael-Kult, wie er uns vor allem in der Romantik begegnet, ist die spezifische deutsche Variante der gesamteuropäischen Raffael-Verehrung, die mit Raffaels Tod 1520 einsetzt und am Ende des 19. Jahrhunderts langsam verebbt.[7] Mit Fug und Recht kann man sagen, dass Raffael heute im geistigen Haushalt der Gebildeten nur noch eine marginale Rolle spielt, ja dass die Kenntnis seiner Werke nicht mehr zur Allgemeinbildung gehört. Der Kult ist an sein Ende gekommen, da ihm, um die Metaphorik von Ernst Osterkamp aufzugreifen, die Jünger, aber auch die heilige Schrift, etwa im Sinne einer literarisch gehaltvollen Biographie, fehlen.[8]

---

[5] Vgl. dazu Patricia A. Emison: Creating the ›Divine‹ Artist. From Dante to Michelangelo, Leiden: Brill 2004. Zur Vorstellung vom »göttlichen Künstler« noch immer grundlegend: Ernst Kris / Otto Kurz: Die Legende vom Künstler. Ein geschichtlicher Versuch, Neuedition der Ausgabe Wien 1934 mit einem Vorwort von Ernst H. Gombrich, Frankfurt / Main: Suhrkamp 1995 (= suhrkamp taschenbuch wissenschaft, Bd. 1202), S. 64–86.

[6] Zur deutschen Michelangelo-Rezeption siehe grundlegend Niklaus Oberholzer: Das Michelangelo-Bild in der deutschen Literatur. Beitrag zur Geschichte der Künstlerdichtung, Freiburg (CH): Universitätsverlag 1969 (= Seges; Bd. 12); Gustav Seibt: Michelangelo in Deutschland. Von Winckelmann bis Thomas Mann, Nachwort, in: Gedichte Michelangelos. Übersetzt von Thomas Flasch, Berlin: Berlin 2000, S. 127–145; Joseph Imorde: Michelangelo Deutsch!, München / Berlin: Deutscher Kunstverlag 2009; Joseph Imorde: Michelangelo. Dichter, Dulder, Deutscher, in: Künstler als Wissenschaftler, Kunsthistoriker und Schriftsteller, hrsg. von Michael Glasmeier, Köln: Salon 2012 (= Schriftenreihe für Künstlerpublikationen, Bd. 6), S. 171–186.

[7] Vgl. dazu vor allem Ernst Osterkamp: Raffael-Forschung von Fiorillo bis Passavant, in: Studi Germanici, Jg. 38, H. 3, Rom: Istituto Italiano di Studi Germanici 2000, S. 403–426; siehe auch Elisabeth Schröter: Raffael-Kult und Raffael-Forschung. Johann David Passavant und seine Raffael-Monographie im Kontext der Kunst und Kunstgeschichte seiner Zeit, in: Römisches Jahrbuch der Bibliotheca Hertziana, Jg. 26, Tübingen: Wasmuth 1990, S. 303–395; Corinna Höper (Hrsg.): Raffael und die Folgen. Das Kunstwerk in Zeitaltern seiner graphischen Reproduzierbarkeit, Ausst. Kat., Stuttgart, Staatsgalerie, Graphische Sammlung, 26. Mai – 22. Juli 2001, Ostfildern-Ruit: Hatje Cantz 2001, S. 135–148; Andreas Henning (Hrsg.): Die Sixtinische Madonna. Raffaels Kultbild wird 500, Ausst. Kat. Dresden, Gemäldegalerie Alte Meister, 26. Mai – 26. August 2012, München: Prestel 2012.

[8] Vgl. Osterkamp, Raffael-Forschung (zit. Anm. 7).

Den Romantikern ist es trotz Versuchen Carl Friedrich von Rumohrs, Johann David Passavants, Ernst Försters und anderen nie gelungen, das verbindliche Werk über Raffael zu schreiben, das ihm das Nachleben gesichert hätte. Die Rezeptionsgeschichte Michelangelos liest sich in ihrer spezifisch deutschen Ausprägung wie der notwendige Gegenpart dazu. Sie setzt eher spät ein, sie ist äußerst diskontinuierlich, sie übersteigert die Figur des Künstlers Michelangelo und interessiert sich, anders als im Falle Raffaels, nur beiläufig für die Werke. Man kann mit Fug und Recht behaupten, dass sich mit dem Kult um Michelangelo kein bestimmtes Werk verknüpft, wie es bei Raffael mit der *Transfiguration*, der *Sixtinischen Madonna* oder der engelsgleichen Figur Raffaels selbst, wie sie uns seine Selbstbildnisse überliefern, der Fall ist. Eine heilige Schrift hat auch der Michelangelo-Kult nicht, dazu ist die Sekundärliteratur, die sich um diesen Künstler aufgeschichtet hat, zu disparat; dennoch findet Michelangelo bis auf den heutigen Tag bis in die nicht akademisch gebildeten Schichten hinein als touristische Attraktion große Beachtung, auch wenn dort wohl kaum das gedanklich und sprachlich elaborierte *Leben Michelangelo's* (1860–63) von Hermann Grimm, eine Bibel des ästhetischen Historismus und des gründerzeitlichen Bildungsbürgertums, gelesen wird.[9] Die Vermittlung und stetige Kultverjüngung scheint sich allein dem auch in Deutschland ungemein populären Michelangelo-Roman von Irving Stone aus dem Jahre 1961 zu verdanken.[10]

Doch wie fügen sich nun Thomas Manns Äußerungen zu Michelangelo in diese Wirkungs- und Rezeptionsgeschichte ein? Trägt der Dichter substantiell zum Michelangelo-Bild der Deutschen bei? Bewegt er sich ausschließlich auf ausgetretenen Pfaden oder liefert er neue Ideen? Diese Fragen wird man nur zögerlich positiv beantworten wollen, denn seine Sicht auf den Künstler ist nicht sonderlich originell, sondern schon entschieden in der Rezeptionsgeschichte vorgezeichnet. Dennoch lohnt es sich, Thomas Manns Michelangelo-Deutung etwas genauer zu betrachten. Es soll im Folgenden nicht darum gehen, die Referenzen auf Michelangelos künstlerisches Werk in den Schriften Thomas Manns zu untersuchen und kunsthistorisch zu illustrieren. Dazu ist in den Kommentaren zu den Werken sowie in den Studien von Hans Wysling und Katrin Bedenig das Wesentliche identifiziert und gesagt worden.[11] Hier fällt die Bilanz echter Werkkenntnis rein faktisch recht mager aus. Thomas Mann war zwar in Rom, hat den *Moses* und die Fresken der Sixtinischen Kapelle gesehen, doch bezog er sein Material für die literarische Verarbeitung aus den

[9] Herman Grimm: Leben Michelangelo's, 2 Bde., Hannover: Rümpler 1860–63.
[10] Irving Stone: The Agony and the Ecstasy. A Novel of Michelangelo, Garden City (New York): Doubleday 1961.
[11] Vgl. Hans Wysling / Yvonne Schmidlin (Hrsg.): Bild und Text bei Thomas Mann. Eine Dokumentation, Bern: Francke 1975; Bedenig, »Ohrenmensch« (zit. Anm. 1), S. 81–124.

Bildbänden, die sich in der Nachlassbibliothek erhalten haben.[12] Dieses Faktum ist nicht unwichtig, denn offensichtlich ist das Erlebnis der Größe und *terribilità* Michelangelos dabei nicht die Folge intensiver Werkbetrachtung vor Ort, sondern eine kunstliterarische Erfahrung am heimischen Schreibtisch, die von Autoren wie dem Maler und Kunstschriftsteller Hermann Knackfuss, dem Würzburger Ordinarius Fritz Knapp oder sogar durch Oswald Spengler vermittelt worden ist.[13] Die Ausführungen begrenzen sich hier auf wenige Textstellen des Essays *Die Erotik Michelangelo's*, auch kann die Auseinandersetzung mit dem *Moses* hier nicht zur Sprache kommen, über die jüngst Gerd Blum ausführlich und überzeugend gehandelt hat.[14] Die produktive Spiegelung der Künstlerfigur Michelangelo mit ihrem charakteristischen Äußeren, dem schon im Cinquecento zelebrierten Bildhauer-Image des muskulösen Arbeiters mit zerfurchter Stirn und gebrochener Nase, das wohl unzweifelhaft in die Gestaltung der Figur des Moses in der Novelle *Das Gesetz* eingeflossen ist, ist hier nicht das Thema. Dieses Kabinettstück angewandter Physiognomik auf die Figur des Patriarchen, der wie ein Künstler Gesetze gibt und zerstört, ist ein besonders faszinierendes Unterkapitel deutscher Michelangelo-Rezeption und wohl ohne direktes Vorbild.

Es soll ausschließlich um den späten Essay *Die Erotik Michelangelo's* gehen. In diesem Essay spielt der bildende Künstler Michelangelo eigentlich keine Rolle, sondern nur der Dichter. Die »Kunst« wird in ihrem abstrakten Charakter behandelt, ihre Nennung im mit metaphysischer Dignität versehenen Kollektivsingular übergeht, wie nach 1800 üblich, die Tatsache, dass Michelangelo in der Frühen Neuzeit nicht als unübertroffener Meister der Kunst (*arte*), sondern der Künste (*arti*), nämlich der drei Zeichenkünste (*tre arti del disegno*), galt.[15] Diese Künste waren die Malerei, die Skulptur und die Architektur, die durch den Genius des Michelangelo auf eine vorher ungekannte Höhe getrieben worden waren. Ihre gemeinsame Grundlage ist die Zeichnung (*disegno*), da sie die erhabenen Gedanken (*concetti*) aus dem Geiste in die Hand überführt und die materielle Realisierung der Werke erst ermöglicht. Seit Giorgio Vasaris *Vite de' più eccellenti pittori, scultori e architettori* (1550/68) war Michelangelo

---

[12] Vgl. Bedenig, »Ohrenmensch« (zit. Anm. 1), S. 98.

[13] Hermann Knackfuss: Michelangelo, Bielefeld / Leipzig: Velhagen & Klasing 1895 (= Künstler-Monographien, Bd. 4) [von Thomas Mann vermutlich benutzt, aber nicht in der Nachlassbibliothek erhalten]; Fritz Knapp (Hrsg.): Michelangelo. Des Meisters Werke in 169 Abbildungen, 2. Aufl., Stuttgart / Leipzig: Deutsche Verlagsanstalt 1907 (= Klassiker der Kunst in Gesamtausgaben, Bd. 7); Oswald Spengler: Der Untergang des Abendlandes. Umrisse einer Morphologie der Weltgeschichte, 2 Bde., Bd. 1, Wien / Leipzig: Braumüller 1918, S. 384–387.

[14] Gerd Blum: Michelangelo als neuer Mose. Zur Rezeptionsgeschichte von Michelangelos »Moses«: Vasari, Nietzsche, Freud, Thomas Mann, in: Zeitschrift für Ästhetik und Allgemeine Kunstwissenschaft, Bd. 53, H. 1, Hamburg: Felix Meiner 2008, S. 73–106.

[15] Vgl. Bernd Roggenkamp: Die Töchter des »Disegno«. Zur Kanonisierung der drei Bildenden Künste durch Giorgio Vasari, Münster: Lit-Verlag 1996 (= Uni Press Hochschulschriften, Bd. 81).

der Künstler, der alle drei Disegno-Künste perfekt beherrschte und in seinem Zeitalter zur Vollendung des Prozesses der *rinascità delle arti* geführt hat.[16] Mit den Skulpturen der Medici-Kapelle, dem Fresko des *Jüngsten Gerichts* in der Sixtinischen Kapelle und der Vollendung des Neubaus von St. Peter seien nur die Höchstleistungen Michelangelos in allen drei Künsten benannt. Die Dichtung spielt dabei keine Rolle. Sie wäre die vierte Kunst, die Michelangelo ausgeübt hat, die aber nicht zu den Zeichenkünsten gehört. Doch nur ihr gilt das Interesse Thomas Manns in dem Essay über die Erotik Michelangelos. Warum?

Michelangelo hat Zeit seines Lebens Gedichte, vornehmlich Sonette, aber auch Madrigale, Epigramme und Canzonen in italienischer Sprache geschrieben, die zu Lebzeiten nicht veröffentlicht wurden.[17] Erst 1623 besorgte der Großneffe Michelangelo Il Giovane (1568–1646), ein Intellektueller, Sammler und Genealoge, der ein Freund Galileis und des Papstes Urban VIII. war, eine stark geglättete und überarbeitete Ausgabe der Dichtungen des *Divino*.[18] Aus Furcht vor dem Homosexualitätsverdikt seitens der gegenreformatorischen Kritik wandelte Buonarroti il Giovane beispielsweise die männlichen Adres-

---

[16] Vgl. dazu Julian Kliemann: Giorgio Vasari. Kunstgeschichtliche Perspektiven, in: Kunst und Kunsttheorie 1400–1900, hrsg. von Peter Ganz, Martin Gosebruch, Nikolaus Meier und Martin Warnke, Wiesbaden: Harrassowitz 1991 (= Wolfenbütteler Forschungen, Bd. 48), S. 29–74, sowie zuletzt Einleitung und Kommentar zu Giorgio Vasari: Das Leben des Michelangelo, hrsg., kommentiert und eingeleitet von Caroline Gabbert, Berlin: Wagenbach 2009 (= Edition Giorgio Vasari).

[17] Die Literatur zu Michelangelos poetischem Werk und seinen Übersetzungen ist umfangreich. Siehe vor allem: Die Dichtungen des Michelagniolo Buonarroti, hrsg. und mit kritischem Apparate versehen von Karl Frey, Berlin: Grote 1897; Waltraud Gentes: Die Dichtungen des Michelangelo Buonarroti und ihre deutschen Übersetzungen, Phil. Diss., Heidelberg 1947; Franz Rauhut: Michelangelo als Dichter, in: Michelangelo Buonarroti, hrsg. von Charles De Tolnay, Würzburg: Leonhardt 1964 (= Persönlichkeit und Werk, Bd. 1), S. 191–214; Giuseppe Zamboni: Michelangelo als Dichter, Basel: Helbing & Lichtenhahn 1965 (= Vorträge der Aeneas-Silvius-Stiftung an der Universität Basel IV); Umberto Bosco: Michelangelo poeta, Rom: So. Gra. Ro. 1975; Angelika Kovačić-Laule: Michelangelo als platonischer Dichter. Interpretationen ausgewählter Gedichte mit einer historischen Einführung, Phil. Diss., Freiburg i. Br. 1978; Roberto Gigliucci: Voci recenti su Michelangelo poeta, in: Roma nel Rinascimento, Jg. 10, Rom 1994, S. 57–74; Christopher Ryan: The Poetry of Michelangelo. An Introduction, Madison: Fairleigh Dickinson University Press 1998; Grazia Dolores Folliero-Metz: Le Rime di Michelangelo Buonarroti nel loro contesto, Heidelberg: Winter 2004 (= Studia Romanica 121); Susanne Gramatzki: Zur lyrischen Subjektivität in den »Rime« Michelangelo Buonarrotis, Heidelberg: Winter 2004 (= Studia Romania 117); Paolo Grossi/Matteo Residori (Hrsg.): Michelangelo. Poeta e artista, Paris: Istituto Italiano di Cultura 2005 (= Quaderni dell'Hôtel de Galliffet, 4).

[18] Rime di Michelagnolo Buonarroti. Raccolte da Michelagnolo suo Nipote, Florenz: Giunti, 1623. Ein Reprint dieser *editio princeps* erschien 2004. Zu der Persönlichkeit des Herausgebers siehe Claudio Varese: Michelangelo Buonarroti il Giovane tra ideologia, letteratura e teatro, Lecce: I.T.E.S. 1972; Janie Cole: Music, Spectacle and Cultural Brokerage in Early Modern Italy. Michelangelo Buonarroti il Giovane, 2 Bde., Florenz: Olschki 2011. Zur Bekanntheit der Dichtungen vor dem Druck und zur Vorgeschichte der Edition siehe Giorgio Costa: Michelangelo e la stampa. La mancata pubblicazione delle »Rime«, in: Acme, Bd. 60, H. 3, Mailand: Led on Line 2007, S. 211–244; Antonio Corsaro: La prima circolazione manoscritta delle rime di Michelangelo, in: Medioevo e Rinascimento, Jg. 25, Florenz 2011, S. 279–297, S. 447–448.

saten in Frauen um. Erst im 19. Jahrhundert wurde durch Entdeckung der Handschriften der fragmentarische Charakter der dichterischen Äußerungen Michelangelos bekannt und zum ästhetischen Eigenwert der Überlieferung erhoben. Die Edition von 1623 fiel mit der Musealisierung und dem Ehrengedächtnis Michelangelos im frühen 17. Jahrhundert durch die Einrichtung der Casa Buonarroti als Michelangelo-Museum zusammen.[19] In diesem Museum wurden einige Werke Michelangelos verwahrt, ein Bilderzyklus der Florentiner Akademie-Künstler in der sogenannten Galleria zeigt die wichtigen Stationen aus dem Leben des Künstlers, nämlich seine Leistungen in den verschiedenen Künsten und seine Begegnungen mit Herrschern und großen Persönlichkeiten, die sein hohes, fürstengleiches Ansehen belegten. Ein Gemälde von Cristofano Allori zeigt Michelangelo als Denker bei Nacht. Hier setzt vermutlich die Stilisierung des Künstlers zum tiefblickenden Melancholiker an, der aus der Überfülle seines Geistes große Erfindungen hervorbringt und als unter Saturn geborener Künstler zu höheren Einsichten befähigt ist. Ein Detail ist an dem Gemälde, dessen Ausführung Michelangelo il Giovane überwacht hat, besonders wichtig: Michelangelo wird hier mit den Schreibwerkzeugen vor sich als Dichter gezeigt. Neben die drei Disegno-Künste tritt in der Rezeption nun ein Viertes, nämlich die Dichtung. Die außerordentliche Künstlerpersönlichkeit Michelangelo wird um die Facette des Intellektuellen und Poetischen angereichert, die seine Gleichordnung mit den Dichtern, Rednern und Philosophen, seine Erhebung von den Handwerkskünsten zu den Freien Künsten erst möglich gemacht hat. Eine Facette des modernen Künstlerkults wird hier erstmals greifbar: die auch von Thomas Mann beschriebene Verquickung einer komplexen Intellektualität mit einer großen Sinnlichkeit, die in der Materialität des vornehmlich plastischen Werks ihren dauerhaften Ausdruck fand.

Thomas Mann bezeichnet die Dichtungen Michelangelos als »dichterische[n] Wildwuchs« (IX, 783). In der Tat sind die Gedichte formal recht eigenwillig und durch die fragmentarische Überlieferung nicht einfach zu verstehen. Auch motivisch machen es diese Texte dem Leser nicht leicht. Es geht um Liebe und Schönheit, gelegentlich um die Kunst (in den berühmten Versen über die *Notte*), vor allem aber um die Ansprache des lyrischen Ich an ein leidenschaftlich begehrtes Gegenüber, das im Wesentlichen mit Tommaso de' Cavalieri und der Dichterin Vittoria Colonna identifiziert werden kann. Michelangelos Verse sind in der Tradition des italienischen Petrarkismus stehende Liebesgedichte, deren Motivik oftmals topisch ist. Als wesentliche Themen sind die Liebe, das

---

[19] Adriaan W. Vliegenthart: La Galleria Buonarroti. Michelangelo e Michelangelo il Giovane, Florenz: Istituto Universitario Olandese di Storia dell'Arte 1976 (= Istituto Universitario Olandese di Storia dell'Arte, 7); Marc-Joachim Wasmer: Die Casa Buonarroti in Florenz, ein Geniedenkmal für Michelangelo, in: Künstlerhäuser von der Renaissance bis zur Gegenwart, hrsg. von Eduard Hüttinger, Zürich: Waser 1985, S. 121–138.

Leiden an dieser, der Tod und die Hinwendung zum Göttlichen zu nennen. Es sind in der Regel pessimistische Selbstaussagen, wobei der Dichtung kompensatorisch-therapeutischer Charakter zuzukommen scheint, um ein quälendes Gefühl der schmerzenden Liebe zu lösen.[20] Die Betrachtung der Liebe in ihren Varianten, auf Mann oder Frau gerichtet, ist bei Michelangelo im Wesentlichen kontemplativ, eine aktive Erfüllung der Wünsche ist nicht vorgezeichnet. Ein großer Teil der Gedichte gibt sich deutlich als dem Alter zugehörig zu erkennen. Durch die liebende Erkenntnis des Schönen bahnt sich der greise Künstler den Weg zur Schau des Göttlichen. Die erotische Liebe in ihrem lasziven Charakter bleibt gedanklich außen vor. Michelangelo besingt die in ihrem irdischen Kerker gefesselte Seele, die nach ihrem göttlichen Ursprung strebt. Der neoplatonische Bezugsrahmen, wonach die Betrachtung der körperlichen Schönheit und das Liebesbegehren zur Erkenntnis des Göttlichen führen, die Schönheit als Verkörperung der Idee erscheint usw., ist in der Forschung immer wieder akzentuiert worden. Auch Thomas Mann liest Michelangelo ganz in diesem neoplatonischen Sinne. Das heftige Begehren nach den schönen Augen, den schönen Gesichtern, sei es der begehrten Frau oder eines jungen Mannes, die bezwingende Macht der äußeren Körperformen – »la forza di un bel viso«: Dies alles sind nur Verweise auf die göttliche Schönheit und Vollkommenheit, von der die sinnliche Schönheit lediglich ein Abglanz ist. So betont auch Thomas Mann, es seien schöne Gesichter gewesen, die Michelangelo gefesselt haben. Die auf Augen und Blicke beschränkte Schönheit ist eine geistige Seelenschönheit, nicht aber körperliche Erotik. Es bedarf der spiritualisierenden Kraft der Liebe, des Begehrens, um diese Schönheit zu schauen. Die Kunst, und hier darf man auch sagen: die bildende Kunst, ist nur das Bemühen, die eigentlich unfassbare göttliche Schönheit zu begreifen, ja irdisch zu greifen, ihrer in der Plastik auch körperlich habhaft zu werden:

Von den höchsten Sternen senkt sich ein Glanz herab – hier unten heißt er Liebe. Sie ist es, die den Geist zum Himmel, vom Irdischen zum Göttlichen trägt, und er verachtet all die, denen die Schönheit nebst der Leidenschaft für sie nur eine Sache der Sinne ist, – er begegnet damit zugleich der Verleumdung ›der ruchlos Dummen böser Münder‹ – im Falle Tommaso Cavalieri, nehme ich an. Die unsterbliche und engelsgleiche Seele, den Leib durchleuchtend, ist es, so behauptet er enthusiastisch, ›die mich für dich in Lieb' entflammt, – Nicht ist's allein dein heitres Angesicht – il tuo volto sereno‹. (IX, 786)

Soweit Thomas Manns Befolgung des neoplatonischen Pfades, den die Deutungsgeschichte bereits vorgegeben hatte und den man in seinem doch wohl evidenten biographischen Bezug auf das Zürcher Westermeier-Erlebnis als eine

---

[20] Vgl. Daniela Krunic: Die Dichtungen des Michelangelo Buonarroti. Der Neoplatonismus in seiner tragischen Variante, in: Kunst und Kultur Portal (www.kunstundkultur.org/art-culture/die-dichtungen-des-michelangelo-buonarroti.html).

intellektuelle Sublimierung der eigenen Lebenswirklichkeit beschreiben darf. Denn in den Tagebüchern wird deutlich, dass Thomas Mann der Faszination durch das schöne Gesicht des Kellners keineswegs den erotischen Vollzug nachfolgen lassen möchte.[21] Die Reflexion über das Erlebnis bleibt ganz im gedanklichen Spektrum des Platonischen und wird in der tragischen Figur des alten Michelangelo gespiegelt:

Michelangelo hat nie um der Erwiderung willen geliebt, noch an sie glauben wollen und können. Für ihn ist, recht platonisch, der Gott im Liebenden, nicht im Geliebten, der nur das Mittel göttlicher Begeisterung ist, und wie sehr er den himmlisch-chimärischen Tag ersehnt, den Tag der Verheißung, an dem die Sonne stillstehen möge auf ihrer alten Fahrt, und wo er, unwert! unwert!, für immer die Arme schließen mag um seinen ›heißersehnten Herrn‹, – Chimäre eben ist dieser Tag, wie alle ›Erwiderung‹, und Michelangelo's ganze Erotik scheint prinzipiell auf die Polarität von Schönheit und häßlichem Alter gegründet, bei dem die Liebe ist, und das nichts als ein wenig ›Mitleid‹, Güte, Gnade zu erwarten hat. (IX, 788)

Der Neoplatonismus als gängiges Deutungsmuster für die Renaissancekultur wurde kunsthistorisch spezifisch an Michelangelo im Hamburger Forscherkreis um die Kulturwissenschaftliche Bibliothek Warburg entwickelt. Deren Hauptexponent war der 1933 aus Hamburg in die USA emigrierte Erwin Panofsky, der mit seinem Beitrag *Neoplatonic Movement and Michelangelo* das Deutungsschema in die Kunstgeschichte getragen und dabei auch die Gedichte, vor allem die an Tommaso de' Cavalieri gerichteten, berücksichtigt hat.[22] In Michelangelos künstlerischem Werk werden diese Gedanken am ehesten in den mythologischen Zeichnungen reflektiert, die er um 1533 für Tommaso de' Cavalieri angefertigt hat.[23] In der Wahl des Phaeton-Stoffes etwa thematisiert er das Scheitern dessen, der über seine Kräfte hinaus will, nämlich sich vom Menschlichen zum Göttlichen zu erheben, wie Phaeton, der die Kontrolle über den ihm von Apoll als Vaterschaftsbeweis anvertrauten Sonnenwagen verliert, einen Weltenbrand entfacht und von Jupiter getötet wird. Es ist zugleich ein spezifisch michelangeleskes Problem, einen stürzenden Körper ins Bild zu setzen. Man hat zu Recht darin das Sinnbild des Scheiterns des zum Göttlichen strebenden Liebenden erkannt, der über seine Grenzen hinaus will.[24]

---

[21] Vgl. die Nachweise bei Bedenig, »Ohrenmensch« (zit. Anm. 1), S. 81–97, S. 113–115.

[22] Dieser Aufsatz bildet ein Kapitel in Panofskys Hauptwerk zur Renaissance-Ikonologie, vgl. Erwin Panofsky: Studies in Iconology. Humanistic Themes in the Art of the Renaissance, New York: Oxford University Press 1939 (= The Mary Flexner Lectures on the Humanities; 7). In deutscher Übersetzung in Erwin Panofsky: Studien zur Ikonologie der Renaissance, hrsg. von Andreas Beyer, Köln: Dumont 1997, S. 251–326.

[23] Vgl. dazu auch mit starker Betonung des neoplatonischen Kontextes: Christoph Luitpold Frommel: Michelangelo und Tommaso dei Cavalieri, Amsterdam: Castrum Peregrini Presse 1979 (= Castrum Peregrini, Heft 139/40).

[24] Vgl. Panofsky, Iconology (zit. Anm. 22), S. 282–284.

Unwahrscheinlich, dass Thomas Mann den in Panofskys *Studies in Iconology* integrierten Aufsatz gekannt hat, der ein Meisterstück der Ikonologie als humanistischer Königsdisziplin des in den USA ungemein populären deutschen Gelehrten geblieben ist. Panofsky steht für den avancierten kunsthistorischen Forschungsstand zur Zeit Thomas Manns, den dieser offenbar kaum zur Kenntnis genommen hat. Vielmehr hat er sich bezüglich der Kunst Michelangelos am deutschsprachigen künstlermonographischen Standard orientiert.

Der diesem Beitrag zugrundeliegende Vortrag sollte ursprünglich *Michelangelo unter den deutschen Dichtern* heißen, da die Eigengesetzlichkeit, mit der sich Literaten die Figur Michelangelos angeeignet haben, weder mit der künstlerischen Realität der jeweiligen Epoche noch mit deren allgemeinen kunsthistorischen Werturteilen viel gemein hat. So tritt Michelangelo in die deutsche Geistesgeschichte zunächst als Witzfigur. »Witz« ist hier in seinem alten Wortsinn gemeint: In der ersten greifbaren deutschsprachigen Reflexion ist Michelangelo ein schlagfertiger Redepartner, der nicht über eine ausgefeilte Rhetorik verfügt, sondern mit wenigen Worten große Wahrheiten ausspricht. Seine Zuhörer weiß er mit klugen Merksprüchen zu überzeugen. Interessanterweise schreibt in Deutschland zuerst ein Dichter über Michelangelo, nämlich Georg Philipp Harsdörffer, der Nürnberger Barockpoet und Polygraph, der Informationen aller möglichen Wissensgebiete kompiliert und übersetzt hat. In Harsdörffers Interessenspektrum der Wissenspopularisierung lag auch die bildende Kunst, wie sein 1652 erschienener Malereitraktat belegt, der eine stark verkürzte, diskontinuierliche und elliptische Kompilation italienischer, niederländischer und französischer Quellen ist.[25] Harsdörffers *Kunstverständiger Discurs* ist keine brauchbare Malereitheorie, er soll vielmehr zum verständigen Reden über die Kunst anleiten. Nur wenige Künstler werden namentlich genannt. Neben dem für Nürnberg naheliegenden deutschen Ausnahmekünstler Albrecht Dürer wird hier erstmals Michelangelos in deutscher Sprache gedacht, und dies gleich dreifach und mit zentralen Anekdoten. Harsdörffer hebt an Michelangelo den »Witz« hervor, seine Fähigkeit zu geistreichen Apophthegmata, seine Urteilskraft und seine Lust, durch Listigkeit die Wahrheit hervorzubringen.[26] Harsdörffer liefert dabei die erste deutsche Übersetzung der berühmten Verse über die Skulptur der *Nacht* in der Medici-Kapelle in Florenz. Möglich, dass Harsdörffer auf seiner *peregrinatio academica*, die ihn 1630 durch Florenz

---

[25] Vgl. Georg Philipp Harsdörffer: Kunstverständiger Discurs von der edlen Mahlerey, Nürnberg 1652, hrsg., kommentiert und mit einem Nachwort von Michael Thimann, Heidelberg: Manutius 2008 (= Texte zur Wissensgeschichte der Kunst, Bd. 1).
[26] Vgl. dazu und zur frühen Michelangelo-Rezeption in Deutschland v. a. Heiko Damm: Georg Philipp Harsdörffer und Michelangelos Witz, in: Georg Philipp Harsdörffers ›Kunstverständige Discurse‹. Beiträge zu Kunst, Literatur und Wissenschaft in der Frühen Neuzeit, hrsg. von Michael Thimann und Claus Zittel, Akten des Studientages am Kunsthistorischen Institut in Florenz – Max-Planck-Institut, 12. Dezember 2007, Heidelberg: Manutius 2010, S. 39–88.

geführt hatte, die Basilika von S. Lorenzo sogar besucht hatte. Michelangelo soll seine Verse als Erwiderung auf das Gedicht des Giovanni di Carlo Strozzi verfasst haben, das ganz in der Topik der Zeit die scheinhafte Lebendigkeit der Statue lobt, die so natürlich zu schlafen scheint, dass man sie nur wecken möchte.[27] Kunstwerk und Natur sind so einander angenähert, dass die eine Realität mit der anderen austauschbar wird. Dagegen betont Michelangelos Replik – wenn sie denn von ihm ist – ausdrücklich den Kunstcharakter der Statue, die lieber Stein sein will, als in die Widerwärtigkeit der Gegenwart herabgezogen zu werden. Michelangelo, ihr Schöpfer, spricht hier selbst für seine Statue, die ihre über die Wirklichkeit erhabene moralische Integrität gerade durch ihr Schweigen und die Verweigerung ihrer Lebendigkeit unter Beweis stellt. Auch Thomas Mann bleibt an diesen berühmten Versen hängen, vermengt sie aber mit anderen der *Notte* gewidmeten Sonetten und bringt sie irrtümlich nicht mit den Statuen der Medici-Kapelle, sondern mit der Sixtina zusammen und imaginiert sich eine ideale Produktionssituation auf dem Gerüst:

… und wir lesen, erschauernd in Ehrfurcht, ein Sonett, das während der Arbeit am ›Jüngsten Gericht‹, wahrscheinlich auf dem Gerüst, gedichtet ist und sehnsüchtig *die Nacht*, ›des Todes gütig Bild‹, verherrlicht, sie, aller gekränkten Seufzer letzter Zufluchtsort. Kaum ist die Übergewalt dieser Sehnsucht, der Wunsch, zu schlafen und nicht zu sehen, nicht zu hören, ja *Stein zu sein*, statt Mensch, ›da Schaden doch und Schande weiter währen‹, – kaum sind sie zu vereinen mit einer Produktivität, deren Energie ohne Maß und deren strotzende Kraftüberladenheit freilich wohl eben ein Ausdruck der Düsternis ist. (IX, 784 f.)

Nicht geistreicher Witz, sondern existenzialistische Schwere und weltabgewandter Tiefsinn, die edle Melancholie des großen Künstlers werden hier mit den *Notte*-Versen assoziiert, was wohl wieder mehr über Thomas Manns eigene Verfasstheit als über Michelangelo aussagt. Um zu Harsdörffers Übersetzung zurückzukehren: Es ist offenkundig, dass sich der Dichter Harsdörffer für den Dichter Michelangelo interessiert und diesen marginalen Komplex aus der Informationsfülle über die Vita Michelangelos herausgreift. Denn die Dichtung dient ihm dazu, die Nobilität der Kunst unter Beweis zu stellen, da Michelangelo auch ein Gelehrter und ein Wortkünstler war, der einen Berufsintellektuellen wie Strozzi mit seinem Wortwitz, der mit tiefer Wahrheitserkenntnis gepaart war, außer Gefecht setzen konnte.

Es ist eine eigentümliche Faszinationsgeschichte, die Michelangelo auf die deutschen Dichter ausgeübt hat. Hier muss vieles übergangen werden, um zu einem anderen Poeten zu gelangen, der wohl wie kaum ein anderer ein *alter ego* Thomas Manns gewesen ist, nämlich Goethe. Dessen Auseinandersetzung mit

---

[27] Vgl. Damm, Harsdörffer (zit. Anm. 26), S. 51–62.

Michelangelo ist anhaltend und durchaus ambivalent.[28] Eine kurze Phase der Hochschätzung hatte Michelangelos Genie schon im Sturm und Drang erfahren.[29] Den Winckelmann folgenden Klassizisten wiederum war die ins Maßlose reichende Größe des Michelangelo jedoch suspekt, da sie auf Kosten der bei Raffael zu findenden Anmut (*grazia*) ging. Doch war Michelangelo schon von Asmus Jakob Carstens entgegen der klassizistischen Geschmackslehre wegen der Gravität seines Stils hochgeschätzt worden. Die *maniera grande* des Michelangelo, die in ihrer Monumentalität und Reduktion auf die Darstellung muskulöser menschlicher Körpers der Verspieltheit des Rokoko-Geschmacks diametral entgegenstand, sowie die bildkünstlerische Konzentration auf die Gestalt des schönen Menschen entsprachen auch Goethes Vorlieben. Diese Qualitäten sicherten Michelangelo zumindest eine innere Nähe zur Antike, auch wenn sein selbstquälerisches Schöpfertum zwangsläufig Ausweis seiner Modernität bleiben musste. Goethe hat sich von den Vorurteilen seiner Zeitgenossen nicht gänzlich freigemacht, doch hat er eine eigene Perspektive eingenommen. Seine Auseinandersetzung mit Michelangelo erreicht nicht die Intensität wie diejenige mit Raffael, auch erlangt Michelangelo nicht die gleiche Hochschätzung wie der mit immer gleicher Leichtigkeit – d.h. im Sinne der Griechen – schaffende universale Maler aus Urbino. Doch bewundert Goethe zunehmend die »Großheit« und die gestalterischen Kühnheiten Michelangelos. In der *Italienischen Reise* zeigt sich Goethe von den Malereien Michelangelos in der Sixtinischen Kapelle, die er wie Thomas Mann wiederholt besucht hat, überwältigt. Michelangelos »Großheit« sei nicht auszudrücken: »Und ich bin in dem Augenblicke so für Michel Ange eingenommen, daß mir nicht einmal die Natur schmeckt, da ich sie doch nicht mit so großen Augen wie er sehen kann.«[30] (Rom, 2. Dezember 1786); »ohne die Sixtinische Kapelle gesehen zu haben, kann man sich keinen anschauenden Begriff machen, was ein Mensch vermag« (Rom, 23. August 1787).[31] »Was ein Mensch vermag«: Michelangelos Stil ist für Goethe durch eine unerreichbare Größe gekennzeichnet. Aufgrund

[28] Zu Goethes Michelangelo-Rezeption siehe Herbert von Einem: Goethe und Michelangelo, in: Goethe Jahrbuch, Bd. 92, Weimar: Böhlau 1975, S. 165–194; Herbert von Einem: Ein ungedrucktes Manuskript Johann Heinrich Meyers über Michelangelo, in: Goethe Jahrbuch, Bd. 94, Weimar: Böhlau 1977, S. 256–285; Andreas Beyer: »... was ein Mensch vermag ...«. Anmerkungen zu Goethes Würdigung des Michelangelo, in: Cultura tedesca, Bd. 13, Rom 2000, S. 55–67; Michael Thimann: Artikel »Michelangelo (1475–1564)«, in: Goethe Handbuch. Supplemente, Bd. 3: Kunst, hrsg. von Andreas Beyer und Ernst Osterkamp, Stuttgart/Weimar: Metzler 2011, S. 525–527.
[29] Gisold Lammel: Michelangelo-Rezeption deutscher Maler um 1800, in: Studien zur deutschen Kunst und Architektur um 1800, hrsg. von Peter Betthausen, Dresden: Verlag der Kunst 1981 (= Fundus-Bücher, Bd. 75/76), S. 79–93.
[30] Johann Wolfgang Goethe: Italienische Reise, in: Johann Wolfgang Goethe. Sämtliche Werke nach Epochen seines Schaffens. Münchner Ausgabe, Bd. 15, hrsg. von Andreas Beyer, München: Hanser 1992, S. 172.
[31] Ebd., S. 468.

ihrer erfinderischen und gestalterischen Kühnheiten überwältigt sie den Betrachter vollkommen (*terribilità*). Diese Qualität wurde, dies ist grundlegend
für Goethes Verständnis Michelangelos, im 18. Jahrhundert mit den Eigenschaften des Erhabenen verknüpft. Bei Karl Philipp Moritz etwa heißt es:
»… die Werke des Michelangelo [tragen] ganz das Gepräge von ihm selber und
von seiner eigenthümlichen Denkungsart, die freilich erhaben und oft furchtbar
groß ist.«[32] Trotz der zunehmend reflektierten Haltung hinsichtlich der kunsthistorischen Bedeutung Michelangelos scheint sich Goethes geschmackliche
Einschätzung bis zuletzt in klassizistischen Bahnen zu bewegen. So deutet sich
in der Schlussnotiz des zweiten Heftes von *Über Kunst und Alterthum* von
1817 an, dass Goethe in Michelangelo als dem Repräsentanten »angestrengter
Großheit« den Ursprung des Niedergangs der Kunst des 16. Jahrhunderts im
Manierismus erkannte: »Von dem übermenschlichen aber auch die Menschheit
gewaltsam überbietenden Michel Angelo, bis zu dem manierirtesten Spranger,
waren kaum einhundert Jahre nöthig um die Kunst von angestrengter Großheit zu überstrengter Fratzenhaftigkeit herunter zu ziehen.«[33] Der Kontext
dieser Einschätzung ist polemisch. Michelangelo wird hier im Vergleich mit
der Antike und der Gegenwartskunst, nämlich den Adepten der von Wacken-
roder und Tieck inspirierten romantischen Richtung, paradigmatisch als ein
kunsthistorischer Endpunkt benannt, von dem aus keine weitere Entwicklung
mehr möglich ist. In dem schmalen Grat, der die »Großheit« von der »Fratzenhaftigkeit« trennt, dürfte Goethe schon immer die größte Gefahr für Michelangelo erahnt haben.

Für den Dichter Michelangelo hat sich Goethe übrigens nicht nachweislich interessiert; die Publikationslage hatte diesen Teil des Werkes bis weit
ins 19. Jahrhundert hinein dem Vergessen anheim gegeben. Warum wird dies
hier berichtet, wenn sich Goethes Auffassung doch so deutlich von Thomas
Manns affirmativem Michelangelo-Verständnis unterscheidet, das sich deutlich in den Bahnen des heroischen Genie-Kults des Historismus bewegt? Die
Tatsache, dass sich zwei der bedeutendsten Schriftsteller in deutscher Sprache
zumindest punktuell für den Künstler interessiert haben, reicht als *tertium
comparationis* nicht aus. In der Ambivalenz von Goethes Blick auf Michelangelo scheint aber bereits ein Zug der deutschen Michelangelo-Rezeption angelegt, der sich voll in der zweiten Hälfte des 19. Jahrhunderts entfalten wird
und an dem Thomas Mann noch im Jahr 1950 partizipiert. Damit ist nicht die
paradoxe Tatsache gemeint, dass von namhaften Autoren seit der Reichsgrün-

[32] Karl Philipp Moritz: Schriften zur Ästhetik und Poetik, hrsg. von Hans Joachim Schrimpf,
Tübingen: Niemeyer 1962, S. 221.
[33] Johann Wolfgang Goethe: Divan-Jahre. 1814–1819, in: Johann Wolfgang Goethe. Sämtliche
Werke nach Epochen seines Schaffens. Münchner Ausgabe, Bd. 11.2, hrsg. von Johannes John,
München: Hanser 1994, S. 365.

dung in Michelangelo eine nordische Seele hinein okuliert wurde.[34] Vielmehr ist eine merkwürdige Dichotomie zu betonen, nämlich einerseits die absolute Bewunderung für das schöpferische und leidende Genie Michelangelos und für seine titanische Schöpferkraft, die ungeheure Ideen im widerstrebenden Stoff bezwingt. Dieser steht auf der anderen Seite aber die allgemeine Reserviertheit bezüglich des künstlerischen Werkes gegenüber, von dem nur wenig als gültige Umsetzung erhabener Ideen akzeptiert wurde. Die nackten Menschen mit ihren Titanen-Körpern galten vielen Michelangelo-Bewunderern gar als hässlich und ungenießbar, eine Kritik, die Jacob Burckhardt für den ästhetischen Historismus inauguriert hatte. Doch wurde im 19. Jahrhundert die Vorstellung vom Ausnahmekünstler und leidenden Genie Michelangelo ausformuliert, jenem tiefsinnigen Denker, der in Thomas Manns Essay immer als die entscheidende Denkfigur hinter allem steht: Es ist die schwermütige Düsternis aus dem Übermaß an Sinnlichkeit, wie Mann schreibt, die mit dem Göttlichen ringt und eigentlich nur den Aufstieg der edlen Seele aus dem Körperlichen ins Geistige wünscht. Transportmittel dafür ist wahlweise die Kunst oder die Liebe, für die sich Thomas Mann vor den Werken interessiert. Es ist offenkundig, dass Thomas Mann auch und vor allem an jenem Bild Michelangelos, das in seiner Zuspitzung auf das Seelenvolle und Leidende eine spezifisch deutsche Variante der Michelangelo-Verehrung ist, partizipiert hat. Michelangelo ist der Prototyp des großen Künstlers, da er leidensfähig, einsam, exzentrisch und abgründig ist, dennoch aber ein Werk schafft. Das macht ihn zu einer exemplarischen Künstlerfigur, wie ihn die Renaissance selbst nicht gesehen hat, die in der Beherrschung der drei Disegno-Künste eher die Perfektion als Gipfel der neuzeitlichen Kunstentwicklung in der von Michelangelo erreichten *maniera* erkannt hat. Diese produktive »Fehldeutung« räumt ihm im Denken Thomas Manns aber einen gleichrangigen Platz neben Goethe und Tolstoi ein, die im Essay explizit genannt werden, und, dies darf man wohl ergänzen, wohl auch neben Richard Wagner. Michelangelo ist einer jener Meister, deren Leiden an der Welt zur Schöpfung eines ungeheuren Werks geführt hat. Man lese nur einen Eingangssatz des Essays, dessen Beiwörter die ganze tragische Topik der deutschen Michelangelo-Verehrung in sich enthalten:

Aber gerade durch das erschüttert Hingewühlte dieser einsamen Geständnisse des gewaltigen Künstlers packen sie [die Gedichte] so ungeheuer, auf eine fast außerkünstlerische, außerkulturelle, nackt menschliche Weise, unser Gemüt; [...].
Welche Fülle von Leidenschaft ist hier, Merkmal einer ungeheuren und gequälten Vitalität, ins Wort gebannt! (IX, 783)

---

[34] Vgl. dazu vor allem Imorde, Michelangelo Deutsch! (Zit. Anm. 6)

»Erschüttert«, »hingewühlt«, »gewaltig«, »ungeheuer«, »fast außerkünstlerisch«, »außerkulturell«, »nackt menschlich«, »Fülle von Leidenschaft«, »gequälte Vitalität«: Es ist diese Sprache der Superlative, die den deutschen Michelangelo-Diskurs seit dem ausgehenden 19. Jahrhundert auf weite Strecken geprägt hat. Der größte Künstler, dessen maßlose Leistung für die Kultur der Gründerzeit so unfassbar ist, ist zugleich ein Kulturzerstörer, da er die Grenzen des herkömmlichen künstlerischen Empfindens sprengt und überwindet. Seine Größe liegt darin, dass er außerhalb des gesellschaftlichen Zusammenhangs steht, ein großer Gesetzloser, ein Täter war, der nicht mehr nach menschlichem Maß bemessen werden kann. Thomas Manns Apostrophierungen Michelangelos speisen sich nicht nur aus diesem kunsthistorischen Diskurs, wie wir ihn bei Heinrich Wölfflin, Henry Thode, Ernst Steinmann, Karl von Tolnai und anderen Michelangelo-Apologeten finden. Joseph Imorde hat kürzlich diesen deutschen Michelangelo-Diskurs seit der Reichsgründung bis 1945 rekonstruiert, in dem der ins Mystische ausgebaute Künstlerkult um Michelangelo für nationalistische Selbstdeutungen herangezogen wurde.[35] Die »germanische« Seele mit ihrer im Gegensatz zu den romanischen Völkern tiefen Leidensfähigkeit mache Michelangelo im Geiste zu einem deutschen Künstler, zu einem seelenvollen Gotiker. In Thomas Manns Essay ist noch manches von dieser Sprachschicht zu finden und es ist eine überzeugende Feststellung, dass sich sein Michelangelo-Bild wohl vor allem Oswald Spenglers *Untergang des Abendlandes* verdankt, dessen Michelangelo-Passage von Thomas Mann in seinen Tagebüchern heftigst bejaht worden ist.[36] Spenglers Michelangelo-Deutung war das Paradigma für seine Generation. Für Spengler ist Michelangelo der letzte Heide mit der »gotisch-christlichen« Seele Dantes,[37] aber eben auch der Prototyp des modernen zerrissenen und gequälten Künstlers, in dessen Spätwerk, als er nur noch fragmentarische Formen produzierte, die musikalische Seite hervortrat. Michelangelo wird so für Spengler zum exemplarischen Vertreter der »faustischen« Kultur.

Für Thomas Mann wurde Michelangelo nicht wirklich als bildender Künstler interessant, an ihm schulte er sich wohl kaum zum »Augenmenschen«. Michelangelo war für Thomas Mann als großer Melancholiker, als Liebender und Schönheitssucher von Interesse, als Prototyp eines durch und durch modernen Künstlerbildes, in das sich die Figur Thomas Manns vielleicht besser einpassen ließe, als es die des »divino artista« Michelangelo jemals getan hat.

---

[35] Imorde, Michelangelo Deutsch! (zit. Anm. 6).
[36] Vgl. Bedenig, »Ohrenmensch« (zit. Anm. 1), S. 99.
[37] Spengler, Untergang des Abendlandes (zit. Anm. 13), S. 385–386.

Alexander Bastek

Thomas Mann, Carl Georg Heise und die bildende Kunst in Lübeck

Bei der Frage nach Thomas Manns Verhältnis zur bildenden Kunst kommt man, so will man meinen, an Carl Georg Heise nicht vorbei.[1] In der Geburtsstadt Thomas Manns war Heise in den 1920er Jahren die prägende Figur hinsichtlich Kunstpflege und Museumsentwicklung. Mit noch nicht 30 Jahren war er im Mai 1920 Leiter des Museums für Kunst und Kulturgeschichte in Lübeck geworden. Zu seinem Hauptarbeitsfeld hatte er in seiner Bewerbung die deutsche Kunst des späten Mittelalters erklärt. Im Lübecker St. Annen-Museum fand er hierfür eine herausragende Sammlung vor. Sein eigentliches Ziel sah er aber schon bald in der Verbindung der alten mit der neuen Kunst. Als er 1921 das Behnhaus, eines der bedeutendsten klassizistischen Kaufmannshäuser Norddeutschlands, mithilfe privater Spenden für die Stadt erwerben und museal nutzen konnte, hatte er Raum für eine neue Gemäldegalerie. Neben der Neuordnung der Gemäldesammlung, deren Bestände des 19. Jahrhunderts er nun im Behnhaus präsentieren konnte, baute er bis 1933 eine beachtliche Sammlung zeitgenössischer expressionistischer Kunst auf. Damit etablierte er das Behnhaus überregional als bedeutendes Museum der Gegenwartskunst. Und tatsächlich finden sich bei der Etablierung zeitgenössischer künstlerischer Positionen bemerkenswerte Verbindungen zwischen Heise und Thomas Mann. Dazu bedurfte es allerdings einer schrittweisen Annäherung.

Vor seiner Tätigkeit in Lübeck war Heise Assistent an der Hamburger Kunsthalle, an der er bereits als Volontär tätig gewesen war. In diese Zeit fällt seine erste Publikation, die – wie er in seinem der Bewerbung für Lübeck beigefügten Lebenslauf betonte – rein historischer Art war: die erste deutsche Ausgabe der Tagebücher des Henri de Catt, *Unterhaltungen mit Friedrich dem Großen*.[2]

---

[1] Einige Berührungspunkte zwischen Thomas Mann und Carl Georg Heises Lübecker Kunstpflege sollen hier erstmals aufgezeigt werden. Darüber hinausgehende Erkenntnisse sind in den von Heise im Juni 1945 geschriebenen »persönlichen Erinnerungen an Thomas Mann« zu finden, deren Publikation von Jörg Traeger geplant wurde. (Siehe Jörg Traeger: Aus dem Lübecker Umfeld von Thomas Mann. Der Kunsthistoriker Carl Georg Heise und die Schriftstellerin Ida Boy-Ed. Mit einem unbekannten Erinnerungstext C. G. Heises, in: Zwischen den Wissenschaften. Beiträge zur deutschen Literaturgeschichte, Festschrift für Bernhard Gajek, hrsg. von Gerhard Hahn und Ernst Weber, Regensburg: Friedrich Pustet 1994, S. 413–426, 419.) Die Erinnerungen Heises an Thomas Mann werden nun 2014 von Dirk Heißerer in der Thomas-Mann-Schriftenreihe erstmals veröffentlicht.

[2] Carl Georg Heise (Hrsg.): Unterhaltungen mit Friedrich dem Großen. Tagebücher des Henri de Catt 1758–1760, übersetzt von Clara Hertz, Weimar: Kiepenheuer 1915.

Womöglich sah sich Heise zur Betonung gezwungen, seine Beschäftigung mit Friedrich dem Großen zu Beginn des Ersten Weltkriegs sei »rein historischer Art« gewesen, um nicht in den Verdacht zu geraten, tagesaktuelle Bezüge, einen »Abriß für den Tag und die Stunde« gewissermaßen, geliefert zu haben. Und tatsächlich hatte Heise Thomas Manns im selben Jahr veröffentlichtem Essay *Friedrich und die große Koalition* eine polemische Besprechung im Hamburgischen Correspondenten gewidmet.[3] Diese zweite Publikation des damals 24-jährigen musste, wie Heise sich erinnerte, sein Förderer Aby Warburg gegen heftigen Widerstand der Schriftleitung mit persönlichem Einsatz durchkämpfen: »Nur den Titel ›Zur Rehabilitierung des Genies‹ hat er als allzu anspruchsvoll zu meinem Schmerz gestrichen.«[4] In seinem Artikel schrieb Heise:

Mit der anschaulichen Milieu-Malerei des geistreichen Beobachters hat er uns den dekadenten Fürsten, die absterbende Patrizierfamilie geschildert. Aber man wird dem Geiste eines Friedrich nicht gerecht mit den Darstellungsmitteln für eine Toni Buddenbrook. Seine kritische Analyse hat hundert belanglose Menschlichkeiten ans Licht gestellt, aber es fehlt der Eindruck der geschlossenen Größe [...].[5]

Mit seinem Versuch der Rehabilitierung Friedrichs wandte sich Heise vor allem gegen das seiner Meinung nach von Thomas Mann gezeichnete Bild, »daß das Kriegshandwerk einzig seinem Wesen angemessen war«.

Später sollte Heise in seinem Text genau die »Phraseologie [...], die heute von den nationalsozialistischen Kulturpolitikern gepflegt wird«, erkennen und sich von seinem damaligen »wilden Vorstoß« distanzieren.[6]

Fritz Behn

Heise arbeitete zu Beginn des Ersten Weltkriegs, wie er in seinem Lebenslauf schrieb, »nach kurzem Versuch als Freiwilliger im Heeresdienst – ein halbes Jahr in der Hamburger Kriegsfürsorge, dann von Frühjahr 1915 bis Frühjahr 1916 als Volontär in der Hamburger Kunsthalle.«[7] Der Bildhauer Fritz Behn meldete sich zu dieser Zeit, obwohl er als Königlich Bayerischer Professor vom Kriegsdienst befreit war, »als Inhaber eines Führerscheins und begeisterter Autofahrer als Kriegsfreiwilliger und wird dem Freiwilligen Automobilkorps

---

[3] Carl Georg Heise: Thomas Manns Friedrich der Große, in: Hamburgischer Correspondent Nr. 251, 19. Mai 1915, Morgenausgabe, S. 2–3.
[4] Carl Georg Heise: Persönliche Erinnerungen an Aby Warburg, hrsg. und kommentiert von Björn Biester und Hans-Michael Schäfer, Wiesbaden: Harrassowitz 2005, S. 52 f.
[5] Hamburgischer Correspondent, 19. 5. 1915 (zit. Anm. 3).
[6] Brief von Carl Georg Heise an Thomas Mann vom April 1933, Thomas-Mann-Archiv, Zürich.
[7] Zit. nach: Heise, Warburg (zit. Anm. 4), S. 136.

der 1. Bayerischen Reserve-Division zugeteilt.«[8] Behn, am 16. Juni 1878 geboren, also drei Jahre jünger als Thomas Mann, besuchte das Katharineum nach
der Übersiedlung der Familie nach Lübeck ab 1893. Ob Thomas Mann und
Behn sich in dem einen gemeinsamen Schuljahr 1893/94 kennenlernten, ist nicht
bekannt. In München, wo Behn ab 1898 Bildhauerei studierte, standen sie dann
jedoch in Kontakt. Behn feierte ab 1906 erste Erfolge und fuhr im Jahr darauf als Großwildjäger erstmals nach Afrika, wo er Skizzen und Gipsabgüsse
erlegter Tiere anfertigte. In München förderte ihn der Prinzregent Luitpold,
nach dessen Tod 1912 Behn auf Aufträge seiner Heimatstadt Lübeck hoffte. Als
diese ausblieben, ergriff Thomas Mann in den Lübeckischen Blättern Partei für
Behn bzw. gegen Lübeck. In seinem Artikel *Für Fritz Behn* aus dem Jahr 1913
findet sich eine der eher seltenen expliziten Stellungnahmen Thomas Manns
zu Werken der bildenden Kunst:

Ich finde, [...] daß seine erzenen, steinernen Tierbilder, diese sterbenden, kämpfenden
oder ruhenden Löwen, auf Raub schleichenden Panther und nervösen Pferde von erre-
gender Wahrheit und Schönheit sind [...]; ich finde ferner, daß seine Neger Akte neue,
merkwürdige Formen und Bewegungen des Menschenleibes offenbaren; [...] und ich
ehre, Alles in Allem, die Energie, den Willen zur eigenen Vision, womit dieser Künstler,
dessen frühe Werke den mächtigen Einfluß Hildebrandts nicht verleugnen, zu einer
selbständigen, niemals exentrischen [sic], aber freien und originellen Formensprache
sich durchzuringen vermochte. (14.1, 365)

Aber sogleich scheint er sein eben gefälltes Kunsturteil in seiner Wirkung
bremsen zu müssen, indem er fortsetzt: »Aber von meinem Geschmack, meiner Neigung ist hier nicht die Rede.« (Ebd.) Thomas Mann ging es vielmehr
darum, anzuklagen, dass dem in München, Bremen und andernorts anerkann-
ten Künstler in seiner Heimatstadt Lübeck keine Beachtung geschenkt wurde.
Soeben war der Auftrag für das Lübecker Kaiser-Wilhelm-Denkmal an den
Berliner Louis Tuaillon gegangen und auch beim Bismarckturm auf dem Pa-
riner Berg oder den Dekorationen fürs Stadttheater war man nicht an Behn
herangetreten. Bei dieser Kritik an Lübecks Kunstpolitik und dem Einsatz
für Fritz Behn konnte Thomas Mann auf Otto Grautoffs fünf Jahre zuvor
publiziertes Urteil zurückgreifen,[9] wobei er dieses allerdings mit Blick auf das
Museum fortführte: »Aber für ihr Museum haben die Lübecker sich doch ganz
gewiß längst eine Arbeit ihres ausgezeichneten Landsmanns gesichert? – Nein.
Das haben sie bis zum heutigen Tage nicht getan.« (14.1, 368)

---

[8] Klaus W. Jonas: Der Bildhauer Fritz Behn, in: Der Wagen. Lübecker Beiträge zur Kultur
und Gesellschaft, hrsg. im Auftrag der Gesellschaft zur Beförderung gemeinnütziger Tätigkeit,
Lübeck: Hansisches Verlagskontor 2000, S. 190–214, 194.
[9] Otto Grautoff: Lübeck, Leipzig: Klinkhardt & Biermann o.J. 1908 (= Stätten der Kultur,
Bd. 9), S. 138 f. und S. 152 f.

Nach dem Ersten Weltkrieg blieben dann jedoch auch die öffentlichen Aufträge der Stadt München aus und Behn zog sich in sein Landhaus im Karwendelgebirge zurück. Seine dort verfassten Artikel, die, wie Klaus W. Jonas schreibt, Behns erzkonservative und antidemokratische Haltung offenbaren, brachte er 1920 als Sammlung unter dem Titel *Freiheit. Politische Randbemerkungen* heraus.[10] Jonas hat sich das Heftchen angesehen, fand darin vor allem eine Abrechnung mit dem als *Vaterlandsverräter* diskreditierten Ernst Toller, aber auch den Aufruf: »Merkt euch diese Namen: Max Weber, Thomas Mann, Hofmannsthal [...].«[11] Thomas Mann erhielt immerhin noch folgende Fußnote: »Es ist mir besonders peinlich, den Namen dieses von mir als Künstler hoch verehrten Schriftstellers, des Verfassers der ›Gedanken eines Unpolitischen‹, nicht verschweigen zu können.«[12] In Briefen und Tagebüchern Thomas Manns ist der Name Fritz Behn fortan nicht mehr zu finden.

Als Carl Georg Heise zu dieser Zeit die Leitung der Lübecker Sammlungen übernahm, fand sich dort inzwischen ein Werk Behns: Der *Massai-Krieger, stehend* wurde laut Inventarbuch aus dem Museum am Dom übernommen, also aus der Lübecker Museumssammlung, die Heise nun im St. Annen-Museum und Behnhaus neu organisierte. 1927 erhielt das Museum die *Bildnisbüste des Bürgermeisters Dr. Heinrich Theodor Behn*, des Großvaters des Künstlers und früheren Eigentümers des Behnhauses. Sie war ein Geschenk des Sohns des Dargestellten. 1928 organisierte Heise im Behnhaus eine Ausstellung zu Behns 50. Geburtstag, die sich dieser allerdings mit dem 60-jährigen Jubilar Heinrich Linde-Walther teilen musste.[13] Von dieser Ausstellung erwarb bzw. erhielt Heise Behns *Selbstbildnis* für die Sammlung.[14] Für Heise gehörten Ausstellungen und Erwerbungen zur selbstverständlichen Aufgabe Lübecker Kunstpflege. Im Falle Behns trat eine weitere Verpflichtung hinzu: Nachdem im *Behnschen Haus* nun unter anderem die Lübecker Sammlung zeitgenössischer Kunst präsentiert wurde, musste Fritz Behn vertreten sein. Seine persönliche Einschätzung über die Bedeutung des Künstlers hielt Heise in seinen Erinnerungen an Ida Boy-Ed fest:

Es existierte noch eine Büste der berühmten Frau [Boy-Ed] von Fritz Behn und die Familie beantragte, daß sie in einer Nische außen am Burgtorhaus angebracht werden möchte. Diesen Plan brachte ich im ›Denkmalrat‹ zu Fall mit der etwas hinterlistigen Begründung, das schöne alte Haus werde durch eine solche moderne Zutat verunziert. Bei der Fassade der Katharinen-Kirche tat ich dann später genau das Gegenteil, aber

---

[10] Jonas, Fritz Behn (zit. Anm. 8), S. 197.
[11] Ebd.
[12] Zit. nach: Jonas, Fritz Behn (zit. Anm. 8), S. 197.
[13] Abram Enns: Kunst & Bürgertum. Die kontroversen zwanziger Jahre in Lübeck, Hamburg: Christians 1978, S. 118 f.
[14] Museumsarchiv, Protokoll der Sitzung der Vorsteherschaft der Kulturhistorischen und Kunstsammlung vom 18. Oktober 1928, S. 3.

der Hauptgrund meines Protestes war natürlich die geringe Bedeutung sowohl des Modells als auch des Bildhauers.[15]

Auch wenn Heises Urteil in dieser zugespitzten Erinnerung wohl zu scharf ausfällt, lässt sich festhalten, dass Heise und Thomas Mann in ihrem Kunsturteil über Fritz Behn weit auseinander lagen. Zur ersten Begegnung zwischen Thomas Mann und Carl Georg Heise kam es durch besagte Ida Boy-Ed. Heise erinnerte sich, wie die »Lübeckische Oberinstanz auf kulturellem Gebiet«[16] versuchte, ihn zu ihrem *Hofstaat* zu zählen. Die ersten Einladungen lehnte er ab, »[…] und als eine freundliche Aufforderung kam zum Mittagessen im Burgtorhaus – ›um die Friedenspfeife zu rauchen‹ – nur mit dem Ehepaar Thomas Mann und Schulrat Wichgram (den ich auch schätze), wurde ich schwach, da ich den großen Mann noch nicht kannte.«[17] Diese Begegnung muss im September 1921 während der Nordischen Woche stattgefunden haben. Thomas Mann notierte dazu im Tagebuch:

Ankunft in *Lübeck* abends spät, zum Burghaus, wo die alte Boy-Ed uns herzlichen, wohlthuenden Empfang bereitete. Siebentägiger Aufenthalt in der Stadt. […] Die Büste im Hause Behn, das wir mit Museumsdirektor Heise besuchten. Die Nolde-Ausstellung in der Katharinenkirche. (Tb, 17. 9. 1921)

Hans Schwegerle

Die erwähnte »Büste im Hause Behn« ist das *Porträt Thomas Manns* von Hans Schwegerle. Sie war während der Nordischen Woche im Behnhaus im Rahmen der *Jahrhundertausstellung lübeckischer Kunst vom Anfang des 19. Jahrhunderts bis zur Gegenwart* zu sehen.[18] Schwegerle schuf sie zwischen November 1918 und April 1919, wie sich aus Thomas Manns Tagebucheintragungen ergibt. Er erwähnte verschiedene Sitzungen in Schwegerles Atelier (Tb, 16., 17., 19., 22., 25. 11. 1918) und hielt am 23. April 1919 dann fest: »Schwegerle schickte meine Büste, u. ich trug sie mit dem Gestell, auf dem der jug. Luther steht, ins Wochenzimmer hinauf. Nach einigem Probieren mit der Beleuchtung kam sie gut zur Geltung und fand Beifall.« (Tb, 23. 4. 1919) Den *jungen Luther* hatte Thomas Mann im April 1918 bei Schwegerle bestellt. Schwegerle schuf sechs

---

[15] Carl Georg Heises Erinnerungen an Ida Boy-Ed, *Erinnerungen an verblaßten Ruhm,* wurden erstmals 1994 veröffentlicht in: Jörg Traeger (zit. Anm. 1), S. 426.
[16] Heise, Boy-Ed (zit. Anm. 15), S. 424.
[17] Ebd.
[18] Zum Programm der Nordischen Woche siehe: Festschrift zur Nordischen Woche in Lübeck. 1.–11. September 1921, Lübeck: H. G. Rahtgens 1921.

Abgüsse des Porträtkopfs von Thomas Mann. Kurt Vermehren schenkte einen dem Museum 1921 und Heise stellte das Porträt später an prominenter Stelle, im Mittelzimmer der Beletage, dem sogenannten *Blauen Salon* im Behnhaus auf – übrigens gemeinsam mit der Büste Heinrich Manns von Edwin Scharff.[19] Als Heise 1923 eine Postkartenserie von Kunstwerken der Behnhaussammlung auflegte, ließ er auch eine Karte von Schwegerles Thomas-Mann-Porträt drucken. Das Einverständnis dazu hatte er lediglich vom Künstler eingeholt. Thomas Mann informierte er am 30. Juli 1923 mit der Zusendung der Postkarten:

Wir hoffen, dass es Ihnen recht ist, dass wir auch Ihre schöne Büste von Schwegerle in dieser Form reproduziert haben. Professor Schwegerle gab sein Einverständnis dazu, und so haben wir auch das Ihre stillschweigend vorausgesetzt.[20]

Hans Schwegerle, Jahrgang 1882 und gebürtiger Lübecker, hatte ebenfalls das Katharineum besucht, zog 1900 nach München und begann dort sofort sein Studium an der Kunstakademie u. a. bei Adolf von Hildebrand. Wie Behn blieb auch Schwegerle in München tätig, schuf jedoch verschiedene Arbeiten für seine Heimatstadt Lübeck.[21] Neben dem *Porträt Thomas Manns* war während der Nordischen Woche auch die *Hermes-Figur* Schwegerles im Behnhaus zu sehen. Thomas Mann kannte den Entwurf in Ton bereits von Atelierbesuchen beim Künstler. So notierte er am 2. März 1920 im Tagebuch:

… dann bei Schwegerle, um seinen eben in Ton vollendeten Hermes zu betrachten. Entzückt von der Figur, ihrer Anmut und Reinheit, wenn ich auch die Beine etwas zu weiblich fand. Die Auffassung allerliebst: ein leicht orientalisches Gesicht, originell, unter der Flügelkappe; die Hände in sprechender, verhandelnder, sogar etwas handelsmännischer Bewegung. Der Körper außerordentlich lieblich.« (Tb, 2.3.1920)

Thomas Mann erwarb einen Abguss in Bronze und stellte ihn in seinem Garten in München auf. Bezeichnenderweise war das, was Thomas Mann von der Nordischen Woche buchstäblich mitnahm, das Werk eines in München lebenden Lübecker Bildhauers.[22] Gerade die von Heise als Werke einer *nordischen Kunst* initiierten und präsentierten Arbeiten finden bei Thomas Mann keine Erwähnung. Für die Nordische Woche hatte Alfred Mahlau das großartige

---

[19] Zur Aufstellung der Büsten siehe Enns, Kunst & Bürgertum (zit. Anm. 13), S. 69.
[20] Archiv Hansestadt Lübeck 4.4-1/3, Erwerb 1996, Brief vom 30.7.1923 von Carl Georg Heise an Thomas Mann.
[21] Heinz Röhl: Hans Schwegerle. Bildhauer und Medailleur, in: Der Wagen. Ein Lübeckisches Jahrbuch, hrsg. im Auftrage der Gesellschaft zur Beförderung gemeinnütziger Tätigkeit von Rolf Saltzwedel, Lübeck: Hansisches Verlagskontor 2000, S. 215–234.
[22] Bei der Versteigerung des Inventars von Thomas Manns Münchner Haus in der Poschingerstraße erwarb Schwegerle die Figur zurück. Sie befindet sich heute im Foyer des Schleswiger Prinzenpalais. Siehe Dirk Heißerer: Im Zaubergarten. Thomas Mann in Bayern, München: C. H. Beck 2005, S. 261. Einen zweiten Guss erwarb die Hansestadt Lübeck 1942 beim Künstler für das Behnhaus.

und kontrovers diskutierte Plakat geschaffen und Heise förderte ihn fortan nachhaltig.[23] Auf Thomas Mann scheint er 1921 und auch später dagegen keinen nachhaltigen Eindruck gemacht zu haben. Auch Nolde findet bis auf den kurzen Eintrag im Tagebuch keine weitere Erwähnung bei Thomas Mann. Für Heise waren diese beiden jedoch die zentralen Künstler der Nordischen Woche. Vor allem Nolde verkörperte für Heise einen nordisch-protestantisch geprägten Aufbruch der frühen 20er Jahre. Heise erklärte zur Eröffnung der Nolde-Ausstellung: »Zu ihm bekennt sich ein junges deutsches Geschlecht. Ehrlich will es die Augen nicht fortwenden von dem, was faul ist und morsch, mutig zu neuem Bauen bereit. Ehrlich und stark ist diese Kunst, ehrlich und stark wie der Wille zum Neubau unseres Lebens.«[24] Weiter sprach er vom Urgedanken der christlichen Welt, vom deutschen Geist, vom Geist Luthers und den Gemeinsamkeiten des ganzen Nordlands. Ob er der Kunst oder gar der Intention Noldes damit gerecht wurde, darf bezweifelt werden.[25] Aber Heise benannte damit einen Grundgedanken der Nordischen Woche und führte die spezifischen Möglichkeiten neuer Kunst in Lübeck vor Augen. Er stellte Noldes religiöse Bilder in der Katharinenkirche aus und schuf damit eine Verbindung von alter und neuer Kunst, von Gotik und Expressionismus. Diese Verbindung wird Thomas Mann später in seinem Text zu Frans Masereel aufgreifen.

Norddeutsches Geistesleben

Ein Ergebnis der Nordischen Woche scheint es jedoch gewesen zu sein, dass Thomas Mann und Carl Georg Heise von nun an in zumindest lockerem Kontakt standen und der Kunsthistoriker den Schriftsteller in mindestens zwei Fällen zu neuen Künstlern führte. Zunächst ergaben sich aber ganz praktische Fragen. Am 7. Oktober 1921, also gut einen Monat nach der Nordischen Woche, schrieb Thomas Mann an Heise:

Ich erhalte von der Hamburger Kunstgesellschaft eine Einladung im November 1922 bei einer geplanten Feier von Gerhart Hauptmanns 60tem Geburtstag die Festrede zu halten. Ich frage mich sehr, ob ich überhaupt der rechte Mann dazu bin, möchte aber

---

[23] Siehe Enns, Kunst & Bürgertum (zit. Anm. 13), S. 47.

[24] Zit. nach: Enns, Kunst & Bürgertum (zit. Anm. 13), S. 49.

[25] Heise berichtete später, Nolde sei erschrocken, als er davon hörte, dass zur Eröffnung ein Luther-Lied gesungen worden sei. Von der Wirkung seiner Bilder auf den weiß gekalkten Kirchenwänden sei er jedoch überwältigt gewesen. Zit. nach Christian Ring: »Was geht das alles dich an, sei du Maler nur – und male!« Rezeption und Sammlungsgeschichte der »biblischen Legendenbilder« bis 1937, in: Emil Nolde. Die religiösen Bilder, Katalog zur Ausstellung »Emil Nolde. Die religiösen Bilder – Tiefe Geistigkeit und reichste orientalische Phantastik« der Dependance Berlin der Nolde Stiftung Seebüll, Köln: DuMont 2011, S. 33–80, 57.

vor allen Dingen wissen, um was für ein Institut es sich bei der Hamburger Kunstgesellschaft e.V. eigentlich handelt und ob es sich für mich grundsätzlich empfehlen
würde, dort aufzutreten. Wollen Sie so freundlich sein, mich ein wenig zu informieren?
Denn Sie sind ja sicher im Bilde.[26]

Heises Antwort hat sich leider nicht erhalten.[27] Gehalten hat Thomas Mann
seine Rede zu Hauptmanns 60. Geburtstag bekanntlich in Berlin, und das
darin enthaltene Bekenntnis zur Republik fand wiederum seinen Nachklang
in Thomas Manns Verhältnis zur bildenden Kunst, hinter dem man Carl
Georg Heises Einfluss vermuten darf. Heise wiederum fragte im Jahr darauf,
am 27. Juni 1922, an:

Im Auftrag des Kuratoriums der ›Nordischen Gesellschaft Lübeck‹ erlaube ich mir bei
Ihnen die Anfrage, ob Sie geneigt sein würden, unserer Gesellschaft als korrespondie-
rendes Mitglied beizutreten. Besondere Verpflichtungen irgend welcher Art erwachsen
aus Ihrem Beitritt nicht. Sie werden es aber sicherlich verstehen können, dass uns sehr
daran gelegen sein muss diejenigen hervorragenden Vertreter norddeutscher Kunst und
Kultur, die sich während der Nordischen Woche mit so ausserordentlichem Erfolge in
den Dienst unserer Sache gestellt haben, uns auch fernerhin zu verbinden. Zweifellos
wird sich ja bei Ihren ausgedehnten Beziehungen schriftlicher und menschlicher Art
nicht selten die Gelegenheit ergeben, werbend für uns einzutreten und vor allem das
Eine zu bezeugen, das auch mir persönlich am Herzen liegt; dass Lübeck langsam beginnt, rühriger und weitsichtiger als bisher, über die Pflege der Tradition hinaus aktiv
an der Gestaltung norddeutschen Geisteslebens teilzunehmen.[28]

Norddeutsches Geistesleben – das waren für Heise im Bereich der bildenden
Kunst der Expressionismus und die neue Sachlichkeit. Werke von Kirchner,
Heckel und Schmidt-Rottluff erwarb er für das Behnhaus. Weiter sind Emil
Nolde und Edvard Munch hierzu zu rechnen, aber auch Lübecker Künstler
wie Albert Aereboe, Erich Dummer und Alfred Mahlau. Eine Besonderheit
dieser Kunst sowie der Kunstpflege Heises war ihre Bezugnahme auf den lo-
kalen und historischen Kontext: die mittelalterliche Kunst und Architektur
Lübecks. Auf dem Gebiet der Skulptur finden sich zwei prägnante Beispiele:
Im Zuge der Gestaltung von Ehrenmälern für die im Kriege Gefallenen er-
hielten in Lübeck nun auch Fritz Behn und Hans Schwegerle Aufträge.[29] Die
Vorsteherschaft der Marienkirche schrieb einen eigenen Wettbewerb aus. Dem

[26] Archiv der Hansestadt Lübeck 4.4-1/3, Erwerb 1996, Brief vom 7.10.1921 von Thomas
Mann an Carl Georg Heise. Der erstmalige Abdruck dieses Briefes erfolgt mit freundlicher Ge-
nehmigung der S. Fischer Verlag GmbH, Frankfurt/Main.
[27] Auf dem Schreiben Thomas Manns findet sich lediglich der Vermerk von Heises Assistentin
Grete Aly: »vorläufig beantwortet«.
[28] Archiv der Hansestadt Lübeck 4.4-1/3, Erwerb 1996, Brief vom 27.6.1922 von Carl Georg
Heise an Thomas Mann.
[29] Siehe Enns, Kunst & Bürgertum (zit. Anm. 13), S. 56.

Beitrag von Ludwig Gies, für den sich Heise besonders einsetzte, wurde im Rahmen des Wettbewerbs kaum Beachtung geschenkt. Das Kruzifix wurde dann aber im Chorumgang des Lübecker Doms aufgestellt. Im Genius schrieb Heise darüber:

Das Werk ist geschaffen für ein weiträumiges Kirchenschiff der norddeutschen Backsteingotik. Darauf nimmt es Bezug in Aufbau, Rhythmus und Stimmungsgehalt. [...] Die herbe Kunstsprache der energisch geführten Umrißlinien und der gewaltsamen Kontraposte ist nicht modische Abwegigkeit, sondern paßt sich in bewußter Wahlverwandtschaft dem bildnerischen Schmuck der Gotik an.[30]

Im März 1922 wurde das Werk im Dom verstümmelt, der Kopf abgetrennt und in den Mühlenteich geworfen. Er wurde glücklicherweise wiedergefunden, die Plastik vervollständigt und vom Museum in Stettin erworben. Tragische Berühmtheit erlangte es 1937 als eines der prominentesten Exponate der von den Nazis unter dem Titel *Entartete Kunst* veranstalteten Ausstellung.

Eine vergleichbare Verbindung von moderner Plastik und Backsteingotik ist Heises *Barlachplan* von 1930. Ursprünglich sah er vor, alle 16 Nischen an der Fassade der Lübecker Katharinenkirche mit überlebensgroßen Figuren zu schmücken. Realisiert wurden lediglich drei. Seinen Plan, eine gotische Kirchenfassade mit zeitgenössischer Kunst auszustatten, bewarb Heise mit einer modernen, freireligiösen Argumentation und rekurrierte auf »den einen Glauben, der uns alle heute noch zu binden vermag: den Glauben an die Gemeinschaft der Heiligen.«[31] Heise trat auch in diesem Fall mit dem Begriff des religiösen Urgedankens für die moderne Kunst in sakralem Kontext ein. In den wohlwollenden Kritiken – es gab 1930 natürlich auch zahlreiche vernichtende – finden sich Beschreibungen »der asketischen Strenge der Form, der gotischen Schwere und Gewalt eines Ausdrucks, vor dem man still wird.«[32] Das Anknüpfen moderner Kunst an Traditionen des Mittelalters und der Gotik steht in Opposition zur klassischen oder klassizistischen Tradition Schwegerles und Behns. Heises Bekenntnis liegt eindeutig auf ersterem – also mehr Lübeck als

[30] Carl Georg Heise: Der Kruzifix von Gies, in: Genius. Zeitschrift für werdende und alte Kunst, hrsg. von Carl Georg Heise und Hans Mandersteig, Jg. 3, Bd. 2, München: Kurt Wolff 1920, S. 198–199, 198.
[31] Carl Georg Heise: Eine Aufgabe und ein Geschenk. Notizen zu Ernst Barlachs neueren Bildwerken, Schriften u. Projekten, in: Der Wagen. Ein Lübeckisches Jahrbuch, hrsg. im Auftrag der Vereinigung für volkstümliche Kunst von Paul Brockhaus, Lübeck: Franz Westphal 1930, S. 27–32, 29.
[32] Kritik des Hannoverschen Anzeigers in der Ausgabe vom 25. 10. 1932, zit. nach: Alexander Bastek: Bettler, Sänger und Frau im Wind. Die Gemeinschaft der Heiligen, in: »… das Kunstwerk dieser Erde«. Barlachs Frauenbilder (Katalog zur gleichnamigen Ausstellung, Museum Moderner Kunst Wörlen Passau: 12. Juni bis 15. August 2010, Ernst Barlach Stiftung Güstrow: 29. August 2010 bis 16. Januar 2011, Museum Behnhaus Drägerhaus Lübeck: 13. Februar bis 29. Mai 2011), hrsg. von Andrea Fromm und Helga Thieme, Güstrow: Ernst Barlach Stiftung 2010 (= Schriften der Ernst Barlach Stiftung Reihe B, Nr. 22), S. 155–160, 158.

München. Thomas Manns Position ist nicht leicht zu fassen: Er besaß Werke von Hans Schwegerle und ließ sich von ihm porträtieren, er setzte sich für Fritz Behn ein und bekannte 1913 gegenüber dem Berliner Tageblatt, »manches von dem zu verstehen, was Rodin, Maillol, Minne und Barlach gesagt haben.« (14.1, 399) Sein Interesse für die Bildhauerei begründet er mit deren bevorzugten Motiven: Menschen und Tiere. Darüber hinaus, so Thomas Mann, besäße er nur wenig Natursinn. Aus der klassischen Formentradition der hier genannten Künstler fällt einzig Ernst Barlach heraus. Dessen Bildsprache entspricht dem von Thomas Mann auch sonst in der Kunst bevorzugtem Schema: eher Graphik als Malerei, eher Linie als Farbe.[33] Mit Fritz Behn und Hans Schwegerle begeisterte und engagierte sich Thomas Mann für zwei Künstler, denen sich Carl Georg Heise in seiner Museumsarbeit ebenfalls widmete. Heises Begeisterung galt allerdings anderen Künstlern. In zwei Fällen ließ sich aber auch Thomas Mann zur modernen Kunst in ihrer sachlichen, wenn man so will: asketischen, nordischen Form führen.

Frans Masereel

Frans Masereel, dessen *Stundenbuch* Thomas Mann 1926 einleitete, stellte Carl Georg Heise bereits 1922 in der Lübecker Overbeck-Gesellschaft aus. An Kurt Tucholsky schrieb Heise 1928: »Es hat mich einen jahrelangen Kampf gekostet, bis es mir gelungen ist, die Holzschnitt-Bilderbücher von Frans Masereel von ihren unerschwinglich teuren Luxusausgaben zu befreien und als Volksbücher herauszugeben.«[34] Aus Anlass seiner Ausstellung schrieb Heise 1922 in den Lübeckischen Blättern über Masereel. Er hob die »strenge, einseitige Kunstsprache«[35] des Holzschnitts hervor und die stark und unmittelbar daraus sprechenden menschlichen Werte. Bereits 1920 hatte Henry van de Velde in der von Heise herausgegeben Zeitschrift Genius über Masereel geschrieben und dezidiert die künstlerischen Mittel u. a. in den Holzschnitten des *Stundenbuchs* beschrieben:

---

[33] Peter Pütz: Ein Ohren-, doch kein Augenmensch. Die bildende Kunst bei Thomas Mann, in: Dialog der Künste. Intermediale Fallstudien zur Literatur des 19. und 20. Jahrhunderts, Festschrift für Erwin Koppen, hrsg. von Maria Moog-Grünewald und Christoph Rodiek, Frankfurt/Main u. a.: Peter Lang 1991, S. 279–290, 280.

[34] Brief vom 3. 5. 1928 von Carl Georg Heise an Kurt Tucholsky, zit. nach: Ernst Osterkamp: Carl Georg Heise und Albert Renger-Patzsch. Unveröffentlichte Briefe, in: Bedeutung in den Bildern. Festschrift für Jörg Traeger zum 60. Geburtstag, hrsg. von Karl Möseneder und Gosbert Schüssler, Regensburg: Schnell und Steiner 2002, S. 247–254, 252.

[35] Carl Georg Heise: Frans Masereel. Zur Ausstellung in der Overbeck-Gesellschaft, in: Lübeckische Blätter. Zeitschrift der Gesellschaft zur Beförderung gemeinnütziger Tätigkeit, Jg. 64, H. 27, Lübeck: Rathgens 1922, S. 231 f.

Wenn hier alle Bilder von ergreifender Plastik sind, so sind sie außerdem noch wahrhaft bewegt! Durch welchen ungeahnten Kunstgriff? Durch welches Wunder? Einfach dadurch, daß er mit Hilfe von großen Lichtflächen ein auffallend ›dynamisches Schema‹ einer jeden Gestalt einfügt. Dieses Schema entspricht der Bewegung als solcher. Es besitzt die Fähigkeit, sie dauernd vorzutäuschen. Diese Schemen bilden weiße Arabesken, die die schwarzen Silhouetten mit sich reißen.[36]

Thomas Mann scheint sich auf diese oder ähnliche Beschreibungen zu beziehen, wenn er in seinem Vorwort zum *Stundenbuch* als selbsternannter »Ohrenmensch« den Blick auf künstlerische Gestaltungsmittel bewusst umgeht. Er positioniert sich als Autor, dem es »entsetzlich schwerfallen und lächerlich zu Gesichte stehen würde, wollte er vor Laien den Conaisseur mimen und ihnen mit erhobenem Daumen die Aufmerksamkeit schärfen für lineare Reize und Gott weiß welche artistische valeurs. Es geht in dieser Welt nicht mehr um valeurs, es geht um Werte, um Menschenwert, um Vertrauenswürdigkeit.« (X, 662)

Thomas Manns Analyse dieser Werte offenbart neben ihrer politischen Dimension einen künstlerischen Standpunkt, der sich mit dem Heises deckt. »Es muß beides da sein«, schreibt Thomas Mann, »Vornehmheit und Freiheit, Geschichte und Gegenwärtigkeit« (X, 663), also Holzschneidekunst als altes, edles, frommes, deutsches Meisterhandwerk, als konservative Kunst einerseits und »Lebensunmittelbarkeit« und »erlittene Modernität« in den Inhalten andererseits. Mit ähnlicher Argumentation für die Verbindung von künstlerischer Tradition und modernen Inhalten war Heise vor allem für die an Kirchenräume gebundenen Projekte Noldes, Gies' und Barlachs eingetreten. Man kann also durchaus den Einfluss Heises auf Thomas Manns Argumentation erkennen, schließlich war es Heise, der Thomas Mann als Autor des Vorworts von Masereels *Stundenbuch* gewinnen konnte.[37] Ebenso versuchte Heise, das Vorwort der *Histoire sans paroles*, Masereels 1927 erschienenes Buch, zu vergeben. Im Juli 1927 schrieb Heise an Masereel, Kurt Wolff frage ihn, wer das Vorwort schreiben soll und schlage selbst Stefan Zweig vor. Heises Gegenvorschlag lautet Alfred Neumeyer, ein junger Kunsthistoriker aus München, den Heise nun zu fördern suchte, wie zuvor Masereel selbst. Eine Antwort des Künstlers hat sich nicht erhalten, das Vorwort schrieb jedoch Stefan Zweig.

[36] Henry van de Velde: Frans Masereel, in: Genius. Zeitschrift für werdende und alte Kunst, hrsg. von Carl Georg Heise und Hans Mandersteig, Jg. 2, Bd. 1, München: Kurt Wolff 1920, S. 57–62, 60.
[37] Die genauen Umstände beschreibt Heise in seinen persönlichen Erinnerungen an Thomas Mann. Vgl. Anm. 1.

Albert Renger-Patzsch

Im selben Jahr, 1927, wurde Heise von Hanns Krenz, dem Geschäftsführer der Kestner-Gesellschaft Hannover, auf einen neuen Künstler aufmerksam gemacht: den Fotografen Albert Renger-Patzsch. Im September nahm Heise Kontakt zu ihm auf, im Dezember präsentierte er dessen Arbeiten im Behnhaus. In der Vossischen Zeitung konnte Heise in der Zwischenzeit die Besprechung einer Pariser Fotoausstellung lesen, in der es hieß: »Die deutsche Perle, die da hängt, heißt ›Schaffende Hände‹ und stammt von einem Mann, der im Katalog als Renger Patzsch Bad Harzburg figuriert, Gott mag wissen, wie der Mann wirklich heißt.«[38] Den Artikel hatte ein gewisser Peter Panter geschrieben, was dessen Vermutung, der Fotograf arbeite unter Pseudonym, erklären mag. Heise, begeistert von dieser Fürsprache für Renger-Patzsch, kurz nachdem er ihn selbst entdeckt hatte, schrieb wohl noch am selben Tag einen Brief an Peter Panter, nicht wissend, dass sich dahinter Kurt Tucholsky verbarg. Erst im Mai 1928 schreibt er ihm dann:

Sehr geehrter Herr Doktor Tucholsky! Als ›Peter Panter‹ hatte ich vor einiger Zeit mit Ihnen freundliche Korrespondenz, die sich auf den Fotografen Albert Renger-Patzsch bezog, dessen Bild ›Schaffende Hände‹ Sie in Ihrer Besprechung der Pariser Ausstellung so besonders ausgezeichnet hatten. Inzwischen ist der Mann nicht zuletzt durch Ihre und durch meine Bemühungen ziemlich bekannt geworden. Ich schrieb zuletzt über ihn in ›Kunst und Künstler‹, möchte nun aber, um meinen Fimmel endlich abzureagieren, noch das letzte und notwendigste tun, was m.E. zur Duchsetzung dieser verblüffend grossartigen neuen Möglichkeiten fotografischer Bildkunst geschehen sollte: ich meine ein Buch herausgeben mit 100 Abbildungen aus den verschiedensten Arbeitsgebieten des Mannes. Er fotografiert nämlich durchaus nicht nur Hände, Maschinen, Blumen und Tiere, wie das aus seinen meist reproduzierten Arbeiten hervorzugehen scheint, sondern schlechthin alles, zuletzt in meinem Auftrag höchst witzige Städtebilder hier in Lübeck, vom alten Kopfsteinpflaster und Heringsnetzen bis zu Dachrinnen und Kirchturmspitzen und allem was dazwischen liegt.[39]

Kurt Wolff und Ernst Wasmuth hatten die Herausgabe abgelehnt und Dr. Lotz, Herausgeber der Werkbund-Zeitschrift Form, wollte, so Heise, das Buch in einer Luxusausgabe von 300 Exemplaren bringen. An Tucholsky schrieb Heise: »Ich fände es indessen einen der schlechtesten Witze unserer Zeit, wenn die allervolkstümlichsten Ideen aus Mangel an Schneid in Ausgaben für Snobs verwirklicht werden müssten.«[40] Heise hoffte auf Tucholskys Unterstützung, das Buch bei Ullstein verlegen zu lassen. Er dachte an das Weihnachtbuch 1928 etwa unter dem Titel *Die Freude am Gegenstand* mit einer Einleitung von Tu-

[38] Zit. nach: Osterkamp (zit. Anm. 34), S. 247.
[39] Ebd., S. 252.
[40] Ebd.

cholsky oder ihm selbst. Kurt Wolff brachte das Buch dann doch heraus, unter dem Titel *Die Welt ist schön* und mit einer Einleitung von Carl Georg Heise. Tucholsky besprach es in der Vossischen Zeitung am 18. Dezember 1928. Am 23. Dezember erschien in der Berliner Illustrirten Zeitung eine Besprechung des Buches von Thomas Mann. Auch hier war es Heise, der Thomas Mann bat, diese Rezension zu schreiben.[41] Möglicherweise fragte, auf Anregung Heises, Renger-Patzsch selbst ebenfalls an. Denn Thomas Mann schrieb Renger-Patzsch noch vor Erscheinen des Artikels am 15. November aus München und antwortete darin auf dessen Brief vom 3. November:

Sehr verehrter Herr Renger-Patzsch: Für Ihre freundlichen Zeilen vom 3. November möchte ich vielmals danken und Ihnen sagen, dass ich mich sehr beeilt habe, gleich nach meiner Rückkehr von meiner letzten Reise den kleinen Artikel über Ihre wunderbaren Photographien herzustellen. Die Sendung geht soeben ab, und ich hoffe aufrichtig mit Ihnen, dass die ›Berliner Illustrirte‹ den Aufsatz noch vor Weihnachten bringt. Seien Sie vielmals begrüsst und nehmen Sie auch persönlich noch den Ausdruck meiner Bewunderung für Ihre ungewöhnlichen Leistungen.[42]

Heise schickte den Text Thomas Manns ebenfalls an Renger-Patzsch und schrieb ihm:

Beifolgend der Aufsatz von <u>Thomas Mann</u>, über den ich mich königlich amüsiert habe. Es wird kaum einen zweiten Menschen geben, der es so raffiniert versteht, in fast allen Sätzen gleichzeitig ja und nein zu sagen. Schon der erste Satz ist teuflisch, aber amüsant ist der Aufsatz in jeder Zeile und sicherlich auch ausserordentlich wirksam.[43]

Das gleichzeitige »ja und nein« mag sich auf die neuerliche Synthese vermeintlicher Gegensätze beziehen, in der Thomas Mann in seiner Rezension zu *Die Welt ist schön* sogar eine Definition der Kunst vorträgt: »Lichtbild-Aufnahmen, in denen Fertigkeit und Gefühl eine solche Verbindung eingehen, daß der Versuchung, sie als Werke eines Künstlers, als Kunstwerke anzusprechen, schwerlich zu widerstehen sein wird.« (X, 902) 1928 war es noch eine Versuchung, die Fotografie als Kunst anzusprechen. Dagegen sprachen, so Thomas Mann, »Widerstände humanistischer Prüderie«: »Technifizierung des Künstlerischen – gewiß, es klingt schlimm, es klingt nach Verfall und Untergang

---

[41] Brief Heises an Thomas Mann vom April 1933 (zit. Anm. 6). »Wenn ich es Ihnen auch nie vergessen werde, dass Sie sich für die behutsameren Brückenbauer zwischen Kunst und Volk, für Frans Masereels Holzschnittbücher und für die Photographien eines Renger-Patzsch von mir zur Mithilfe durch Ihre überredende Feder haben gewinnen lassen.«
[42] Zit. nach: Osterkamp (zit. Anm. 34), S. 253.
[43] Archiv Hansestadt Lübeck 4.4-1/3 Erwerb 1996. Brief von Carl Georg Heise an Albert Renger-Patzsch vom 17. November 1928. Der von Heise als »teuflisch« bezeichnete erste Satz lautet: »Dieser erfreuliche Titel ist nicht von mir«, und bezieht sich auf den vom Kurt Wolff gewählten Titel »Die Welt ist schön«. Der Satz wurde in der Berliner Illustrirten nicht abgedruckt.

der Seele. Aber wenn nun, indem das Seelische der Technik anheimfällt, die Technik sich beseelt?« (Ebd.) Ja, so hält Thomas Mann fest, in einzelnen Fällen ist Fotografie schon heute Kunst, und zwar genau dann, wenn sich Fertigkeit, Technik und Gefühl, das Beseelte verbinden. »Es ist Albert Renger-Patzsch in Bad Harzburg, ein Meister, ein Sucher und Finder voller Entdeckerlust des Auges, den Erscheinungen mit jener exakten Liebe und energischen Zartheit zugetan, die nur das Künstlerherz kennt.« (X, 903)

Die Vereinigung von Gegensätzlichem – hier exakter Liebe und energischer Zartheit – führt Thomas Mann als Beleg einer künstlerischen Leistung an. Sein Fazit lautet: »Das Einzelne, Objektive, aus dem Gewoge der Erscheinungswelt erschaut, isoliert, erhoben, verschärft, bedeutsam gemacht, beseelt, – was hat, möchte ich wissen, die Kunst, der Künstler je anderes getan?« (X, 904) Thomas Mann engagiert sich hier als Autor, der einen jungen Fotografen einem breiten Publikum vorstellt. Vor allem aber zeigt er sich als einer der frühen Fürsprecher, die Fotografie zur Kunst zu erheben. Während die dokumentarische Pferdefotografie schon einen Hans Hansen in *Tonio Kröger* begeistern konnte, liefert die Kunstfotografie der 1920er Jahre, so erkennt Thomas Mann, Bedeutung und Seele.

Dreizehn Jahre nach Heises Polemik gegen Thomas Manns »Würdigung« Friedrichs des Großen und die rechtfertigende Parallelsetzung der Kriege 1756 und 1914 finden sich der Kunsthistoriker und der Schriftsteller Seite an Seite bei der Förderung demokratischer Künste. Dieser Schulterschluss hatte für Heise jedoch zunächst pragmatische Gründe: Bei der Durchsetzung moderner Kunst wollte er sich auf das Wort Thomas Manns, später auch auf dessen Geld, stützen. Als Heise 1929 den Bau eines Ausstellungspavillons im Garten des Behnhauses plante, hoffte er auf das Nobelpreisgeld Thomas Manns. Dieser schrieb ihm am 27. Dezember 1929:

In Ansehung des allgemeinen Notstandes aber, von dem eine Fülle teilweise ergreifender Bittgesuche mir sogleich nach Bekanntwerden der Stockholmer Entscheidung ein nur allzu lebendiges Bild gab, hat tatsächlich dieser Lübecker Plan, wenn es Ihnen auch hart klingen mag, etwas Luxuriöses, und so mußte ich einsehen, daß es besser ist, die Summe, die ich darzubringen bereit bin, Unterstützungskassen für notleidende geistige Arbeiter zu übergeben. Man muß sich, denke ich, bei solchen Entschlüssen auch etwas dem Urteil der öffentlichen Meinung anbequemen, die kaum auf meiner Seite wäre, wenn ich das Geld für vergleichsweise unvordringliche Zwecke verausgabte [...].[44]

Heise forderte in seiner Antwort »nicht die taktvolle Einordnung ins Übliche, sondern Führung« von Thomas Mann, allerdings vergeblich. Dennoch konnte

[44] Zit. nach: Russalka Nikolov: Die Forderung des Tages. Carl Georg Heise in Lübeck 1920–1933, hrsg. von der Gesellschaft zur Beförderung gemeinnütziger Tätigkeit in Lübeck, Lübeck: Schmidt-Römhild 1990, S. 24.

er im Oktober 1930 den Ausstellungspavillon eröffnen. Wenige Jahre später wurden beide Opfer des NS-Regimes, Heise wurde 1933 entlassen, Thomas Mann ins Exil getrieben. Noch vor seiner Entlassung schrieb Heise Thomas Mann im April einen langen Brief, »ein Wort der Verehrung und der Zustimmung«.[45] Seine kulturelle Überzeugung stellte er jedoch weiterhin in Opposition zu Thomas Mann heraus: Für ihn, so Heise, gelte heute wie damals »das Primat des Gefühls und des Glaubens«. Das habe ihn auf künstlerischem Gebiet »den Grossmeistern des Expressionismus nahegeführt. Nolde und Barlach, gewiss gefühlsbetont und intellektfern bis zur Grenze des Erträglichen für empfindsame Nerven, [...] für sie habe ich ein fragwürdiges Aposteltum auf mich genommen. Ihre Vorliebe hat den ausgeglicheneren Naturen gegolten, hier stehen wir auf verschiedenem Boden.«

Am 26. Januar 1934 notierte Thomas Mann im Tagebuch: »Zum Thee Dr. Heyse aus Lübeck, der von seinen Erlebnissen seiner Entlassung als Museumsdirektor erzählt.« (Tb, 26. 1. 1934) Heise berichtete von diesem Treffen, wie Jörg Traeger schreibt, dass Thomas Mann ihn davon abhielt, Deutschland zu verlassen: Er hielt es für wünschenswert, dass nicht alle Nazi-Gegner ins Ausland gingen.[46]

---

[45] Brief von Carl Georg Heise an Thomas Mann vom April 1933 (zit. Anm. 6).
[46] Jörg Traeger: Genius. Erinnerungen an Carl Georg Heise zum 100. Geburtstag, in: Idea. Werke, Theorien, Dokumente, Jahrbuch der Hamburger Kunsthalle IX, hrsg. von Werner Hofmann und Martin Warnke, München: Prestel 1990, S. 13–36, 16.

Katrin Bedenig

Thomas Mann, Ernst Barlach und Alfred Kubin

Die amerikanische Journalistin Janet Flanner hat Thomas Manns Beziehung zu Musik und bildender Kunst auf den plakativen Nenner gebracht: »Thomas Manns musikalische Kenntnisse sind so bemerkenswert wie seine visuelle Sensibilität beschränkt ist.«[1]

Dass sich Thomas Mann mit bildender Kunst weit weniger auseinandergesetzt hat als mit Musik, ist offenkundig. Gerade »seine visuelle Sensibilität« wird ihm aber nicht abgesprochen werden können. Aus Sicht Katia Manns war er sogar »ein absoluter Augenmensch«.[2] Es bleibt aber die Tatsache, dass er sich mit bildender Kunst weit weniger beschäftigt hat als mit anderen Kunst- und Wissensbereichen und sich in Selbstaussagen gern auch vom Bereich der bildenden Kunst insgesamt distanzierte.[3]

Was Thomas Mann aber sein ganzes Leben lang begleitet hat, ist das Phänomen der »Sympathie«. Und zwar nicht eine nur vage verstandene, sondern eine aktiv gelebte. Wenn er »Sympathie« empfand, erkannte er eine gemeinsame geistige Basis – sei dies nun gegenüber einem Buch, einem Bild, einem Musikstück oder gegenüber einer menschlichen Haltung, einer philosophischen oder politischen Ausrichtung, dem Umgang mit einem ganzen Wissensgebiet.[4]

Ich möchte in meinem Beitrag auf Thomas Manns Beziehung zu Ernst Barlach und Alfred Kubin eingehen. Um es gleich vorwegzunehmen: Die direkten Berührungspunkte im kunstgeschichtlichen Bereich sind gering. Grundsätzliche Beziehungen bestehen aber einige und sie lassen sich wohl am besten unter das verbindende Phänomen geistig-ästhetischen Gleichklangs – der »Sympathie« eben – fassen.

Persönlich kennengelernt hat Thomas Mann Ernst Barlach offenbar nie, auch Briefe scheinen sie keine getauscht zu haben. Thomas Mann hat aber seine Eindrücke zweier Barlach-Plastiken notiert und ist in zwei Texten auf Barlach eingegangen. Alfred Kubin wiederum kannte Thomas Mann aus seiner

---

[1] Janet Flanner: Thomas Mann. Goethe in Hollywood, in: dies.: Legendäre Frauen und ein Mann. Transatlantische Portraits, hrsg. von Klaus Blanc, München: Kunstmann 1993, S. 86. Thomas Mann missfiel der am 13. und 20. Dezember 1941 im New Yorker erschienene Zeitungsbericht, allerdings aus anderen Gründen; siehe Tb, 15. 12. und 24. 12. 1941.

[2] Katia Mann: Meine ungeschriebenen Memoiren, hrsg. von Elisabeth Plessen und Michael Mann, Frankfurt/Main: S. Fischer 1995 (= Fischer Bibliothek), S. 91.

[3] Siehe dazu meine Darstellung: Nur ein »Ohrenmensch«? Thomas Manns Verhältnis zu den bildenden Künsten, Bern u. a.: Lang 2001 (= Europäische Hochschulschriften. Reihe 1, Deutsche Sprache und Literatur, Bd. 1803), v. a. S. 7–37, 315–330.

[4] Siehe ebd., S. 330 u. Anm. 573 u. 522.

frühen Münchner Zeit persönlich und wechselte einige Briefe mit ihm. Auf den zeichnerischen Kosmos Kubins hat er in Briefen und Tagebüchern reagiert.

Von beiden bildenden Künstlern hat Thomas Mann auch ein literarisches Werk gewürdigt: Alfred Kubins phantastischen Roman *Die andere Seite* von 1909 und Ernst Barlachs Drama *Der tote Tag* von 1912.[5] Themen und Motive dieser literarischen Werke stehen nicht nur zueinander, sondern auch zum Werk Thomas Manns in Beziehung.[6] Mein Beitrag konzentriert sich auf die kunstgeschichtlichen Bezüge, doch die Verwandtschaften im literarischen Bereich haben sicherlich einen großen Anteil an der schon genannten »Sympathie«, die Thomas Mann mit Kubin und Barlach verband.

Beginnen wir bei Alfred Kubin, weil zu ihm die Beziehungen zuerst einsetzten. Nach eigenen Aussagen hat Thomas Mann Alfred Kubin über seinen Freund Kurt Martens kennengelernt, und zwar schon vor 1903,[7] dem Jahr von Kubins Umschlaggestaltung zur Erstausgabe der *Tristan*-Novellen.[8] Im

---

[5] Thomas Manns angeregte Lektüre von Kubins *Die andere Seite* ist im Brief vom 11.1.1915 an Frank Wedekind dokumentiert: »Auf Martens' Empfehlung lese ich jetzt endlich Kubins schon vor einer Reihe von Jahren erschienenen Roman ›Die andere Seite‹. Er unterhält mich sehr. Ich bin in zwei, drei Tagen damit fertig, und wenn das Buch Sie interessiert, würde ich es Ihnen gern schicken.« (22, 55) Über seinen Besuch einer Aufführung des Dramas *Der tote Tag* hat Thomas Mann einen eigenen Text geschrieben, der zuerst als *German Letter* veröffentlicht wurde (siehe Anm. 77). Im Brief vom 28.4.1924 an Fritz Endres hat er Barlachs Drama als »phänomenal« bezeichnet (23.1, 68). Werkparallelen zwischen Mann und Barlach wurden bisher nicht untersucht, siehe aber stellvertretend für Beiträge zu Barlachs Drama: Helga Thieme: »Und doch sind Träume heilige Wirklichkeit«. »Der tote Tag« – das erste Drama Ernst Barlachs, in: Berlin SW – Victoriastraße 35. Ernst Barlach und die Klassische Moderne im Kunstsalon und Verlag Paul Cassirer, hrsg. von Helga Thieme und Volker Probst, Güstrow: Ernst Barlach Stiftung 2003, S. 225–238.

[6] Siehe zu Bezügen zwischen Mann und Kubin: Peter Cersowsky: Thomas Manns »Der Zauberberg« und Alfred Kubins »Die andere Seite«, in: Jahrbuch der Deutschen Schillergesellschaft, Jg. 31 (1987), Stuttgart: Kröner 1987, S. 289–320; Alexander Neumann: Alfred Kubins »Die andere Seite« und »Der Tod in Venedig«. Apokalypse, Verfall und Untergang, in: Thomas Mann. »Der Tod in Venedig«. Wirklichkeit, Dichtung, Mythos, hrsg. von Frank Baron und Gert Sautermeister, Lübeck: Schmidt-Römhild 2003, S. 173–187.

[7] Wahrscheinlich haben sich Mann und Kubin um das Jahr 1900 kennengelernt – über Kurt Martens, Vetter Hans von Webers, der wiederum Kubin sehr gut kannte. Siehe Dirk Heißerer: Im Zaubergarten. Thomas Mann in Bayern, München: Beck 2005, S. 19, vgl. auch S. 80; Annegret Hoberg: Thomas Mann an Alfred Kubin, in: »Aus meiner Hand dies Buch ...«. Zum Phänomen der Widmung, mit 128 Abbildungen, hrsg. im Auftrag des Österreichischen Literaturarchivs von Volker Kaukoreit u. a., Wien: Turia + Kant 2005/2006 (= Sichtungen, 8./9. Jhg.), S. 344–345, 344. – Seit 1903 sind persönliche Treffen zwischen Mann und Kubin belegt: Am 12. Januar 1903 lud Thomas Mann Kurt Martens und Alfred Kubin auf den 15. Januar zum Tee ein (Thomas Mann: Briefe an Kurt Martens I, 1899–1907, hrsg. von Hans Wysling, Mitarbeit: Thomas Sprecher, in: TM Jb 3, 1990, S. 175–247, 208). Auch bei anderer Gelegenheit erwähnt Thomas Mann »gesellig[es]« Beisammensein »unter Beteiligung etwa von Martens [...] und Alfred Kubin« (X, 436). Außerdem notierte sich Thomas Mann auch eine Berliner Adresse Kubins in sein Notizbuch 6, das er von 1901 bis ungefähr 1906 geführt hat: »*Kubin* Berlin-Friedenau. Adr.[esse] Hans von Müller, Rönnebergstr. 14 II«. (Notb I, 292)

[8] Thomas Mann: Tristan. Sechs Novellen, Berlin: S. Fischer 1903. Thomas Mann kündigte die Umschlaggestaltung Richard Schaukal auch im Brief vom 26.1.1903 an: »Für den Roman [die 2. Aufl. von *Buddenbrooks*] liefert W. Schulz, für die Novellen Kubin die Umschlagzeich-

Lebensabriß stellt Thomas Mann nicht nur diese Verbindung klar, sondern äußert sich gleich generell zu Kubins graphischem Werk:

[Kurt Martens] war es auch, durch den ich [...] Alfred Kubin kennenlernte, dessen unheimliche und laszive Graphik mich stark erschütterte und der später die melancholisch-groteske Umschlagzeichnung zur ersten Ausgabe der ›Tristan‹-Novellen lieferte. (XI, 108)

Es war Kubins erste Buchumschlaggestaltung überhaupt.[9] (Siehe Abb. 1) »Melancholisch-grotesk« ist eine treffende Beschreibung. Kubin thematisiert in seinen Werken häufig Demonstrationen von Macht und deren Opfer, Angst und Untergang, Realität und Albtraum. Auch seine Illustration zum *Tristan*-Band greift eine Machtdemonstration und den Untergang einer Figur auf: Eine raumgreifende, wohlbeleibte Person im schwarzen Anzug setzt ihren Fuß siegreich auf eine äußerst schmale, am Boden liegende, weißgekleidete Figur oder schreitet über sie hinweg. Die nach oben gereckte Brust der »Überwinderfigur« spricht für Stolz, Autorität, Machtausübung.

Schon zeitgenössische Rezensenten haben die weiße Figur als Pierrot[10] oder Bajazzo[11] gedeutet. Beides ist möglich, da sowohl Pierrot als

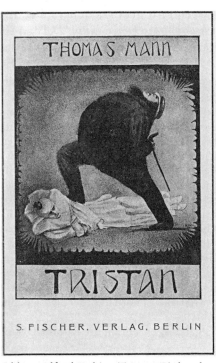

Abb. 1: Alfred Kubins *Tristan*-Einband von 1903

nung.« (21, 223–224, 224; Thomas Mann: Briefe an Richard Schaukal, hrsg. von Claudia Girardi, Mitarbeit Sybille Leitner und Andrea Traxler [TMS XXVII], S. 62.)

[9] Vgl. Annegret Hoberg: Thomas Mann an Alfred Kubin (zit. Anm. 7), S. 344. Später hat Kubin zahlreiche Buchumschläge und Buchillustrationen gestaltet. Thomas Mann selbst besaß Abraham Horodischs Band: Alfred Kubin als Buchillustrator, Amsterdam: Erasmus-Buchhandlung 1949 (heute im TMA).

[10] Thomas Mann: Tristan, in: Kölner Tageblatt, 16.4.1903, einsehbar im TMA; Some recent German literature, in: The Times Literary Supplement, 3.7.1903, einsehbar im TMA. So auch Vaget (Hans Rudolf Vaget: Thomas Mann-Kommentar zu sämtlichen Erzählungen, München: Winkler 1984, S. 75), Girardi (TMS XXVII, 152) und GKFA (2.2, 247).

[11] Salzburger Tageblatt, 29.4.1903, siehe Zitat in Anm. 12. Später auch Peter de Mendelssohn: Der Zauberer. Das Leben des deutschen Schriftstellers Thomas Mann. Erster Teil 1875 bis 1918, überarb. Neuausg. der Originalausg. von 1975, Frankfurt/Main: S. Fischer 1996, S. 784, Wysling/Sprecher (zit. Anm. 7) und GKFA (21, 641).

auch Bajazzo in weiten weißen Gewändern dargestellt werden, der Pierrot allerdings meist mit dicht am Kopf anliegender Kappe, der Bajazzo mit spitzem Hut. Kubins Figur trägt jedoch einen grotesk verkleinerten Zylinder und lässt sich damit keiner der beiden Bühnenfiguren eindeutig zuordnen. Thomas Manns eigene Erzählung *Der Bajazzo* von 1897 wurde offenbar ebenfalls weder von den Zeitgenossen noch von späteren Rezipienten mit Kubins Darstellung in Verbindung gebracht. Der von Kubin verzierte *Tristan*-Band von 1903 enthielt die Erzählungen *Der Weg zum Friedhof, Tristan, Der Kleiderschrank, Luischen, Gladius Dei* und *Tonio Kröger.* Unter den zeitgenössischen Rezensenten deutete beispielsweise das Kölner Tageblatt Kubins Darstellung als Interpretation der titelgebenden Erzählung *Tristan,* d. h. des »vierschrötigen hanseatischen Kaufmanns« Klöterjahn, der den »bedenklichen Literaten« Spinell maßregelt:

Ein reicher, ziemlich derber, und vierschrötiger hanseatischer Kaufmann bringt seine Frau in eine Heilanstalt, weil sie lungenleidend ist und der größten Schonung bedarf. Unter den Bekanntschaften, die sie macht, befindet sich ein bedenklicher Literat, der sich für ihre Seele interessiert, einige Unruhe in ihrem sonstigen Gleichmut erregt und am Ende, indem er sie überredet, sich in die Aufregungen der Tristan-Musik zu stürzen, einen tödlichen Anfall ihres Leidens hervorruft. Worauf er von ihrem Manne mit Worten abgestraft wird, die sich von Prügeln nicht sonderlich unterscheiden. Das ist Alles. Aber wie es behandelt ist, bekommt der banale Vorgang ein so groteskes und zugleich symbolisches Aussehen, daß es den genial abstrusen Zeichner Kubin zu seinem tollen Umschlagsbild anregen konnte, auf dem ein feister Philister einen Pierrot niedertritt. In ähnlicher Weise gelingt es Mann in allen seinen Novellen, in den alltäglichen Gestalten etwas karrikaturhaft Ausschweifendes nachzuweisen, wobei er immer doch auch in der Karrikatur noch die lebendige, gefühlte Form ahnen läßt.[12]

Es gab Rezensenten, die Kubins Gestaltung explizit als kongenial lobten:

Die Zeichnung des Titelblattes wurde mit Recht Kubin übertragen; nur dieser konnte den Gehalt der Novellen in Linien bannen. Solch ungeheuerlich Groteskes und Bizarres ist wohl lange nicht geschrieben worden [...].[13]

---

[12] Kölner Tageblatt vom 16. 4. 1903 (zit. Anm. 10). Siehe auch das Salzburger Tageblatt vom 29. 4. 1903, einsehbar im TMA: »In der Titelnovelle wird ein etwas eingebildeter Literat von dem etwas tölpelhaften Manne einer kranken Frau, die jener durch die Tristanmusik in Aufregung gebracht hat, in recht deutlichen Worten abgekanzelt. Das mag Kubin vorgeschwebt haben, als er auf der Titelzeichnung einen dicken Philister den lustigen Bajazzo niedertreten läßt.« – Ich danke Dr. Dieter Bartetzko für den Hinweis auf eine mögliche antisemitische Lesart dieser Ikonographie – »der den kreativen Christen unterdrückende geldsüchtige Jude«. Die Illustration Kubins weise, so Bartetzko, eine verblüffende Ähnlichkeit zu den antisemitischen Karikaturen auf, die seit der Jahrhundertwende in deutschen Zeitschriften, u. a. auch im Simplicissimus, abgedruckt wurden.
[13] Salzburger Tageblatt vom 29. 4. 1903, einsehbar im TMA.

Andere wiederum lehnten gerade die pointierte Darstellung Kubins ab, betonten gleichzeitig aber die malerisch-karikaturistischen Qualitäten Thomas Manns:

> Man braucht sich an dem scheußlichen Umschlagsbilde nicht zu stoßen, das von dem symbolistischen Phantasten Kubin stammt. Das Buch ist besser als das Bild. Th. Mann ist eine stark individuelle Persönlichkeit, eine sprunghafte, leicht reizbare Künstlernatur, die unbedeutende Eindrücke in ungeahnter Weise auf sich wirken lassen kann. Ein krankhaft Scharfsehender, der unter Beobachtungszwang leidet. Er versteht es[,] mit ein paar karikirenden Strichen das Bild eines Menschen hinzumalen.[14]

Letzteres hätte ebenso gut über Kubin gesagt werden können. Hier hatten zwei Künstler zusammengefunden, die beide mit skurrilen bis grotesken Karikaturen aufwarteten – in Thomas Manns *Tristan*-Erzählungen beispielsweise die Figuren Lobgott Piepsam, Detlev Spinell, Rechtsanwalt Jacoby oder Hieronymus. Es gab sogar Rezensenten, die Thomas Mann vorwarfen, »überall Karrikaturen zu sehen«:[15]

> … ihm geht oft das natürliche Maß der Dinge verloren. Indem er diesem Drange nachgiebt, verirrt sich seine Darstellung einmal oft in Manieriertheit, dann aber auch beraubt sie seine Figuren der tieferen, ernsteren Wirkung. Sie geben sich allzu oft mit den Allüren von Verrückten, mindestens pathologisch ungünstig beeinflußten Menschen, als daß man [sie] ernst nehmen könnte. Der Rechtsanwalt in ›Luischen‹ ist solch eine zur Karikatur verzerrte Gestalt, die die tragische Wirkung der im übrigen meisterlich erzählten Novelle beeinträchtigt; auch in ›Tristan‹ fragt man sich vergebens, warum der lächerliche Zug in der Figur des Spinell, wenn nicht der Manier zu Liebe.[16]

An solchen Stellen kippte die Rezeption ins Negative, sowohl was Thomas Mann als auch was Kubin betraf. Beide konnten entweder als »genial grotesk« oder als »abscheulich grotesk« wahrgenommen werden. Genau hier lag möglicherweise eine Gefahr.

Nach nur einem Jahr wurde Kubins Umschlaggestaltung abgesetzt. Der Grund dafür scheint nicht, wie Peter de Mendelssohn vermutet hat, eine zu »entfernte[] Beziehung« zwischen Bild und Text gewesen zu sein,[17] sondern im Gegenteil eine zu große atmosphärische Nähe zwischen Kubins »melancholischer Groteske« und den »melancholischen Grotesken« des *Tristan*-Bandes.[18]

---

[14] St. Petersburger Zeitung, 12.7.1903, einsehbar im TMA.
[15] Leipziger Tageblatt und Anzeiger, 22.4.1903, einsehbar im TMA.
[16] Ebd.
[17] Mendelssohn (zit. Anm. 11), S. 784.
[18] »… zu dem der in letzter Minute hinzugekommene *Tonio Kröger* allerdings ein starkes Gegengewicht bildete.« (Terence J. Reed und Malte Herwig in: 2.2, 529.) Ursprünglich war stattdessen an die Aufnahme der Novelle *Gerächt* gedacht worden (ebd.).

Leider fehlen aus dieser Zeit die Briefe Samuel Fischers an Thomas Mann, so dass nur die Antwort Thomas Manns vom 22. Dezember 1903 zugänglich ist.[19] Er freut sich darin über Fischers Ankündigung, den *Tristan* neu aufzulegen:

> Daß nun auch vom ›Tristan‹ ein Neudruck bevorsteht, war mir eine *sehr* erfreuliche Nachricht. Werden wir es nun so machen, daß wir den ›Kl.[einen] Herrn Friedemann‹ opfern und nur die Titelnovelle in den neuen Band hinübernehmen? Wir verabreden das wohl noch; der Gedanke ist nicht übel. Und dann einen schönen, rein dekorativen Umschlag.[20]

Aus dem letztzitierten Satz hat die Forschung bisher geschlossen, dass der Impuls, den Bucheinband Kubins durch einen anderen zu ersetzen, von Thomas Mann ausging.[21] Thomas Mann könnte damit aber auch eine Idee Samuel Fischers aufgegriffen haben, gerade weil er den Aspekt nicht weiter ausführt. Grundsätzlich mussten beide ein Interesse daran haben, dass das Pessimistisch-Groteske der Novellen durch das Buch-Cover nicht noch weiter gesteigert wurde.[22] Ob die Initiative dazu nun aber vom Autor oder vom Verleger ausging: Nach der 1. und 2. Auflage von 1903 trug bereits die 3. und 4. Auflage von 1904 nicht mehr die plakative und in drastischem Schwarz-Weiß-Kontrast gehaltene Illustration Kubins. Kubins Einband war sowohl um die broschierte Ausgabe als auch um die gebundene Leinenausgabe als Schutzumschlag angebracht gewesen.[23] Nun folgte ein tatsächlich »rein dekorative[r] Umschlag« Carl Schnebels für die broschierten und für die Pappband-Ausgaben. (Siehe Abb. 2)[24]

Schnebel verzichtete dabei ganz auf bildnerische Gestaltung und beschränkte sich auf einen geschwungenen Schriftzug und verschiedene Umrahmungen. Diese rein graphische Umsetzung wirkt neben Kubin so schlicht, dass sie bisher offenbar kaum als Schnebels Neugestaltung erkannt worden ist.[25] Bei Georg

---

[19] Ich danke Roland Spahr für die zusätzliche Überprüfung aufseiten des S. Fischer Verlags.

[20] Samuel Fischer / Hedwig Fischer: Briefwechsel mit Autoren, hrsg. von Dierk Rodewald und Corinna Fiedler, Frankfurt / Main: S. Fischer 1989, S. 404.

[21] Vgl. Mendelssohn (zit. Anm. 11), S. 784–785; Jürgen Kolbe: Heller Zauber. Thomas Manns München 1894–1933, Mitarbeit: Karl Heinz Bittel, Berlin: Siedler 1987 (= Erkundungen, Ausstellung Nr. 6), S. 212; siehe auch 2.2, 530. Ein besonderes Verdienst gebührt Hans Rudolf Vaget: Auch für ihn ist Thomas Mann selbst die treibende Kraft hinter dem Wechsel in der Umschlaggestaltung – er weist als Motiv aber erstmals rein rezeptionsorientierte Gründe nach. Siehe Vaget (zit. Anm. 10), S. 75.

[22] Nicht nur manche Rezensenten, auch Thomas Mann selbst und sein Verleger stuften den Grundton der frühen Novellen als oft pessimistisch ein. Siehe Reed / Herwig (2.2, 529) und Harry Matter: Die Erzählungen, in: Das erzählerische Werk. Entstehungsgeschichte, Quellen, Wirkung, hrsg. von Peter Fix u. a., Berlin / Weimar: Aufbau 1976, S. 431–534, v. a. S. 436–466.

[23] Ich danke Sebastian Kiwitt für den entsprechenden Nachweis. Siehe die Abbildung in: Friedrich Pfäfflin: 100 Jahre S. Fischer Verlag 1886–1986. Buchumschläge. Über Bücher und ihre äußere Gestalt, Frankfurt / Main: S. Fischer 1986, S. 62.

[24] Ich danke Sebastian Kiwitt für diese Abbildung aus seinem Besitz.

[25] Potempa nennt den Schutzumschlag von Carl Schnebel nur für die 3. und 4. Auflage, setzt dazu aber den Hinweis, dass er diesen Umschlag nicht verifizieren konnte: Potempa, B2. Aber

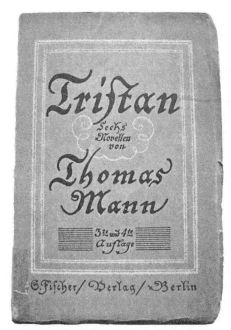

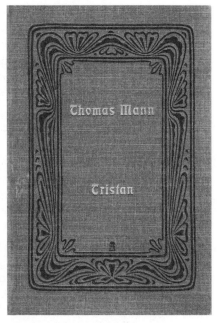

Abb. 2: Carl Schnebels *Tristan*-Einband von 1904

Abb. 3: A. Schäffers *Tristan*-Einband der gebundenen Ausgabe von 1903

Potempa scheinen die broschierten *Tristan*-Ausgaben gar nicht erst auf, sondern nur die gebundenen Leinenausgaben. Diese festen Ausgaben erschienen parallel zu den broschierten und trugen von Anfang an eine ebenfalls rein graphische Gestaltung von A. Schäffer. (Siehe Abb. 3)[26]

Schäffers Jugendstil-Umrahmung wurde von der ersten festen Auflage an beibehalten und scheint nie in Frage gestellt worden zu sein. Es war die gleiche Gestaltung wie bei der zweibändigen *Buddenbrooks*-Erstausgabe.[27] Vergleicht man die Ausgaben von Kubin und Schnebel und die feste Leinenausgabe von Schäffer, passen die Einbände Schnebels und Schäffers gut zueinander und zur damaligen Buchgestaltung bei S. Fischer, Kubins Illustration fällt hingegen deutlich aus dem Rahmen.

auch die nachfolgenden Auflagen – broschiert oder kartoniert – folgten Schnebels Vorlage, was sich anhand von Sebastian Kiwitts Beständen in Kombination mit den Beständen des TMA nachweisen lässt. Es gab also keinen zusätzlichen bildnerischen Umschlag Schnebels. Ich danke Sebastian Kiwitt für die hilfreiche Zusammenarbeit sowie Gabi Hollender, TMA, die mit ihren bibliothekswissenschaftlichen Kenntnissen bis hin zu Buchbindewissen in Bezug auf Broschüren und gebundene Ausgaben wertvolle Hinweise gab.

[26] Siehe auch die Abbildung in: Hans-Peter Haack: Erstausgaben Thomas Manns. Ein bibliographischer Atlas, Mitarbeit: Sebastian Kiwitt, Leipzig: Antiquariat Dr. Haack 2010, S. 33.

[27] Siehe die Abbildung in: Pfäfflin (zit. Anm. 23), S. 60, Nr. 69, und Haack (zit. Anm. 26), S. 21 und 23.

Eine Auswechslung des polarisierenden Umschlags passt deshalb ins Bild. Sie entsprach dem Auftritt des S. Fischer Verlags und konnte dazu beitragen, dem gegen Thomas Mann geäußerten Vorwurf des Maßlosen und Pathologischen[28] eine neue Grundhaltung entgegenzusetzen. Allerdings erfolgte die Absetzung des pointierten Bucheinbands ausgerechnet zu einem Zeitpunkt, als Kubin eine breitere Bekanntheit erlangte.[29]

Künstlerisch dürfte sich Thomas Mann von Kubins Interpretation nicht missverstanden gefühlt haben. Auf einer symbolischen Ebene berührte sich Kubins Darstellung sehr direkt mit den Grundaussagen mehrerer im *Tristan*-Band vereinter Erzählungen: Ein Untergang oder ein konkretes Besiegtwerden ist in mindestens vier der sechs Novellen in aller Drastik geschildert.[30] Eine fünfte Erzählung, *Der Kleiderschrank*, berührt sich mit den traumhaften und surrealen Elementen von Kubins Kunst. Und auch wenn sich *Tonio Kröger* in Stil und Inhalt in eine andere Richtung bewegt, stellt diese Erzählung doch auch sehr plakativ Künstler und Gesellschaft gegeneinander.

Es ist auch gut vorstellbar, dass es Thomas Mann selbst war, der dem Verlag den ihm bereits persönlich bekannten Illustrator ursprünglich vorgeschlagen hatte. Dafür spricht die Formulierung in einem Brief Kubins an Richard Schaukal von 1903: »Th[omas] Mann hat sein Titelblatt« – was nahelegt, dass dieser es bestellt oder gewünscht hatte.[31] Jedenfalls führte weder diese Illustration noch ihre rasche Absetzung nach nur einem Jahr langfristig zu einer Verstimmung oder Beeinträchtigung der gegenseitigen Wertschätzung.[32] Im Gegenteil: Beide bestätigen sich in späteren Jahren ihre künstlerische Nähe. Sie

[28] Siehe Leipziger Tageblatt und Anzeiger, 22.4.1903, zitiert oben auf S. 73 (Anm. 15 und 16).

[29] Nach einer Ausstellung 1902 bei Paul Cassirer in Berlin war es vor allem eine Mappe, die Hans von Weber verlegte: »Sie machte 1903 den Sechsundzwanzigjährigen förmlich mit einem Schlag berühmt.« (Otto Breicha: Warum überhaupt Lithographien?, in: Alfred Kubin. Das lithographische Werk, hrsg. von Annegret Hoberg, Mitarbeit Ines Engelmann, München: Hirmer 1999, S. 31–32, 31.)

[30] *Der Weg zum Friedhof*, *Tristan*, *Luischen* und *Gladius Dei*.

[31] Alfred Kubin an Richard Schaukal, 29.1.1903, Handschriftensammlung der Wienbibliothek im Rathaus, Wien, N. 224.489. Ich danke Kyra Waldner für die freundliche Auskunft und die wertvolle Hilfe bei der Transkription.

[32] Es findet sich allerdings ein Kuriosum am Rande: Thomas Mann hatte Kubin ein Exemplar der 2. Auflage des *Tristan* mit Kubins Umschlag und der (undatierten) Widmung: »An Alfred Kubin herzlichst Thomas Mann« geschenkt. Kubin schenkte dieses Exemplar aber 1913 mit einer weiteren Widmung an den Galeristen Max Dietzel weiter: »Max Dietzel dem treuen Verehrer von Th. Mann. – Zwickledt 17/9.13 Alfred Kubin«. Offenbar hatte er nichts dagegen, dieses Kapitel der gemeinsamen Geschichte wieder aus der Hand zu geben. Ein Faksimile von Umschlag und Widmungen sowie weiterführende Erläuterungen von Annegret Hoberg finden sich in: Thomas Mann an Alfred Kubin (zit. Anm. 7), S. 344–345. – In der Person Dietzels fanden auch Thomas Mann und Ernst Barlach im Folgejahr zusammen: Als Max Dietzel im Ersten Weltkrieg schwer verletzt wurde und im Lazarett lag, soll er Barlach gemeldet haben, »er hätte den Tonio Kröger von Th. Mann und ein Bild von [Barlachs] Berserker mit sich«, so Barlach am 29.11.1914 im Güstrower Tagebuch. (Ernst Barlach: Das dichterische Werk, Bd. 3, Prosa II, hrsg. von Friedrich Droß mit einem Nachwort von Walter Muschg, München: Piper 1959, S. 125; siehe auch Anm. S. 696.)

hatten beide eine Vorliebe für Groteske und Satire, und es ist sicher kein Zufall, dass sie auch beide für den Münchner Simplicissimus arbeiteten.[33] Jahre später, als Kubin längst nicht mehr in München lebte,[34] besuchte Thomas Mann eine Ausstellung mit Graphiken Kubins. Hierzu notierte er sich am 14. November 1918:

Fuhr ½ 11 zur Stadt, zunächst zu Golz, wo die Firma Müller eine Ausstellung von Büchern u. Graphik veranstaltet. Sah vergnüglich tolle Sachen von Kubin und schöne Bände. (Tb, 14. 11. 1918)

Es handelte sich dabei um die Galerie Neue Kunst von Hans Goltz an der Briennerstr. 8 in München und den Kunstverlag Georg Müller. Leider konnte die genaue Ausstellung bei Goltz für November 1918 noch nicht nachgewiesen werden, obwohl Ausstellungen der Galerie mit Werken Kubins für 1917 und 1919 belegt sind.[35] Der Verlag Georg Müller verlegte aber im Jahr 1919 die Münchner Blätter für Dichtung und Graphik in Zusammenarbeit mit Alfred Kubin. In dieser Monatsschrift erschienen 1919 Lithographien, die möglicherweise im November 1918 vom Verlag Georg Müller bei Hans Goltz ausgestellt worden waren und die Thomas Mann demnach gesehen haben könnte: Darunter *Der kleine Sparer* und *Gespenst des geizigen Müllers*.[36] (Siehe Abb. 4 und 5)

Thomas Mann hat sich mit Kubins Darstellungen glänzend unterhalten. Wenn diese beiden dazugehörten, ist leicht einzusehen, weshalb. Insbesondere *Der kleine Sparer* scheint als karikierende Miniatur direkt den *Buddenbrooks* oder frühen Erzählungen entsprungen zu sein. In der Bildmitte richtet sich der Fokus auf das klammernde Festhalten der Mappe (mit Besitz oder Geld). Gleichzeitig ragt ein Charakterkopf empor, der melancholisch ins Weite blickt. Es ist eine Studie, die nachdenklich macht. *Gespenst des geizigen Müllers* behandelt zwar ein ähnliches Thema, aber auf ganz andere Art. Hier herrscht das Komische vor, deutlich betont durch die ellenlange, kerzengerade aufstehende Mütze des Müllers, der in nächtlicher Traumlandschaft sitzt und Pfeife raucht. Allerdings fragt man sich, ob er im Nachthemd oder im Totenhemd und ob er auf einer Bank oder auf seinem eigenen Sarg sitzt. Das mehrbödig Skurrile, ob nun in dieser oder in anderen Darstellungen Kubins, hat sicher

---

[33] Thomas Mann arbeitete von 1898 bis 1900 als Lektor, Alfred Kubin ab 1902 als Illustrator für die Wochenzeitschrift. Thomas Mann bestätigte dem Simplicissimus später: »Wir stimmten meistens überein, in der Liebe wie im Gelächter« und: »Bis man mir ein besseres zeigt, halte ich Dich für das beste Witzblatt der Welt.« (*Glückwunsch an den ›Simplicissimus‹*, 1920, 15. I, 299–300).

[34] Er war bereits 1906 nach Zwickledt in Österreich übersiedelt.

[35] Karl-Heinz Meißner: Alfred Kubin. Ausstellungen 1901 bis 1959. Eine Dokumentation, München: Edition Spangenberg 1990, S. 39 und 42.

[36] Siehe die Abbildungen in: Annegret Hoberg, Alfred Kubin (zit. Anm. 29), S. 54 und 57. Dort findet sich auch die Lithographie *Hommage à Rimbaud*, die ebenfalls im ersten und einzigen Jahrgang der Münchner Blätter erschien: a. a. O., S. 55.

Abb. 4: Alfred Kubin: *Der kleine Sparer,* Kreidelithographie, 1919
© Eberhard Spangenberg, München

Abb. 5: Alfred Kubin:
*Gespenst des geizigen
Müllers,* Federlithogra-
phie, 1919
© Eberhard Spangenberg,
München

dazu beigetragen, dass Thomas Mann von den »vergnüglich tolle[n] Sachen«
eingenommen war.

Überraschend meldet sich Kubin bei Thomas Mann 1925, weil er von dessen
50. Geburtstag erfahren hat und »auch unter den alten Freunden« aufscheinen
möchte – sie seien sich das letzte Mal »1916 oder 17« persönlich begegnet.[37]
Kubin denkt dabei an »die vergangenen Zeiten« zurück, geht aber auch ausführlich auf seine Leseerfahrungen mit Thomas Manns Werk ein:

… viel mehr muß ich hier für die zahllosen Freuden und Ersehnungen danken, die
mir Ihre Dichtung bereitet in all den Jahren – – *Alles* was ich von Ihnen las war immer

[37] Alfred Kubin an Thomas Mann, 4. 6. 1925; Original im TMA, teilweise abgedruckt in 23.2,
156.

von der selben frohen Vollkommenheit – die *großen* Romane und die kürzeren Sachen, oder die Vortäge u.s.w.[38]

Kubin präsentiert sich hier als breitgefächerter Thomas-Mann-Leser und nennt Gustav von »Aschenbach«, »Friedrich den großen König«, den »Zauberberg« und bekennt:

… ich gehöre zu denen welche gespannt sind auf die ferneren Erlebnisse des Hochstapler[s] *Krull* und auch ich bitte Sie diesen Ehrenwerten [?] nicht gänzlich zu vergessen.[39]

In seiner Antwort griff Thomas Mann die Bezeichnung »Freund«[40] aus Kubins Brief auf und fügte hinzu:

Denn auch ich habe Sie in all den Jahren nicht vergessen, sondern oft Ihrer gedacht, im Gespräch mit anderen und allein, wenn ich in Betrachtung Ihrer grundwunderlichen und tiefen Werke die Eindrücke erneuerte, die ich in alten, frühen Tagen so heftig und unvergeßlich davon empfing.[41]

Der Brief schließt mit dem Vorschlag zu einem Wiedersehen in München oder bei den Salzburger Festspielen, den Kubin wiederum mit einer Zeichnung seines »Wohnsitz[es]« verdankte: des Schlosses »Zwickledt im Innviertel bei Wernstein« in Oberösterreich.[42] (Siehe Abb. 6) Es scheint allerdings weder zu einem Treffen noch zu Thomas Manns Besuch einer Ausstellung zu Kubins 50. Geburtstag gekommen zu sein.[43]

Zehn Jahre später schließt sich Kubin mit einem eigenen Bild-Beitrag der Geburtstagskassette des S. Fischer Verlags zu Thomas Manns 60. Geburtstag an (siehe Abb. 7)[44] – »… dem altverehrten Freunde Thomas Mann« gratuliert Kubin mit einer makabren Federzeichnung: Ein Edelmann hat gerade mit dem Schwert die Brust eines am Boden liegenden Mannes durchbohrt und erhebt

[38] Ebd., TMA.
[39] Ebd., TMA.
[40] Thomas Mann an Alfred Kubin, 12.7.1925; 23.1, 173–174, 173: »… wo sind die Zeiten hin – ich muß sie wohl die guten nennen –, als man noch richtige, lange, betrachtsame Briefe an seine Freunde schreiben konnte!«
[41] Ebd., S. 173.
[42] Alfred Kubin an Thomas Mann, 13.8.1925, Original im TMA. Kubin kann das Besuchsangebot vorderhand nicht annehmen, »weil ich aber nun allernächstens zu einer kranken Schwester reisen muß«. »Sie kommen aber sicher öfter nach Österreich glaube ich und könnten da einmal die Richtung über *Passau* nehmen – diese *sehr schöne* Stadt ist uns nächstgelegen und nur eine Station von Wernstein […].« »Daher ist meine Einladung eine in Permanenz […] gültige […].«
[43] Am 10.4.1927 schrieb Thomas Mann an Ida Herz: »Zur Kubin-Eröffnung bin ich schließlich auch nicht gegangen, da es sich, nach Jensen, um eine Gesellschaft handelte, mit der ich wenig Fühlung habe.« (23.1, 288; Original TMA) Laut Auskunft von Annegret Hoberg an die GKFA ist damit wahrscheinlich die Ausstellung *Alfred Kubin, Zeichnungen und Aquarelle. Zum 50. Geburtstag* angesprochen, die im April 1927 in der Münchner Staatlichen Graphischen Sammlung in der Neuen Pinakothek stattfand, siehe 23.2, 292, 713.
[44] Alfred Kubin, Tuschfederzeichnung (1935), Original im TMA.

Abb. 6: Alfred Kubin: Tuschfederzeichnung von Zwickledt
© Eberhard Spangenberg, München

– mahnend? – den Zeigefinger. Gleichzeitig setzt er einen Fuß auf den Unterlegenen oder steigt über ihn hinweg. Handelt es sich dabei um eine augenzwinkernde Anspielung auf die frühe und nur so kurz »am Leben erhaltene« *Tristan*-Illustration? (Siehe Abb. 1)

Kubin war seinerzeit ebenfalls nicht ganz zufrieden gewesen mit dem Buchumschlag, allerdings aus anderen Gründen. Ihn enttäuschte die Reproduktion seines Titelblatts durch den S. Fischer Verlag: »Fischers Verlag entstellte es«.[45] Bereits im September nahm Kubin erneut Kontakt zu seinem »verehrte[n] alte[n] Freund« auf, weil er Thomas Manns »letzten Band mit den Essays« gelesen hatte.[46] Er lobt »die Fülle in dem tiefen Gehalt dieser Stücke« und den »Humor«.[47] Thomas Mann antwortete mit einem Brückenschlag der »Sympathie«:

Ich finde, wir beide, Sie und ich, haben uns ganz gut gehalten in den 35 Jahren seit wir uns kennen, denn wir haben unter allen Erschütterungen [...] unser Werk durchgesetzt, das doch an und für sich schon nicht leicht zu tun war, auch das Ihre nicht, wie ich glaube, bei dem es sich denn doch auch nur scheinbar um schnell fertige Einzeldinge handelt; und wenn ich höre, daß Sie an Ihren ›Phantasien im Böhmerwald‹ seit 13 Jahren innerlich und tatsächlich arbeiten, so ist mir die Nachricht im vollen Sinne des Wortes *sympathisch*. Ungefähr so lange schleppe ich auch wohl schon an meinem biblischen Roman [...].«[48]

[45] Alfred Kubin an Richard Schaukal, 29.1.1903 (siehe Anm. 31). Zum *Tristan*-Einband schreibt Kubin insgesamt: »Th[omas] Mann hat sein Titelblatt, Fischers Verlag entstellte es. – Es wurde gut wenn ich auch eigentlich principiell keine Aufträge annehmen soll, sowie ich nämlich etwas machen <u>muß mich irgendwie verpflichtet habe bin ich wie</u> gelähmt ganz <u>unglücklich.</u>« Ich danke Kyra Waldner von der Wienbibliothek für die wertvolle Hilfe bei der Transkription.
[46] Alfred Kubin an Thomas Mann, 5.9.1935, Original im TMA.
[47] Ebd.
[48] Thomas Mann an Alfred Kubin, 9.9.1935; Br I, 399–401, 400.

Abb. 7: Alfred Kubin: Tuschfederzeichnung zu Thomas Manns 60. Geburtstag
© Eberhard Spangenberg, München

Kubins Federzeichnung zum 60. Geburtstag nennt er »ein herrliches Blatt« und verabschiedet sich vom »liebe[n] Meister« Kubin mit einer Reverenz vor dessen Werk:

... und tun Sie weiter Ihr schönes, schmerzlich-phantastisches und beklommen scherzendes Werk, das wir lieben![49]

Erika Mann hat über die innere Verbindung der Werke ihres Vaters und Alfred Kubins gesagt:

Gewisse groteske Züge in K.[ubin]s Werk standen T.[homas] M.[ann] so nahe, wie die Romantik ihm stand, die gleichfalls zu K.[ubin]'s Wesen gehörte.[50]

Ein schönes Beispiel hierfür ist die motivische und inhaltliche Nähe zwischen Kubins phantastischem Roman *Die andere Seite* und einzelnen Werken Thomas Manns.[51] Das gehört aber zu einem anderen Themenbereich.

Nun zu Ernst Barlach: 1897 bis 1908 war auch er Mitarbeiter des Simplicissimus, so dass Thomas Mann über die Wochenzeitschrift durchaus die eine oder andere Barlach-Illustration gekannt haben könnte.[52] Barlach veröffentlichte dort zunehmend sozialkritische Karikaturen,[53] wie beispielsweise 1907 ein makabres Blatt mit dem Titel *Aus dem Kommissionsbericht der Uebersichtigen*. (Siehe Abb. 8)

Die Zeichnung zeigt drei angestrengt in die Weite blickende Beobachter, die offenbar einen Kommissionsbericht über die Situation der Bevölkerung verfassen sollen. Während man in der Ferne Zeichen des Wohlstands erkennen kann, zeigt sich direkt unter den Füßen der Beobachter größtes menschliches Elend. Dazu erscheint der Kommentar: »– – – soweit das Auge reicht, begegnet es Bildern der Fröhlichkeit und der Zufriedenheit.«[54]

---

[49] Ebd., S. 401.

[50] Kommentar zu Br I, 467.

[51] Insbesondere zu *Der Tod in Venedig* und *Der Zauberberg*. Siehe dazu Alexander Neumann und Peter Cersowsky (zit. Anm. 6).

[52] Zum Simplicissimus siehe Anm. 33. Barlach wandte sich aber 1908 enttäuscht vom Simplicissimus ab, siehe Simplicissimus-Zeichnungen, in: Ernst Barlach Haus, Stiftung Hermann F. Reemtsma. Plastiken, Handzeichnungen und Autographen, Hamburg: Ernst Barlach Haus 1977, S. 48–52.

[53] Zur karikierenden Tendenz in Zeichnung und Plastik vgl. Elmar Jansen: »Oft genug, szenisch wie skulptural, tendieren Figuren Barlachs zur Karikatur, ausgestattet mit Konturen der Lächerlichkeit und des blasphemischen Spotts.« (Elmar Jansen: Schicksal stößt zu »in schweren Schlägen«. Barlachs Russlandreise: Einführung in ein naheliegendes, weitläufiges Thema, in: »außen wie innen«. Russland im Werk Ernst Barlachs, hrsg. von Inge Tessenow und Helga Thieme, Güstrow: Ernst Barlach Stiftung Güstrow 2007, S. 15–46, 31.)

[54] Ernst Barlach: Aus dem Kommissionsbericht der Uebersichtigen, in: Simplicissimus, Jg. 12 (1907), H. 35, S. 557.

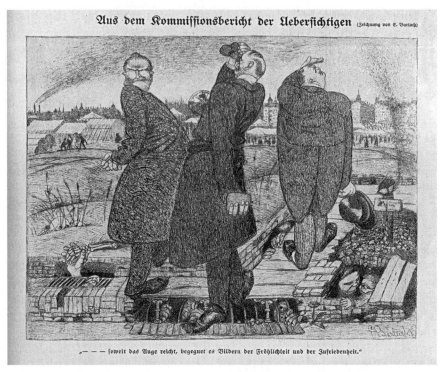

Abb. 8: Ernst Barlach: *Aus dem Kommissionsbericht der Uebersichtigen,* 1907

Direkte Reaktionen Thomas Manns auf Barlachs Simplicissimus-Illustrationen sind allerdings keine erhalten. Hingegen hat er sich zu Barlachs plastischem Werk geäußert und ihn als Bildhauer sogar besonders hervorgehoben. So antwortete er 1913 auf die Rundfrage *»Mit welchem Maler finden Sie sich in Ihrem Schaffen verbunden?«*:

Ich muß mir das Armutszeugnis ausstellen, daß ich zur modernen Malerei, ja, zur Malerei überhaupt wenig Verhältnis habe. [...] In der bildenden Kunst galt mein Interesse von jeher vorwiegend der Bildhauerei, wohl weil sie sich fast ausschließlich mit dem Menschen beschäftigt [...]. Der plastischen Kunst gegenüber bin ich modern: ich glaube manches von dem zu verstehen, was Rodin und Maillol, Minne und Barlach gesagt haben.[55]

Mit der Reihe »Rodin, Maillol, Minne und Barlach« gibt Thomas Mann exakt die Generationenfolge wieder. 1913 war Rodin bereits 73 Jahre alt, Maillol 52,

---

[55] Thomas Mann: [Maler und Dichter], in: Berliner Tageblatt, 25. 12. 1913; 14. I, 399. Der Beitrag steht neben solchen anderer Schriftsteller und Maler, darunter Alfred Kubin.

Minne 47, und der jüngste und insofern modernste unter ihnen, Barlach, erst 33.[56] Sein Verständnis für Barlachs Bildhauerkunst führt Thomas Mann nicht weiter aus, zumindest *eine* konkrete Begegnung mit Barlach-Plastiken ist aber belegt: Thomas Mann hat in seinem Notizbuch[57] im Zeitraum von ca. 1908 bis 1909 seine Eindrücke über zwei Barlach-Plastiken festgehalten, die er bei Hermann Obrist sah:[58]

Die Plastiken *Barlachs*, eines polnischen Juden, die ich bei Obrist sah. Zwei Bettel-weiber bei Warschau, nach einem P[r]ogrom. Die Eine ist nichts als eine hinreißend horizontale Bettelgeste; die andere fett, gemein, tierisch. B.[arlach], der das civilisierte Deutschland als Markt betrachtet[,] und hier eine Zeit lang ›litterarisch‹ arbeitete, lebt jetzt künstlerisch von dem einmaligen Anblick eines Geländes bei Warschau nach dem P[r]ogrom, voller Leichen, Elend, Vertiertheit. Er hat dort ein Notizbuch und einen Bogen Packpapier vollgezeichnet. Lebt in tiefster Armut in Willmersdorf. Schläft auf einer Pritsche: 3 Bretter über 2 Modellierböcken.[59]

Hans-Joachim Sandberg hat die beiden Plastiken, die Thomas Mann gesehen haben muss, sicher richtig Barlachs *Russischer Bettlerin I* und seiner *Russischen Bettlerin mit Schale* zugeordnet (siehe Abb. 9 und Abb. 10) und die »Er-fahrungsverwandtschaft« zwischen Ernst Barlach und Thomas Mann kennt-nisreich dargestellt.[60]

Die *Russische Bettlerin I*[61] entspricht Thomas Manns Beschreibung: »Die Eine ist nichts als eine hinreißend horizontale Bettelgeste«. Der menschliche

---

[56] August Rodin (1840–1917), Aristide Maillol (1861–1944), George Minne (1866–1941), Ernst Barlach (1870–1938).

[57] Es handelt sich um das 9. Notizbuch, das 1906 begonnen wurde und im Umfeld der Bar-lach-Erwähnung Einträge von ca. 1908 bis 1909 enthält: siehe Notb II, 143 und 176.

[58] Der in München ansässige Schweizer Bildhauer und Kunsthandwerker Hermann Obrist (1862–1927) kaufte 1907 eine »Bettlerin« Barlachs und wünschte sich noch eine weitere Arbeit von ihm, siehe seine Briefe an Charitas Lindemann vom 1.6.1907 und an Reinhard Piper vom 7.6.1907 in: Ernst Barlach: Die Briefe I. 1888–1924, hrsg. von Friedrich Dross, München: Piper 1968, S. 282 f.

[59] Notb II, 176.

[60] Hans-Joachim Sandberg: »Erfahrungsverwandtschaft«. Ernst Barlach und Thomas Mann, in: Barlach Journal 1999–2001. Texte, Reden, Kritik, hrsg. von Jürgen Doppelstein, Hamburg: Ernst Barlach Gesellschaft 2001, S. 54–73, 66 f. – Eine Darstellung, welche Barlach-Plastiken sich im Besitz Hermann Obrists befunden haben könnten, findet sich bereits in: Ernst Barlach. Kata-log I. Plastik 1894–1937, Auswahl und Kommentar Elmar Jansen, Ausstellung im Alten Museum April bis Juni 1981, Berlin: Akademie der Künste der DDR 1981, S. 29–30. Elmar Jansen vermutet ebenfalls, dass es sich um *Russische Bettlerin I* und *Russische Bettlerin mit Schale* handelte. – Ich danke für bestätigende Auskünfte und weiterführende Informationen zu Barlachs *Russischer Bettlerin I* und *II* und seiner *Russischen Bettlerin mit Schale* Herrn Dr. Alexander Bastek, Mu-seumsleiter des Museums Behnhaus Drägerhaus in Lübeck, und Frau Dipl. Germanistin Helga Thieme, wissenschaftliche Mitarbeiterin der Ernst Barlach Stiftung in Güstrow.

[61] *Russische Bettlerin II* ist eine größere Version von *Russische Bettlerin I*. Da Version II erst 1932 in Bronze gegossen wurde, vermutet Elisabeth Laur, dass die größere Fassung insgesamt erst 1932 und nicht schon 1907 angefertigt wurde, siehe Ernst Barlach: Werkverzeichnis II. Das plastische Werk, bearb. von Elisabeth Laur, Güstrow: Ernst Barlach Stiftung 2006, Nr. 516. Eli-

Abb. 9: Ernst Barlach: *Russische Bettlerin I,* 1907
Ernst Barlach Haus Hamburg, Foto: H.-P. Cordes

Körper verschwindet hier fast vollständig hinter einem völlig schlicht gehaltenen Gewand, so dass sich der Blick des Betrachters tatsächlich auf die dargestellte Geste konzentriert. Eva Caspers bezeichnet die *Russische Bettlerin I* aufgrund ihrer radikalen Reduktion der Ausdrucksmittel auf die Darstellung eines seelischen Vorgangs geradezu als Durchbruch zu Barlachs expressionistischem Stil in der Plastik.[62]

Die Leibesfülle ordnet die *Russische Bettlerin mit Schale* unter den anderen Plastiken Barlachs sehr klar Thomas Manns Bezeichnung »fett« zu. Dass er die Bettlerin auch als »gemein« und »tierisch« beschreibt, mag auf den – besonders in der Steinzeug-Ausführung – deutlich hervortretenden grimmigen Gesichtsausdruck mit akzentuierten Stirnfalten zurückgehen.[63]

sabeth Laur geht davon aus, dass *Russische Bettlerin I* in Gips im Besitz Hermann Obrists war, siehe Werkverzeichnis Laur II, Nr. 115.

[62] Eva Caspers: Russische Bettlerin I und II, in: Der Bildhauer Ernst Barlach. Skulpturen und Plastiken im Ernst Barlach Haus – Stiftung Hermann F. Reemtsma, hrsg. von Sebastian Giesen, Hamburg: Ernst Barlach Haus 2007, S. 72–74.

[63] *Russische Bettlerin mit Schale* von 1906 in Steinzeug, siehe Werkverzeichnis Laur II (zit. Anm. 61), Nr. 103 und Katalog-Nr. 148 in »aussen wie innen« (zit. Anm. 53). Bei der Version in Porzellan sind die Mimikfalten auf der Stirn ebenfalls gut erkennbar, werden aber nicht zusätzlich farblich hervorgehoben, siehe Werkverzeichnis Laur II, Nr. 104 und Katalog-Nr. 103 in »aussen wie innen«. Eine dieser beiden Versionen muss Thomas Mann bei Obrist gesehen haben, wenn er nicht sogar das ursprüngliche Gipsmodell bei ihm sah. Nicht gesehen haben kann er hin-

Abb. 10: Ernst Barlach: *Russische Bettlerin mit Schale*, Steinzeug, 1906
Ernst Barlach Haus Hamburg, Foto: H.-P. Cordes

Doch weshalb nennt Thomas Mann Barlach einen »polnischen Juden«? Barlach war weder Pole noch Jude.[64] Von Hermann Obrist sollte diese Fehlinfor-
mation nicht stammen.[65] Allerdings wurde Barlach seit seiner Russland-Reise
zunehmend als bolschewistisch oder jüdisch diffamiert – er selbst berichtete

gegen die Version in Bronze, die erst posthum hergestellt wurde, siehe Werkverzeichnis Laur II,
Nr. 105 und Katalog-Nr. 151 in »aussen wie innen«. Der Bronzeguss zeigt keine Mimikfalten
mehr und vermittelt durch das glatte Gesicht einen ganz anderen Ausdruck.
    [64] Siehe Peter Paret: Ein Künstler im Dritten Reich. Ernst Barlach 1933–1938, aus dem Ame-
rikanischen von Klaus Kochmann und Henning Köhler, Berlin: wjs 2007, S. 41.
    [65] Siehe Hans-Joachim Sandberg, »Erfahrungsverwandtschaft« (zit. Anm. 60), S. 67.

darüber: »Das Neueste, um einen Spaß aufzutischen, ist, daß ich allgemein als russischer Jude gelte. Name, russische Sujets, Berliner Secession – – wie kann man zweifeln?«[66] Man muss davon ausgehen, dass Thomas Mann eine derartige Falschmeldung bereits als gültige Information übernommen hatte. Auch bei Thomas Manns Annahme, dass es sich bei den beiden Plastiken um »[z]wei Bettelweiber bei Warschau, nach einem P[r]ogrom« handle, muss es sich um ein Missverständnis handeln.

Barlach hatte im Sommer 1906 eine Russland-Reise unternommen und seine Eindrücke auch schriftlich fixiert.[67] Diese Reise bedeutete einen Wendepunkt in seinem Schaffen – nach seiner Rückkehr hatte er als Bildhauer seinen eigenen Stil geprägt und wurde 1907 in der Berliner Secession mit *Blinder Bettler* und *Russische Bettlerin mit Schale* bekannt.[68] In Warschau hat sich Barlach auf seiner Reise aber nur kurz aufgehalten, seine dort gemachten Eindrücke zwar durchaus notiert, aber nach eigenen Angaben nicht genügend Zeit gefunden, um von Warschau eine bildliche Darstellung mitbringen zu können.[69] Während seiner Weiterreise erfuhr er von Unruhen in Warschau, sprach aber nie von einem dortigen Pogrom.[70] Er berichtete hingegen von der Stadt Bachmut, an deren Rand »ein Ruinenviertel [lag], eine Straße verbrannter und zerschlagener Häuser. Die stummen und so eindringlich anklagenden Zeugen des Bachmuter Programs [sic]«.[71]

Thomas Manns Notiz, dass Barlach »jetzt künstlerisch von dem einmaligen Anblick eines Geländes bei Warschau nach dem P[r]ogrom [lebe], voller Leichen, Elend, Vertiertheit«,[72] muss sich deshalb auf Barlachs grundsätzliche

---

[66] Ernst Barlach an Reinhard Piper, 5.11.1912, in: Briefe I (zit. Anm. 58), S. 406.

[67] Seine dort gemachten Reisenotizen fasste er später in den Text *Reise ins Herz des südlichen Rußland.* Siehe zur Entstehung und als Textedition: Ernst Barlach: Reise ins Herz des südlichen Rußland, aus der Handschrift neu erstellt von Ulrich Bubrowski und Jürgen Doppelstein, in: »außen wie innen« (zit. Anm. 53), S. 83–120, 84 f.

[68] Siehe Volker Probst: Ernst Barlach auf Reisen. Ein Vorwort, in: »außen wie innen« (zit. Anm. 53), S. 7–11, 9, und Inge Tessenow: Ernst Barlach 1870–1938, ebd., S. 165.

[69] »Um von den gesehenen und hastig durchstreiften Städten das im Flug erhaschte zu sagen, so umwirbelte mich in Warschau der aus Pferdehufen und Wagenrasseln entstandene Orkan und die revolutionäre Athmosphäre [sic] so betäubend, daß ich von der Stadt selbst keinen typischen Eindruck gewonnen habe. Um mit dem Cirkel des architektonischen Blicks im Auge eine Stadt zu betrachten[,] darf man nicht überall auf Militärposten, Gefangenentransporte und Eskorten beim Hin und Herbringen von Wertsachen aller Art stoßen. Natürlich[,] der Erinnerungsvorrat enthält tausend Gegenstände, die alle wahllos, wie in der Hast eines Brandes, einer Kathastrophe, ergriffen und gerettet wurden. Aber mit diesen Eindrucks-Trümmern läßt sich selbst für die gefälligste Einbildungslust kein ›Warschauer Innenraum‹ oder eine ›Musterfassade‹ herrichten.« (Ernst Barlach, Reise ins Herz [zit. Anm. 67], S. 89.) Barlach erklärt dort auch, weshalb ihm von Kiew Darstellungen möglich waren, von Warschau hingegen nicht.

[70] »In Warschau solls gestern unruhig gewesen sein, ein Polizist erschossen.« (Ernst Barlach, Reise ins Herz [zit. Anm. 67], S. 90.)

[71] Ernst Barlach, Reise ins Herz (zit. Anm. 67), S. 116. In seinem Reisebericht geht Barlach ausführlich auf den Kontrast zwischen dem unversehrten und dem zerstörten Teil der Stadt Bachmut ein. (Ebd.)

[72] Notb II, 176.

Russland-Eindrücke beziehen, denn auf dessen Warschau-Erfahrungen trifft sie nicht zu. »Elend« ist aber sowohl in Barlachs Russland-Text als auch in seinen im Anschluss an die Russland-Reise gefertigten Plastiken genügend vorhanden. Vor allem die vielen »Bettler« gehören für Barlach zu den »Haupt-Bestandteile[n]« »der russischen Welt«.[73] Er beschreibt sogar eine Bettlerin, die die Vorlage für seine fette *Russische Bettlerin mit Schale* gewesen sein muss:

Die fette Bettlerin aber, die ich seit meinem Hiersein mit besonderem Fleiß beobachte und die ich voller Überzeugung zu den besseren ihrer Art rechne, schien ihrer eigenen Leibesfülle Genüge zu thun, sie ging jetzt einher wie in besseren Tagen, lumpig[,] aber fett.[74]

Über diese »fette Bettlerin«, die Thomas Mann wohl bei Hermann Obrist gesehen hat, schrieb Barlach später in einem Brief:

Wenn Sie hier meinen Empfindungen mißtrauen, bitte ich Sie, z. B. die Bleistiftskizze in dem russischen Skizzenbuch – die ›fette Bettlerin‹ – mit der daraus gewordenen Skulptur zu vergleichen. Ich habe nichts verändert von dem, was ich sah, ich sah es eben so, weil ich das Widrige, das Komische und (ich sage es dreist) das Göttliche zugleich sah.[75]

Thomas Mann haben die beiden Barlach-Plastiken offensichtlich sehr beeindruckt, denn er kommt auch später bewundernd auf Barlach zurück. Auch wenn seine Notiz über die beiden »Bettelweiber« einige Ungereimtheiten enthält, charakterisiert er die beiden Plastiken doch so genau, dass sie sich heute noch zuordnen lassen.[76]

1924 sah Thomas Mann eine Aufführung von Barlachs Drama *Der tote Tag* und schrieb einen Text darüber.[77] Es ist ein mutiges Eintreten für das damals

[73] Ernst Barlach, Reise ins Herz (zit. Anm. 67), S. 89. Im Lauf seiner Reise nimmt er das Phänomen der Bettler auch zunehmend kritisch wahr. (Ebd., S. 103.)
[74] Ernst Barlach, Reise ins Herz (zit. Anm. 67), S. 103.
[75] Ernst Barlach an Wilhelm Radenberg, 8.8.1911, in: Briefe I (zit. Anm. 58), S. 375. Zu Barlachs russischen Taschenbüchern mit Skizzen seiner Reise siehe Annette Wittboldt: Bilddokument und Zeugnis künstlerischer Neuorientierung. Ernst Barlachs Großes Skizzenbuch Rußland 1906, in: »außen wie innen« (zit. Anm. 53), S. 133–158, sowie das Werkverzeichnis mit den Taschenbüchern, ebd., ab S. 179, und die Faksimile-Wiedergaben »Fette Bettlerin« aus dem Russischen Taschenbuch II, ebd., S. 2 und S. 197.
[76] Notb II, 176. Die Beschreibungen »gemein, tierisch« und später noch einmal »Vertiertheit« bleiben rätselhaft, siehe dazu auch Hans-Joachim Sandberg, »Erfahrungsverwandtschaft« (zit. Anm. 60), S. 67. Möglicherweise schließen sie Vorverurteilungen zum Themenkreis »jüdisch« mit ein oder sind als Kontrast zum Vergeistigten und Überzivilisierten sogar positiv konnotiert – ähnlich wie die »Armut« von Barlachs Lebensweise und die Askese seiner »Pritsche« positiv konnotiert erscheinen. – Zur Einbettung des Begriffs »litterarisch« in Thomas Manns Themenumfeld »Geist und Kunst« siehe Sandberg, a.a.O.
[77] Er verfasste eine Doppelrezension zweier Theaterbesuche in den Münchener Kammerspielen, und zwar von den Aufführungen von Barlachs *Der tote Tag* am 5. Februar 1924 und von Bertolt Brechts *Leben Eduards des Zweiten von England* am 18. März 1924; siehe 15.2, 458. Veröffentlicht wurde der Text zuerst als *German Letter* in The Dial, Bd. 77 (November 1924),

vom Münchner Publikum unverstandene Stück.[78] Bevor er auf das Drama eingeht, spricht Thomas Mann Barlach aber als Bildhauer an:

… Ernst *Barlach* […] – man kennt ihn sicher, und man verbindet damit die Vorstellung gewisser plastischer Kunstwerke – plastisch in der Tat in einem sehr reinen und echten Sinn dieses Wortes –, maserig-breitflächiger Holzskulpturen von großer Ausdruckskraft, russisch-christlich beeinflußt in ihrer Menschlichkeit, ihrer Leidens- und Bettlergebärde und unverwechselbar in ihrer Formensprache. Ein genialischer Bildhauer also […]. (15.1, 745)

Der Hinweis auf die »russisch-christlich[e]« »Menschlichkeit« und auf die »Leidens- und Bettlergebärde« erinnert an die beiden Plastiken, die er bei Obrist gesehen haben muss, durch die »Bettlergebärde« insbesondere an *Russische Bettlerin I*. Allerdings scheint Thomas Mann inzwischen weitere Barlach-Plastiken gesehen zu haben, denn er spricht von »maserig-breitflächige[n] Holzskulpturen«. Die beiden Bettlerinnen, die Thomas Mann bei Obrist gesehen haben muss, wurden aber nicht in Holz gefertigt, sondern in Gips, Steinzeug und Porzellan.[79] Einer Aussage Barlachs zufolge besaß Obrist von ihm mindestens eine Bettlerin in Gips, vermutlich die *Russische Bettlerin I*.[80] Andererseits sind »maserig-breitflächige[] Holzskulpturen« für Barlach sehr typisch, so dass Thomas Mann hier einen richtigen Hinweis gibt. Gerade in Barlachs Rückgriff auf das Material Holz lag im ersten Drittel des 20. Jahrhunderts ein avantgardistischer Akt.[81] Leider gibt es keine Anhaltspunkte dafür, welche Holzplastiken Thomas Mann konkret gesehen haben könnte.

1931 setzte sich Thomas Mann vehement für die Verwirklichung des Hamburger Ehrenmals mit Barlachs Reliefentwurf ein. Das Ehrenmal sollte zur Erinnerung an den Ersten Weltkrieg errichtet werden und der Vorschlag Barlachs stieß in konservativen und nationalsozialistischen Kreisen auf starken Widerstand. In einer Debatte der Hamburger Bürgerschaft brachte Joseph Hoffmann von der Deutschnationalen Volkspartei am 21. Mai 1931 gegen Barlach vor, dass

---

S. 414–419, und dann als *Briefe aus Deutschland [V]* und fast gleichlautend als *Über Ernst Barlach*; siehe 15.2, 458 und 15.2, 462.

[78] »[Barlach] hat sich also auf dem Gebiete […] des Dramas [versucht] – und mit dem größten Glück, so möchte man hinzufügen, wenn man zu sagen wüßte, *bei wem* er mit dieser Eskapade Glück gemacht hat: beim Publikum jedenfalls nicht. Soweit es noch vorhanden war bei der Aufführung seines Stückes, die ich sah – es war die zweite –, legte es durch seine Mienen, sein vielsagendes Schweigen Gefühle an den Tag, die sich bei Wagner einmal in den Stabreim gekleidet finden: ›Staunend versteh' ich dich nicht!‹« (15.1, 745)

[79] Werkverzeichnis Laur II (zit. Anm. 61), Nr. 103, 104 (Modell Gips), 115, 116.

[80] Werkverzeichnis Laur II (zit. Anm. 61), Nr. 115, zitiert nach Schult.

[81] Siehe Werner Schnell: Skulptur vom Holz her gedacht. Barlach ein Avantgardist!, in: Der Bildhauer Ernst Barlach (zit. Anm. 62), S. 19–35, v. a. 19, 23–25.

... vielleicht 300.000 und noch mehr Hamburger Wähler dieses Denkmal von Barlach nicht wünschen. Sie wünschen es nicht, dass dort Figuren mit ostischen Gesichtszügen angebracht werden. Barlach ist gar nicht in der Lage, eine deutsche Frau, wie es sein müsste, zu zeichnen, viel weniger in Stein zu schlagen.[82]

Um Störaktionen zu vermeiden, wurde das Ehrenmal am 2. August 1931 dann unter Ausschluss der Öffentlichkeit eingeweiht.[83] (Siehe Abb. 11) Vor diesem Hintergrund wird klar, dass auch Thomas Manns Stellungnahme in einer Broschüre »deutscher Kunstfreunde« politische Brisanz hatte. Thomas Mann warf nicht nur seine ganze »Sympathie« für Barlach in die Waagschale, sondern bekannte sich in seinem Text auch zu einem Kunstwerk, das sich vom vorherrschenden nationalsozialistischen Geschmack abhob:

Ich bin seit langem ein aufrichtiger Bewunderer Barlachs, und zwar des dramatischen Dichters sowohl wie des Bildners, und bin also vielleicht ein wenig voreingenommen. Es wird aber kaum Voreingenommenheit genannt werden können, wenn diese Sympathie sich auch in diesem Fall, und gerade in ihm, bewährt. Ich bin tief ergriffen von dem, was die vollkommen anschaulichen Blätter mir zeigen: von Barlachs eigenstem Beitrag sowohl, dessen strenge und große Linien eine Welt von Gefühl umschließen, wie auch von der vornehm gefügten Klaus Hoffmannschen Gesamtanlage, in die das Bild der aufrechten Schmerzensmutter mit ihrer kleinen Waise sich einfügen soll, und ich meine, es ist nicht viel ergänzende Phantasie nötig, um sich an der Hand dieser Wiedergaben zu überzeugen, daß der Stadt Hamburg ein Kriegserinnerungsmal bestimmt ist, das sich durch künstlerische Würde und Geistigkeit, aber auch durch wahrhafte Volkstümlichkeit vor vielen Mahnbildern hervortun wird, mit denen robustere und gedankenlosere Hände die deutschen Lande besetzt haben.[84]

Thomas Mann hatte offenbar Entwurfblätter gesehen.[85] Für das Ehrenmal wurde auf eine über sieben Meter hohe Stele von Klaus Hoffmann ein Relief nach Vorlage von Ernst Barlach angebracht.[86] Durch das äußerst flach gehaltene Relief entsteht eine »eher graphisch als plastisch angelegte Gestaltung«,[87] was Thomas Mann durch seinen Hinweis auf die »strenge[n] und große[n] Linien« Barlachs noch unterstreicht. In seiner Bezeichnung der »aufrechten Schmer-

---

[82] Zit. nach Eva Caspers: Hamburger Ehrenmal, in: Der Bildhauer Ernst Barlach (zit. Anm. 62), S. 173–175, 174.

[83] Siehe ebd.; siehe die historische Aufnahme in: Paret (zit. Anm. 64), S. 229; dazu auch S. 57.

[84] Thomas Mann [zum Hamburger Ehrenmal], in: Das Hamburger Ehrenmal. Bekenntnisse deutscher Kunstfreunde, Hamburg: Trautmann 1931, S. 15. Siehe auch Reg 32/2 und Potempa G 517.

[85] Siehe die von Elisabeth Laur genannten Entwurfblätter und Zeichnungen in Werkverzeichnis Laur II (zit. Anm. 61), Nr. 505–510 und insbesondere die Zusammenfassung der Ereignisse unter Nr. 513.

[86] Werkverzeichnis Laur II (zit. Anm. 61), Nr. 513.

[87] Eva Caspers: Hamburger Ehrenmal, in: Der Bildhauer Ernst Barlach (zit. Anm. 62), S. 173–175, 174.

Abb. 11: Ernst Barlach:
Hamburger Ehrenmal,
Alsterseite mit dem Relief
Barlachs, um 1931
Archiv Ernst Barlach Haus
Hamburg

zensmutter« trifft sich Thomas Mann auch sehr genau mit Barlachs eigenen
Vorstellungen, der mit seinem Relief »Aufrichtung« darstellen wollte.[88]

---

[88] Ernst Barlach an Fritz Schumacher, 8. 12. 1930, in: Ernst Barlach. Die Briefe II. 1925–1938,
hrsg. von Friedrich Dross, München: Piper 1969, S. 242: »Sie meinen mit Recht zu fühlen, daß ich
Aufrichtung und innere Gefaßtheit, die Kristallisierung einer Kraft aus einer Welt von Erschüt-
terung im Auge habe […]. Aufrichtung an sich verdient weder Lob noch Bewunderung, erst die
Schwere, gegen die sie geschieht, macht ihren Wert aus.« Fritz Schumacher ist es zu verdanken,

Thomas Mann nahm Barlach nach seinem Bekenntnis zum Hamburger Ehrenmal auch weiterhin politisch wahr.[89] 1933 äußerte er im Schweizer Exil die Hoffnung, eine Rückkehr nach Deutschland könne wieder möglich werden, da »Leute wie Nolde und Barlach, die eben noch in sogenannten Schreckenskammern dem nationalen Abscheu preisgegeben wurden«, wieder für »›deutsch‹« erklärt worden seien.[90]

Die Realität sah allerdings für beide anders aus: Für Thomas Mann blieb es beim Exil, für Barlach spitzte sich die Lage innerhalb Deutschlands immer weiter zu. Seine Beschäftigung mit Russland stand schon lange im Kreuzfeuer der nationalsozialistischen Kultur- und Rassenpolitik.[91] Seit der Machtergreifung der Nationalsozialisten erhielt Barlach keine öffentlichen Aufträge mehr, Aufführungen seiner Stücke wurden verboten, Werke beschlagnahmt oder zerstört und er selbst nachhaltig als »entarteter Künstler« diffamiert.[92] 1937 wurde sein Austritt aus der Preußischen Akademie der Künste durchgesetzt,[93] und in seinem Todesjahr 1938 die Entfernung des Hamburger Ehrenmals beschlossen.[94]

Nach Kriegsende nahm Thomas Mann diese bitteren Konsequenzen und den Tod Barlachs über einen Zeitungsartikel wahr. Aus einem Bericht des New Yorker über eine Ausstellung von 25 deutschen Künstlern griff Thomas Mann nur Barlach und Karl Hofer heraus:

dass Barlachs Entwurf überhaupt realisiert wurde. Er war es auch, der sich 1949 für die Rekonstruktion des zerstörten Reliefs einsetzte.

[89] Hingegen scheint er künstlerisch insbesondere die Barlach-Figuren der Lübecker Katharinenkirche nicht mehr wahrgenommen zu haben – wohl vor allem exilsbedingt: »Tatsächlich war die massive Opposition gegen den Barlach-Plan, die von der Ankunft des *Bettlers* in Lübeck ausgelöst wurde, der Grund, dass es vor 1933 nicht zur Aufstellung der Figuren kam. Als bis zum Sommer 1932 die beiden nächsten Figuren, *Der Sänger* und *Die Frau im Wind*, geliefert waren, wurden sie mit dem *Bettler* auf dem Hohen Chor der Katharinenkirche aufgestellt. Mitte der 30er Jahre bekamen sie einen weniger ›bevorzugten‹ Standort in einer Seitenkapelle […].« Erst im Mai 1947 konnten Barlachs Figuren wie ursprünglich geplant an der Fassade der Katharinenkirche angebracht werden. (Jenns E. Howoldt: Der Lübecker Barlach-Plan. Ein waghalsiges Projekt und seine Realisierung, in: Die Gemeinschaft der Heiligen. Der Figurenzyklus an der Katharinenkirche zu Lübeck und das monumentale Werk Ernst Barlachs, hrsg. von Jürgen Fitschen und Volker Probst, Bremen / Güstrow: Gerhard-Marcks-Haus / Ernst Barlach Stiftung 2001, S. 9–31, 13 u. 15.) Auch nach seiner Rückkehr nach Europa scheint Thomas Mann die Barlach-Figuren der Katharinenkirche nicht explizit wahrgenommen zu haben (siehe stellvertretend Tb, 25. 5. 1955).
[90] Thomas Mann an René Schickele, 24. 11. 1933. (TMS X, 47)
[91] »Die nationalsozialistische Rassen- und Kulturpolitik fand schließlich explizit in Barlachs Auseinandersetzung mit Russland und seinen Menschen einen ideologisch bedingten Ansatzpunkt für polemische Kritik und massive Verfolgung des Künstlers.« (Volker Probst: Ernst Barlach auf Reisen. Ein Vorwort, in: »außen wie innen« [zit. Anm. 53], S. 7–11, 9.) Auch der oben zitierte Vorwurf Joseph Hoffmanns gegen »ostische[] Gesichtszüge[]« zielte in diese Richtung.
[92] Zur politischen Situation insgesamt siehe Paret (zit. Anm. 64).
[93] Ernst Piper: Ernst Barlach und die nationalsozialistische Kunstpolitik. Eine dokumentarische Darstellung zur »entarteten Kunst«, München / Zürich: Piper 1983, S. 188–189.
[94] 1939 ließen die Nationalsozialisten Barlachs Relief entfernen und durch einen Adler ersetzen. Nach dem Krieg wurde es wieder rekonstruiert. (Siehe Werkverzeichnis Laur II [zit. Anm. 61], Nr. 513.)

Las den New Yorker mit merkwürdigem Bericht über eine Ausstellung verpönter deutscher Maler, verhungerter und geretteter. Zu jenen gehört Barlach. Hofer hat alle Bombardements von Berlin überlebt (mit 78) und ist von den Russen zum Akademie-Direktor gemacht worden. Es scheinen im Ganzen die Maler sich viel charaktervoller benommen zu haben, als die Schriftsteller.[95]

Zu den »charaktervolle[n] Maler[n]« hat Thomas Mann offensichtlich weiterhin Alfred Kubin gerechnet, auch wenn sich Kubin während des Kriegs nicht politisch exponiert hatte wie Mann und Barlach.[96] Thomas Manns grundsätzliche »Sympathie« scheint überdauert zu haben. Ein Zeitungsbericht meldete über Kubins 70. Geburtstag in Nachkriegsösterreich: »Auf dem letzten Care-Paket stand als Absender der Name Thomas Mann.«[97]

[95] Tb, 17. 10. 1945. Inge Jens hat den entsprechenden Zeitungsartikel recherchiert. Es handelt sich um: Robert M. Coates: The Art Galleries. Documentary, in: The New Yorker, 13. 10. 1945, S. 69–71. Der Bericht hat folgende Einleitung: »It may seem like old stuff now to be reminding people that Hitler persecuted artists and intellectuals, and it may seem a small matter, too, in the face of the far more massive brutalities of the concentration camps. Yet the fact is there, and it needs remembering. As one small effort in that direction, the Nierendorf Gallery has got together forty-odd paintings and sculptures by twenty-five artists, all of them men whose works were classed as ›degenerate‹ by the Nazis.« Der Artikel zählt von den 25 ausgestellten Künstlern 7 zu den Toten und 10 zu den Geflohenen. Unter den Toten wird Barlach genannt: »Of the whole group on exhibit, seven are dead, at least five of them as a result of the persecution, and these include such prominent figures as Oskar Schlemmer, the Expressionist and former Bauhaus teacher, and Ernst Barlach, the great medievalist sculptor, who died of starvation.« Insgesamt hebt der Artikel hervor: »The important fact is that so many of the artists were willing to risk death to keep on doing it.« Einsehbar im TMA.
[96] Kubin hat sich Hermann Hesse gegenüber sogar explizit dagegen verwahrt, dem Beispiel Thomas Manns zu folgen: »1933 lehnte Kubin es auch ab, einen von ihm illustrierten Band in einer ›Emigrantenzeitschrift‹ in Prag zu publizieren und meinte dazu wiederum gegenüber Hesse, dass man gegenüber den Avancen von Emigranten recht vorsichtig sein müsse, ›um nicht als offizieller Schädlingsanhänger bei den Nazis verschrieen zu werden und in Mißachtung wie z. B. Th. Mann zu kommen.‹ (Kubin an Hesse, 6. 10. 1933)«. Siehe zu dieser Thematik insgesamt: Birgit Kirchmayr (»… diese stummen Geister der Auflehnung«. Alfred Kubin und der Nationalsozialismus, in: Alfred Kubin und die Phantastik. Ein aktueller Forschungsrundblick, hrsg. von Peter Assmann, Wetzlar: Phantastische Bibliothek Wetzlar 2011, S. 234–248, 241), aus deren Beitrag hier zitiert wurde. Die »Vogel-Strauß-Politik« Kubins bis hin zu einer »schleichenden Vereinnahmung durch den Nationalsozialismus« dokumentiert Helga Mitterbauer: Unruhe um einen Abseitigen. Alfred Kubin und der Nationalsozialismus, in: Literatur der »Inneren Emigration« aus Österreich, hrsg. von Johann Holzner und Karl Müller, Wien: Döcker 1998 (= Zwischenwelt 6), S. 337–355, 343 u. 348. – Künstlerisch exponierte sich Kubin allerdings weiterhin aufgrund seines Stils und seiner Themen.
[97] Kein »Spinneter« mehr. Das kleinste Atelier der Welt, in: Der Spiegel, 24. 5. 1947. – Direkte Briefe und Treffen scheint es zwischen Mann und Kubin nach dem Zweiten Weltkrieg nicht mehr gegeben zu haben, Dritten gegenüber hat Thomas Mann sich über Kubin aber auch später noch positiv geäußert, so gegenüber Abraham Horodisch, 22. 12. 1949, und Siegfried von Vegesack, 2. 12. 1952; Reg 49/632 und 52/343, Kopien im TMA.

Zu den Abbildungen 1, 2, 3, 6, 7 und 8: Alle Ausgaben befinden sich im Thomas-Mann-Archiv der ETH-Bibliothek Zürich; Fotografien TMA der ETH, Zürich.

Tim Sparenberg

Feuer, Asche und Verschwendung

Die Müdigkeit und die »kluge Verwaltung« der (ästhetischen) Kraft in
Thomas Manns Erzählungen *Der Tod in Venedig* und *Schwere Stunde*

Schreiben in der Moderne ist ein Anschreiben gegen die Ermüdung, aber es ist
zugleich eine Tätigkeit, die paradoxerweise die Ermüdung des Schreibenden
immer nur vergrößern kann. Die Ermüdung verbindet die literarische Moderne
unmittelbar mit der technisch-industriellen Moderne, im Zwang zur Auto-
regulation der kreativen Vermögen des Einzelnen artikuliert sich jene »Bio-
Macht«, die möglicherweise das wesentliche, jedoch »gewiß ein unerläßliches
Element bei der Entwicklung des Kapitalismus« war.[1] In der Moderne wird
Schreiben zur »Produktion« und gleichzeitig zur Dokumentation der Ermüdung des Schreibenden, zu einer Form der Arbeit unter anderen Formen der
Arbeit. Thomas Manns Schreiben ist durch diese Lebensform und -haltung
der Ermüdung genauso geprägt, wie das Schreiben von unter anderen Gott-
fried Benn, Franz Kafka, Robert Musil, Hugo von Hofmannsthal und Marcel
Proust. So hat Mann in seinen *Betrachtungen eines Unpolitischen* von 1918
einmal über sich selbst bemerkt:

Wenn ich irgend etwas von meiner Zeit sympathisch verstanden habe, so ist es ihre
Art von Heldentum, die modern-heroische Lebensform und -haltung des überbürdeten
und übertrainierten, ›am Rande der Erschöpfung arbeitenden‹ *Leistungsethikers* […]
und ich darf sagen, daß ich beinahe nichts geschrieben habe, was nicht Symbol wäre
für ein Heldentum dieser modernen, neubürgerlichen Art. (13.1, 158 f.)

Tatsächlich durchzieht das Reden von der Kraft auf der einen Seite und der Ermüdung, Überbürdung und Erschöpfung auf der anderen Seite Thomas Manns
gesamtes Werk. Diese Konstellation ist, wie etwa in den *Buddenbrooks* (1901)
oder dem *Zauberberg* (1924), verbunden mit einer Reflexion über die Grenzen
der individuellen Arbeitskraft, spätestens mit den frühen Erzählungen wie

---

[1] Michel Foucault: Sexualität und Wahrheit I. Der Wille zum Wissen, Frankfurt / Main: Suhrkamp 1983, S. 136. Besonders seit seinen Vorlesungen von 1978 und 1979 bringt Foucault zudem
zunehmend den Begriff der »Regierung« als Mittelglied zwischen Macht und Subjektivität ins
Spiel. Er stellt dies unter den Begriff der »Gouvernementalität«, der das hier verhandelte gut
erfasst. Gouvernementalität ist ein Kompositum aus *gouverner/gouvernemental* (regieren, die
Regierung betreffend) und *mentalité* (Denkweise), um die Verschränkung von kapitalistischer
Wirtschaftsordnung, Staat und Subjektivierung zu verdeutlichen. Vgl. Michel Foucault: Geschichte der Gouvernementalität II. Die Geburt der Biopolitik, Frankfurt / Main: Suhrkamp 2006.

Tristan, *Tonio Kröger* (1903), *Schwere Stunde* (1905), *Wälsungenblut* (1921)
und besonders *Der Tod in Venedig* (1912) ist sie dann aber im Besonderen mit
dem Problem der »künstlerischen Produktion« verknüpft. Erstaunlicherweise
wurde Thomas Manns Hinweis auf die zentrale Bedeutung dieser Konstellation für seine Poetik durch die Forschung bislang aber nie systematisch aufgegriffen und wenn sie doch einmal am Rande in den Blick geriet, so hat man
sie meist als nicht weiter erklärungsbedürftige anthropologische Konstante
vorausgesetzt und zudem häufig unmittelbar biographisch gelesen.[2]

Ich möchte dagegen im Folgenden in einem diskursanalytischen Ansatz, der
auch Aspekte der Metaphorologie und Begriffsgeschichte aufgreift,[3] erstens
den nur scheinbar selbstverständlichen Satz »Ich bin müde« historisieren und
zweitens das Problem der »künstlerischen Produktion« und die Poetik von
Thomas Manns Erzählungen *Der Tod in Venedig* und *Schwere Stunde* innerhalb dieser Geschichte der Ermüdung verorten. Meine Poetologie des Ermü-
dungswissens folgt dabei zwei Leitthesen.[4] Erstens zeichnen sich beide Erzählungen Manns zentral durch eine »Poetik der Müdigkeit« aus, die Form der
Texte und die Schreibszenen in *Schwere Stunde* und *Der Tod in Venedig* sind
durch die Subjektivierungen und die spezifischen Strategien im Umgang mit
Verlusten geprägt, die in dieser Zeit aufkommen.[5] Das Erscheinen des neuen
Wissensobjekts »Ermüdung« ist an ganz eigene Darstellungsformen geknüpft,
die Literatur partizipiert an diesen und schreibt mit an der »Ermüdungsge-
schichte«. Meine zweite Leitthese lautet, dass Manns Erzählungen auf eine
neue Engführung von Kraft und Ästhetik um 1900 reagieren und speziell am
Beispiel der Figur Aschenbach der Versuch einer Befreiung von der Ökonomie der Kraft vorgeführt wird. Es geht hier mithin darum, die Beziehung von
Ästhetik und Kraft neu zu bestimmen.

---

[2] Vgl. z. B. den Kommentar in Erhard Bahr: Erläuterungen und Dokumente. Thomas Mann.
»Der Tod in Venedig«, Stuttgart: Reclam 2005, S. 25.

[3] Vgl. Hans Blumenberg: Paradigmen zu einer Metaphorologie, Frankfurt / Main: Suhrkamp
1998, hier besonders das Kapitel zur »organischen und mechanischen Hintergrundmetapho-
rik«, S. 91–110; Reinhart Kosellek: Einleitung, in: Geschichtliche Grundbegriffe. Lexikon zur
politisch-sozialen Sprache in Deutschland, Bd. 1, hrsg. von dems., Stuttgart: Klett-Cotta 1992,
S. XIV–XXVII. – Ich fasse Metapher und Begriff dabei nicht als unvereinbare Gegensätze, sondern im Sinne der historischen Epistemologie als unterschiedliche Grade der Formalisierung
auf. Diese Auffassung ist auch bei Blumenberg bereits angelegt, vgl. Rüdiger Campe: From the
Theory of Technology to the Technique of Metaphor. Blumenberg's Initial Move, in: Qui Parle,
Jg. 12, H. 1, Lincoln: University of Nebraska Press 2000, S. 105–126.

[4] Vgl. Joseph Vogl: Für eine Poetologie des Wissens, in: Die Literatur und die Wissenschaften
1770-1930, hrsg. von Karl Richter u. a., Stuttgart: M&P 1997, S. 107-127.

[5] In Anschluss an Rüdiger Campe verstehe ich die »Schreibszene« als Ensemble aus Körper-
bewegung, Instrument und Sprache. An dieser Stelle beziehe ich mich überwiegend auf die im
literarischen Text dargestellte Schreibszene als poetologische Selbstthematisierung. (Vgl. Rüdiger
Campe: Die Schreibszene, in: Paradoxien, Dissonanzen, Zusammenbrüche. Situationen offener
Epistemologie, hrsg. von Hans Ulrich Gumbrecht und K. Ludwig Pfeiffer, Frankfurt / Main:
Suhrkamp 1991, S. 759–772.)

1. Die Geschichte der Müdigkeit

1.1 Ermüdung und (ästhetische) Kräfte um 1800

Die uns vertrauten Konzepte der Ermüdung, Erschöpfung und Überbürdung haben eine erstaunlich kurze Geschichte. Sie haben sich erst in der zweiten Hälfte des 19. Jahrhunderts in einem gemeinsamen diskursiven Raum zwischen Physik, Ästhetik, Politik, Physiologie, Psychologie, Erziehungswissenschaften, Ingenieurwissenschaften, der ökonomischen Theorie und den entstehenden Arbeitswissenschaften herausgebildet. Ich möchte dies im Folgenden kurz kontrastiv anhand der Verwendungsweise dieses Begriffsfeldes um 1800 verdeutlichen.

Noch im 18. Jahrhundert ist die Ermüdung, das hat bereits der Historiker Anson Rabinbach gezeigt, »nicht notwendigerweise ein negatives Phänomen. Sie ist zu dieser Zeit auch ein Zeichen dafür, daß der Körper voll und ganz genutzt wurde, ohne ihn zu verletzen. Die Ermüdung, so ließe sich sagen, gehörte zum Diskurs der Umsicht statt zu dem der Leistung.«[6] Vor allem aber scheint die Ermüdung um 1800 noch nicht notwendig in einem direkten Verhältnis zur »Kraft« zu stehen, nicht ihr Anderes zu sein. Der Begriff der Kraft ist im 18. Jahrhundert außerdem zunächst auch noch ganz anders besetzt als im 19. Jahrhundert. Mit Keplers Physik wird der aus dem Altertum überlieferte Begriff seit Anfang des 16. Jahrhunderts zunehmend durch eine mechanische Definition ersetzt, die, vereinfacht gesagt, in der Kraft die Wirkursache für eine Bewegung sieht.[7] Die Kraft, oder auch Energie, ist um 1800, das hat zuletzt besonders Christoph Menke in Erinnerung gerufen,[8] aber nicht nur ein Begriff der Naturphilosophie, sie ist auch von zentraler Bedeutung für die ästhetische Anthropologie des 18. Jahrhunderts. Mit der Begründung der Ästhetik durch Alexander Gottlieb Baumgarten wird der Begriff der Kraft zunächst als subjektives Vermögen einer sinnlichen Ausdrucksfähigkeit verstanden, die durch Übung verfeinert werden kann. In Johann Gottfried Herders Kritik an Baumgarten wird dem aber bald die Idee einer vorsubjektiven, zwecklosen und »dunklen« Kraft entgegengestellt, deren Schaffen explizit weder biologisch noch mechanisch zu verstehen ist, sondern die sich sinnlich selbst verwirk-

---

[6] Anson Rabinbach: Ermüdung, Energie und der menschliche Motor, in: Physiologie und industrielle Gesellschaft. Studien zur Verwissenschaftlichung des Körpers im 19. und 20. Jahrhundert, hrsg. von Jakob Tanner und Philipp Sarasin, Frankfurt/Main: Suhrkamp 1998, S. 286–312, S. 286.

[7] Instruktiv hierzu der wissenschaftshistorische Klassiker: Max Jammer: Concepts of Force. A Study in the Foundation of Dynamics, New York: Harper & Borthers 1957.

[8] Vgl. hier und im Folgenden: Christoph Menke: Kraft. Ein Grundbegriff ästhetischer Anthropologie, Frankfurt/Main: Suhrkamp 2008; Anselm Haverkamp: Mass Times Acceleration. Rhetoric as the Meta-Physics of the Aesthetic, in: Qui Parle, Jg. 12, H. 1, Lincoln: University of Nebraska Press 2000, S. 127–143.

licht.[9] Einen weiteren wichtigen Schritt stellt Johann Georg Sulzers und später Schillers Weiterführung dieses Gedankens dar. Das Schöne ist nach Sulzer eine »Energie«, die die Bewegung im geistigen »Triebwerk[] der Seele« antreibe.[10] Schiller schließlich betont besonders die Referenzlosigkeit der Ästhetik, die »Einbildungskraft« realisiere sich in einer »freie[n] Bewegung« und im »materielle[n] Spiel«, »in welchem sie, ohne alle Beziehung auf Gestalt, bloß ihrer Eigenmacht und Fessellosigkeit sich freut.«[11]

Festzuhalten wären bis hierhin mindestens drei Punkte: Erstens gibt es um 1800 eine Vielzahl von Kräften, die genauso wenig ein gemeinsames Maß haben wie Kraft und Müdigkeit. Zweitens sind spätestens seit der Begründung der Ästhetik durch Baumgarten Kraft bzw. Energie und Ästhetik miteinander verwoben. Die ästhetische »Kraft« oder »Energie« wird drittens im Kontext der Ästhetik des 18. Jahrhunderts allerdings gerade nicht physikalisch und nicht als Vermögen des Subjekts verstanden. Diese ästhetische Auffassung der Dichter und Philosophen von Kraft wird, so meine These, im Laufe des 19. Jahrhunderts jedoch nach und nach durch eine technisch-ökonomische Auffassung von Kraft kolonisiert. Im Zuge der Industrialisierung und der Vereinheitlichung der Kräfte durch die Wärmelehre in der Physik verbinden sich auch das Reden über ästhetische Kraft und physikalische Leistung. Die physikalische Energie besetzt somit zunehmend die Systemstelle der ästhetischen Kraft. Thomas Manns frühe Erzählungen sollten daher genau in dieser Überlagerung des tradierten ästhetischen und des neuen physikalischen Kraftbegriffs situiert werden, die trotz ihrer terminologischen Amalgamierung inkommensurabel sind.

1.2 Vereinheitlichung der Kräfte im 19. Jahrhundert

Im frühen 19. Jahrhundert wandelt sich mit der industriellen Revolution und den ersten funktionsfähigen Dampfmaschinen das Bild des Kosmos von dem eines mechanischen Uhrwerks zu dem einer Wärmemaschine – eines gewaltigen Motors, in dem die verschiedenen Energieformen beständig ineinander

[9] Vgl. Johann Gottfried Herder: Kritische Wälder oder Betrachtungen über die Wissenschaft und Kunst des Schönen, in: Werke in zehn Bänden, Bd. 2, hrsg. von Günter Arnold u. a., Frankfurt / Main: Deutscher Klassiker Verlag 1993, S. 247–442, besonders S. 275.
[10] Johann Georg Sulzer: Von der Kraft (Energie) in den Werken der schönen Künste, in: Vermischte philosophische Schriften, hrsg. von dems., Hildesheim / New York: Olms 1974, S. 122–145, 123, 131 und 124 [zuerst 1773]; vgl. Johann Georg Sulzer: Kraft, in: Allgemeine Theorie der Schönen Künste. In einzelnen nach alphabetischer Ordnung der Kunstwörter auf einander folgenden Artikeln abgehandelt, Zweiter Theil, hrsg. von dems., Leipzig: Weidmann und Reich 1774, S. 602–605. Interessanterweise nutzt Sulzer den Begriff der Energie synonym zu dem der Kraft, bevor dies in der Physik üblich wird.
[11] Friedrich Schiller: Über die ästhetische Erziehung des Menschen in einer Reihe von Briefen, in: Sämtliche Werke, Bd. 5, hrsg. von Gerhard Fricke und Herbert G. Göpfert, München: Hanser 1980, S. 570–669, 663.

umgewandelt werden. »Ueberall, wo ein Temperaturunterschied besteht, kann die Erzeugung von bewegender Kraft stattfinden«,[12] bemerkte 1824 der Ingenieur Sadi Carnot bei seiner Beschreibung des Funktionsprinzips der Dampfmaschine und stellte damit wohl erstmals einen Bezug zwischen Wärme und Bewegung her. Am Anfang der Bewegung steht damit plötzlich nicht mehr eine andere Bewegung, sondern eine Temperatur-, oder allgemeiner: eine Potentialdifferenz. Hermann von Helmholtz, Robert Mayer und andere haben dies um 1850 schließlich mit dem Satz *Über die Erhaltung der Kraft* verallgemeinert und formalisiert.[13] Diesem Satz zufolge kann Kraft bzw. Energie beständig zwischen verschiedenen Energieformen umgewandelt werden, ihre Summe bleibt dabei innerhalb eines abgeschlossenen Systems aber stets gleich. Elektrizität, Bewegung, Wärme, Magnetismus etc. werden so ineinander transformierbar, sind nur noch Formen ein und derselben Energie. Dank der schnellen Popularisierung dieses Gesetzes durch Schriften wie z. B. Hermann von Helmholtz' *Die Wechselwirkung der Naturkräfte* (1854) kann der Historiker F. Wald dann 1889 zu Recht sagen, dass zu dieser Zeit der »Satz über die Erhaltung der Kraft« bereits zum »Gemeingut aller Gebildeten« gehörte.[14] Erst mit der Verbreitung der Dampfmaschine in der industriellen Moderne war es erforderlich geworden, über einen universellen Maßstab zu verfügen, der es möglich machte, unterschiedslos die individuelle Arbeitsleistung von Menschen, Tieren und Maschinen zu quantifizieren und zu vergleichen: die moderne Arbeit. Die Arbeitskraft ist so gesehen erst eine Erfindung des 19. Jahrhunderts. Mit Hilfe dieser leicht handhabbaren Größe wird auch die – in der kapitalistischen Industriegesellschaft als knappe Ware begriffene – menschliche Tätigkeit seit Mitte des 19. Jahrhunderts zunehmend physikalisch definiert. Geld, Energie und Arbeitskraft treten zu dieser Zeit in ein unauflösbares Verhältnis,[15]

---

[12] Sadi Carnot: Betrachtungen über die bewegende Kraft des Feuers und die zur Entwicklung dieser Kraft geeigneten Maschinen [1824], Leipzig: Wilhelm Engelmann 1892, S. 11.

[13] Vgl. z. B. Hermann von Helmholtz: Über die Erhaltung der Kraft. Eine physikalische Abhandlung. Vorgetragen in der Sitzung der physikalischen Gesellschaft zu Berlin am 23sten Juli 1847, Berlin: G. Reimer 1847. Generell zur Geschichte der Formulierung des Energieerhaltungssatzes vgl. die kanonische Studie von Thomas S. Kuhn: Die Erhaltung der Energie als Beispiel gleichzeitiger Entdeckung, in: Die Entstehung des Neuen. Studien zur Struktur der Wissenschaftsgeschichte, hrsg. von dems., Frankfurt/Main: Suhrkamp 1978, S. 125–168.

[14] František (Franz) Wald: Die Energie und ihre Entwertung. Studien über den zweiten Hauptsatz der mechanischen Wärmetheorie. Leipzig: Engelmann 1889, S. 2.

[15] Vgl. Paul Burkett/John Bellamy Foster: Metabolism, Energy, and Entropy in Marx's Critique of Political Economy. Beyond the Podolinsky Myth, in: Theory and Society 35, H. 1, Dordrecht u. a.: Springer 2006, S. 109–156; Jakob Tanner/Philipp Sarasin: Physiologie und industrielle Gesellschaft. Studien zur Verwissenschaftlichung des Körpers im 19. und 20. Jahrhundert, Frankfurt/Main: Suhrkamp 1998; Amy Wendling: Karl Marx on Technology and Alienation, Basingstoke: Palgrave 2009; M. Norton Wise/Crosbie Smith: Work and Waste. Political Economy and Natural Philosophy in Nineteenth Century Britain, in: History of Science 27, Cambridge: Science History Publications Ltd. 1989, S. 263–301.

die physikalisierte »Arbeit ist Geld«,[16] wie »der Reichskanzler der Physik« Hermann von Helmholtz einmal an prominenter Stelle bemerkte. Mit der Dampfmaschine wird aber nicht nur die Arbeitskraft als Ausdruck *einer* Energie messbar, die Dampfmaschine machte die geleistete Arbeit gleichzeitig auch aufschreibbar. Denn spätestens mit dem durch James Watt eingeführten sogenannten »Indikator« im Zylinder der Maschine, einem »Meßinstrument zur bildlichen Darstellung der [...] verbrauchten Arbeit«,[17] wird sie stets auch gleich als Kurvendiagramm mitprotokolliert: Ein am Kolben der Maschine angebrachter Stift schreibt die Bewegungen der Maschine mit. So zeichnete sich die Arbeit erstmals noch im Arbeitsprozess ganz subjektfrei und objektiv selbst auf.

1.3 Entropie: Die Unabwendbarkeit von Verlust, Verausgabung und Verschwendung in der Moderne

Angesichts der ökonomischen Verwertungsinteressen kam in der Benutzungspraxis der Dampfmaschine bald die Frage auf, in welchem Verhältnis die zugeführte Energie und die nutzbare Energie bei den Maschinen zueinander stehen und es zeigte sich, dass gegen Ende des 19. Jahrhunderts selbst die »besten Expansions-Dampfmaschinen [...] nur 18 % der durch das Brennmaterial erzeugten Wärme als mechanische Arbeit«[18] nutzbar machen konnten.[19] Da sich dem Energieerhaltungssatz zufolge die Summen eigentlich entsprechen sollten, muss es also erhebliche Verluste bei den Umwandlungsprozessen geben. Wo aber sind die Ursachen für diesen scheinbaren Fehler in der doppelten Buchführung der Maschine zu suchen? Der Großteil des Brennstoffs geht tatsächlich durch Reibung und schlechte Isolation als Wärme »verloren« und zerstreut sich. Die Physiker William Thomson und Rudolf Clausius verallgemeinerten diese Beobachtung und formulierten unabhängig voneinander die Grundlagen des zweiten Hauptsatzes der Thermodynamik. Dieser besagt im Wesentlichen, dass innerhalb eines geschlossenen physikalischen Systems die arbeitsfähige Energie kontinuierlich abnimmt, während die Menge der »verloren gegangenen« Wärme irreversibel zunimmt. Die »verloren gegangene« Wärme kann

---

[16] Hermann von Helmholtz: Über die Wechselwirkung der Naturkräfte und die darauf bezüglichen neuesten Ermittelungen der Physik. Ein populär-wissenschaftlicher Vortrag, gehalten am 7. Februar 1854 in Königsberg in Preussen, Braunschweig: Gräfe und Unzer 1854, S. 7.

[17] Albrecht von Ihering: Indikator, in: Lexikon der gesamten Technik und ihrer Hilfswissenschaften, hrsg. von Otto Lueger, Leipzig: Deutsche Verlags-Anstalt 1907, S. 177–181, 171.

[18] Helmholtz, Wechselwirkung (zit. Anm. 16), S. 21.

[19] Vgl. hier und im Folgenden: Elizabeth R. Neswald: Ansätze zu einer Kulturgeschichte der Entropie, in: Non Fiktion, Jg. 4., H. 2, Hannover: Wehrhahn 2009, S. 21–32, 22–24 [= Themenheft Entropie, hrsg. von David Oels und Tim Sparenberg].

für den Umwandlungsprozess nicht ohne zusätzliche Energiezufuhr wieder nutzbar gemacht werden, somit bleibt die zugeführte Energie zwar quantitativ erhalten, nicht aber qualitativ. Rudolf Clausius führte für diesen Anteil der nicht mehr arbeitsfähigen Energie den Begriff *Entropie* ein.[20] Bald zeigte sich, dass sich die am Beispiel der Dampfmaschine beobachteten Regularitäten auf einen universalen Maßstab verallgemeinern lassen. So heißt es in Helmholtz' *Wechselwirkungen der Naturkräfte*:

Bei jeder Bewegung irdischer Körper geht durch Reibung oder Stoss ein Theil mechanischer Kraft in Wärme über, von der nur ein Theil wieder zurückverwandelt werden kann; dasselbe ist in der Regel bei jedem [...] Processe der Fall. Daraus folgt also, dass der erste Theil des Kraftvorraths, die unveränderliche Wärme, bei jedem Naturprocesse fortdauernd zunimmt, der zweite, der mechanischen, electrischen, chemischen Kräfte, fortdauernd abnimmt; und wenn das Weltall ungestört dem Ablaufe seiner physikalischen Processe überlassen wird, wird endlich aller Kraftvorrath in Wärme übergehen und alle Wärme in das Gleichgewicht der Temperatur kommen. Dann ist jede Möglichkeit einer weiteren Veränderung erschöpft, dann muss vollständiger Stillstand aller Naturprocesse von jeder nur möglichen Art eintreten. Auch das Leben der Pflanzen, Menschen und Thiere kann natürlich nicht weiter bestehen, wenn die Sonne ihre höhere Temperatur und damit ihr Licht verloren hat [...]. Kurz das Weltall wird von da an zu ewiger Ruhe verurtheilt sein.[21]

Mit dem Entropiesatz bricht die Zeit in das Weltbild der Physik ein. Allen Umwandlungsprozessen ist von nun an ein zeitlicher Index eingeschrieben, sie erhalten eine Richtung und streben auf den absoluten Stillstand, den so genannten »Wärmetod« des Universums zu.[22] Hier wird erstmals die Verletzlichkeit der Moderne deutlich, da »Wärme, die als industrielles Produkt erzeugt wird, von den nicht erneuerbaren Vorkommen an irdischen Brennstoffen abhängig«[23] ist. Die Wärmemaschine kann man nicht einfach rückwärts laufen lassen wie es bei einem Uhrwerk möglich ist. Der Motor der Moderne ist auf eine ständige Ressourcenzufuhr von außen angewiesen und diese, die Kohle, wird irgendwann erschöpft sein, wie man bald mit Erschrecken feststellte.[24] »Irgendwann einmal hat man gemerkt, daß man, um ein Kaninchen aus dem Hut zu ziehen, immer erst eins reingetan haben muß. Das ist das Prinzip der

---

[20] Rudolf Clausius: Ueber verschiedene für die Anwendung bequeme Formen der Hauptgleichungen der mechanischen Wärmetheorie, in: Annalen der Physik und Chemie 75, hrsg. von Johann Christian Poggendorff, Leipzig: J. A. Barth 1865, S. 353–400.

[21] Helmholtz, Wechselwirkung (zit. Anm. 16), S. 23 f.

[22] Vgl. Ilya Prigogine / Isabelle Stengers: Dialog mit der Natur. Neue Wege naturwissenschaftlichen Denkens, München: Hanser 1981, S. 120ff.

[23] Georges Canguilhem: Der Niedergang der Idee des Fortschritts, in: Wissenschaft, Technik, Leben. Beiträge zur historischen Epistemologie, hrsg. von Henning Schmidgen, Berlin: Merve 2006, S. 123–156, 130.

[24] Vgl. Rudolf Clausius: Ueber die Energievorräthe der Natur und ihre Verwerthung zum Nutzen der Menschheit, Bonn: Cohen und Sohn 1885.

Energetik«,[25] wie Jacques Lacan hierzu bemerkte. So werden ironischerweise gerade bei der Untersuchung des Motors der Moderne, der Dampfmaschine, die Konturen eines Gesetzes sichtbar, das nicht nur den Stillstand jeder Maschine, sondern auch der industriellen Moderne, gar den Stillstand des Universums insgesamt voraussagt.

1.4 Der Metabolismus des Kapitalismus – der lebende Körper als Wärmekraftmaschine

Die Dampfmaschine beerbte als erkenntnisleitendes Modell nicht nur in der Astronomie, sondern auch in der Physiologie das Uhrwerk. Körper und Weltall unterliegen *einem* Prinzip:

> Jenen Erbauern der Automaten des vorigen Jahrhunderts erschienen Menschen und Thiere als Uhrwerke, welche nie aufgezogen würden und sich ihre Triebkraft aus nichts schafften; sie wussten die aufgenommene Nahrung noch nicht in Verbindung zu setzen mit der Krafterzeugung. Seitdem wir aber an der Dampfmaschine diesen Ursprung von Arbeitskraft kennen gelernt haben, müssen wir fragen: Verhält es sich beim Menschen ähnlich?[26]

Der organische Körper wird seit Mitte des 19. Jahrhunderts in der Physiologie als »nicht einfach analog zu, sondern im Wesentlichen [!] identisch mit einer thermodynamischen Maschine«[27] angesehen. Seine Tätigkeit wird in der Folge allgemein als physikalisierte Arbeitskraft, als Produkt von zurückgelegtem Weg und der in Wegrichtung wirkenden Kraft verstanden; menschliche Arbeit wird zur messbaren Quantität.[28] Der Arbeitsbegriff wurde so gemäß den Richtlinien der Industrietechnik normiert und »zugleich gemäß den Gesetzen der Physik naturalisiert«[29]. (Siehe Abb. 1) Analog zur Dampfmaschine wurde der Mensch in diesem Weltbild Teil eines Energiekreislaufs, der bei der Sonne seinen Ausgang nimmt, sich mit dem in der Nahrung enthaltenen Kohlenstoff fortsetzt und nach der Verbrennung im Körper mit verstreuter Wärme und Asche als Endprodukt endet.

---

[25] Jacques Lacan: Das Seminar von Jacques Lacan. Buch II, Olten und Freiburg im Breisgau: Walter 1980, S. 82.

[26] Helmholtz, Wechselwirkung (zit. Anm. 16), S. 34. Helmholtz spielt hier unter anderem auf La Mettrie und dessen rein mechanische Konzeption des *l'homme machine* (1747) an, die tatsächlich noch keinen Zusammenhang zwischen Nahrung und Kraft herstellt.

[27] Anson Rabinbach: Motor Mensch. Kraft, Ermüdung und die Ursprünge der Moderne, Wien: Turia & Kant 2001, S. 76.

[28] Vgl. hierzu Canguilhem, Fortschritt (zit. Anm. 23), S. 148; Rabinbach, Motor (zit. Anm. 27), S. 60, Prigogine / Stengers, Dialog (zit. Anm. 22), S. 119.

[29] Rabinbach, Motor (zit. Anm. 27), S. 60.

Abb. 1: Kraft und Stoff, aus: Fritz Kahn: Das Leben des Menschen, Bd. 3, Stuttgart: Kosmos 1927, Tafel Nr. XXVI
© Debschitz / Kosmos

In der Tat ist die Fortdauer des Lebens an die fortdauernde Aufnahme von Nahrungs-mitteln gebunden, diese sind verbrennliche Substanzen, welche [...] schließlich fast ganz in dieselben Verbindungen mit dem Sauerstoffe der Luft übergehen, welche bei einer Verbrennung in offenem Feuer entstehen würden.[30]

Mit der Parallelisierung von Mensch und Wärmekraftmaschine rückt so bald nicht allein beim technischen, sondern auch beim menschlichen Motor die Frage des »Wirkungsgrades« in den Blick und an dieser Stelle kommt das mo-derne Konzept der Ermüdung ins Spiel. »Die Ermüdung repräsentiert die kör-perliche Analogie zum zweiten thermodynamischen Gesetz, sie verringert die Intensität in der in den Arbeitskörper verwandelten Energie und neigt dem Verfall und schließlich der Trägheit zu.«[31] Wie der Ressourcenverbrauch bei der Dampfmaschine wird auch die Ermüdung des Körpers mit der Industria-lisierung plötzlich zum Problem. Sie bildet, wie bereits die Historikerin Maria Osietzki festhielt, um 1900 im Bewusstsein des kraftstrotzenden Wilhelminers die dunkle Kehrseite seiner Existenz:

Wenn potentielle Energien kraftbegabter Männlichkeit nicht gänzlich in Arbeitsleis-tung zu überführen waren und wenn zwischen den Nutzeffekten der Arbeit und der hierzu investierten Kraft keine Äquivalenz herzustellen war, dabei vielmehr mit Ver-lusten gerechnet werden mußte, dann erschien im ›bürgerlichen‹ Krafthaushalt das Horrorbild der Schwäche und des Versagens.[32]

Ermüdung, Erschöpfung, Überbürdung waren um 1900 ein Angst- und Faszi-nationsgegenstand, was sich in der wahren Flut von Publikationen zum Thema, in der europaweiten Gründung von Instituten und Laboren zur Erforschung der Ermüdung,[33] vor allem aber im Erscheinen zweier neuer Typen kristalli-

---

[30] Helmholtz, Wechselwirkung (zit. Anm. 16), S. 33.

[31] Rabinbach, Motor (zit. Anm. 27), S. 161.

[32] Maria Osietzki: Energie und Entropie. Überlegungen zu Thermodynamik und Geschlech-terordnung, in: Geschlechterverhältnisse in Medizin, Naturwissenschaft und Technik, hrsg. von Christoph Meinel u.a., Stuttgart: Verlag für Geschichte der Naturwissenschaften und der Tech-nik 1996, S. 182–198, 186.

[33] Instruktiv hierzu: Rabinbach, Ermüdung (zit. Anm. 6), S. 291 ff.; Zu den wesentlichen Pu-blikationen zur Ermüdung zählen z.B. Hugo Kronecker: Über die Ermüdung und Erholung der quergestriften Muskeln, in: Arbeiten aus der Physiologischen Anstalt zu Leipzig 6, Stuttgart: S. Hirzel 1872, S. 177–273; Angelo Mosso: Ueber die Gesetze der Ermüdung, in: Archiv für Ana-tomie und Physiologie, Leipzig: Veit 1890, S. 89–168; Wilhelm Weichardt: Über Ermüdungsstoffe, Stuttgart: Enke 1910; Adolf Fick: Ueber die Wärmeentwicklung bei der Muskelzuckung (1878), in: Gesammelte Schriften, Bd. 2, hrsg. von dems., Würzburg: Stahel 1903, S. 390–398. – Das Wissen um die Ermüdung war spätestens um 1910 bereits selbstverständlicher Teil von Kon-versations-Lexika, Handbüchern und von Einführungsvorlesungen, vgl. z.B. Einträge »Ermü-dung«, »Ergograph« und »Ermüdungskurve« in: Meyers Großes Konversations-Lexikon. Ein Nachschlagewerk des allgemeinen Wissens, Bd. 5, Leipzig und Wien: Bibliographisches Institut 1906, S. 38 und 55; Hans Kleinpeter: Vorträge zur Einführung in die Psychologie von Dr. Hans Kleinpeter, Leipzig: J. A. Barth 1914, S. 17–59; William H. Howell: A Text-Book of Physiology. For Medical Students and Physicians, Philadelphia und London: W. B. Saunders Company 1910, S. 317–354.

sierte: dem überbürdeten Schüler und dem Neurastheniker. Beide Typen haben nicht nur darin eine Gemeinsamkeit, dass sie an dem Auftrag, ein autoreguliertes Selbst zu werden, scheitern, sie sind auch gleichermaßen bedeutsam für das Verständnis von Thomas Manns Dichtung und sollen daher im Folgenden genauer in den Blick genommen werden.

1.5 Überbürdung: Ermüdet lernen und Ermüdung erlernen

Während der Begriff »Überbürdung« bis Ende des 19. Jahrhunderts noch kaum in Gebrauch war,[34] wurde er gegen Ende des 19. Jahrhunderts zunächst zu einem »Fundamentalbegriff der Gymnasialpädagogik«[35] und dann sehr bald zum Schlagwort für die ganze Epoche.[36] Das »Wort Überbürdung« tauchte dabei immer dort auf, »wo sich der Einfluss der modernen industriellen Arbeitswelt entscheidend bemerkbar«[37] machte. Im Zuge der Durchsetzung der Industriearbeit lässt sich eine wachsende »Gleichsetzung von Arbeits- und Erziehungsraum« in Folge der verbreiteten Kinderarbeit beobachten, bei der »das nach einem kurzen Anlernprozeß ›arbeitsfähige‹ Kind [...] mit einer maß- und kontrollierbaren Leistung eine bestimmte Summe Geld« erwirbt.[38] Zur Kontrolle der Kinderarbeit wurden bald Gesetze erlassen, um die Kinder vor Überarbeitung zu schützen, was ähnliche Forderungen auch für die Schule selbst nach sich zog. Zwischen 1874 und 1882 fanden in den Provinzen Posen, Preußen, Sachsen, Schlesien und Darmstadt Konferenzen zur Frage der Überbürdung der Schüler statt, an denen Lehrer, Eltern und Mediziner teilnahmen. Sie beschäftigten sich mit der Frage, wie viel (geldwerte) »Arbeit« die Schüler leisten können ohne geschädigt zu werden. Ermüdung, Überbürdung und Erschöpfung sind dabei von Beginn an keine unpolitischen, sondern ganz im Gegenteil hochpolitische Themen. So berief Kaiser Wilhelm II. 1890 erstmals in Berlin eine große Schulkonferenz ein, die sich der Frage der »Überbürdung« der Schüler wid-

---

[34] Der Begriff wurde bis dahin besonders in Bezug auf eine Überlastung der Steuerzahlers mit Abgaben gebraucht, vgl. z. B. Georg Friedrich Kolb: Die Steuer-Überbürdung in der Pfalz. Neue Beleuchtung des Gegenstandes, München: Lang 1847.
[35] Rudolf Marg: Wie ist den immer wieder erhobenen Klagen über Überbürdung seitens der Schule zu begegnen? Koreferat, in: Verhandlungen der Direktoren-Versammlung in der Provinz Posen 7, H. 18, Berlin: Weidmann 1885, S. 40–49, 40.
[36] Vgl. Maria Mikhailovna Manaseina/Ludwig Wagner: Die geistige Überbürdung in der modernen Kultur, Leipzig: J. A. Barth 1905.
[37] Dagegen wurde der Schule im 18. Jahrhundert noch in ähnlicher Weise wie der ästhetischen Übung die Fähigkeit zugesprochen, die Schüler im »freien Spiel der Kräfte« zu bilden. So heißt es z. B. bei Schleiermacher über das Gymnasium: »Die Schulen sind durchaus gymnastisch, die Kräfte übend, und besitzen ihren fremden Namen mit Recht.« (Friedrich Schleiermacher: Pädagogische Schriften, Bd. 2, hrsg. von E. Weniger, Düsseldorf: Küpper 1957, S. 91.)
[38] Wilhelm Roessler: Widersinn und Sinn der Verwendung des Wortes »Überbürdung«, in: Bildung und Erziehung 11, Köln u. a.: Boehlau 1958, S. 705–725, 712 und 709.

mete.[39] In der Überforderung der Schüler mit zu viel Unterrichtsstoff wurde nicht nur die Ursache dafür vermutet, dass es zuletzt zu hohen Ausfallquoten bei den Musterungen kam,[40] auch das Erstarken der Sozialdemokratie wurde darauf zurückgeführt. Die Überforderung schwäche die Kinder nicht nur und mache sie so anfällig für Leiden aller Art, auch der Geschichtsunterricht, der das Nationalgefühl stärken soll, komme durch die insgesamt zu große Stoffmenge zu kurz. Darum stellt sich für die Veranstalter die Frage, ob die Stoffmenge im Gymnasium zu Lasten des Griechischen und Lateinischen reduziert werden soll. An der Konferenz nehmen unter anderem auch die Mediziner Rudolf von Virchow und der Physiologe Hermann von Helmholtz teil, Physiologie und Politik sind in dieser Frage also ganz eng miteinander verbunden. Dabei verfolgen die Physiologen eine interessante Programmatik: Sie wollen nicht prinzipiell, dass weniger gearbeitet wird, ihnen geht es darum, das Lernen durch eine optimale Selbstrhythmisierung effizienter zu gestalten. Politiker, Pädagogen, Physiologen und Arbeitswissenschaftler waren daher in den folgenden Jahren besonders darum bemüht, die geistige und körperliche Arbeit der Schüler möglichst genau zu vermessen und so die zur Verfügung stehende begrenzte »Energie« durch ein günstiges Verhältnis von Arbeitszeit und Pausen möglichst effizient zu nutzen, da man annahm, dass »fortgesetzte, wenn auch nicht lange Arbeit des Gehirns den Zustand starker Ermüdung viel schneller herbeiführt als dieselbe Arbeit von derselben Dauer, sobald sie durch kurze Momente der Ruhe unterbrochen wird.«[41] Sie widmen sich gemeinsam der Frage, »bei welcher täglichen Arbeitsbelastung [des Schülers] ein voller Ausgleich der auftretenden Ermüdungserscheinungen durch Ruhe und Schlaf nicht mehr erreicht wird.«[42] Es ging bei dieser frühen Ökonomisierung des Bildungswesens im Kern also darum, möglichst viel Lernstoff unterzubringen, ohne die – als Humanressource begriffenen – Schüler nachhaltig zu schädigen, was sie eventuell für den Wehrdienst oder den späteren Beruf untauglich gemacht hätte.

---

[39] Vgl. die breiten Debatten um 1900 u.a. in den Tageszeitungen sowie in Fachzeitschriften wie: Biologisches Zentralblatt, Archiv für Physiologie, Internationales Archiv für Schulhygiene, Annalen des Deutschen Vereins für Schulgesundheitspflege, Pädagogische Reform, Handbuch der Schulhygiene, Gesunde Jugend, Pädagogisches Archiv, Korrespondenzblatt für den akademisch gebildeten Lehrerstand, Das Gymnasium etc. Vgl. hier und im Folgenden auch: Jürgen Oelkers: Reformpädagogik. Entstehungsgeschichten einer internationalen Bewegung, Weinheim und München: Juventa 2010; Christoph Schubert-Weller: »Kein schönrer Tod ...«. Die Militarisierung der männlichen Jugend und ihr Einsatz im Ersten Weltkrieg 1890–1918, Weinheim, München: Juventa 1998.

[40] So wird z.B. Robert Musil, damals Fachbeirat am österreichischen Bundesministerium für Heereswesen, später in seiner Arbeit *Psychotechnik und ihre Anwendungsmöglichkeit im Bundesheere* (1922) Empfehlungen zur effizienteren Ausbildung der Soldaten auf Basis der arbeitswissenschaftlichen Untersuchungen von Hugo Münsterberg aussprechen.

[41] August Baumeister (Hrsg.): Handbuch der Erziehungs- und Unterrichtslehre für höhere Schulen, Bd. 2: Schulgesundheitspflege, München: C. H. Beck 1904, S. 87.

[42] Emil Kraepelin: Über geistige Arbeit, Jena: Gustav Fischer 1897, S. 23.

1.6 Ermüdungswissen

Genau in diesem Kontext steht auch die damals sehr populäre Arbeit des Turiner Physiologen Angelo Mosso, die ich hier exemplarisch etwas genauer betrachten möchte.[43] Mosso entwickelte mit dem Ergographen (siehe Abb. 2) erstmals ein Gerät, das es ihm gestattete, unter Laborbedingungen Ermüdung messbar zu machen und in Form von »Ermüdungskurven« zu visualisieren.[44] Sein Ergograph bestand aus zwei Teilen: einer Haltevorrichtung (rechts im Bild), die einen Muskel des Mittelfingers isoliert, und einem Aufzeichnungsapparat (links im Bild), der auf einem rotierenden rußgeschwärzten Zylinder basiert, in den sich die Anstrengungen des Probanden einschreiben. Bei der Ergographie mussten die Versuchspersonen mit ihrem Mittelfinger ein Gewicht

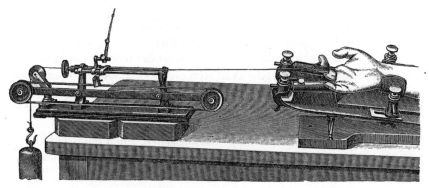

Abb. 2: Abbildung zum Artikel »Ergograph« in
Meyers Großes Konversationslexikon, 1906

heben, das von einer über eine Rolle geführten Darmsaite getragen wird. Mit jeder weiteren Wiederholung dieser Übung zeigte sich, dass die Intensität der Bewegung abnahm und der Ergograph eine fallende Kurve schrieb. Die isolierten Muskeln ermüdeten. Noch im Arbeitsvollzug schreibt der Arbeitsprozess sich also ohne weitere Intervention von außen von selbst ein, ganz so wie schon der »Indikator« der Dampfmaschine deren Arbeitsleistung mitprotokollierte.

Als Ergebnisse aus Mossos vielfältigen Versuchen mit dem Ergographen sind im Wesentlichen drei Punkte festzuhalten. *Erstens:* Geistige und körperliche Arbeit scheinen von denselben Quellen zu zehren, sie seien daher im Wesent-

---

[43] Vgl. Angelo Mosso: Die Ermüdung. Aus dem Italienischen übersetzt von J. Glinzer, Leipzig: Hirzl 1982, S. 152. Mossos 1891 erstmals erschienenes Hauptwerk wurde in kürzester Zeit ins Deutsche, Russische, Französische und Englische übersetzt. Zentrale Forschungsergebnisse und detaillierte Beschreibungen der Methoden Mossos wurden gar in Meyers Konversationslexikon von 1906 aufgenommen, vgl. Philipp Felsch: Laborlandschaften. Physiologische Alpenreisen im 19. Jahrhundert, Göttingen: Wallstein 2007, S. 90.
[44] Vgl. hierzu Rabinbach, Ermüdung (zit. Anm. 6), S. 286.

lichen identisch.[45] So konnte Mosso in seinen Versuchsreihen zeigen, dass nach vorangegangener geistiger Arbeit, wie etwa der von Wissenschaftlern, Schülern oder Schriftstellern, die Muskeln der Probanden wesentlich schneller ermüdeten. Im Rahmen einer Studie, die Mossos Verfahren anwendet, entstand so z. B. die Ermüdungskurve eines Schülers (siehe Abb. 3), die zeigt, wie auch dessen Armkraft scheinbar durch vorangegangene Rechen- und Leseaufgaben kontinuierlich reduziert wurde. Generell versteht Arbeitswissenschaft um 1900 die »Muskelarbeit[] als de[n] primären Werte oder Wertproduzenten, der als Maß jeglicher Arbeit überhaupt zu gelten habe.«[46] *Zweitens:* Ermüdung und Subjektivierung sind nicht getrennt voneinander zu denken. So ist Mosso davon überzeugt: »Wir sehen thatsächlich vom Ergographen eine der eigenartigsten, charakteristischen Merkmale unseres individuellen Lebens aufgeschrieben, die Art nämlich, wie wir müde werden.«[47] Die Ermüdungsgeschwindigkeit hänge dabei u. a. von Faktoren wie Alter, Geschlecht, Tageszeit und Beruf ab. *Drittens*: Jede Anstrengung, die über ein gewisses – individuell unterschiedliches – Maß hinausgeht, ist kontraproduktiv, da der Körper dann gezwungen ist, »andere Kräftevorräthe, die er in Reserve«[48] habe, anzubrechen. »Die Ermüdung beginnt oft ihre Auswirkungen zu zeigen, bevor das Arbeits*potential* beendet ist. In diesem Sinne stelle die Ermüdung eine Schutzdimension zur Schau.«[49] Im Sinne einer Steigerung des Wirkungsgrads des »menschlichen Motors« muss es in logischer Folge darum gehen, jenen schmalen Grat zwischen Ermüdung und Erschöpfung nicht zu überschreiten, den Gilles Deleuze einmal sehr treffend beschrieben hat:

Der Ermüdete verfügt über keinerlei subjektive Möglichkeit mehr, er kann also gar keine objektive Möglichkeit mehr verwirklichen. Die Möglichkeit bleibt jedoch bestehen, denn man verwirklicht nie alle Möglichkeiten, man schafft sogar in dem Maße, wie man sie verwirklicht, neue. Der Ermüdete hat nur ihre Verwirklichung erschöpft, während der Erschöpfte alles, was möglich ist, erschöpft. Der Ermüdete kann nichts mehr verwirklichen, der Erschöpfte hingegen kann keine Möglichkeiten mehr schaffen.[50]

[45] Vgl. hierzu auch Alfred Binet / Victor Henri: La fatigue intellectuelle, Paris: Schleicher 1898; Kraepelin, Über geistige Arbeit (zit. Anm. 42); dazu: Cornelius Borck: Kopfarbeit. Die Suche nach einer präzisen Meßmethode für psychische Vorgänge, in: Berichte zur Wissenschaftsgeschichte 25, Weinheim: Wiley 2002, S. 107–120.

[46] Georg Simmel: Philosophie des Geldes, in: Gesammelte Werke, Bd. 6, hrsg. von David P. Frisby und Klaus Christian Köhnke, Frankfurt / Main: Suhrkamp 1989, S. 565. Ausführlicher zu Simmel: Tim Sparenberg: Georg Simmels soziale Physik und die moderne Literatur, in: Zeitschrift für Germanistik 20, H. 3, Bern u. a.: Lang 2010, S. 522–542.

[47] Mosso, Ermüdung (zit. Anm. 43), S. 93.

[48] Ebd., S. 152.

[49] Rabinbach, Motor (zit. Anm. 16), S. 164.

[50] Gilles Deleuze: Erschöpft, in: Samuel Beckett: Quadrat. Stücke für das Fernsehen. Mit einem Essay von Gilles Deleuze, Frankfurt / Main: Suhrkamp 1996, S. 49–101, 51.

4. Die Versuchsperson ist ein 18jähriger kräftiger Schüler mittlerer Begabung. Die geistige Arbeit besteht, wie in den vorangegangenen Versuchen, im schnellen Lesen deutscher Wörter.
Ich gebe hier das nachfolgende Versuchsprotokoll wieder.

Zeit	Zahl der Zusammenziehungen	Hubhöhe d. 3 kg	Arbeit
7^{35}	49	0,7947 Meter	2,3841 Kgmeter
7^{50} (Gelesen)	46	0,9408 „	2,8224 „
8 „	48	1,0053 „	3,0159 „
8^{10} „	52	1,0115 „	3,0345 „
8^{30} „	70	1,1903 „	3,5709 „
10^5 (Pause seit 8^{30})	48	0,8464 „	2,5392 „
10^{22} (Gelesen)	41	0,8368 „	2,4044 „
10^{35} „	51	0,8551 „	2,5653 „
10^{50} „	55	0,6994 „	2,0982 „
Pause bis			
11^{30}	39	0,5707 „	1,7121 „
Verlängerung der			
Pause bis			
12	47	0,6192 „	1,8576 „

Fig. 2.

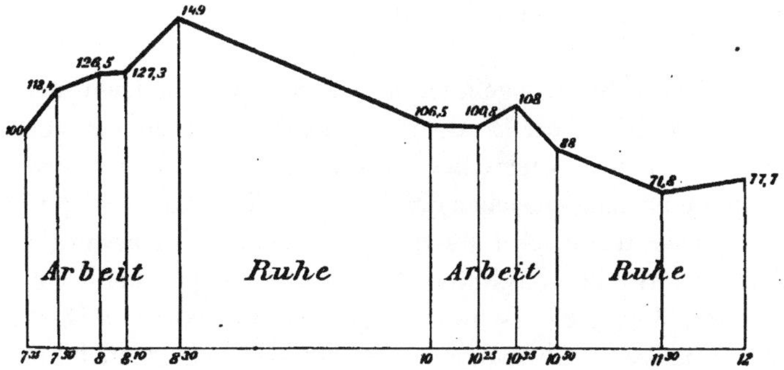

Abb. 3: Ermüdungskurve eines Schülers, 1897, aus: Robert Keller: Pädagogisch-psychometrische Studien, 3. Mitteilung, in: Biologisches Centralblatt, Bd. 17, Leipzig: Thieme 1897, S. 440-485, S. 445.

Wie schon von Georg Simmel analysiert, wird die Gesamttätigkeit zur Abwehr der Erschöpfung daher eingeteilt in Arbeit und Erholung sowie systematisch rhythmisiert:

[Diese] Einteilung der Tätigkeitsreihen, im großen wie im kleinen, in rhythmisch wiederholte Perioden dient zunächst der Kraftersparnis. Durch den Wechsel innerhalb der einzelnen Periode werden die Tätigkeitsträger, physischer oder psychischer Art, abwechselnd geschont, während zugleich die Regelmäßigkeit des Turnus eine Gewöhnung an den ganzen Bewegungskomplex schafft, deren allmähliches Festerwerden jede Wiederholung erleichtert.[51]

---

[51] Simmel, Philosophie des Geldes (zit. Anm. 46), S. 633.

Sehr deutlich wird hierbei auch, dass die Erholungspausen keineswegs als das Andere der Arbeit gedacht werden, sondern als integraler Teil des Arbeitsprozesses wahrgenommen werden. Im Zeitalter der Arbeitswissenschaft wird nicht nur jede Form von Aktivität, selbst der Sport oder das Leben der ehemals vollkommen freien »edlen Wilden«, zu einer »ausserordentlich mühevoll[en]«[52] Tätigkeit, auch nicht-arbeitsförmige Tätigkeiten werden explizit als Teil des Produktionsprozesses verstanden:

Aber hauptsächlich der der kapitalistischen Produktionsweise eigentümliche scharfe Gegensatz zwischen Arbeit und Erholung trennt alle geistigen Betätigungen in solche, welche der Arbeit, und solche, welche der Erholung dienen, und macht aus den letzteren ein System zur Reproduktion der Arbeitskraft. Die Erholung ist im Interesse der Produktion der Nichtproduktion gewidmet.[53]

1.7 Neurasthenie: »Das erschöpfte Selbst«

In seinen Baudelaire-Studien geht schon Walter Benjamin davon aus, dass sich in Baudelaires Dichtung die Erfahrungen des Neurasthenikers zeigen, seine Dichtung daher keine »esoterische« sei, sondern über diesen »Umweg[]« ein Zusammenhang bestehe zwischen der modernen Literatur und dem »Produktionsprozeß« in der technisch-industriellen Moderne.[54] Nicht nur für Baudelaires, sondern auch für Thomas Manns Werk ist die Neurasthenie von zentraler Bedeutung, darauf hat die Forschung wiederholt hingewiesen.[55] Diesen Befund aufnehmend und weiterführend, würde es sich also lohnen, auch Manns Werk über den »Umweg« der Neurasthenie in den ökonomischen Verhältnissen um 1900 zu situieren.

Die Angst vor der Abnahme der Arbeitskraft hat um 1900 auch eine zunehmende Pathologisierung einer Teilmenge der Arbeitenden zur Folge. Der

---

[52] Karl Bücher: Arbeit und Rhythmus, Leipzig: S. Hirzel 1896, S. 10.

[53] Bertolt Brecht: Der Dreigroschenprozeß, in: Große kommentierte Berliner und Frankfurter Ausgabe, hrsg. von Werner Hecht u. a., Bd. 21, Berlin und Frankfurt/Main: Aufbau und Suhrkamp 1992, S. 448–514, 475 f.

[54] Walter Benjamin: Charles Baudelaire. Ein Lyriker im Zeitalter des Hochkapitalismus, in: Gesammelte Schriften, Bd. 1.3 [Kommentar], hrsg. von Rolf Tiedemann und Hermann Schweppenhäuser, Frankfurt/Main: Suhrkamp 1974, S. 1064–1222, 1169.

[55] Vgl. Katrin Max: Niedergangsdiagnostik. Zur Funktion von Krankheitsmotiven in »Buddenbrooks«, Frankfurt/Main: Klostermann 2008 (= Thomas-Mann-Studien, Bd. 40); Manfred Dierks: »Buddenbrooks« als europäischer Nervenroman, Frankfurt/Main: Klostermann 2004 (= Thomas Mann Jahrbuch, Bd. 15), S. 135–151; Joachim Radkau: Neugier der Nerven. Thomas Mann als Interpret des »nervösen Zeitalters«, Frankfurt/Main: Klostermann 1996 (= Thomas Mann Jahrbuch, Bd. 9), S. 29–53. Zur Neurasthenie und literarischer Moderne allgemein: Maximilian Bergengruen (Hrsg.): Neurasthenie. Die Krankheit der Moderne und die moderne Literatur, Freiburg im Breisgau: Rombach 2004.

Neurastheniker erscheint als Fehlstelle in den Abläufen des Aktions- und Produktionszusammenhangs um 1900. Die Neurasthenie äußert sich in »Reizbarkeit, Schwäche und Erschöpfbarkeit auf allen Gebieten des Nervensystems«, in einer »lähmenden Einwirkung auf jede Art der menschlichen Bethätigung und Leistungsfähigkeit«[56]. Auch wenn sich das Krankheitsbild begriffsgeschichtlich kaum klar eingrenzen lässt,[57] referiert die Metaphorik in den medizinischen Schriften klar erkennbar auf das Konzept des Menschen als Verbrennungsmaschine. So konzeptualisiert der amerikanische Psychologe George Miller Beard die Psyche in einer seiner maßgeblichen Arbeiten zum Thema dabei explizit unter Bezugnahme auf die zeitgenössische Thermodynamik als »physics of neurasthenia« und versteht den menschlichen Körper als »reservoir of force constantly escaping, constantly being renewed from the one centre of force – the sun.«[58] Der Neurastheniker definiert sich dabei durch sein spezifisches Verbrennungsverhalten. Während noch »der vormoderne Primitive«, von ihm als »a large furnace filled with fuel, but with moderate draught, and giving forth but little heat in a limited time, that can burn long without a new supply, maintaining a steady but not strong temperature«, imaginiert wird, zeichnet sich der moderne Neurastheniker dadurch aus, dass er »a small furnace, holding little fuel, and that inflammable and combustible, and with strong draught, causing quick exhaustion of materials and imparting unequal, inconstant warmth«[59], sei. Gleichzeitig führt Beard die bereits in der Physik angelegte Analogie von Geld und Energie noch weiter und verbindet seine nervenenergetischen Überlegungen mit ökonomischen Lehrsätzen: »[A]ll must be paid for in nerve-force, and if one be poor in nerve-force, the account is overdrawn by these excitements, and it may take some months and sometimes years to recuperate.«[60] Gerade der Neurastheniker als jemand mit geringen Reserven muss umso sorgfältiger mit diesen haushalten, noch genauer einen günstigen Rhythmus zwischen Arbeit und Pause einhalten. So könne auch er beachtenswerte Leistungen vollbringen. Interessanterweise sieht Beard die Ursachen der Neurasthenie im modernen Lebensstil und der Industrialisierung, seine Therapieempfehlungen jedoch lassen keine Grundsatzkritik derselben erkennen. Franz Kafka bemerkte am 2. Mai 1913 etwa: »Ich, der ich durch

[56] Wilhelm Erb: Ueber die wachsende Nervosität unserer Zeit. Akademische Rede zum Geburtsfeste des höchstseligen Grossherzogs Karl Friedrich am 22. November 1893, Heidelberg: Hörning 1893, S. 9.

[57] So geht z.B. Fischer-Homberger davon aus, dass es sich hier um einen Sammelbegriff handelt, unter dem eine Anzahl älterer Krankheitsdiagnosen wie Melancholie und Hypochondrie zusammengefasst wurden, vgl. Esther Fischer-Homberger: Die traumatische Neurose. Vom somatischen zum sozialen Leiden. Bern: H. Huber 1975.

[58] George M. Beard: Sexual Neurasthenia [Nervous Exhaustion]. It's Hygiene, Causes, Symptoms and Treatment, with a Chapter on Diet for Nervous, New York: E. B. Treat 1884, S. 57f.

[59] Ebd., S. 60f.

[60] Ebd., S. 54.

die Arbeit meine Neurasthenie heilen will«[61]. Damit versucht er lediglich die gängigen Empfehlungen umzusetzen, denn nach Beards Meinung müsse sich der Neurastheniker paradoxerweise »um gesund zu bleiben, an der Funktionsweise der Apparate oder den Konditionen des Geldverkehrs orientieren.«[62] Die Betroffenen sollen möglichst schnell wieder arbeitsfähig gemacht werden, ihnen wird gewissermaßen das Gift also als Medizin empfohlen.

Gerade am Scheiternden, dem Neurastheniker, zeigen sich die Imperative der um 1900 entstehenden Leistungsgesellschaft. Deren Programme sind nicht repressiv und disziplinierend, sondern appellieren gerade positiv an ein Subjekt. Sie schaffen den modernen Menschen als Leistungssubjekt, das permanent mit der Selbstvermessung der eigenen produktiven Kräfte beschäftigt und von der Sorge um ihre Erhaltung und Verlust geplagt ist. Das Leistungssubjekt muss ein ständiges Ermüdungsmanagement der persönlichen Vermögen betreiben, um produktiv zu bleiben. Die maßgeblichen physikalisch-ökonomischen Lehrsätze treten ihm dabei aber nicht als äußerlicher Zwang gegenüber, denn sie sind längst internalisiert und zu Verhaltenslehren geworden, die darauf abzielen, den »Wirkungsgrad« des eigenen »menschlichen Motors« zu steigern. So wird das Subjekt selbst zu einem »Knotenpunkt [...], an dem sich Arbeit, Energie und Geldökonomie kreuzen.«[63] In diesem technisch-ökonomischen Konnex liegen nicht nur wesentliche Wurzeln der Betriebswirtschaftslehre als akademischer Disziplin,[64] er bildet, folgt man der Analyse des Soziologen Alain Ehrenberg, auch einen der wesentlichen Ausgangspunkte der heutigen Konzepte von Depression und »Burnout«:

Die Karriere der Depression beginnt in dem Augenblick, in dem das disziplinarische Modell der Verhaltenssteuerung [...] zugunsten einer Norm aufgegeben wird, die jeden zu persönlicher Initiative auffordert: ihn dazu verpflichtet, er selbst zu werden. [...] Der Depressive ist nicht voll auf der Höhe, er ist erschöpft von der Anstrengung, er selbst werden zu müssen.[65]

[61] Franz Kafka: Tagebücher. Kritische Ausgabe, hrsg. von Hans Gerd Koch u.a., Frankfurt/Main: Fischer 1990, S. 557.
[62] Christoph Asendorf: Ströme und Strahlen. Das langsame Verschwinden der Materie um 1900, Fulda: Anabas 1989, S. 57.
[63] Elizabeth Neswald: Kapitalistische Kalorien. Energie und Ernährungsökonomien um die Jahrhundertwende, in: Szenarien der Energie. Zur Ästhetik und Wissenschaft des Immateriellen, hrsg. von Barbara Gronau, Bielefeld: transcript 2013, S. 87–108, 87.
[64] Vgl. zu diesem Komplex Karin Zachmann: Wirkungsgrad contra Wertgrad. Zur Entstehung des Konflikts zwischen der technischen und der ökonomischen Auffassung vom Wirtschaften, in: Technikgeschichte, Jg. 62, H. 2, Berlin: edition sigma 1995, S. 103–131.
[65] Vgl. Alain Ehrenberg: Das erschöpfte Selbst. Depression und Gesellschaft in der Gegenwart, Frankfurt/Main: Suhrkamp 2008, S. 14f.

2. »Kunst [...] verzehrt rascher«. Manns Poetik der Erschöpfung

2.1 Schreiben und Verbrennen

Autoren wie Robert Musil, Marcel Proust, Gottfried Benn und Franz Kafka verstanden sich selbst als Neurastheniker oder ließen sich wegen nervöser Erschöpfung behandeln. Schon Angelo Mosso selbst sieht daher bereits die Relevanz seiner Theorie für die Analyse der Arbeitsweise von Schriftstellern, er äußert an einer Stelle gar, dass er, wenn er »die Zeit erübrigen könnte, [...] wohl ein Buch mit dem Titel: ›Genius und Ermüdung‹«[66] schreiben würde. Es ist also kein weiter Schritt von Mossos Schriften über Ermüdung hin zu einem sich selbst als ermüdet beschreibenden Schriftsteller, der über einen ermüdeten Schriftsteller schreibt. Von genau diesem Szenario handeln bekanntlich auch Thomas Manns kurze Erzählung *Schwere Stunde* und die Künstlernovelle *Der Tod in Venedig*.

Am Anfang beider Erzählungen stehen eine Schreibkrise und das Ringen um ihre Auflösung. Im Zentrum beider Schreibszenen stehen Schriftsteller, die von Natur aus von »schwacher« Konstitution sind und deren Erfolgsgeheimnis daher weniger in ihrer »Kraft« liegt, als vielmehr darin, diese effizient zu nutzen. Und beide Erzählungen orientieren sich schließlich am Modell der Verbrennung, was sie als Erzählungen einer »heißen Kultur« auszeichnet.[67] Sie folgen der thermodynamischen Logik zweier Quellen, einem warmen Reservoir und einer Zone der Kälte, zwischen denen sich eine bewegende Kraft aufbaut. Sie folgen einer Prozesslogik, die von einer Potentialdifferenz ausgeht und irreversibel zu einer Entdifferenzierung führt, mit einem Zustand der Reinheit beginnt und dem der Vermischung endet, Kraft an den Anfang stellt und ihre Zerstreuung in Wärme und Asche beobachtet. Dabei werden die Verbrennung fossiler Brennstoffe und die Verbrennung bei der körperlichen und geistigen Arbeit des Schriftstellers parallelisiert. So beginnt *Schwere Stunde* damit, dass der ermüdete Friedrich Schiller seine Hände an den erkalteten Ofen in seinem Arbeitszimmer legt. Im *Tod in Venedig* deutet sich Aschenbachs Verhängnis mit seiner Reise auf einem Dampfschiff nach Venedig und der gleichzeitigen Verausgabung der Kraft in der Dampfmaschine und der Kraft des Schriftstellers bereits an: Während der Schriftsteller mit dem sprechenden Namen Aschenbach sich auf dem Deck des Schiffes auf einem Liegestuhl niederlässt, gehen gleichzeitig »Flocken von Kohlenstaub [...], gedunsen von Nässe, auf das gewaschene Deck nieder, das nicht trocknen wollte.«[68] Kohle wird zu Asche,

---

[66] Mosso, Ermüdung (zit. Anm. 43), S. 308.
[67] Zur Unterscheidung von »heißen« und »kalten« Kulturen vgl. Claude Lévi-Strauss: Das wilde Denken, Frankfurt/Main: Suhrkamp 1973, S. 270.
[68] 2.1, 520. Schon Albert Ehrenstein wies 1913 in Der Sturm darauf hin, dass der Name

hinterlässt nur mehr zerstreute Wirbel unsichtbarer Wärme und auf dem glatten Grund eine Spur, die keinerlei Ähnlichkeit mehr mit ihrer Ausgangsform hat und nicht einmal diese labile Form bewahrt,[69] wird sie doch noch in ihrem Fall mit Wasser vermischt und zerfließt als zähflüssiges, breiiges Rinnsal.

Diese Konstellation soll im Folgenden in zwei Detaillektüren der Erzählungen *Schwere Stunde* und *Der Tod in Venedig* genauer untersucht werden.

2.2 Die Produktion und die Erschöpfung des Schriftstellers

Die 1905 zum Schillerjahr im Simplicissimus veröffentlichte Auftragsarbeit *Schwere Stunde* handelt von einer Nacht im Jahr 1796, in der Schiller vor seiner »kleinen, gebrechlichen Schreibkommode« in seinem kargen und unbequemen Arbeitszimmer mit dem Stoff seines *Wallenstein* gerungen hat. Draußen herrscht währenddessen ein »miserables und hassenswertes Wetter, das man in allen Nerven spürte« (2.1, 419). Schiller kommt nicht voran, ist verzweifelt und todmüde. Es ist bereits nach Mitternacht, alle anderen im Hause liegen schon in von der »lieblichen Wärme ihres Schlummers« (2.1, 428) erfüllten Betten, nur er allein harrt in dem kalten Zimmer aus. Der Brennstoff des Ofens ist erschöpft,[70] genauso ist Schillers Kraft erschöpft, die Bewegung des Geistes zum Stillstand gekommen. Auch die roten Vorhänge im Arbeitszimmer können die frugale Einrichtung des Zimmers nicht erwärmen, sie sind nur ein fader Widerschein jenes Feuers, das nicht brennt, weil es ihm an Nahrung fehlt. Schiller ist ganz und gar »[b]ankerott« (2.1, 421), fürchtet, dass sein »Leiden umsonst gewesen sein« (2.1, 425) könnte. Einer energetisch-ökonomischen Logik folgend sieht er keine Äquivalenz zwischen der investierten Kraft und dem entstandenen »Werk«, das zu einem bewegungslosen, einem »schwunglose[n] Kolleg« geraten sei und »an das seine kranke Ungenügsamkeit ihn nicht glauben ließ.« (2.1, 421) Selbst der Held Wallenstein wirke »unedel und kalt« (ebd.).

Schiller steht für einen ganz anderen individuellen Arbeits- und Ermüdungsstil als Goethe, an den er als den »Anderen« denkt: »Der wußte zu leben, zu schaffen; mißhandelte sich nicht; war voller Rücksicht gegen sich selbst.«[71] Während Goethe also ganz im Sinne der Arbeitswissenschaft um 1900 einen

Aschenbach durchaus wörtlich zu nehmen sei (Der Sturm, Jg. 4, H. 164/165, Berlin: 1913, S. 44). Die Mann-Forschung hat seitdem wiederholt auf den sprechenden Namen hingewiesen, allerdings ist sie dabei kaum darüber hinausgegangen, ihn als einfaches »Todesmotiv« zu deuten.
[69] Vgl. Jacques Derrida: Feuer und Asche, Berlin: Brinkmann und Bose 1988, S. 57.
[70] Allgemein zur Bedeutung des Feuers für die Bewegung der Fantasie vgl. Gaston Bachelard: Psychoanalyse des Feuers, München: Hanser 1985, S. 22.
[71] 2.1, 421. Mit der Idee von Goethe als einem besonders gut arbeitenden Schriftsteller wird hier ein weitverbreiteter Topos um 1900 aufgerufen. So heißt es z.B. in Georg Simmels 1912 veröffentlichtem Essay *Das Verhältnis von Leben und Schaffen bei Goethe*, dass das Geheimnis der Goethe'schen Genialität gerade darin dingfest zu machen sei, dass dieser »das Erleben der Welt

günstigen Rhythmus zwischen Arbeit und Pause wähle und seinen Körper daher nicht beschädige, hat Schiller selbst diese Normen verletzt. »Müde war er, siebenunddreißig erst alt und schon am Ende.« (2.1, 422) Er hat sich dadurch ruiniert, dass er nicht darauf achtete, dass er bereits »sehr müde vom Leiden [...] und vom Ringen mit jener Aufgabe« war, die ihm sein »Selbst« gestellt hat (2.1, 428), er hat nicht mit seinen Kräften gehaushaltet, sondern weitergearbeitet und so die Grenze zur Erschöpfung überschritten:

Er hatte gesündigt, sich versündigt gegen sich selbst in all den Jahren, gegen das zarte Instrument seines Körpers. Die Ausschweifungen seines Jugendmutes, die durchwachten Nächte, die Tage in tabakrauchiger Stubenluft, übergeistig und des Leibes uneingedenk, die Rauschmittel, mit denen er sich zur Arbeit gestachelt – das rächte, rächte sich jetzt! (2.1, 423)

Durch die Überwindung der subjektiven Schranke, die die Müdigkeit darstellt, hat sich Schiller im Sinne von Deleuzes Unterscheidung zwischen Müdigkeit und Erschöpfung zunehmend auch um die objektiven Möglichkeiten gebracht:

... nun, da ein wenig Glück sich herniedergelassen, da er aus dem Freibeutertum des Geistes in einige Rechtlichkeit und bürgerliche Verbindung eingetreten war, Amt und Ehren trug, Weib und Kind besaß, nun war er erschöpft und fertig. Versagen und Verzagen – das war's, was übrig blieb. (2.1, 422)

So lässt die Ökonomie der begrenzten Kraft für Schiller auch nur noch entweder Leidenschaft oder Arbeit zu: »Ich kann mein Gefühl nur zuweilen nicht finden, weil ich oft sehr müde vom Leiden bin.« (2.1, 428) Energie kann weder geschaffen noch zerstört werden, jede Flamme braucht Nahrung und auch wenn sich die Müdigkeit vielleicht zeitweise überwinden lässt, so ist am Ende das Konto doch stets glattgestellt – der Metabolismus des Kapitalismus unerbittlich:

Eine Nacht der flammenden Stimmung, da man auf einmal in einem genialisch leidenschaftlichen Lichte sah, was werden könnte, wenn man immer solcher Gnade genießen dürfte, mußte bezahlt werden mit einer Woche der Finsternis und der Lähmung. (2.1, 422)

Trotz der Strenge dieser Lehre aber gibt es einen Wendepunkt in der kurzen Erzählung. Sein unbedingter Wille zur »Größe« erlaubt es Schiller, letztlich seine Qualen »*klein*« (2.1, 424) zu sehen. Dank dieses »Heroismus der Schwäche« und einer Prise Schnupftabak kann er sich letztlich doch dazu entschließen, sein Werk fortzusetzen. »Eine fliegende Röte war in seine hageren Wangen

---

[...] ohne Energieverlust in Schaffen um[setze]«. (Georg Simmel: Das Verhältnis von Leben und Schaffen bei Goethe, in: Gesammelte Werke [zit. Anm. 46], Bd. 12.1, S. 324–333, 330.)

getreten, eine Lohe, emporgeschlagen aus der Glut seines Künstler-Egoismus, jener Leidenschaft für sein Ich, die unauslöschlich in seiner Tiefe brannte.« (2.1, 425) Er setzt den kraftraubenden Prozess der Formung von »Stoff, Materie, Möglichkeit des Ergusses« bis hin zum »Gedanken, zum Bilde, zum Worte, zur Zeile« (2.1, 426) fort. Sein Werk wird schließlich fertig. Es ist zwar eigentlich nicht »gut«, entspricht also nicht der investierten Kraft, aber Schiller arrangiert sich mit der Unausweichlichkeit des Verlustes – »[u]nd als es fertig war, siehe, da war es auch gut.« (2.1, 428) Das Werk erhalte seine Qualität gerade dadurch, dass es die Spuren des quälenden Arbeitsprozesses trägt, so wie »in der Muschel das Meer saust, dem sie entfischt ist.« (Ebd.)

Schwere Stunde hat wenig bis nichts mit der historischen Person Friedrich Schiller zu tun. Zwar hat Thomas Mann die zeitgenössische Schiller-Forschung konsultiert und macht in der Erzählung reichlich Gebrauch von einmontierten Originalzitaten Schillers.[72] So geht etwa die Rede vom »kalten« Helden Wallenstein auf eine Aussage Schillers zurück. In der Erzählung Manns, die durch die thermodynamischen Binäroppositionen von warm und kalt strukturiert ist, erhält diese Aussage aber eine vollkommen andere Bedeutung. Mann codiert die historische Figur Schiller und den zeitgenössischen, primär ästhetischen Kraftbegriff systematisch um. Schiller wird so zu einem Neurastheniker des späten 19. Jahrhunderts, der trotz seiner desolaten Ausgangslage Großes vollbringt – ganz im Sinne Beards, für den Schiller in dieser Hinsicht ebenfalls schon ein Musterbeispiel war: »Schiller illustrate[s] the possibility of not only living, but of doing original work on a small capital of reserve force.«[73] Thomas Mann folgt mit der Konzentration auf Schillers Kraftökonomie einer Tendenz, die auch in der von ihm konsultierten Forschungsliteratur durchaus bereits angelegt ist. So heißt es schon bei Baumeister, »Schiller verfügte ja freilich über ein anderes Maß von Energie und Produktion als Herder« und zeichne sich durch eine große »Spannkraft des Willens« aus.[74] Mann radikalisiert diese Beschreibungen Schillers vor dem Hintergrund der energetischen, arbeitswissenschaftlichen und psychologischen Konzepte um 1900 aber noch einmal deutlich mit seiner Schilderung Schillers als nervöser Wärmemaschine.[75]

[72] Vgl. Hans-Joachim Sandberg: Thomas Manns Schiller-Studien. Eine quellenkritische Untersuchung, Oslo: Universitetsforlaget 1964.
[73] Beard, Sexual Neurasthenia (zit. Anm. 58), S. 59.
[74] Adolf Baumeister: Schillers Idee von seinem Dichterberuf, in: Marbacher Schillerbuch 1, Stuttgart und Berlin: Cotta 1905, S. 15–31, 16 und 27. Weiterhin bescheinigt Baumeister Goethe und Schiller im Vokabular Max Nordaus, dass sie gegen den »entarteten Geschmack« der Zeit angekämpft hätten (ebd., S. 21).
[75] Vor diesem Hintergrund irritiert es, dass Manns Erzählung auch der heutigen Schillerbiographik mitunter – mal mehr, mal weniger explizit – vollkommen unkritisch als Schreibvorlage dient und so auf das Bild der historischen Person Schiller verfälschend zurückwirkt. So zeigt etwa Johannes Endres die implizite Orientierung Rüdiger Safranskis an Thomas Manns Erzählung, vgl. Johannes Endres: Die Erfindung des Autors. Schiller und die Populärbiographik, in: Erinnerte Zeit, hrsg. von Zygmunt Mielczarek u. a., Czestochowa: Wydawnictwo Wyższej

Auch wenn Schiller in Beards Schilderung und Thomas Manns Erzählung
dem kapitalistischen Produktionsimperativ letztlich insofern gerecht wird,
dass er am Ende ein Produkt vorweisen kann, in dem sich die investierte Kraft
zumindest teilweise wiederfindet, so bleibt am Ende doch fraglich, ob Schiller
hierdurch zum »bürgerlichen Künstler«[76] und damit zu einem anschlussfähi-
gen Rollenvorbild für Thomas Mann wird. Ist die Erzählung also tatsächlich
als Rechtfertigung einer gesunden, arrivierten bürgerlichen Arbeitshaltung
Schillers und damit en passant auch Thomas Manns lesbar? Die Erzählung
führt gerade vor, dass Schillers Haltung im Kern labil ist und bleibt, dass das
Produkt *Wallenstein* mittelfristig notwendigerweise um den Preis der Selbstverbrennung des Künstlers erkauft wird. Die Erzählung stellt so gesehen gerade die verdrängte Kehrseite des modernen Fortschrittdenkens ins Zentrum:
die Entropie und die Endlichkeit der Kraft. *Schwere Stunde* ist so lesbar als
Offenlegung eines kapitalistischen Produktionsimperativs, der dem Einzelnen
eigentlich nur zwei Auswege lässt: Aufschub der Erschöpfung durch Selbstdis-
ziplinierung oder unmittelbare Selbstverbrennung. Ein nicht nur rein formal
wichtiges Stilmittel der Erzählung ist dabei die erlebte Rede. Gerade durch
die Verschränkung von objektiv-unpersönlicher Erzählerstimme und innerem
Monolog wird so das Zusammenspiel von äußerer Anrufung und Selbstdiszi-
plinierung offengelegt, das den modernen Kapitalismus ausmacht.

2.3.1 Die schreibende Maschine

Auch am Beginn von *Der Tod in Venedig* steht eine Schreibszene. Schon durch
den Verweis auf Cicero zeigt sich, dass sie in der Tradition humanistischer
Schreibanleitungen und des dort populären *Ciceronismus* steht.[77] Diese alte
Tradition der Schreibanleitung wird in *Der Tod in Venedig* aber, wie in ähnlicher Weise schon in *Schwere Stunde* geschehen, mit modernen arbeitswis-

---

Szkoły Lingwistycznej 2006, S. 65–76; Rüdiger Safranski: Friedrich Schiller oder Die Erfindung des Deutschen Idealismus, München: Hanser 2004. Explizit ist der Bezug dagegen bei
Terence J. Reed: Wie hat Schiller überlebt?, in: Amsterdamer Beiträge zur neueren Germanistik
61, Amsterdam / New York: Rodopi 2006, S. 23–34.

[76] Frank Orlik: »Wälsungenblut« und »Schwere Stunde«. Zwei Szenarien aus dem Jahr 1905
zum Thema der künstlerischen Produktion, in: »Die Beleuchtung, die auf mich fällt, hat ... oft
gewechselt«. Neue Studien zum Werk Thomas Manns, hrsg. von Hans Wißkirchen, Würzburg:
Könighausen und Neumann 1991, S. 26–42, 34.

[77] Vgl. Erasmus von Rotterdam: Ausgewählte Werke. Lateinisch – Deutsch, hrsg. von Werner
Welzig, Darmstadt: Wissenschaftliche Buchgesellschaft 1968–1980. Die Bezugnahme auf Cicero
und rhetorische Schreibanleitungen ist kein Einzelfall. So hat Rüdiger Campe bereits darauf
hingewiesen, dass das »Repertoire der ›modernen Schreiberfahrungen‹« in auffallender Weise
an die detaillierten »Regeln der besten Tageszeit (der Nacht), der günstigen Witterung und Er-
nährung, der sexuellen Enthaltsamkeit, schließlich der (geschützten) Lage, der Einrichtung, der
Temperierung des Raums« erinnert, die humanistische Rhetoriken vorgeben. (Campe, Schreibszene [zit. Anm. 5], S. 765.)

senschaftlichen Konzepten überschrieben. Die Schreibszene am Beginn der Novelle, wie das Emplotment der Erzählung insgesamt, ist an ein thermodynamisches Niedergangs- und Erschöpfungsmodell angelehnt. Die Erschöpfungsgeschichte *Der Tod in Venedig* erzählt vom notwendigen und irreversiblen Verlust der arbeitsfähigen Energie und von den Versuchen, den »Bankrott« der Kraft aufzuschieben. Schreiben wird unter diesen Bedingungen zu einem Anschreiben gegen die wachsende Ermüdung, zu einer gefährlichen Tätigkeit, die die Ermüdung jederzeit in Erschöpfung umschlagen lassen könnte. Aschenbach muss fortwährend darauf achten, die feine Maschinerie seines Körpers nicht zu beschädigen. Dies wird bereits von den ersten Zeilen an deutlich:

Überreizt von der schwierigen und gefährlichen, eben jetzt eine höchste Behutsamkeit, Umsicht, Eindringlichkeit und Genauigkeit des Willens erfordernden Arbeit der Vormittagsstunden, hatte der Schriftsteller dem Fortschwingen des produzierenden Triebwerkes in seinem Innern, jenem ›motus animi continuus‹, worin nach Cicero das Wesen der Beredsamkeit besteht, auch nach der Mittagsmahlzeit nicht Einhalt zu tun vermocht und den entlastenden Schlummer nicht gefunden, der ihm, bei zunehmender Abnutzbarkeit seiner Kräfte, einmal untertags so nötig war. So hatte er bald nach dem Tee das Freie gesucht, in der Hoffnung, daß Luft und Bewegung ihn wiederherstellen und ihm zu einem ersprießlichen Abend verhelfen würden. (2.1, 501)

Die Redewendung vom »motus animi continuus« geht nicht, wie der Erzähler behauptet, direkt auf Cicero zurück – bei diesem ist die Redewendung so nicht nachweisbar (vgl. 2.2, 396). Stattdessen hat Thomas Mann das Bonmot aus einem Brief Gustave Flauberts an Louis Colet vom 15. Juli 1853 exzerpiert, in dem Flaubert wiederum fälschlicherweise behauptet, es von Cicero übernommen zu haben.[78] Flaubert übersetzt den »motus« aus dem vermeintlichen Zitat dabei korrekt als geistige Bewegung, als »mouvement continuel de l'esprit«.[79] Im Rückgriff auf das Konzept der ästhetischen Kraft im 18. Jahrhundert konzeptualisiert Flaubert die poetische Produktion des guten Schriftstellers als angetrieben von einer nicht-mechanischen »Kraft«. Sie trenne das Genie vom mittelmäßigen Schriftsteller: »Je crois que le plus grand caractère du génie est, avant tout, *la force.*«[80] Der Ironiker Mann unterdessen parodiert dieses Bild, indem er es in den Kontext des zeitgenössischen Ermüdungsdiskurses stellt und es damit aus dem »Paradigma der Arbeit« in das »Paradigma der Produk-

---

[78] Vgl. Notb II, 151; Hans Wysling: »Geist und Kunst«. Thomas Manns Notizen zu einem »Literatur-Essay«, in: Quellenkritische Studien zum Werk Thomas Manns, hrsg. von Paul Scherrer und Hans Wysling, 2. Aufl., Frankfurt/Main: Klostermann 1967 (= Thomas-Mann-Studien, Bd. I), S. 106–243, 154.
[79] Gustave Flaubert: A Louise Colet, 15 juillet 1853, in: Gustave Flaubert. Correspondance, Bd. 2, hrsg. von Jean Bruneau, Paris: Gallimard 1980, S. 383–387, 385.
[80] Ebd.

tion« übersetzt, wie man mit Agnes Heller sagen könnte.[81] Für Mann ist nicht mehr das Konzept der aus dem Nichts verfügbaren »Kraft« maßgeblich. Gustav Aschenbach wird vom Erzähler in *Der Tod in Venedig* imaginiert als »produzierendes Triebwerk«, als Dampfmaschine, die wie jede andere Maschine den Gesetzen der Erschöpfung unterliegt – der Literat hat das Vertrauen in den inneren Motor verloren. Die kreative Arbeitskraft wird hier wegen ihrer Begrenztheit zum Gegenstand des Kalküls. Es ist aber nicht allein der Künstler Gustav Aschenbach, der gegen die eigene Ermüdung ankämpft, sondern es handelt sich hier um ein breites kulturelles Programm. Wie der Erzähler ausführt, muss Literatur, die »auf der Stelle eine breite und tiefe Wirkung zu üben [vermag], [...] eine geheime Verwandtschaft, ja Übereinstimmung zwischen dem persönlichen Schicksal seines Urhebers und dem allgemeinen des mitlebenden Geschlechtes« (2.1, 510) etablieren:

Gustav Aschenbach war der Dichter all derer, die am Rande der Erschöpfung arbeiten, der Überbürdeten, schon Aufgeriebenen, sich noch Aufrechthaltenden, all dieser Moralisten der Leistung, die, schmächtig von Wuchs und spröde von Mitteln, durch Willensverzückung und kluge Verwaltung sich wenigstens eine Zeitlang die Wirkungen der Größe abgewinnen. Ihrer sind viele, sie sind die Helden des Zeitalters. Und sie alle erkannten sich wieder in seinem Werk, sie fanden sich bestätigt, erhoben, besungen darin, sie wußten ihm Dank, sie verkündeten seinen Namen. (2.1, 512)

Hier vollzieht sich nicht weniger als eine Reformulierung des Heldenbegriffs vor dem Hintergrund der Industrialisierung. Ein Held um 1900 ist nicht mehr das adlige Duellsubjekt, welches sich gerade dadurch definiert, dass es nicht arbeiten muss.[82] Es sei stattdessen der Wille, sich für eine begrenzte Zeit diesseits der Grenze zur Erschöpfung zu halten und so die eigene Arbeitskraft zu erhalten, der den modernen Helden ausmache. Genau in der Fähigkeit zur Mobilisierung des Willens und der Kontrolle über Pause und Anspannung auf der Achse der Zeit scheint daher auch das eigentliche Talent des Schriftstellers Gustav Aschenbach zu liegen. Das Konzept des aus dem Nichts schaffenden Genies wird hier abgelöst durch das Bild eines Verwaltungsbeamten – eines Verwalters der eigenen Kreativität, oder genauer: Produktivität, der stets an der Grenze zur Erschöpfung steht und sich dem »täglich erneuernden Kampf zwischen seinem zähen und stolzen, so oft erprobten Willen und dieser wachsenden Müdigkeit, von der niemand wissen und die das Produkt auf keine Weise, durch kein Anzeichen des Versagens und der Laßheit [!] verraten durfte«, aussetzt. (2.1, 506)

---

[81] Vgl. Agnes Heller: Paradigm Of Production: Paradigm Of Work, in: Dialectical Anthropology, Bd. 6, H. 1, Dordrecht u. a.: Springer 1981, S. 71–79.
[82] Vgl. Gernot Böhme: Anthropologie in pragmatischer Hinsicht. Darmstädter Vorlesungen, Frankfurt/Main: Suhrkamp 1994, S. 153–166.

Aschenbach wird hier klar erkennbar als Neurastheniker mit kleinem Ener-
giereservoir beschrieben. Für den alternden Schriftsteller Gustav Aschenbach
stellt sich dieses Problem nun zudem auf verschärfte Art und Weise, da er mit
der »Entropie des Leibes« zu kämpfen hat, wie Georg Hirth, der Gründer der
Münchner Kunst- und Literaturzeitschrift Die Jugend dies einmal nannte. Er
sieht sich mit der »zunehmende[n] Abnutzbarkeit seiner Kräfte« (2.1, 501) kon-
frontiert. Aber auch bereits der junge Aschenbach habe sich mit energetischen
Rationalisierungsversuchen beschäftigten müssen. Aschenbach sei schon als
Kind so kränklich gewesen, dass »[ä]rztliche Fürsorge« ihn »vom Schulbesuch
ausgeschlossen und auf häuslichen Unterricht gedrungen« (2.1, 509) habe. In
einer öffentlichen Schule wäre er wohl Opfer einer Überforderung geworden,
die auf den zu dieser Zeit aufkommenden Begriff der Überbürdung gebracht
werden kann. Er habe »zeitig erkennen müssen, daß er einem Geschlecht an-
gehörte, in dem nicht das Talent, wohl aber die physische Basis eine Seltenheit
war.« Daher habe er »das Gefühl gezügelt und erkältet« (2.1, 507) und sich auf
die Willensmobilisierung und -verwaltung konzentriert. Noch der erwachsene
Aschenbach setzt diese Strategie fort und beginnt »seinen Tag beizeiten mit
Stürzen kalten Wassers über Brust und Rücken«, damit er »die Kräfte, die er im
Schlaf gesammelt, in zwei oder drei inbrünstig gewissenhaften Morgenstunden
der Kunst zum Opfer dar[bringen]« (2.1, 510) kann. Eine ähnliche Geschichte
von persönlicher Schwäche und deren Überwindung durch Willensstärke wird
auch in Thomas Manns Friedrich-Fragment erzählt. Der nie vollendete Roman sollte das Leben Friedrich des Großen zum Gegenstand haben. In den
Notizen Manns heißt es, der junge Friedrich sei als »weiche[r] Knabe[]« stets
von seinem Vater zum »kalte[n] Waschen« gezwungen worden. »Später, wenn
es ihm in der Noth die Nerven erfrischt«, sei er ihm dafür dankbar gewesen.
(Notb II, 147) Aschenbach wird im Tod in Venedig interessanterweise als Ur-
heber einer »mächtigen Prosa-Epopöe vom Leben Friedrichs von Preußen«
(2.1, 507) genannt, hier bespiegeln sich der Inhalt des Romanfragments und
die Arbeitspraxis des fiktiven Urhebers. Deutlich erkennbar ist das skizzierte
Vorgehen an den zeitgenössischen Ratgebern zum »Willenstraining« und an
den Therapieempfehlungen für Neurastheniker orientiert, die die Betroffenen
an regelmäßige Arbeit gewöhnen wollen.[83]

---

[83] Vgl. z. B. August Kühner: Manneskraft und Energie. Wie erlange und erhalte ich diese? Das
Nötigste zum Vorankommen nach dem Kriege!, Bad Homburg: Feldberg 1919; Reinhold Gerling:
Die Gymnastik des Willens. Praktische Anleitung zur Erhöhung der Energie und Selbstbeherr-
schung. Kräftigung von Gedächtnis und Arbeitskraft durch Stärkung der Willenskraft ohne
fremde Hilfe, Berlin: Möller 1905; Erich Röper: Heilerfolge bei Neurasthenie, in: Monatsschrift
für Psychiatrie und Neurologie, Bd. 30, Berlin: Karger 1911, S. 134–149. Instruktiv zum Willenstraining vgl. Michael Cowan: Cult of the Will. Nervousness and German Modernity, University
Park: Pennsylvania State University Press 2008.

2.3.2 Protestantische und energetische Leistungsethik

Im Lichte der bisherigen Überlegungen wird deutlich, dass sich in Manns Konzept des »Leistungsethikers« nicht nur eine protestantische Arbeitsethik niederschlägt,[84] sondern Handlungen gleichermaßen an einer energetischen Leistungsethik im Sinne Wilhelm Oswalds – »Vergeude keine Energie, verwerte sie!«[85] – orientiert sind. Daher greift es sowohl in Bezug auf Weber als auch in Bezug auf Thomas Mann als historische Person oder auf seine literarischen Figuren zu kurz, wenn man sich lediglich auf die Beziehungen zwischen Protestantismus und Kapitalismus bezieht. Zu fragen wäre nicht nur nach dem Anteil des Protestantismus an der »Leistungsethik«, sondern gerade im Anschluss an u. a. Weber auch danach, was eigentlich »Leistung« ist. Denn sowohl Max Weber als auch Werner Sombart haben sich in der *Psychophysik der industriellen Arbeit* und in *Der moderne Kapitalismus* mit der zeitgenössischen Forschung zur Psychophysik der Arbeit und Oswalds Energetik intensiv beschäftigt und sie in ihre Theorien des Kapitalismus einfließen lassen.[86] Sombart denkt gar, dass »die endgültige Durchsetzung dieser Principien [d. h. der Arbeitsprinzipien der (Dampf-) Maschine] recht eigentlich die Wesenheit der modernen Zeit [bildet], sodass wir den Schlüssel für deren Verständnis nur in einer Betrachtung dieses Entwicklungsganges des Maschinenprincips zu finden vermögen.«[87] Und auch eine vielzitierte Schlüsselpassage aus Webers *Die protestantische Ethik* liest sich vor diesem Hintergrund noch einmal anders:

---

[84] Dass Thomas Mann in seinen Erzählungen protestantische Leistungsethiker inszeniere, ist in der Forschungsliteratur ein Gemeinplatz. Auch Mann selbst stellt die Parallelen zwischen seiner Poetik und der Forschung Webers in den *Betrachtungen eines Unpolitischen* fest – freilich nicht ohne eine direkte Einflussbeziehung vehement abzustreiten. Allerdings konzentriert man sich in der Forschungsliteratur meist nur auf den ersten Aspekt von Webers Konzept, nämlich den Protestantismus (vgl. z. B. Andreas Urs Sommer: Der Bankrott »protestantischer Ethik«. Thomas Manns »Buddenbrooks«. Prolegomena einer religionsphilosophischen Romaninterpretation, in: Wirkendes Wort. Deutsche Sprache und Literatur in Forschung und Lehre, Bd. 44, Trier: Wissenschaftlicher Verlag Trier 1994, S. 88–110). Allerdings weist schon der Kommentar zu Manns *Betrachtungen eines Unpolitischen* darauf hin, dass der einzige »echte« Protestant im Werk Manns Johann Buddenbrook junior sei. (Vgl. 13.3, 264.)
[85] Wilhelm Oswald: Der energetische Imperativ (1911), in: Der energetische Imperativ, hrsg. von dems., Leipzig: Akademische Verlagsgesellschaft 1912, S. 81–97, S. 85.
[86] Vgl. Max Weber: Zur Psychophysik der industriellen Arbeit (1908), in: Max Weber. Gesammelte Aufsätze zur Soziologie und Sozialpolitik, hrsg. von Marianne Weber, Tübingen: Mohr Siebeck 1988, S. 61–255; Max Weber: »Energetische« Kulturtheorien, in: Max Weber. Gesammelte Aufsätze zur Wissenschaftslehre, hrsg. von Johannes Winckelmann, Tübingen: Mohr Siebeck 1985, S. 400–425, 417. – Am 3. Mai 1909 schreibt Max Weber an seine Frau Marianne: »Gestern etwas naiver Vortrag von Krel über Energetik (neueste Experimente über Wärme- u. Kraft-Einnahme u. Ausgabe des Menschen) mit ›philosophischen‹ Einleitungen« (in: Max Weber. Gesamtausgabe, Abteilung 2: Briefe, Band 6: Briefe 1909–1910, hrsg. von Horst Baier, Tübingen: Mohr Siebeck 1994). Die zeitgenössische Körperökonomie war Max Weber also auch über sein Selbstverständnis als Neurastheniker hinaus gut bekannt.
[87] Werner Sombart: Der moderne Kapitalismus, Band II, Leipzig: Duncker & Humblot 1902, S. 50.

Der Puritaner *wollte* Berufsmensch sein, – wir *müssen* es sein. Denn indem die Askese aus den Mönchszellen heraus in das Berufsleben übertragen wurde und die innerweltliche Sittlichkeit zu beherrschen begann, half sie an ihrem Teile mit daran, jenen mächtigen Kosmos der modernen, an die technischen und ökonomischen Voraussetzungen mechanisch-maschineller Produktion gebundenen, Wirtschaftsordnung erbauen, der heute den Lebensstil aller einzelnen, die in dies Triebwerk hineingeboren werden [...], mit überwältigendem Zwange bestimmt und vielleicht bestimmen wird, bis der letzte Zentner fossilen Brennstoffs verglüht ist.[88]

Sowohl inhaltlich als auch auf metaphorischer Ebene wird hier deutlich, dass Weber den modernen Kapitalismus als Amalgamierung von religiösen Glaubenssätzen und den Gesetzmäßigkeiten der Wärmemaschine konzeptualisiert. Während der Protestantismus zwar eine Möglichkeitsbedingung für den Kapitalismus gewesen sei, so sei deren Fortdauer an die mechanisch-maschinelle Produktion und den damit einhergehenden »Lebensstil« gebunden. Allein das Ende der Verfügbarkeit fossiler Brennstoffe könnte diese Logik unterbrechen.

2.3.3 Poetik der Erschöpfung

Wie aber äußert sich die Erschöpfung Aschenbachs im Verlauf der Erzählung? Sie nimmt ihren Ausgang mit dem Spaziergang des ermüdeten Aschenbachs im englischen Garten, wo dieser einen Fremden erblickt, der in die »untergehende Sonne« (2.1, 503) sieht. Beim Blick auf diese versinkende Quelle jeder physikalischen Kraft befallen Aschenbach Sinnestäuschungen, denn seine »Einbildungskraft [war] noch nicht zur Ruhe gekommen seit den Stunden der Arbeit« (2.1, 504). Ihn überkommt eine »Sehnsucht ins Ferne und Neue, diese Begierde nach Befreiung, Entbürdung und Vergessen, – der Drang hinweg vom Werke, von der Alltagsstätte eines starren, kalten und leidenschaftlichen Dienstes.« (2.1, 506) Statt aber wie gewohnt in die Einsamkeit des Sommerhauses auf dem Land zu fahren und die dortige »Langsamkeit« (2.1, 507) zu genießen, entschließt er sich zu einer Reise in den Süden. Indem er diesem Drang nachgibt, handelt Aschenbach vermutlich aber genau falsch und die baldige Verschlechterung seines Gesundheitszustandes stellt keine Überraschung dar, zumindest wenn man den Überlegungen des damals führenden deutschen Neurologen Wilhelm Erb zu den Ursachen der Ermüdung Glauben schenken darf. Laut Erb ist es der »ins Ungemessene gesteigerte[] Verkehr« in der Moderne, durch den alles »in Hast und Aufregung vor sich« gehe.[89] Unter diesen Umständen werden »selbst

---

[88] Max Weber: Die protestantische Ethik und der Geist des Kapitalismus, in: Max Weber. Gesammelte Aufsätze zur Religionssoziologie, hrsg. von Marianne Weber, Tübingen: Mohr Siebeck 1986, S. 17–206, 203.
[89] Erb, Nervosität (zit. Anm. 56), S. 24. Vgl. weiterführend Joachim Radkau: Die wilhelminische Ära als nervöses Zeitalter, oder: Die Nerven als Netz zwischen Tempo- und Körperge-

die ›Erholungsreisen‹ [...] zu Strapazen für das Nervensystem.«[90] Die Idee, die »Vorteile des Weltverkehrs beliebig zu genießen« und in der Ferne nach Erholung zu suchen, ist daher also keine hilfreiche »hygienische Maßregel« (2.1, 505), sondern führt die Ermüdeten nur in einen Teufelskreis: »Die erschlafften Nerven suchen ihre Erholung in gesteigerten Reizen, in stark gewürzten Genüssen, um dadurch noch mehr zu ermüden.«[91] Tatsächlich ist *Der Tod in Venedig* eine Erzählung von Verkehr und Bewegung, beginnend mit dem Lärm der elektrischen Tram, der direkt nach Aschenbachs Entschluss zur Reise dessen Gedankengang – im Text durch Auslassungspunkte markiert – brutal unterbricht, über die Annäherung eines Schiffes an den Hafen in Venedig und den Gondelverkehr bis hin zu den Verfolgungsjagden mit Tadzio in der verwinkelten Stadt. Es ist überhaupt die Begegnung mit Tadzio, die Aschenbachs Ermüdungskontrolle letztlich kollabieren lässt, schon der erste Blickkontakt mit ihm lässt ihn »[m]üde und dennoch geistig bewegt« (2.1, 532) zurück. Tadzio wird in Opposition zu Aschenbach als jemand markiert, der das »Vorrecht beliebigen Ausschlafens« (2.1, 534) genießt. Dann sind es die Aufregung und die Hast, die sich um seine zunächst geplante Abreise ranken, die Aschenbach vollständig »[e]rmüdet, betäubt von dem Wirbel« (2.1, 548) zurück lassen. Getrieben vom Begehren nach Tadzio bei der Verfolgungsjagd in der verwinkelten Stadt achtet er schließlich nicht mehr auf die deutlichen Zeichen seines Körpers. Er ignoriert seine Ermüdungssymptome und missachtet sämtliche durch jahrelange »Selbstzucht« (2.1, 505) eintrainierten Vorsichtsmaßregeln zur Kontrolle der Ermüdung: »... hinter dem Rücken Vorangehender Schutz suchend, ward er sich lange nicht der Müdigkeit, der Erschöpfung bewußt, welche Gefühl und immerwährende Spannung seinem Körper, seinem Geiste zugefügt hatten.« (2.1, 587) Seine Müdigkeit geht am Ende gar so weit, dass er nach der Aufregung unter Sehstörungen leidet: »Das Meer hatte eine blaßgrüne Färbung angenommen, die Luft schien dünner und reiner, der Strand mit seinen Hütten und Booten farbiger, obgleich der Himmel noch grau war« (2.1, 548) – nach Angelo Mosso ein typisches Ermüdungssymptom. Ein weiteres von Mosso beschriebenes Symptom extremer Müdigkeit ist paradoxerweise die Schlaflosigkeit. »[E]ine mäßige Beschäftigung, die uns anstrengt, ohne uns zu ermüden, macht uns schläfrig. Die Ueberanstrengung des Gehirns dagegen

schichte, in: Geschichte und Gesellschaft, Jg. 20, H. 1, Göttingen: Vandenhoeck & Ruprecht 1994, S. 211–241, hier besonders S. 215 f.

[90] Erb, Nervosität (zit. Anm. 56), S. 24. Ähnlich argumentiert Albert Eulenburg: Nervosität und Reisen, in: Die Gartenlaube 23/24, Leipzig: Ernst Keil (August Scherl) 1905, S. 371–374 und 441–444; vgl. auch Beard, Sexual Neurasthenia (zit. Anm. 58), S. 214–216.

[91] Erb, Nervosität (zit. Anm. 56), S. 24. »Reisen und Nervosität wirken wie ein ewig sich selbst erhaltender Kreislauf«, so fasst auch schon der Historiker Joachim Radkau die Grundaussage der medizinischen Fachliteratur dieser Zeit zusammen (Joachim Radkau: Das Zeitalter der Nervosität. Deutschland zwischen Bismarck und Hitler, München u. a.: Hanser 1998, S. 251).

bringt Schlaflosigkeit hervor.«[92] So ist auch Aschenbachs Schlaf bald »flüchtig; die köstlich einförmigen Tage waren getrennt durch kurze Nächte« (2.1, 558).

Es ist kein Zufall, dass die Erzählung in fünf Kapitel unterteilt ist und so in Bezug auf ihren Aufbau auch wesentliche Formgesetze erfüllt, die Gustav Freytag in Bezug auf das fünfaktige Drama definiert hat, denn Thomas Mann hat sich erkennbar an diesem Modell orientiert.[93] Schon mit Freytag wird die dramatische Handlung aber auch zunehmend am Leitfaden der zeitgenössischen Muskelphysiologie verstanden, als Personenkonflikt und Kampf, der sich über den »Wille[n]« als »erregende[m] Moment« über die »bewegende[] Kraft« zu einer »gesteigerte[n] Spannung« hin aufbaut, bis sich die Handlungskurve schließlich nach dem »Moment der letzten Spannung« umkehrt.[94] Daher bildet die Form des Dramas auch wiederum eine ideale Vorlage für Manns Erzählung von Irreversibilität, Aufschub und Ermattung. Die Spannungskurve des Dramas wie sie Freytag skizziert hat, verbindet sich in *Der Tod in Venedig* in idealer Weise mit den Darstellungsverfahren der zeitgenössischen Arbeitswissenschaften: Die Erzählung ist lesbar als eine Art Kurvendiskussion von Aschenbachs Ermüdungskurve. Die Ergographie der Arbeitswissenschaft und die Form des literarischen Textes verweisen aufeinander und treffen sich in einer »Poetik der Erschöpfung«.

2.3.4 Mischung und Form

Die thermodynamische Verfallslogik betrifft allerdings nicht nur den Aufbau und die Figurenanlage in der Novelle, sie affiziert besonders auch deren Bildlichkeit.[95] An Schlüsselstellen der Erzählung erscheinen Formationen mit unklaren Grenzen, stochastische Wirbel, verfranzte Strukturen und ephemere Erscheinungen wie »Federwölkchen« (2.1, 559), »kräuselnde Schauer« (2.1, 590) oder »Nebelhaft-Grenzenlose[s]« (2.1, 592). Bemerkenswert ist dabei besonders die Ekphrasis des Sonnenaufgangs über dem Meer, den Aschenbach nach kurzem Schlaf vom Hotelfenster aus beobachtet:

---

[92] Ebd., S. 225.

[93] Vgl. Herrmann Kurzke: Thomas Mann. Epoche – Werk – Wirkung, München: C. H. Beck 1997, S. 126.

[94] Zu Freytags Konzentration auf den Kampf als Modell vgl. Susanne Werling: Handlung im Drama. Versuch einer Neubestimmung des Handlungsbegriffs als Beitrag zur Dramenanalyse, Frankfurt / Main u. a.: Lang 1989, S. 35 ff.; Gustav Freytag: Die Technik des Dramas, Leipzig: S. Hirzel 1876, S. 99 f. und S. 108.

[95] Vgl. im Folgenden auch die Überlegungen von Joseph Vogl zur Bildlichkeit bei Marcel Proust und die Analysen des Kunsthistorikers Christoph Asendorf zur bildenden Kunst um 1900. (Joseph Vogl: Literarische Physik, in: Erotische Recherchen. Zur Decodierung von Intimität bei Marcel Proust, hrsg. von Friedrich Balke und Volker Roloff, München: Fink 2003, S. 199–210; Asendorf, Ströhme und Strahlen [zit. Anm. 62].)

Ein Rosenstreuen begann da am Rande der Welt, ein unsäglich holdes Scheinen und Blühen, kindliche Wolken, verklärt, durchleuchtet, schwebten gleich dienenden Amoretten im rosigen, bläulichen Duft, Purpur fiel auf das Meer, das ihn wallend vorwärts zu schwemmen schien, goldene Speere zuckten von unten zur Höhe des Himmels hinauf, der Glanz ward zum Brande, lautlos, mit göttlicher Übergewalt wälzten sich Glut und Brunst und lodernde Flammen herauf, und mit raffenden Hufen stiegen des Bruders heilige Renner über den Erdkreis empor. Angestrahlt von der Pracht des Gottes saß der Einsam-Wache, er schloß die Augen und ließ von der Glorie seine Lider küssen. (2.1, 559)

Deutlich erkennbar wird hier auf die Mythologie der rosenfingerigen Göttin Eos angespielt (vgl. 2.2, 442). Allerdings geht die Bildlichkeit dieser Passage nicht vollends im Mythos auf, der Aufgang der leitmotivischen Sonne wird zugleich auch als Brand geschildert: Die Sonne entzündet den Himmel.[96] Dabei wird die Bildfläche gewissermaßen in eine heiße warme rot-goldene und eine blau-purpurne Zone zerteilt, wobei es von letzterer wenig später heißt, dass es dort »wohl kühl gewesen« (2.1, 561) sei – zwei Zonen also, zwischen denen ein zitternder, flirrender Ausgleich stattfindet. Man könnte sich bei dem durch das Hotelfenster gerahmten Blick Aschenbachs auf das Meer an die gleichsam körperlosen Seestücke J. M. W. Turners wie *Die kämpfende Temeraire* (1839) oder an seine Venedigbilder *Approach to Venice* (1843) und besonders *Venice at Sunrise from the Hotel Europa* (1840) erinnert fühlen. An jene Bilder also, von denen der Philosoph und Wissenschaftshistoriker Michel Serres einmal sagte, sie seien nicht pre-impressionistisch, sondern zutiefst materialistisch.[97] Während zeitgleich auch der Physiker Sadi Carnot erstmals Beziehungen zwischen Wärme und Bewegung herstellte, habe Turner die Gesetze der Thermodynamik bereits gemalt, die »entzündete[] Materie in die Kultur« eingeführt. »Die ganze Welt wird in ihrer Materie zu einer Wärmemaschine zwischen zwei Quellen, denen Carnots, der kalten und der warmen. Das Wasser des Meeres ein Reservoir.«[98] Die Grenzen der Körper lösen sich auf in Wärmeflüsse, die »Materie bleibt nicht länger den Gefängnissen des Schemas überlassen. Das Feuer löst sie auf, läßt sie vibrieren, zittern, oszillieren, läßt sie in Wolken explodieren.«[99] Hier werden keine reinen Zustände mehr, sondern Temperaturen, Bewegungen, Mischungen und Übergänge zwischen Meer, Himmel und

---

[96] Diese Doppelcodierung vom Brand im Mythos einerseits und vom Brand im Kontext von Industrialisierung und Thermodynamik andererseits durchzieht die gesamte Erzählung. So ist auch schon die Formulierung »verbrennen vor Liebe, wie Semele einstmals vor Zeus« (2.1, 555) nicht nur ein Verweis auf die Mutter des Dionysos zu lesen, sondern zugleich auch eine Vorausdeutung auf das Ende des Neurasthenikers Aschenbach, der angesichts von Tadzio seine letzten »Energiereserven« und damit letztlich sich selbst verbrennt.

[97] Vgl. Michel Serres: Turner übersetzt Carnot, in: ders: Hermes III. Übersetzung, hrsg. von Günther Rösch, Berlin: Merve 1992, S. 327–340, S. 331.

[98] Ebd., S. 332.

[99] Ebd., S. 333.

Erde abgebildet. Turners und Aschenbachs Blick aus dem Hotelfenster treffen sich mit der zeitgenössischen Physik in einer Bildästhetik, die Aschenbach selbst einmal mit den Attributen des »Ungegliederten, Maßlosen, Ewigen, [...] Nichts« (2.1, 536) belegte. So wie sich beim Verbrennungsprozess die Potentialdifferenzen ausgleichen und am Ende nur noch undifferenzierte, gestaltlose und daher kraftlose Wärme übrig bleibt, wird Aschenbachs zunehmende Erschöpfung auch in der Novelle von einer Bildlichkeit zunehmender Entdifferenzierung und Gestaltlosigkeit begleitet.[100]

Aber auch sonst könnte man die in der Novelle entfaltete Ikonographie der Stadt Venedig in diesem Kontext sehen, wird doch in der Physik der Jahrhundertwende der Übergang von warm zu kalt als Übergang von Ordnung zu Unordnung in einem molekularen System beschrieben, der nicht notwendig, aber statistisch wahrscheinlich ist.[101] Aus dieser Perspektive ist nicht nur eine lokale Wärmeansammlung, sondern Ordnung, Struktur und Gestalt insgesamt höchst unwahrscheinlich – eine Auffassung, die auch die Kunsttheorie um 1900 nicht unberührt ließ.[102] So gesehen rechtfertigt sich die Rede von Venedig als der »unwahrscheinlichste[n] der Städte« (2.1, 522) durch ihre liminale Stellung zwischen Land, Wasser und Luft.[103] Ihr geordneter Bestand ist unwahrscheinlich und prekär, während eine Mischung, der Übergang zur Unordnung wahrscheinlich wäre. Ihr Bestand kann überhaupt nur durch permanente Ordnungs- und Formbemühungen ihrer Bewohner aufrechterhalten werden. Das Problem der Entropie stellt sich für die Stadt Venedig daher in gleicher Weise wie für den Dichter Gustav Aschenbach, der über seinen Krafthaushalt wachen muss.

[100] In der Mann-Forschung ist unter anderem in Bezug auf die hier analysierte Passage immer wieder auf Nietzsches Konzepte des Apollinischen und des Dionysischen hingewiesen worden. Tatsächlich kann man in der Thermodynamik einen gemeinsamen Bezugspunkt von Nietzsches Begriffsbildungen und der Bildlichkeit in der Erzählung sehen. Auch Nietzsche hat sich intensiv mit der Thermodynamik auseinandergesetzt. So ist besonders das Konzept der »Auslösung« des Physikers Robert Mayer auch zentral für Nietzsches Philosophie; vgl. Alwin Mittasch: Friedrich Nietzsche als Naturphilosoph, Stuttgart: Kröner 1952, S. 102–165; Günther Abel: Nietzsche. Die Dynamik der Willen zur Macht und die ewige Wiederkehr, Berlin: De Gruyter 1998, S. 24 ff.; Robert Mayer: Über Auslösung, in: ders.: Die Mechanik der Wärme in gesammelten Schriften, hrsg. von Jacob Weyrausch, Stuttgart: Cotta 1893, S. 440–447.

[101] Ludwig Boltzmann: Der zweite Hauptsatz der mechanischen Wärmetheorie, in: ders.: Populäre Schriften, Leipzig: J. A. Barth 1905, S. 25-50, S. 34.

[102] Vgl. z. B. Henri Bergson: Schöpferische Entwicklung, Jena: Diederichs 1902, S. 250.

[103] Die prekäre Ikonographie Venedigs zwischen Grenzziehung und Entgrenzung hat zuletzt Martin Nies treffend beschrieben, vgl. Martin Nies: »Die unwahrscheinlichste der Städte«: Raum als Zeichen in Thomas Manns »Tod in Venedig«, in: Wollust des Untergangs. 100 Jahre Thomas Manns »Der Tod in Venedig«. [Katalog zur Ausstellung im Buddenbrookhaus zu Lübeck 03.02.–28.05.2012], hrsg. von Holger Pils und Kerstin Klein, Göttingen: Wallstein 2012, S. 10–21.

2.3.5   Die Grenze und die Aufhebung der Ökonomie

Die Verschränkung von Arbeit, Sexualität und Sprache in *Der Tod in Venedig* ist nicht beliebig, sondern verweist auf eine spezifische historische Konstellation am Beginn des 20. Jahrhunderts:

Mit Sicherheit wird das zwanzigste Jahrhundert die einander verwandten Kategorien der Verschwendung, der Exzesse, der Grenze und der Überschreitung entdeckt haben: die eigentümliche und irreduzible Form dieser verbrauchenden und verzehrenden Verrichtungen ohne Wiederkehr. In einem Denken des arbeitenden Menschen und des Menschen als Produzenten […] wurde der Verbrauch […] am Vorbild des Hungers gemessen. Indem man diesen bis hinein ins Profitstreben […] verlängert, führte man den Menschen in eine Dialektik der Produktion ein, aus der man eine schlichte Anthropologie herauslas: Zwar verlor der Mensch in den Verrichtungen seiner Arbeit und den von ihm mit den Händen geschaffenen Gegenständen die Wahrheit seiner unmittelbaren Bedürfnisse, doch konnte er genau darin sein Wesen und die endlose Befriedigung seiner Bedürfnisse wiederfinden. […] Die Entdeckung der Sexualität, der Himmel einer endlosen Unwirklichkeit, […] die systematischen Formen des Verbots, […] die Überschreitung, deren Gegenstand und Instrument sie in allen Kulturen ist, zeigen in einer recht gebieterischen Weise die Unmöglichkeit auf, der höheren Erfahrung, die sie für uns konstituiert, eine Sprache wie die tausendjährige der Dialektik zu verleihen.[104]

Aschenbach ist ein Teil der Welt der Arbeit, ein produzierender Mensch. Der Einbruch des sexuellen Begehrens aber führt ihn an die Grenze eines Raums, der nicht mehr in der Sprache der Arbeit aufgeht. Er überschreitet diese Grenze gerade im Versuch, dem Begehren durch Arbeit habhaft zu werden. Er versucht »in Tadzios Gegenwart zu arbeiten, beim Schreiben den Wuchs des Knaben zum Muster zu nehmen« und schafft dabei »jene anderthalb Seiten erlesener Prosa […], deren Lauterbarkeit, Adel und schwingende Gefühlsspannung binnen kurzem die Bewunderung vieler erregen sollte.« (2.1, 556) Das erotische Begehren, das sich zunächst nur im Blick zeigt, wird hier von der Ordnung der Sichtbarkeit in die Ordnung der Sprache übersetzt. Das Ergebnis übersteigt alles, was Aschenbach bisher schuf: »Nie hatte er die Lust des Wortes süßer empfunden, nie so gewußt, daß Eros im Worte sei […].« (Ebd.) Aschenbach verlässt die Sprache der Arbeit und findet zu einer neuen diskursiven Sprache der Überschreitung. Mit dieser Grenzüberschreitung aber übertritt er zugleich auch die Grenze zwischen Ermüdung und Erschöpfung, sein Versuch lässt ihn vollkommen »erschöpft, ja zerrüttet« (ebd.) zurück. Das sexuelle Begehren liegt hier im Sinne Foucaults und Batailles hinter einer Grenze, die durch Aschenbachs energetische Ökonomie und seine Sprache der Arbeit nicht mehr

---

[104] Michel Foucault: Vorrede zur Überschreitung [1963], in: ders: Schriften zur Literatur, Frankfurt/Main: Suhrkamp 2003, S. 64–85, 83.

erfasst werden kann. Ihre Überschreitung ist nur um den Preis von Erschöpfung und Tod möglich:

[Die] Sprache bricht [...] im Inneren ihres eigenen Raumes zusammen und entblößt in
der Trägheit der Ekstase das beharrliche und sichtbare Subjekt, das mit ausgestreck-
ten Armen die Sprache festzuhalten versuche und sich gleichsam von ihr verworfen,
entkräftet auf dem Stand dessen wiederfindet, was es nicht mehr zu sagen vermag.[105]

So fällt auch Aschenbachs Widerstand gegen die Entropie nach dieser Begegnung mit Tadzio vollkommen in sich zusammen, er »überwachte [...] nicht
mehr den Ablauf der Mußezeit, die er sich selber gewährt« (2.1, 558) und der
energetische Imperativ verkehrt sich in sein Gegenteil:

Er hatte sich reichlich Geld verschrieben [...]. Die Sonne bräunte ihm Antlitz und
Hände, der erregende Salzhauch stärkte ihn zum Gefühl, und wie er sonst jede Er-
quickung, die Schlaf, Nahrung oder Natur ihm gespendet, sogleich an ein Werk zu
verausgaben gewohnt gewesen war, so ließ er nun alles, was Sonne, Muße und Meer-
luft ihm an täglicher Kräftigung zuführten, hochherzig-unwirtschaftlich aufgehen in
Rausch und Empfindung. (2.1, 558)

Der Schriftsteller als Triebwerk, der die in der Nahrung gespeicherte Energie
in ein Werk transformiert, verweigert die »Verpflichtung zur Produktion« (2.1,
505) und vergrößert von jetzt an nur noch die Entropie. Dabei ist in diesem
Umschlag aber nicht notwendigerweise ein passives Sich-gehen-Lassen, eine
»Verirrung« oder gar das »Scheitern einer Künstlerexistenz« zu sehen.[106] Eine
solche Einschätzung würde bedeuten, dass man sich die Produktionsimpera-
tive der zeitgenössischen Arbeitswissenschaft zu eigen macht. Durch den Text
selbst ist dies aber nicht gedeckt, denn genau betrachtet schildert der Erzähler Aschenbachs Bruch mit dem ökonomischen Prinzip als bewusste und aktive Entscheidung. Er beschließe hochherzig, d. h. *wissentlich* und *tugendhaft*,
sich von nun an nur noch unwirtschaftlich zu verhalten.[107] Er verschwendet,

---

[105] Ebd., S. 73.
[106] Hans R. Vaget: »Der Tod in Venedig«, in: Thomas-Mann-Handbuch, hrsg. von Helmuth
Koopmann, Frankfurt/Main: Fischer 2005, S. 571–591, 585. Jochen Schmidt sieht Aschenbach
dagegen als passiven Schwächling: »Sein Widerstand bricht zusammen, weil er zu schwach ist, ihn
weiterhin aufrechtzuerhalten, und nun treibt er in der dunklen Strömung fort, die ihn mächtig
erfaßt hat.« (Jochen Schmidt: Die Geschichte des Genie-Gedankens in der deutschen Literatur,
Philosophie und Politik 1750–1945, Bd. 2, Darmstadt: Wissenschaftliche Buchgesellschaft 1985,
S. 247.)
[107] Schon Aristoteles bemerkte in seiner Tugendlehre: Der »Hochherzige gleicht einem Wis-
senden. Er weiz das Schickliche zu beurteilen und auf geziemende Weise groszen Aufwand zu
machen [...] aus sittlichem Beweggrunde, wie es ja jeder Tugend eigen ist, und auch gern und ohne
Bedenken, da das genaue Rechnen engherzig ist. Und er sieht mehr darauf, dass die Ausführung
auf das schönste und geziemendste geschieht, als was sie kostet, und wie sie am billigsten wird.«
(Aristoteles: Nikomachische Ethik. Übersetzt von Eugen Rolfes, Leipzig: Meiner 1911, S. 71 f.
[Ich habe hier bewusst die wohl maßgebliche zeitgenössische Übersetzung konsultiert.])

was die Sonne, jene in energetisch-ökonomischen »Begriffen unerschöpfliche Quelle physischer Kraft [...], die das Getriebe irdischer Thätigkeiten im Gange erhält«[108], ihm schenkt. Man könnte dies mit George Batailles Versuch, ein Prinzip jenseits des ökonomischen Prinzips zu denken, verstehen. Für Bataille gibt es zwei Arten der *Verausgabung* (*dépense*), die produktive und die unproduktive (Spiel, Kunst, nicht-genitale Sexualität). Nach Bataille stellt sich »das entscheidende Lebensproblem«, das der Mensch auf möglichst »aktive Weise« zu lösen hat, in der bewussten Entscheidung darüber dar, wofür er seine Energie verschwendet:

Ihr könnt nicht aufhören mit der Arbeit und Euch ausruhen. [...] Angesichts dessen, daß Ihr über alle Ressourcen der Erde verfügt, [...], solltet ihr sie *aktiv verausgaben, aus keinem anderen Grund als dem Verlangen, das Ihr danach habt.* [...] Ihr könnt es nicht leugnen: das Verlangen ist in Euch, und es ist lebhaft; Ihr werdet es nie vom Menschen trennen können. In erster Linie hat der Mensch die Aufgabe, ruhmvoll zu verausgaben, [...] was die Sonne verschwendet. In erster Linie ist er ein Lachender, ein Tanzender, ein Festgeber.[109]

Während das energetische Effizienzdenken, das alle Energie produktiv verwertet sehen will, genauso wie die Kritik an einem übergroßen Arbeitspensum letztlich diskursimmanent bleibt, zeichnet sich in *Der Tod in Venedig* möglicherweise eine Gegengeschichte ab: eine Programmatik und Poetik der bewussten Verausgabung, die mit den Programmen der ökonomischen Selbstdomestikation bricht. Durch die bewusste und tugendhafte Entscheidung Aschenbachs zur Verschwendung positiviert die Erzählung etwas, was eigentlich »nicht nur als negativ, sondern [...] überhaupt nicht mehr gefasst [werden kann]; es ist in einer Weise verdrängt, wie sonst nur der Tod in dieser Welt verdrängt ist (weshalb es denn logisch ist, daß diese Welt in zunehmendem Maße nichts als Tod produziert).«[110] Das Ästhetische hat sich nicht mehr der Ökonomie der Kraft zu beugen, sondern zeigt sich gerade in ihrer Vergeudung, im dionysischen Rausch:

Künstlerischer Rausch ist [...] Rückkehr in den Zustand des Menschen, bevor er Subjekt wurde, in dem seine sinnlichen und dunklen Kräfte sich spielend entfalten. Im Gegensatz zum Subjekt der Vermögen ist der Mensch des Rausches daher durch eine wesentliche ›Unfähigkeit‹ definiert. Die rauschhafte Rückkehr in den anfänglichen

---

[108] Mayer, Mechanik der Wärme (zit. Anm. 100), S. 53.
[109] George Bataille: Die Ökonomie im Rahmen des Universums, in: ders: Die Aufhebung der Ökonomie, Berlin: Matthes und Seitz 1985, S. 289–298, 297 und 298. – Es ist kein Zufall, dass Bataille hier Energie und Ökonomie zusammen denkt, schon der *Verfemte Teil* hätte ohne einen Freund Batailles, den Physiker George Ambrisio, nicht »konzipiert werden können«. Dieser habe Bataille besonders über »die Bewegungen der Energie auf der Erde« (ebd., S. 40) unterrichtet.
[110] Gerd Bergfleth: Theorie der Verschwendung. Einführung in George Batailles Antiökonomie, Berlin: Matthes und Seitz 1985, S. 10.

Zustand der spielerischen Kraftentfaltung ist ein als befreiend erfahrener Verlust der eigenen Vermögen.[111]

Daher produziert Aschenbach von da an nicht mehr, er blickt nur noch und labt sich an der »Augenweide« (2.1, 537) Tadzio. Er macht das Schöne zu seiner ästhetischen Nahrung, ganz im Sinne von Sulzers Rede von der ästhetischen »Energie«, die das geistige, nicht aber das körperliche »Triebwerk« antreibt. Das uneingelöste, also weder genitale noch auf Reproduktion zielende sexuelle Begehren, das hier mit dem Genuss des Schönen zusammenfällt, geht in keiner ökonomischen Logik mehr auf. So stirbt der »Schauende« (2.1, 592) letztlich geistig bewegt, aber bewegungslos in einem Strandkorb und betrachtet den Schönen, so wie er »einst gesessen, als zuerst, von jener Schwelle zurückgesandt, dieser dämmergraue Blick dem seinen begegnet war. Sein Haupt [...] hob [...] sich, gleichsam dem Blicke entgegen, und sank auf die Brust, so daß seine Augen von unten sahen, indes sein Antlitz den schlaffen, innig versunkenen Ausdruck tiefen Schlummers zeigte.« (Ebd.) Im erwiderten Blick findet Aschenbach am Ende den Schlaf des Todes.[112]

Wer hier scheitert, ist also nicht der dekadente Künstler, sondern der Künstler als Produzent und mit ihm dessen neoklassischer Stil. Dem wird eine Auffassung von künstlerischer Kraft entgegengesetzt, die jenseits der Ökonomie liegt. Erst die Erschöpfung und die Ablehnung der Kontrolle der subjektiven Vermögen öffnen überhaupt erst wieder eine Passage für das Wirken der ästhetischen Kraft.

---

[111] Christoph Menke: Die Kraft der Kunst, Frankfurt / Main: Suhrkamp 2013, S. 36; vgl. auch Friedrich Nietzsche: Götzen-Dämmerung, in: Kritische Studienausgabe, hrsg. von Giorgio Colli u. a., München u. a.: de Gruyter 1988.

[112] Letztlich stirbt Gustav Aschenbach, so könnte man einwenden, aber nicht an Erschöpfung, sondern an einer Infektionskrankheit, die mit dem Erreger auf eine eindeutig bakterielle Ursache zurückgeführt werden kann: der Cholera (vgl. z.B. Laura Otis: Membranes, Baltimore: Johns Hopkins University Press 1999, S. 148–167). Tatsächlich ist aber auch die Cholera-Erkrankung nicht von den Erschöpfungssymptomen zu trennen. So schreibt Angelo Mosso: »Einer meiner Kollegen macht mich darauf aufmerksam, daß viele Politiker den Infektionskrankheiten schnell unterliegen und jung sterben, und daß dies dem geschwächten Zustande des Nervensystems zuzuschreiben ist.« (Mosso, Ermüdung [zit. Anm. 43], S. 323.) Dies scheint offenbar nicht nur auf geschwächte Politiker, sondern auch auf erschöpfte Schriftsteller zuzutreffen. Wollte man also tatsächlich von der Ablösung des Infektions- durch ein Müdigkeitsparadigma sprechen, wie es der Philosoph Byung-Chul Han in seiner Gegenwartsdiagnose *Müdigkeitsgesellschaft* postuliert, so müsste man es bereits für die Zeit um 1900 tun und schon *Der Tod in Venedig* wäre ein hervorragendes Beispiel dafür; vgl. Byung-Chul Han: Müdigkeitsgesellschaft, Berlin: Matthes und Seitz 2010.

2.4 Selbstversuche

Auch wenn sich *Der Tod in Venedig* so gesehen nicht als Versuch darstellt, die Dekadenz durch ein »gestalterisches Auf-die-Spitze-Treiben ihrer letzten moralischen Konsequenzen zu überwinden«,[113] sondern sich gerade umgekehrt als ethisches Plädoyer für die Kraft der Kunst lesen lässt, so ist doch auffällig, dass der historisch-empirische Autor Thomas Mann in dieser Frage einen ganz anderen Weg gewählt hat als seine Figur Aschenbach. Das Problem der Ermüdung stellt sich nicht nur Manns Personal, sondern auch ihm selbst. Seinem Freund Otto Grautoff empfahl er schon in Jugendjahren, gegen das sexuelle Begehren und nervöse Zustände Maßnahmen zu ergreifen:

Ich rathe Dir, regelmäßig eine *bestimmte* Anzahl von Stunden zu schlafen und jeden Morgen den ganzen Körper kalt zu waschen. Letzteres thut mir sehr gut. Außerdem schränke das Cigarettenrauchen ein und verwende Dein Geld lieber für reichliche und kräftige Nahrung. Im Übrigen hoffe ich, daß Du jetzt geschmackvoll und mit Dirselbst [sic] im Einverständnis lebst. […] Du hast Zeit, und der Trieb zur Ruhe und Selbstzufriedenheit wird die Hunde im Souterrain schon an die Kette bringen. (21, 71 f.)

Einen ersten Sanatoriumsaufenthalt absolviert Thomas Mann dann im Juli/August 1901.[114] Am 5. Dezember 1905 schreibt er an seinen Bruder Heinrich Mann, berichtet ihm von seinem *Friedrich*-Projekt und der Frage des »Heldentums«, um anschließend auf seinen Gesundheitszustand zu sprechen zu kommen:

Ich habe neulich mal wieder einen scharfen Anfall meiner nervösen Dyspepsie gehabt und einen Tag sehr übel zu Bett gelegen. Aber diese Anfälle kommen jetzt doch immer seltener, und die Kur bei meinem Spezialisten (Massage, Elektrizität; zuletzt wurde der Mastdarm direkt durch einen weit eingeführten Gummischlauch electrisirt) hat mir sehr merklich geholfen. (21, 336)

Mit den beschriebenen elektrischen Behandlungen versuchte man zu dieser Zeit, den Energiehaushalt der chronisch Erschöpften und Neurastheniker wiederherzustellen, ihre Kraft und damit Männlichkeit wieder zu steigern. In einem Brief vom 20. März 1910 schrieb Thomas Mann dann an seinen Bruder Heinrich:

Das Geheimnis ist, daß ich mit dem ›Hochstapler‹ nicht anfangen konnte; aus gequälter Unthätigkeit schlug ich los, dessen bin ich mir innerlich wohl bewußt, und habe

---

[113] Georg Lukács: Auf der Suche nach dem Bürger, in: ders: Thomas Mann, Berlin: Aufbau 1950, S. 9–48, 28.
[114] Vgl. Christian Virchow: Das Sanatorium als Lebensform. Über einschlägige Erfahrungen Thomas Manns, in: Literatur und Krankheit im Fin-de-siècle (1890–1914). Die Davoser Literaturtage, hrsg. von Thomas Sprecher, Frankfurt/Main: Klostermann 2000 (= Thomas-Mann-Studien, Bd. XXVI), S. 171–197.

damit meine Kräfte natürlich nur weiter heruntergebracht. Nun muß ich sehen, wie ich wieder zu einiger Frische komme. (21, 446)

Mann ist nach dem Erfolg der *Buddenbrooks* in einer ernsthaften Schreibkrise. Für ihn stellt sich die Frage, wie er an diesen Erfolg anschließen oder ihn übertreffen kann.[115] In dieser Phase diagnostiziert er sich selbst eine »momentane[] Erschöpfung des Centralnervensystems«[116]. Im Dezember 1908 überhöhte Mann in einem Brief an seinen Bruder die Ermüdung gar zum allgemeinen Problem des Schriftstellers:

Es bessert meine Müdigkeit und Zittrigkeit nicht, zu hören, daß es Dir auch nicht gut geht. Hofmannsthal war ebenfalls geradezu vollständig kaput und arbeitsunfähig, als ich in Wien war. Es ist merkwürdig, wie gerade die Besten Alle [!] am Rande der Erschöpfung arbeiten. (21, 400)

Tatsächlich begleitet das Problem der Ermüdung und der Neurasthenie Thomas Mann über weite Teile seines Lebens. Noch am 6. September 1951, kurz vor seiner Schiller-Rede in Stuttgart, scheint er sich an seine Schiller-Stilisierung aus der *Schweren Stunde* zu erinnern:

Scherz beiseite: Meine Verfassung ist nicht die beste, ein quälender Mangel an Energie beherrscht mich, meine produktiven Kräfte scheinen erschöpft. Am Ende ist das physiologisch, und ich sollte mich drein ergeben, es wie Hesse machen, der sich entschlossen zur Ruhe gesetzt hat [...]. Aber ich verstehe mich nicht darauf, weiß nicht, wie ohne Arbeit die Tage verbringen und ringe nach Leistung, ohne die Spannkraft zu finden, die sie ermöglicht. Ein quälender Zustand ...[117]

Trotz dieser keinesfalls abschließenden Aufzählungen an Befunden, die für eine Ermüdung oder gar Erschöpfung auch der historischen Person Thomas Mann sprechen, ist Mann irritierenderweise doch aber auch gerade in der Pose der Unproduktivität Zeit seines Lebens literarisch höchst produktiv. Wie der müde Aschenbach reiste auch der müde Schriftsteller Thomas Mann nach Venedig. Manns Venedigreise jedoch endete nicht in totaler Erschöpfung. Paradoxerweise hat gerade das Schreiben über die irreversible Erschöpfung eines Schriftstellers es ihm ermöglicht, seine Schreibkrise zu überwinden. Um die eigene Erschöpfung zu umgehen, steigert Thomas Mann seine Produktivität in einem performativen Dementi gerade im Schreiben über die Erschöpfung. Er reproduziert dazu bei seinen »Studien auf dem Gebiete des Heldenthums« (21,

---

115 Vgl. Kurzke, Thomas Mann, S. 42–44.

116 Thomas Mann – Heinrich Mann: Briefwechsel 1900–1949, hrsg. von Hans Wysling, 2. erw. Aufl., Frankfurt/Main: S. Fischer, 1984, S. 117.

117 Brief Thomas Manns an Emil Preetorius, 6. 9. 1951. (Aus dem Briefwechsel Thomas Mann – Emil Preetorius, eingeführt und erläutert von Hans Wysling, in: BlTMG 4, 22.)

344) im Grunde den Versuchsaufbau der zeitgenössischen Arbeitswissenschaft. Er spannt seine stark autobiographisch gefärbten fiktiven Doubles Aschenbach und Schiller gewissermaßen in Ergographen ein und macht sich durch ein geschicktes Spiel mit den arbeitswissenschaftlichen Subjektpositionen so gleichzeitig zum Subjekt und zum Objekt der Untersuchung.[118] Er registriert in der Ermüdungskurve, die die Erzählungen so gesehen selbst bilden, die Momente des Willensimpulses, die zunehmende Ermüdung und schließlich die vollkommene Erschöpfung seiner Studienobjekte. Die Mann'sche Ironie im Umgang mit seinem Personal und seinen Quellen ließe sich so tentativ als ein Verfahren bestimmen, das sein Ausgangsmaterial verbrennt. Doch mit Manns Erzählungen selbst entsteht jenseits der Asche gewissermaßen eine dauerhafte Spur, die von der fiktiven Arbeit seiner Protagonisten zeugt. Während die fiktiven Schriftsteller und ihre Werke aber zu Asche verkohlen, kann der Versuchsaufbau der Arbeitswissenschaft diesen Effekt umkehren, schreibt sich hier das Reale des Arbeitsvollzugs doch in einen rußbeschichteten Papierzylinder ein und erscheint als Negativ in der Asche. Gerade das Schreiben über Erschöpfung scheint unerschöpflich zu sein. So hilft die Subjektposition des Ermüdungsforschers dem Ermüdeten über die eigene Ermüdung hinweg. Das Schreiben im Zeitalter der Arbeit scheint sich daher generell wohl zwischen zwei Extremen zu bewegen: Entweder erzeugt es Asche oder es wird wie ein Phönix aus der Asche geboren.

---

[118] Auf die autobiographische Färbung wies wohl zuerst deutlich hin: Erich Heller: Autobiographie und Literatur. Über Thomas Manns »Tod in Venedig«, in: Essays on European Literature. In Honor of Lieselotte Diekmann, hrsg. von Peter Uwe Hohendahl u. a., St. Louis: Washington University Press 1972, S. 83–100.

Andrea Bartl

Visuelles Erzählen

Zum Verhältnis von Literatur und bildender Kunst im Werk
Heinrich Manns, erläutert am Beispiel der Novelle *Pippo Spano*

Viktor Mann berichtet in seinem Erinnerungsbuch *Wir waren fünf*, dass
»Heinrich in seiner Jugend noch zwischen Malerei und Literatur schwankte«.[1]
Auch Selbstaussagen Heinrich Manns belegen diese interessante Zwischenstel-
lung seines Werkes zwischen Literatur und Malerei.[2] Betrachtet man aus heutiger Perspektive Heinrich Manns Texte und Zeichnungen, so wird deutlich,
dass die Beschäftigung mit bildender Kunst, vor allem mit Malerei, mehr als
nur ein Jugend-Spleen ist, ja dass die Interaktion der Künste einen Kernbe-
reich des Werkes Heinrich Manns darstellt. In diesem nähern sich (von beiden
Seiten!) bildende Kunst und Literatur, Visualität und Narrativität einander
an und verbinden sich zu einer vielschichtigen Interart-Ästhetik, die in einer
kunstkomparatistisch ausgerichteten Analyse neue, ertragreiche Aspekte des
Verhältnisses von Literatur und Malerei bzw. der Visualität von Texten und
der Narrativität von Bildern hervorbringen kann.[3] Ganz »nebenbei« eröffnet
der Blick auf Heinrich Manns Beschäftigung mit bildender Kunst auch eine
ergänzende Perspektive auf das Verhältnis der schreibenden Brüder, erfolgt
doch die Auseinandersetzung mit der Malerei zum Teil dezidiert im Wechselspiel mit Thomas Mann (und vice versa).

    Diesen Leitlinien soll im Folgenden nachgegangen werden, indem zunächst
Heinrich Manns Zeichnungen (Kap. 1) und die Einbettung bildender Kunst in

---

[1] Viktor Mann: Wir waren fünf. Bildnis der Familie Mann. Mit 35 Tafeln, 3., revidierte Auflage, Konstanz: Südverlag 1973, S. 50.

[2] So schildert Heinrich Mann beispielsweise seine Arbeitsweise in einem Brief an Ludwig
Ewers vom 23. August 1891 wie folgt: »Hab ich Dir erzählt, wie mir das Sujet ›kam‹? Es scheint
mir das für meine Arbeitsweise besonders interessant. Es vermählen sich, um in mir ein literarisches Produkt zu erzeugen, gewöhnlich ein malerisches und ein intellektuelles Moment.«
(Heinrich Mann: Briefe an Ludwig Ewers 1889–1913, Berlin/Weimar: Aufbau 1980, S. 241. Vgl.
eine frühe Zeichnung Heinrich Manns ebd., S. 127.)

[3] Vgl. zu Methoden und Fragestellungen der Interart-Studies und Kunstkomparatistik: Erika
Fischer-Lichte: Interart-Ästhetiken, in: Ikono/Philo/Logie: Wechselspiele von Texten und Bildern, hrsg. von Renate Brosch, Berlin: Trafo 2004 (= Potsdamer Beiträge zur Kultur- und Sozialgeschichte, Bd. 2), S. 25–41; Erika Fischer-Lichte: Einleitung, in: Ausweitung der Kunstzone.
Interart Studies – Neue Perspektiven der Kunstwissenschaften, hrsg. von Erika Fischer-Lichte
u. a., Bielefeld: Transcript 2010, S. 7–29; Ulla-Britta Lagerroth u. a. (Hrsg.): Interart Poetics. Essays on the Interrelations of the Arts and Media, Amsterdam: Rodopi 1997 (= Internationale
Forschungen zur Allgemeinen und Vergleichenden Literaturwissenschaft, Bd. 24).

seinen Texten (Kap. 2) betrachtet werden, um abschließend im »visuellen Erzählen« ein ästhetisches Prinzip im literarischen Gesamtwerk Heinrich Manns
auszumachen (Kap. 3).

1. Heinrich Mann als bildender Künstler

Heinrich Manns zeichnerische Tätigkeit ist, obwohl heute eher unbekannt,
eine prägende; der Autor zeichnete regelmäßig von der frühen Jugend bis wenige Tage vor seinem Tod am 11. März 1950. Dabei gab es sicherlich Phasen,
in denen Heinrich Mann mehr Zeichnungen anfertigte (so zeichnete er insbesondere in den letzten Lebensjahren im amerikanischen Exil fast täglich),[4] und
daneben auch andere, in denen wenig Zeit zur bildkünstlerischen Arbeit blieb;
dazu zählt die erste, europäische Phase des Exils mit seinem antifaschistischen
Kampf, der viel Energie für das Schreiben von Reden und publizistischen Texten erforderte. Dennoch hat das Zeichnen Heinrich Mann sicherlich lebenslang begleitet und stellt einen ernstzunehmenden Teil seines künstlerischen
Gesamtwerkes dar.

Die meisten Zeichnungen Heinrich Manns dürften, da unveröffentlicht,
heute verloren gegangen sein, erhalten sind freilich einige wenige frühe Zeichnungen und ein größeres Konvolut von rund 400 Bleistift-Zeichnungen aus
dem letzten Lebensjahrzehnt im amerikanischen Exil (1940–1950). Heinrich
Mann hatte sie kurz vor seinem Tod Marta Feuchtwanger zur Aufbewahrung
übergeben; 1995 wurden sie im Lion und Marta Feuchtwanger-Nachlass entdeckt, gesichtet und mittlerweile in einer Auswahl von 150 Blättern publiziert.[5]

Schon die frühen Tableaus zeigen dabei stilistisch und thematisch typische
Merkmale für das literarische wie zeichnerische Gesamtwerk Heinrich Manns.
Die um 1890 entstandene Zeichnung *Waldidylle*[6] beispielsweise erinnert zum
einen technisch an Jugendstil-Zeichnungen und insbesondere an Karikaturen
der Jahrhundertwende, wie sie etwa in Zeitschriften wie Simplicissimus und
Jugend, an denen Heinrich Mann mitarbeitete, abgebildet waren. *Waldidylle*
präfiguriert aber auch den karikaturistischen Zeichenstil des Expressionismus
(Otto Dix, George Grosz etc.)[7] und analoge literarische Darstellungstechniken

---

[4] Vgl. Hans Wißkirchen: Der Autor als Zeichner. Heinrich Manns unbekannte Zeichnungen
und sein literarisches Werk, in: Liebschaften und Greuelmärchen. Die unbekannten Zeichnungen
von Heinrich Mann, hrsg. von Volker Skierka, mit Beiträgen von Hans Wißkirchen und Marje
Schuetze-Coburn, Göttingen: Steidl 2001, S. 29–47, 36.

[5] Vgl. zur Überlieferungsgeschichte: Volker Skierka: Der »erotische Demokrat«. Heinrich
Manns unbekannte Zeichnungen von Liebschaften und Greuelmärchen, in: Liebschaften und
Greuelmärchen (zit. Anm. 4), S. 7–18, 7–11.

[6] Abbildung siehe: Kurt Böttcher/Johannes Mittenzwei: Dichter als Maler, Stuttgart u.a.:
Kohlhammer 1980, S. 214, sowie Viktor Mann, Bildtafel nach S. 56.

[7] George Grosz seinerseits wurde von Heinrich Manns Texten zu manchen seiner gesell-

Abb. 1: *Waldidylle*. Jugendzeichnung von Heinrich Mann, um 1890

in Heinrich Manns Prosa des Kaiserreichs. – Was sehen wir? Eine Szene, wie
sie in ähnlicher Weise auch in Heinrich Manns Texten vorkommen könnte: Ein
Mann, den typische, satirisch betonte Attribute wie Vatermörderkragen, Mo-
nokel, Stöckchen, Hut und Barttracht als Spießbürger ausweisen, macht einer

schaftskritischen Zeichnungen inspiriert; vgl. auch Grosz' Illustrationen (Lithographien) zu
Heinrich Manns Novelle *Kobes* (1925). Vgl. auch Skierka, Liebschaften (zit. Anm. 4), S. 13. –
Viktor Mann entdeckt auch in Thomas Manns frühen Karikaturen Grosz-Analogien. (Viktor
Mann, S. 50f.)

Frau eine exaltierte Liebeserklärung, eventuell gar einen Heiratsantrag. Sein Liebesschwur wird durch die übertriebene Gestik, die Stirn-Glatze und den sehr schlanken, eher knochigen Körperbau als nur scheinbar leidenschaftlich, vielmehr als Pose und theatralisches Rollenspiel entlarvt. Die Naturszenerie unterstreicht dies: Statt an einem idyllischen Locus amoenus findet der Heiratsantrag unter frühlingshaft austreibenden, aber noch immer kargen Bäumen statt, die mit spannungsvoller, chaotischer Linienführung gestaltet sind und irgendwie kraftlos, verkrüppelt wirken.

Während die männliche Figur somit sehr satirisch in Szene gesetzt wird, wird interessanterweise die Frau mit etwas weniger Satire bedacht. Hier deutet sich bereits ein Geschlechtermodell an, wie es Heinrich Manns Texte bis ins Spätwerk hinein bestimmen wird: Häufig wirkt der Mann als der deutlich schwächere Part in einer Szene, wohingegen der Frau mehr Kraft, Leidenschaft und Stärke, oft auch ein gewisses utopisches Erlösungspotential zugedacht wird. Das deutet sich in *Waldidylle* zwar nur an, ist aber im Ansatz bereits vorhanden und bildkünstlerisch gestaltet.

An dieser Stelle ist ein vergleichender Blick auf Thomas Mann ertragreich; dieser zeichnete zwar weit weniger häufig als sein Bruder und verstand sich auch nicht als bildender Künstler,[8] er fertigte aber etwa zeitgleich eine ähnliche Zeichnung an: *Verlobung*.[9] Sie entstammt dem *Bilderbuch für artige Kinder*, dem einzigen gemeinsamen Buchprojekt von Heinrich und Thomas Mann überhaupt. Es entstand 1895 auf einer Italienreise beider Brüder und war als humoristisches Geschenk für ihre Geschwister Carla und Viktor gedacht. Wohingegen Heinrich Manns Zeichnungen für das *Bilderbuch* heute verschollen sind und wahrscheinlich während der Beschlagnahmung des Münchner Hauses in der Poschingerstraße durch die Nationalsozialisten vernichtet wurden,[10] haben sich zum Glück durch einen Abdruck in einem Artikel Arthur Eloessers einige Zeichnungen Thomas Manns erhalten.[11] *Verlobung* ist eine davon, die – wie Heinrich Manns *Waldidylle* – deutliche Spuren zeitgenössischer satirischer Karikaturen zeigt, wie sie etwa das Bildprogramm des Simplicissimus prägen.

---

[8] Dass er gerade darin auch heute noch für bildende Künstler unserer Gegenwart interessant ist, zeigt, dass jüngst einige Texte Thomas Manns für die Reihe *100 Notizen – 100 Gedanken* ausgewählt wurden. Bei dieser Reihe handelt es sich um Begleitbüchlein zur 13. Documenta mit grundlegenden Texten, deren Informationen und Ideen nach Meinung der Herausgeber für die Gegenwart sowie ihre Kunst bedenkenswert sind. Der spanische Schriftsteller Enrique Vila-Matas wählte für diese Reihe einige Briefe Thomas Manns an Theodor W. Adorno über die Frage der Urheberschaft der für den *Doktor Faustus* verwendeten Musiktheorie aus; diese seien einschlägige Denkanstöße für eine wichtige künstlerische Frage, nämlich die »Frage des künstlerischen Plagiats«. Thomas Mann/Theodor W. Adorno: An Exchange/Ein Austausch. Introduction/Einführung: Enrique Vila-Matas, Kassel: Hatje Cantz 2011 (= dOCUMENTA [13]. 100 Notes – 100 Thoughts/100 Notizen – 100 Gedanken, Nr. 50), S. 6.
[9] Abbildung siehe: Böttcher/Mittenzwei, S. 215, sowie Viktor Mann, Bildtafel nach S. 56.
[10] Vgl. Viktor Mann, S. 60.
[11] Vgl. Viktor Mann, S. 46–61, zur Überlieferungsgeschichte insbesondere S. 60f.

Abb. 2: *Verlobung*. Zeichnung von Thomas Mann aus dem
Bilderbuch für artige Kinder

Die Zeichnungen *Waldidylle* und *Verlobung* haben viel gemein, schon allein
das Sujet: der Spaziergang eines Paares in der Natur, bei dem es zum Lie-
besgeständnis und Heiratsantrag des Mannes kommt. Dieses Liebesgeständ-
nis wird jedoch in seiner posenartigen, unauthentischen Rhetorik ironisiert.[12]
Zudem findet es in einer nur skizzenhaft ausgestalteten Naturszenerie statt,
die in beiden Zeichnungen eine gewisse Idylle andeutet, aber diese zugleich

---

[12] Vgl. dazu die Bildunterschrift, die Viktor Mann für Thomas Manns Zeichnung überliefert:
»›Luise‹, sagte er leise, ›willst du mein eigen sein?‹ ›Eduard!‹ hauchte sie mit ersterbender Stimme,
und ihre feinen Nasenflügel öffneten sich vor Wonne bebend.« (Viktor Mann, S. 57.)

satirisch unterläuft. Der Mann ist auch in Thomas Manns Zeichnung mit den gängigen Attributen des Spießbürgers ausgestattet (Vatermörderkragen, Stock, Hut etc.), wirkt aber zum Teil wie ein junger Geck, Heiratsschwindler oder Hochstapler (und könnte darin durchaus eine Parallelfigur zu Felix Krull sein). Hierin liegt ein Unterschied zu Heinrich Manns Karikatur, wird doch das Identifikationsangebot für den Betrachter in Bezug auf das Geschlechterverhältnis umgekehrt: Thomas Manns männliche Figur ist zwar satirisch gezeichnet, verfügt aber trotzdem über mehr Sympathiepotenzial als der Mann bei Heinrich Mann. Analog zu dieser Umkehr hat Thomas Mann stattdessen die Frau stärker satirisch gestaltet. In seiner Zeichnung ist sie es, die (wie in Heinrich Manns *Waldidylle* wiederum der Mann) überschlanke Glieder und eine steife, leidenschaftslos wirkende Körperhaltung hat. Sie trägt, wie die Frau in Heinrich Manns Zeichnung, einen Dutt, der aber noch mit einer Vielzahl von Haarnadeln satirisch verstärkt wird. Somit deutet sich bereits in den frühen Zeichnungen ein unterschiedliches Geschlechterbild an, das für die literarischen Gesamtwerke der Brüder charakteristisch sein mag.

Im Gegensatz zu Thomas Mann, dessen bildkünstlerische Tätigkeit punktuelle Gelegenheitsarbeit bleibt, widmet sich Heinrich Mann bis ins Spätwerk hinein dem Zeichnen. Das Konvolut an Zeichnungen, das uns aus den letzten Lebensjahren Heinrich Manns zugänglich ist, greift erneut Themen auf und ist von Stilprinzipien geprägt, die auch das literarische Exilwerk bestimmen. Die Zeichnungen zeigen – für ein Alterswerk und zudem für das Exil typisch – eine starke Rückbesinnung auf die eigene Jugend. So malte Heinrich Mann häufig Szenen aus dem Lübeck der Jahre 1875–1891, die zudem immer wieder die Brücke zu der gemeinsamen Zeit mit Thomas Mann und zu beider literarischen Werken schlagen. Heinrich Mann zeichnet ein Lübeck zwischen dem Großbürgertum der *Buddenbrooks* und dem Hafenviertel der Rosa Fröhlich (*Professor Unrat*), er zeichnet prägende Kindheitserinnerungen wie den Schulalltag und den Tod des Vaters.[13] Neben diesen Rückbindungen des Exilanten und Alternden an die eigene Jugend, die auch ein gemeinsames Heranwachsen beider Brüder ist, beschäftigen sich viele Zeichnungen mit der europäischen Politik- und Geistesgeschichte; so finden sich mehrere Tableaus zu Adolf Hitler, in denen die Intention zu spüren ist, das Zeitgeschehen (ähnlich wie in den Romanen, aber hier im Medium Zeichnung) politisch zu analysieren.[14] Das Blatt *1. Bild: Die Anfänge eines Führers*[15] aus dem Zyklus *Greuelmärchen*,

---

13 Vgl. Heinrich Mann: Die ersten zwanzig Jahre. Fünfunddreißig Zeichnungen, Berlin / Weimar: Aufbau 1984. Vgl. auch Christina Feilchenfeldt: Das Portrait. Von Angesicht zu Angesicht, in: Auf einem anderen Blatt. Dichter als Maler, hrsg. von Nicolas Baerlocher und Martin Bircher (im Auftrag der Stadt Zürich), Zürich: Offizin 2002 (= Strauhof Zürich, Bd. 9), S. 69–83, 76.
14 Wißkirchen, Autor als Zeichner (zit. Anm. 4), S. 30.
15 Abbildung siehe: Liebschaften (zit. Anm. 4), S. 137.

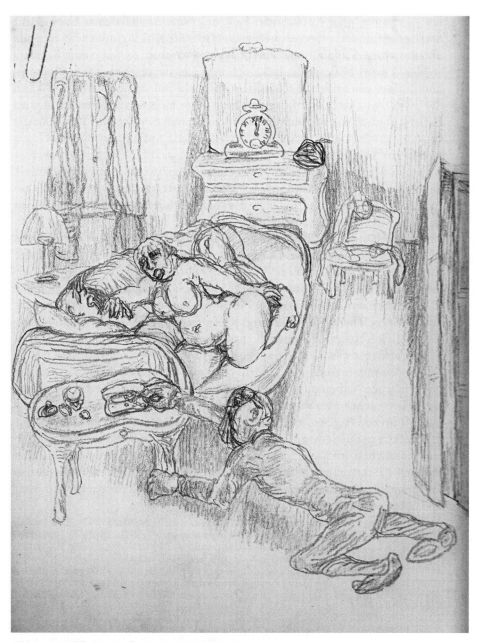

Abb. 3: *1. Bild: Die Anfänge eines Führers.*
Bleistiftzeichnung von Heinrich Mann

der Zeichnungen zu Adolf Hitler bzw. den Nationalsozialisten zu einer Bilderfolge verbindet, zeigt beispielsweise Hitler als Kleinkriminellen, der ganz unheroisch ins Schlafzimmer eines nackten Paares kriecht, um eine Kette zu stehlen. Dieses Hitler-Bild deckt sich in seiner denunziatorischen Rhetorik und der Idee von Hitler als schäbigem Verbrecher mit analogen Hitler-Bildern der publizistischen und fiktionalen Exil-Texte Heinrich Manns. Auch wird Hitler – ähnlich wie beispielsweise in dem Roman *Empfang bei der Welt*, der in derselben Exilphase entstand – die Kraft der Erotik als utopisches Gegenmodell zur Seite gestellt.[16]

Die im literarischen Gesamt-, gerade auch Spätwerk dominante Motivik des Rollenspiels, des Schauspielers und der Theaterszene prägt auch viele der späten Zeichnungen, die zudem – dezidiert als kunsttheoretische Reflexion angelegt – Kunstaufführungen in Szene setzen: sei es die Oper, seien es Varieté, Tingeltangel oder Revue und damit Elemente des Unterhaltungstheaters, die für Heinrich Mann der Opern- oder Schauspielbühne gleichberechtigte Kunstformen darstellen. Eine Zeichnung[17] überträgt beispielsweise ein Leitmotiv mehrerer Novellen und Romane Heinrich Manns ins Medium Bild: der Blick des Schauspielers von der Bühne hinab in den Zuschauerraum, wo das noch größere Theaterspektakel und Rollenspiel stattfindet als unter den professionellen Akteuren.[18] Andere Blätter thematisieren, wie in Heinrich Manns Texten, affirmativ (als erotisches Begehren) und zugleich selbstkritisch (als voyeuristisch-missbrauchender Angriff) den männlichen Blick auf den nackten Frauenkörper.[19] Überhaupt haben die späten Zeichnungen oft erotische Sujets, sie äußern recht unverblümt sexuelles Begehren, stellen diesem aber häufig weiterführende Aspekte zur Seite: So hat beispielsweise die Zeichnung *Jeune fille à marier*[20] durch ihre provokante Gleichsetzung von Ehe und Prostitution eine gesellschaftskritische Intention, in deren Darstellungsweise durchaus der satirisch-karikaturistische Stil aus Heinrich Manns frühen Zeichnungen, den Zeichnungen des Simplicissimus oder des Expressionismus nachwirkt. Man-

---

[16] Vgl. Andrea Bartl: »Kultur, mit Ausschreitungen« – die Darstellung des Faschismus und dessen Ursachen in Heinrich Manns Roman »Empfang bei der Welt«, in: Heinrich Mann-Jahrbuch, Bd. 13, Lübeck: Schmidt-Römhild 1995, S. 57–78.

[17] Abbildung siehe: Liebschaften (zit. Anm. 4), S. 205.

[18] Eine analoge Szene gibt es auch in dem Spätwerk *Empfang bei der Welt* oder der frühen Novelle *Pippo Spano*. Heinrich Mann: Pippo Spano, in ders.: Liebesspiele, Frankfurt / Main: S. Fischer 1996 (= Sämtliche Erzählungen, Bd. 2. Heinrich Mann. Gesammelte Werke in Einzelbänden, hrsg. von Peter-Paul Schneider), S. 22–69, 29. Vgl. zu *Pippo Spano*: Margarete Fuchs: Theatrale Bilderfluten. Heinrich Manns »Pippo Spano«, in: Oxford German Studies, Jg. 37, H.2, Oxford: Maney Publishing 2008, S. 253–269, 254; Barbara Thums: Die Macht der Bilder oder der Kampf ums Dasein in Heinrich Manns Künstlernovelle »Pippo Spano«, in: Heinrich Mann-Jahrbuch, Bd. 24, Lübeck: Schmidt-Römhild 2006, S. 45–60, 51.

[19] Siehe Abbildungen in: Liebschaften (zit. Anm. 4), S. 231 und 239. Vgl. auch Skierka, Liebschaften, S. 15.

[20] Abbildung siehe: Liebschaften (zit. Anm. 4), S. 281.

che Zeichnungen wie etwa *5. Bild: Höhe des Lebens*[21] (aus dem Zyklus *Vom Laster zur Tugend*) scheinen gar direkt auf expressionistische Bilder (hier den Mittelteil von Otto Dix' *Großstadt*-Triptychon) zu reagieren.

Das Moderne an Heinrich Manns späten Zeichnungen zeigt sich dabei jedoch nicht in der Weiterführung der sozialsatirischen Stilistik des frühen 20. Jahrhunderts, sondern in einer abgründigen Isolation, die allen Figuren in diesen Bildern zu eigen ist: Die Dargestellten sind selbst in Momenten größter körperlicher Nähe, etwa beim Liebesakt, einsam; es besteht keine Verbindung der Figuren zueinander, auch strahlen diese Szenen keine zwischenmenschliche Anteilnahme oder Lebensfreude aus.[22] So weiß man beispielsweise als Betrachter der Zeichnung *La triste rencontre*[23] nicht, wer von den drei gezeigten Figuren einsamer und trauriger ist: der außenstehende Mann (Voyeur? Betrogener Ehemann? Freund?), der zwei Liebende dabei beobachtet, wie sie nackt beieinander liegen, oder das Paar selbst, das so gar nicht wie ein liebendes Paar wirkt, sondern wie zwei Fremde bei einem flüchtigen »triste rencontre«.

Solche Einzelblätter sind von einem narrativen Zug geprägt, sie erzählen eine Geschichte und wirken wie zu Standbildern eingefrorene Theater- oder Filmszenen. Manche dieser Blätter werden zudem – nummeriert und mit Szenentiteln versehen – zu Bilderzyklen gereiht, die als solche noch stärker eine Tendenz zum Narrativen zeigen. Dadurch entsteht eine Bilderfolge, die einerseits selbst eine Geschichte erzählt und zu der man andererseits (wie in einer Moritat oder einem Bilderbuch) explizit eine Geschichte erzählen könnte.[24] Heinrich Manns Bilderzyklen erlauben hier aktuelle kunstüberschreitende Analysen, so ließen sie sich beispielsweise im Sinne einer »Bilderzählung« nach Wolfgang Kemp,[25] der Werke der bildenden Kunst (in Einzel-Tableaus, aber bevorzugt Bildzyklen) auf erzählerische Strukturen hin betrachtet und dabei gerade auch die Intervalle (die »Lücken« zwischen den Tableaus) untersucht, in ihrer Narrativität erschließen. Schon hier, in den Zeichnungen, wird daher deutlich, was auch die Texte offenbaren: In Heinrich Manns Gesamtwerk nähern sich Literatur und Malerei mit dem Ziel einer synästhetischen Hybridisierung einander an.

Auch lassen sich zahlreiche Linien zwischen den späten Zeichnungen und Heinrich Manns Prosa (insbesondere der amerikanischen Exilzeit) ziehen;

---

[21] Abbildung siehe: Liebschaften (zit. Anm. 4), S. 185.

[22] Vgl. Skierka, Liebschaften (zit. Anm. 4), S. 13.

[23] Abbildung siehe: Liebschaften (zit. Anm. 4), S. 279.

[24] Wißkirchen, Autor als Zeichner (zit. Anm. 4), S. 37. Volker Skierka spricht gar von einem »Bildroman« (Skierka, Liebschaften (zit. Anm. 4), S. 13).

[25] Vgl. Wolfgang Kemp: Ellipsen, Analepsen, Gleichzeitigkeiten. Schwierige Aufgaben für die Bilderzählung, in: Der Text des Bildes. Möglichkeiten und Mittel eigenständiger Bilderzählung, hrsg. von Wolfgang Kemp, München: Edition Text und Kritik 1989, S. 62–88; Wolfgang Kemp (Hrsg.): Der Betrachter ist im Bild. Kunstwissenschaft und Rezeptionsästhetik, Berlin: Reimer 1992; Wolfgang Kemp: Die Räume der Maler. Zur Bilderzählung seit Giotto, München: Beck 1996.

Abb. 4: *La triste rencontre*. Bleistiftzeichnung von Heinrich Mann

beide greifen verwandte Milieus und Szenen auf, widmen sich ähnlichen Themen und wenden zum Teil eine analoge Stilistik an.[26] Insbesondere die für Heinrich Manns Texte so charakteristische Verbindung von Sexualität, Kunst und Politik findet sich auch, so Hans Wißkirchen,[27] in den Zeichnungen. Ohne hier die Frage nach der künstlerischen Qualität der Texte und Bilder stellen zu wollen (die dem Autor und dem Zeichner Heinrich Mann von Zeitgenossen wie Kunstwissenschaftlern ja durchaus gestellt wurde),[28] sei jedoch die These aufgestellt, dass die Zeichnungen dabei nicht bloße Illustration der Texte und die Texte nicht reine Erläuterungen der Bilder sind.[29] Vielmehr kann für Heinrich Manns Texte und Zeichnungen meines Erachtens von zwei medial unterschiedlichen, aber künstlerisch ernst zu nehmenden Werk-Teilen ausgegangen werden, die vielfältig miteinander interagieren, wie generell Visualität in den Texten Heinrich Manns und Narrativität in den Bildern Heinrich Manns eine wichtige Rolle spielt.

2. Bildende Kunst in der Literatur Heinrich Manns

Malerei ist im literarischen Gesamtwerk Heinrich Manns von Bedeutung. Das betrifft einerseits Inhalte (Malerfiguren, Leitmotive wie Sehen, Perspektive, Blick, Gemälde, Farbsymbolik etc.), andererseits liegt entstehungsgeschichtlich und erzähltechnisch der Ausgangspunkt für den Schreibprozess und auch für einzelne Szenen und Figurenbeschreibungen in den Erzählungen oft in der visuellen Wahrnehmung, der Beobachtung. Häufig wird in den Texten beispielsweise ein Gemälde als Ekphrasis beschrieben und sofort interpretiert sowie künstlerisch überformt. Auch begleitet Heinrich Mann den Schreibprozess zum Teil durch eigene Zeichnungen, um Kompositionsideen bildlich auszugestalten und zu überprüfen. Ganz konkret geschieht das zum Beispiel durch Schauplatzskizzen, wie sie der Autor zu *Die Göttinnen* (1903), *Die kleine Stadt* (1909) und *Die Armen* (1917) anfertigt.

Hier deutet sich ein dominantes Muster literarischen Produzierens und generell Erzählens an, das für Heinrich Manns Schreiben charakteristisch ist: Konkrete Bilder werden vielfach als Vorlage für Szenen und Figurenbeschreibungen genutzt. Deren Ausgangspunkt sind dann Kunstzitate: Bildbeschreibungen, die freilich unmittelbar nach oder noch während der Ekphrasis erzählerisch adaptiert und interpretiert werden. Die Untersuchung dieses Schreibprinzips stellt,

---

26 Skierka, Liebschaften (zit. Anm. 4), S. 15.
27 Wißkirchen, Autor als Zeichner (zit. Anm. 4), S. 30, 35 und öfter.
28 Vgl. dazu Böttcher/Mittenzwei, S. 214, sowie Wißkirchen, Autor als Zeichner, S. 35 f.
29 Anders beispielsweise Skierka, Liebschaften (zit. Anm. 4), S. 14: Zeichnen sei bei Heinrich Mann eine dem Schreiben untergeordnete Nebenkunst, eine reine »Stoffentwicklungstechnik« oder ein Notat-Ersatz (»Es war für ihn eine Form, sich Notizen zu machen.«).

trotz wichtiger Grundlagenarbeiten, noch immer ein Desiderat der Heinrich Mann-Forschung dar. Ekkehard Blattmann, Heide Eilert und Lea Ritter-Santini haben in ihren verdienstvollen Pionierstudien eine Fülle einschlägiger Bildvorlagen, insbesondere aus der Kunst der Renaissance und des Jugendstils, für die frühen Romane (*Die Göttinnen, In einer Familie, Die Jagd nach Liebe, Zwischen den Rassen*) und das *Henri Quatre*-Projekt zusammengetragen.[30] Diese Funde stellen jedoch, schon rein quantitativ, wohl nur die Spitze des Eisbergs dar. In Manns Prosa lassen sich wahrscheinlich noch weit mehr konkrete Kunstbezüge eruieren. Durch die narrative Integration, Variation und Kombination solcher Bildzitate entsteht ein »›synthetische[r]‹ Kunst-Kosmos«,[31] der auch mit den Themen der frühen Romane zusammenhängt: das Verhältnis der Kunst zum Leben und der Kunst zur Nicht-Kunst, zudem eine kritische Revision der Neo-Renaissance und des Ästhetizismus um 1900.

Diese Sujets werden über die zahlreichen, stets literarisch überformten Bildzitate mitverhandelt, wobei insbesondere die Frauenfiguren oft mit mehreren, wechselseitig überblendeten Bildern (beispielsweise Madonnen- und Venusdarstellungen von Giovanni Bellini oder Sandro Botticelli, auch zeitgenössische Weiblichkeitsimaginationen wie Franz von Stucks *Sünde*, 1893) belegt werden.[32] Solche Bild-Collagen reflektieren in den frühen Romanen (*Die Göttinnen, Die Jagd nach Liebe*) – und darin zeigt sich ein weiteres wichtiges Thema, das mit den Kunstzitaten im Werk Heinrich Manns in Verbindung steht – männliche Projektionen auf die Frau.

Eine exemplarische Analyse der Novelle *Pippo Spano* kann diese Beobachtungen auf für Heinrich Manns Prosa repräsentative Weise vertiefen. *Pippo Spano* erschien 1905 und entstand damit etwa zeitgleich mit Zeichnungen wie *Waldidylle* und den frühen Romanen, die, wie gerade erläutert, stark von Bildzitaten durchzogen sind. Hauptfigur der Novelle ist der erfolgreiche florentinische Dichter Mario Malvolto, der sich nach all dem sehnt, was er als typischer Vertreter eines neurasthenisch-dekadenten Ästhetizismus nicht hat: Kraft, Stärke, Macht, Authentizität, Leidenschaft. Diese Werte sieht er zum einen in einer Renaissance-Darstellung des Pippo Spano, eines florentinischen

---

[30] Ekkehard Blattmann: Heinrich Mann. Die Bildvorlagen zum Henri Quatre-Roman, Frankfurt/Main u.a.: Lang 1997; Heide Eilert: Das Kunstzitat in der erzählenden Dichtung. Studien zur Literatur um 1900, Stuttgart: Steiner 1991; Lea Ritter-Santini: Die Verfremdung des optischen Zitats. Anmerkungen zu Heinrich Manns Roman »Die Göttinnen«, in: Literatur und Bildende Kunst. Ein Handbuch zur Theorie und Praxis eines komparatistischen Grenzgebietes, hrsg. von Ulrich Weisstein, Berlin: Schmidt 1992, S. 259–278; Lea Ritter-Santini: Kreuzigungen. Ein Schriftsteller und sein Bild, in: Heinrich Mann-Jahrbuch, Bd. 9, Lübeck: Schmidt-Römhild 1991, S. 115–147; Lea Ritter-Santini: Lesebilder. Essays zur europäischen Literatur, Stuttgart: Klett-Cotta 1978.

[31] Eilert, S. 113. Vgl. auch Ritter-Santini, Verfremdung, S. 263.

[32] Vgl. Eilert, S. 106 ff., S. 125 ff., S. 130 ff. Eilert zieht hier auch interessante Parallelen z.B. zwischen Madonnendarstellungen bei Giovanni Bellini, Heinrich Mann und Thomas Mann (hier v.a. *Gladius Dei*, siehe Eilert, S. 127 ff.). Vgl. auch Ritter-Santini, Verfremdung, S. 263.

Condottiere aus dem frühen 15. Jahrhundert, verkörpert, die in Kopie in seinem Arbeitszimmer hängt. Zum anderen erhofft er sich die Erlösung zu authentischer Liebe, Leidenschaft und Leben von einer jungen Frau namens Gemma, die ihn wegen seiner schriftstellerischen Arbeiten zutiefst bewundert. Die Affäre bringt jedoch für beide, Malvolto und Gemma, nicht das Gewünschte – im Gegenteil: Der versuchte romantische Liebestod des Paares schlägt kläglich fehl und mündet in einer Farce. Malvolto schneidet der Geliebten beim gemeinsamen Selbstmordversuch einen Finger ab, verletzt sie fast nebenbei in der Aufregung tödlich und ist dann selbst zu schwach, sich ebenfalls umzubringen. Stattdessen klingelt er (ganz unrettbarer Bürger!) nach den Dienstboten und beschließt (ganz unrettbarer Ästhet!) aus der Szene ein Kunstwerk zu machen. Malvolto offenbart sich somit

Abb. 7: Gemälde von Pippo Spano, angefertigt von dem Renaissance-Maler Andrea del Castagno um 1450 als Fresko in der Medici-Villa Carducci in Leggia.

gerade nicht als männlich-starker Held wie Pippo Spano, sondern als »ein steckengebliebener Komödiant«.[33]

Die Novelle ist von einer Reihe von Bildzitaten durchzogen, das prominenteste darunter ist natürlich das Bild Pippo Spanos, das über Mario Malvoltos Schreibtisch prangt. Der Renaissance-Maler Andrea del Castagno fertigte um 1450 dieses Porträt Pippo Spanos als Fresko in der Medici-Villa Carducci in Leggia an. In Heinrich Manns Novelle dient eine Kopie des Freskos Mario Malvolto als imaginärer Gesprächspartner und wird, wie folgt, eingeführt:

Da stehst du, aufgereckt, die eisernen Beine gespreizt, das riesige Schwert quer darüber in Händen, die aus Bronze sind. Du hast schmale Gelenke, bist leicht, bereit zu Sprung, Jagd, hitzigen Umarmungen und kalten Dolchstößen, zu Wein und zu Blut. In den Lauten deines Namens selbst geschieht ein Pfeifen von geschwungener Waffe, und dann ein breiter Schlag. Über deiner breiten Brust wölbt sich Eisen, um deine feinen Hüften kreist ein goldener Gürtel, auf dem fröhlichen Blau des Röckchens. Du hast

---

[33] Heinrich Mann, Pippo Spano, S. 69.

einen kurzen, zweigespitzten Bart, dein Mund steht gewalttätig heraus aus deinem magern Gesicht, und düsterblonde Locken umzotteln es. Es blickt zurückgeworfen über die Schulter, mit aufgerissenen Augen, wach und furchtbar. Wenn man länger hinsieht, lächelt es. Das Übermaß von grausamer Selbstsicherheit bringt dieses Lächeln hervor, das sich nicht nachweisen läßt, das man nur ahnt, das tief verwirrt, in Grauen stürzt, fesselt, dem man sich widersetzt, und das man schließlich verehrt![34]

Schon diese Textpassage zeigt die erzählerische Dominanz und sofortige Aneignung von Kunstzitaten, wie sie für Heinrich Manns Prosa kennzeichnend ist: Das zitierte Bild wird ekphrastisch beschrieben, dabei auf wichtige Merkmale reduziert und in diesen Merkmalen sogleich interpretiert. Die Schilderung wird zudem mit dem Textumfeld verschweißt – an manchen Stellen gratlos, an anderen bleibt eine sichtbare Naht zurück. Im konkreten Fall wird das zitierte Bild mit einer Interpretation aus Figurenperspektive versehen (für Malvolto ist das Pippo Spano-Porträt ein Symbol für Stärke, Leidenschaft und Männlichkeit) und somit als charakteristisches Merkmal und zugleich ironische Kontrast-Folie für den dekadenten Ästheten Malvolto genutzt:[35] Durch seine Pippo Spano-Idolatrie wird Malvolto implizit kritisiert, ja bekommt fast karikaturistische Züge. Zugleich dient das Bild der psychologischen Ausgestaltung der Malvolto-Figur, denn Pippo Spano ist deren überhöhte Selbststilisierung.

Die Pointe an dieser narrativen Integration eines Bildzitates ist jedoch, dass Malvoltos Objekt der Begierde eben kein Held aus Fleisch und Blut, sondern ein Stück Kunst ist. Mehr noch: Malvolto überhöht nicht einmal ein Original zum Inbegriff des Authentischen, sondern »nur« eine Kopie des ursprünglichen Freskos von Andrea del Castagno, das ebenfalls bereits künstlerisches Abbild des historischen Pippo Spano ist. Bezieht man noch Malvoltos Interpretation des Bildes mit ein, so ergibt sich eine Potenzierung von Kopien – oder auch eine Reihe mehrerer Pippo Spano-Bilder. Sie zeigt einerseits die (selbst-) kritische Auseinandersetzung des Textes mit der Kunst der Neo-Renaissance und des Ästhetizismus um 1900.[36] Andererseits tritt eine geschlechtsbezogene Deutungsebene hinzu, denn mit dem Pippo Spano-Porträt und den weiteren

---

[34] Heinrich Mann, Pippo Spano, S. 31 f.

[35] Vgl. Norbert Oellers: »Karikatur u. Excentricität«. Bemerkungen zu Heinrich Manns Novellen »Das Wunderbare« und »Pippo Spano«, in: Heinrich Mann. Sein Werk in der Weimarer Republik. Zweites Internationales Symposion Lübeck 1981, hrsg. von Helmut Koopmann und Peter-Paul Schneider, Frankfurt/Main: Klostermann 1983, S. 25–39; Eilert, S. 156; Fuchs, S. 264.

[36] Oellers, S. 35; Fuchs, S. 267; Ritter-Santini, Verfremdung, S. 261 und 264 f. Neben Florenz wird im Frühwerk auch München als Schauplatz interessant, was als Auseinandersetzung mit dem Neo-Renaissancismus und der Kunstszene Münchens (Prunkbauten in konservativem Neorenaissance-Stil, Dekorationskunst, Kunsthandwerk, Vermarktung von Kunst etc.) zu sehen ist. Vgl. Ritter-Santini, Verfremdung, S. 272 ff. Vgl. dazu auch Wolfgang Frühwald: Kunststadt München. Von der Entstehung und der Dauerhaftigkeit eines romantisch-literarischen Mythos, in: Echoes and Influences of German Romanticism. Essays in Honour of Hans Eichner, hrsg. von Michael S. Batts u. a., New York: Lang 1987, S. 271–286. Vgl. ähnliche kunsttheoretische Reflexionen am Beispiel Münchens im Werk Thomas Manns (*Gladius Dei*).

Bildvorlagen werden Konzepte von Männlichkeit und Weiblichkeit sowie der Liebe kritisch verhandelt. Malvolto und Gemma sind nicht das, was sie vom jeweils anderen erhoffen: authentisch, leidenschaftlich Liebende. Beide liefern dem/der anderen vielmehr eine leere Fläche für seine/ihre unterschiedlichen Bildprojektionen. So verliebt sich Gemma nicht in den »Menschen« Malvolto, sondern in die Figuren seiner Werke und Gemma ist für Malvolto keine autonome, eigenständige Persönlichkeit, sondern entsteht als Folge von Bildern, die er auf sie überträgt und die durch adaptierte Bildzitate erzählt werden.[37] Dabei widersprechen sich diese Bilder durchaus, etwa indem Gemma unterschiedliche, eigentlich nicht miteinander vereinbare weibliche Bildtypen zugeschrieben werden. Sie wird einmal als *femme fragile* wie auf einem Jugendstil-Bild in Szene gesetzt und wirkt kurze Zeit später wie aus dem Renaissancegemälde *Geburt der Venus* von Sandro Botticelli entstiegen:

Sie stand auf der Schwelle des kleinen weißen Salons, den Mondstrahlen plötzlich aus seinem Schatten hoben. Sie war selber weiß und bedeckt mit Mondlicht. Ihr bleiches, kurznasiges Gesicht mit starken Lippen umrahmten schwere schwarze Flechten. Von ihrer kleinen, schmalen Gestalt, von Schultern und Nacken lösten sich gestickte Silberblumen bei jedem ihrer Atemzüge; sie lebten mit ihrem Atem. Sie hob ihren Arm zum Vorhang an der Tür – und der Ärmel aus lauter Blumenkelchen fiel auseinander in viele blasse Blätter. Ihr Arm stand darin als Blütenstempel, schimmernd von Mond.[38]

Er erblickte sie von vorn, auf der Schwelle der besonnten Terrasse. Sie hatte rosige Umrisse, und ihre Formen verschleierte eine durchgoldete Dämmerung. Sie war eine kostbare Muschel; ihr Haar, das sich auflöste, schlug um sie her wie Algen.[39]

Diese Überblendungen unterschiedlicher Bildzitate entlarven beide Figuren kritisch als Vertreter eines impotenten Ästhetizismus, zugleich reflektiert Heinrich Manns Novelle ganz generell über Geschlechterbeziehung und Liebeskonzeptionen, deren traditionsreiches Ideal authentischer Zuneigung relativiert und als Prozess wechselseitiger Bild-Zuschreibungen aufgedeckt wird. Kunsttheoretisch gewendet, entsteht durch die Aneinanderreihung und Überblendung von Bildzitaten in *Pippo Spano* wiederum jener hybride, artifizielle Kunst-Kosmos, der sich auch in den frühen Romanen Heinrich Manns beobachten lässt und aus dem sich die Figuren nicht befreien können. Alle Räume, in denen die Erfahrung von Authentizität, Stärke, Originalität und Identität traditionellerweise möglich wäre (etwa die Liebe, die Natur, das Leben,

---

[37] Fuchs, S. 254 f. und S. 262; Thums, S. 45.

[38] Heinrich Mann, Pippo Spano, S. 33 f.

[39] Heinrich Mann, Pippo Spano, S. 54 f. Vgl. dazu auch MR [= Marina Rauchenbacher]: Heinrich Mann, in: Handbuch der Kunstzitate. Malerei, Skulptur, Fotografie in der deutschsprachigen Literatur der Moderne, Bd. 2, hrsg. von Konstanze Fliedl u. a., Berlin/Boston: De Gruyter 2011, S. 512–516, 513.

der Tod), bieten keinen Ausweg aus dem Kunst-Kosmos,[40] denn auch sie sind von Bildern bestimmt, was in der Technik der Ekphrasis und deren sofortiger Interpretation erzählerisch umgesetzt wird. Dieser Kunst-Kosmos referiert nicht auf irgendeine Form von Wirklichkeit jenseits der Kunst, die Kunst ist vielmehr radikal selbstbezüglich.[41] Leben, Tod, Liebe, Natur sind als Gegenmodelle des Originalen obsolet geworden, denn auch sie sind in Malvoltos Theaterwelt Kopie, überformtes Bildzitat, interpretierte und konstruierte visuelle Eindrücke – nichts anderes. Diese Bilder und Bildzitate sind dabei stets uneindeutig, interpretationsbedürftig.[42] Und: Aus dieser Welt der Bilder gibt es kein Entkommen.

3. Visuelles Erzählen als ästhetisches Prinzip in der Prosa Heinrich Manns

In Bezug auf das Verhältnis von Literatur und bildender Kunst im Werk Heinrich Manns lässt sich daher zusammenfassend Folgendes festhalten: Zeichnungen und Erzählungen sind als zwei eigenständige, wissenschaftlich ertragreiche Teile des Gesamtwerkes Heinrich Manns anzusehen, die sich an vielen Stellen (etwa in Bezug auf eine narrative Dimension der Zeichnungen und eine visuell-bildhafte Dimension der Erzähltexte) aufeinander zubewegen. Hier wird ein künstlerisches Ideal der Synästhesie erkennbar, das eine Hybridisierung von Malerei, Literatur und natürlich auch Musik[43] anvisiert. In Bezug auf Interart-Beziehungen zwischen Literatur und Malerei ist insbesondere der Einsatz von Bildzitaten relevant, die in Heinrich Manns Prosa wichtige Funktionen einnehmen. So sind konkrete Gemälde entstehungsgeschichtlich, thematisch und erzähltechnisch der Ausgangspunkt vieler Stoffe, Szenen und Figuren in den Romanen und Novellen. Diese Bildzitate werden – häufig mit satirisch-entlarvender Funktion – als Analogie- oder Kontrastfolie für die Figuren genutzt, auch unterstützen sie die poetologischen Reflexionen der Erzählungen (etwa Fragen nach Originalität, Authentizität, Kopie oder nach der Rolle

[40] Vgl. in anderem Kontext: Fuchs, S. 268.

[41] Vgl. in Bezug auf die Kritik der Novelle an der Kunst des Ästhetizismus: Fuchs, S. 260–262; Eilert, S. 161; Hans-Richard Brittnacher: Der Dichter als Condottiere? Heinrich Manns Abschied von der Renaissance, in: Heinrich Mann (1871–1950), hrsg. von Walter Delabar und Walter Fähnders, Berlin: Weidler 2005 (= Memoria, Bd. 4), S. 61–76, 75 f.

[42] Vgl. dazu Martin Bez: »… man hat uns photographiert«. Anmerkungen zu Heinrich Manns Novelle »Pippo Spano«, in: Heinrich Mann-Jahrbuch, Bd. 30, Lübeck: Schmidt-Römhild 2012, S. 129–146.

[43] Die vielfältige Interaktion von Musik und Literatur in der Prosa Heinrich Manns wäre natürlich ein eigenes Thema, auf das hier aus Platzgründen nur verwiesen werden kann. Vgl. beispielsweise den Roman *Die kleine Stadt*, der allein schon in der gattungshybriden Form, die eine Verbindung von Roman- und Opernstrukturen darstellt, eine Grenzüberschreitung zwischen Literatur und Musik versucht.

der Wahrnehmung im Kunstprozess). Die Bildzitate sind Teil anderer Kunstzitate (z. B. aus literarischen oder musikalischen Werken), die sich in Heinrich Manns Prosa zu einem hybriden »Kunst-Kosmos«[44] verbinden und die
Artifizialität des Erzählten weiter steigern. Die zitierten Bilder werden nicht
nur beschrieben, sondern zumeist sofort interpretiert, wobei diese Deutungen
häufig als individuelle Auslegung erkenntlich bleiben und somit die prinzipi-
elle Ambivalenz und Interpretationsbedürftigkeit von Bildern thematisieren.
Die Reihe von vieldeutigen, sich teilweise gar widersprechenden Bildern in
Heinrich Manns Prosa stößt die Überlegung an, dass jede Wahrnehmung der
Umwelt prinzipiell eine Konstruktion und von der jeweiligen Perspektive geprägt ist. Ein wichtiges Exempel für diese Perspektivität und Konstruktivität
der Welt-Erfassung ist die wechselseitige zwischenmenschliche Wahrnehmung,
insbesondere in Mann/Frau-Beziehungen und in der Liebe. Aber auch ganz
generell handeln Heinrich Manns Prosatexte, gerade die frühen Romane und
Novellen, auf ebenso mehrdimensionale wie moderne Weise von der Allgegen-
wart und Unhintergehbarkeit von Bildern bei der Konstruktion von Identität,
Subjekt, Kunst und Wirklichkeit. Mehr noch: Die Interaktion von Malerei und
Literatur, von Zeichnen und Erzählen, von Visualität und Narrativität ist ein
prägendes Charakteristikum von Heinrich Manns Schreiben, dem Spielarten
eines visuellen Erzählens als ästhetisches Prinzip zugrunde liegen.

Das brüderliche Welt- und Schreibverhältnis ist, ohne dieses zum herme-
neutischen Universalschlüssel erheben zu wollen, für das Werk Heinrich und
Thomas Manns ein wichtiger, prägender Faktor. Auch im Hinblick auf das
Verhältnis von Literatur und bildender Kunst ergeben sich immer wieder wechselseitige Auseinandersetzungen, ja für Heinrich und Thomas Mann mag der
Bezug zur Malerei so etwas wie ein privates brüderliches Verbindungsglied
gewesen sein. Es reicht vom Frühwerk, etwa dem gemeinsamen *Bilderbuch für
artige Kinder*, bis zum Spätwerk, hier beispielsweise Heinrich Manns Zeichnungen der 1940er Jahre, die häufig konkrete Erinnerungsbilder an die gemeinsame Jugend in Lübeck sind. Eines der wenigen zeichnerischen Selbstporträts
Thomas Manns ist zudem an Heinrich Mann adressiert und findet sich in dem
Widmungsexemplar von *Der kleine Herr Friedemann*, das Thomas Mann
seinem älteren Bruder schenkte. Zeitgleich entstand außerdem ein zeichne-
risches Selbstporträt Heinrich Manns,[45] das Thomas Mann eventuell kannte.
Zum Abschluss dieses Aufsatzes zu Bildzitaten in der Prosa Heinrich Manns
sei daher noch ein Beispiel aus dem Frühwerk angeführt, in dem Heinrich
Mann augenzwinkernd auf eine sehr spezielle Bildvorlage eines sehr speziellen
Zeichners anspielt. In Heinrich Manns *Göttinnen* heißt es:

---

[44] Eilert, S. 113.
[45] Abbildungen beider Selbstporträts siehe: Feilchenfeldt, S. 75.

Abb. 5: *Das Läben.*
Zeichnung von Thomas
Mann aus dem *Bilderbuch
für artige Kinder*

Ihr gegenüber, am andern Ende des Zimmers, breitete sich eine zweite, viel gewaltigere Nacktheit aus, ein weibliches Ungeheuer von rotem, lauem Fleisch und gleißenden Fettwölbungen. Sie bog die Schenkel in einem plumpen Tanze, preßte die Hände unter die überquellenden Brüste und lachte, breit, blond, mit zurückgeworfenem Kopf, geblähtem Halse und feuchten, dicken Lippen. Sie war auf die herabbröckelnde Kalkwand gemalt, und zu ihren Füßen stand in großen Lettern: ›Das Ideal‹.[46]

Später wird dieses Fresko als »die Vettel an der Mauer«[47] bezeichnet. Die beiden konkreten Vorlagen dieses Bildzitats beschreibt Viktor Mann, wenn er

---

[46] Heinrich Mann: Die Göttinnen oder Die drei Romane der Herzogin von Assy. I: Diana. Mit einem Nachwort von André Banuls und einem Materialienanhang, zusammengestellt von Peter-Paul Schneider, Frankfurt/Main: Fischer 1987 (= Heinrich Mann. Studienausgabe in Einzelbänden. Hg. von Peter-Paul Schneider), S. 223.
[47] Ebd., S. 224. Vgl. Ritter-Santini, Verfremdung, S. 271.

Abb. 6: *Mutter Natur.*
Zeichnung von Thomas
Mann aus dem *Bilderbuch
für artige Kinder*

sich an zwei Zeichnungen Thomas Manns[48] aus dem *Bilderbuch für artige
Kinder* erinnert:

Und wenn man weiterblätterte, feixte einen ein überaus ordinärer Kerl an, nur mit
einer rautenförmig gemusterten Hose bekleidet, die Hosenträger über dem nackten
Oberkörper und eine Schnapsflasche in der übrigens verzeichneten Hand. Darunter
war in gleichsam betrunkenen Keilbuchstaben zu lesen: ›Das Läben‹.
Sein Gegenstück war eine scheußliche alte Vettel in Unterrock und kurzem Korsett,
das verblühte, aber starke Formen preisgab. Sie stemmte die Arme in die Hüften,
grinste übermäßig gemein und war ›Mutter Natur‹ betitelt.[49]

---

[48] Abbildungen siehe: Böttcher / Mittenzwei, S. 216, sowie Viktor Mann, Bildtafel nach S. 56.
[49] Viktor Mann, S. 56.

Dieses Bildzitat in Heinrich Manns *Göttinnen* dürften wohl nur sehr wenige zeitgenössische Leser erkannt haben, vielmehr ist es Beleg eines charmanten Privat-Dialogs zwischen Heinrich und Thomas Mann, der über das Mittel der Bildbeschreibung geführt wird. Thomas Manns Zeichnungen werden hier Teil des umfassenden Wechselspiels von Literatur und Malerei, das das Werk Heinrich Manns so nachhaltig prägt.

Andreas Blödorn

Farbschattierungen

Bildlichkeit im Frühwerk Thomas Manns

»Farbenskizze« – so könnte Thomas Manns erster Prosatext geheißen haben, den er 1940 in *On Myself* als »ein Stück übertrieben-sensitiver und koloristischer Prosa« (XIII, 133) bezeichnet. Terence James Reed zufolge handelt es sich möglicherweise um jene als *Vision* bekannte frühe Skizze, die 1893 im Frühlingssturm erschien (vgl. 2.2, 9). Und tatsächlich lässt sich in diesem »Schülerprodukt[]« (XIII, 133) des jungen Thomas Mann eine auffällige Funktionalisierung von Farben feststellen, die in der Folge für das Frühwerk insgesamt bedeutsam bleibt. Verbinden sich dabei in *Vision* noch mit symbolistischem Unterton »Vision« und Farbigkeit, so bilden Visionen, wie Reed ausführt, bei Thomas Mann später geradezu »Ecksteine seiner Hauptwerke«: »emblematische oder symbolische Episoden, die [...] die tiefere Bedeutung des jeweiligen Textes enthalten und enthüllen« (2.2, 9). In der visuellen Anschauung von farbiger »Bildlichkeit« vor dem geistigen Auge – eben als »Vision« – gestaltet Manns erster Prosatext mithin zunächst auf der stofflichen Ebene, was sich dann als erzählerisches *Verfahren* metaphorischer »Farbgebung« von Situationen, Personen und Stimmungen durch das Frühwerk zieht. Explizit über Farben gesprochen wird schließlich in Manns zweitem großen Roman, dem »*Lustspiel[] in Romanform*« (XIII, 146) *Königliche Hoheit*, wenn sich zwei Minister der Großherzoglichen Regierung vor einem Gemälde in »eine[r] sprunghafte[n] Plauderei« befinden, »die mit einer Kunstbetrachtung anhob« (4.1, 17):

Schön, ungewöhnlich schön! Welche Farben! Blendend. Was für reizende goldene Locken die Prinzen haben! Und der Kaiser ... es ist der Kaiser wie er im Buche steht! Ja, dieser Lindemann verdient die Auszeichnungen, die ihm zuteil geworden sind. (4.1, 18)

Im Großen Bankettsaal des Schlosses, vor einem Gemälde des Hofmalers Lindemann, denken sich beide Herren bei dessen Betrachtung, wie der Erzähler vermerkt, »mehr [...], als sie aussprachen« (4.1, 18) und gelangen schließlich zur Bewertung, dass die auf dem Gemälde zu sehenden »Darstellungen aus der Geschichte des landesherrlichen Hauses« (4.1, 14) in ästhetischer Hinsicht »ein Nichts, eine hübsche Grille« sind – ja, mehr noch: ein »romantische[r] Luxus«, »ein kostspieliger!« (4.1, 20) »Was«, so fragen sie sich, mag dafür »bezahlt worden sein? Was für die übrige Farbenpracht hier an den Wänden?« (4.1, 19)

Was der Beginn von *Königliche Hoheit* hier vorführt (und was der Roman
in der Folge mit dem Nachdenken über die fürstliche Selbstrepräsentation der
Sich-Zurschaustellenden verbindet), lässt sich nicht nur inhaltlich als ironische
Bewertung der Bildkunst als überflüssige »Grille«, als »Luxus« und als ein
»Nichts« verstehen, sondern in formaler Hinsicht zugleich als expliziter Fin-
gerzeig des Erzählers lesen: als Hinweis auf die Bedeutung der »blendenden«
Farben über das Gemälde hinaus für die Komposition des ganzen Romans. Farbenpracht und Bildkunst wie sie *im Buche stehen* könnten demnach als Meta-
phern und damit poetologisch bedeutsam sein – als eine Art Lektüreanweisung.
Einer solchen Rolle der Farben und der Funktionalisierung des Farbbildlichen
in Thomas Manns frühen Texten soll im Folgenden nachgegangen werden.

»Bildlichkeit« verstehe ich dabei als Anschaulichkeit literarischer Rede im
Dienste symbolischer Zeichengefüge. Der konkrete Bezug auf das Bildkünstlerische, wie ihn *Königliche Hoheit* anfänglich mit der Rede über Farben noch
verbindet, tritt hier zugunsten zeichenhafter Abstraktion in den Hintergrund.
Dies entspricht auch Thomas Manns eigenem Verhältnis zu den bildenden
Künsten, die im Vergleich zu Literatur und Musik für ihn weit weniger bedeutsam waren, so dass Peter Pütz zu Recht von einer (dem norddeutschen
Protestantismus entsprungenen) »auffällige[n] Sonder-, ja Abseitsstellung der
bildenden Künste im Gesamtwerk Thomas Manns« spricht.[1] Im Anschluss
an Nietzsches Unterscheidung von »Augen«- und »Ohrenmenschen« sei er,
Thomas Mann, ein »Ohrenmensch« (XI, 740), und was die »Kultur des Auges«
beträfe, geradezu »skandalös[ ]« ungebildet (BrKer, 198):

> … ich habe die Welt des ›Bildes‹, die Vergeistigung des Schaubaren durch Farbe, Erz
> und Stein niemals mit voller Kraft, immer nur gelegentlich und nebensächlich erlebt
> und verdanke meinen respektvollen Pflicht- und Bildungsvisiten in dieser Sphäre an
> Begeisterung, Liebe, Glück der Verehrung, Aufregung eigenen Vermögens wenig im
> Vergleich mit der Fülle von all dem, die auf mich ausging von der Dichtung, dem Kunst-
> werk höchster Artikulation, und von jener mystisch artikulierten ›Sprache der Töne‹,
> der wunderbar abstrakten Figuren- und Bewegungswelt der Musik. (X, 783)

»Wenig« bedeute ihm die Bildkunst im Vergleich zu höchst artikulierten und
abstrakten Dicht- und Tonkunstwerken, so Thomas Mann – auch wenn Katrin Bedenig den Autor »ganz entschieden« als einen »Augenmenschen« zu
rehabilitieren versucht hat.[2] Daher verwundert es nicht, dass auch sprachliche

---

[1] Peter Pütz: Ein Ohren-, doch kein Augenmensch. Die bildende Kunst bei Thomas Mann, in:
Dialog der Künste. Intermediale Fallstudien zur Literatur des 19. und 20. Jahrhunderts, hrsg. von
Maria Moog-Grünewald und Christoph Rodiek, Frankfurt/Main u.a.: Lang 1989, S. 279–290,
287.
[2] Vgl. Katrin Bedenig: Nur ein »Ohrenmensch«? Thomas Manns Verhältnis zu den bildenden
Künsten, Bern u.a.: Lang 2001 (= Europäische Hochschulschriften. Reihe 1, Deutsche Sprache
und Literatur, Bd. 1803), S. 318.

Bildlichkeit in seinem Werk immer dort besondere Bedeutung bekommt, wo es um die Anschaulichkeit *konkreter* Figuren und Denkfiguren geht. Dies manifestiert sich besonders augenfällig etwa in Form allegorischer Figurationen (man denke an die geisterhafte Pastorin Höhlenrauch in *Tristan* oder an den Radfahrer in *Der Weg zum Friedhof*, der als Allegorie des heiter naiven Lebens fungiert). Doch das im voranstehenden Zitat zum Ausdruck kommende Farbverständnis Thomas Manns als eines der Mittel zur »Vergeistigung des Schaubaren« positioniert künstlerische Bildlichkeit in Abgrenzung von der sichtbar konkreten Welt als eine konstruierte Bildwelt. Wenn dabei für Thomas Mann die »Welt des ›Bildes‹« zwar der »Sprache der Töne« untergeordnet ist, so erscheinen im Abgleich von Ton- und Bildkunst doch zwei Wendungen aufschlussreich: die Vorliebe für die Abstraktheit der Tonkunst einerseits und der mit der ästhetischen Bildwerdung des Sichtbaren verbundene Transformationsvorgang der »Vergeistigung« andererseits. Denn auch die bildkünstlerischen Darstellungsmittel wie etwa Farben begreift Thomas Mann hier als Weg der Übersetzung des konkret Visuellen in geistig-abstrakte Bildlichkeit.[3] In einer »Vergeistigung des Schaubaren« stellt Farbe für ihn das Mittel einer künstlerischen Umgestaltung sichtbarer Realität dar. Ein vergleichbares Verfahren der »kunstvolle[n] Transponierung *geschauter* Details in Literatur« beobachtet aber auch Bedenig im Zusammenhang mit der Bedeutung des Schauens für Thomas Manns Schreiben.[4] Diese Analogie gilt es für die sprachlich-literarische Behandlung von Farben bei Thomas Mann im Blick zu behalten.

1. Bildlichkeit als »Anschaulichkeit« literarischer Rede?

Wenn von Bildlichkeit in der Literatur die Rede ist, gilt im Vergleich mit den Bildkünsten und im Anschluss an Horaz' *ut pictura poesis* die Vorbildhaftigkeit der Malerei immer dort, wo es um die »Anschaulichkeit« literarischer Rede sowie um die Wahrnehmung von dessen Wirkung geht. »Eine Dichtung«, so Horaz, »ist wie ein Gemälde: es gibt solche, die dich, wenn du näher stehst, mehr fesseln, und solche, wenn du weiter entfernt stehst«.[5] Zum poetologischen Prinzip einer »malenden« literarischen Darstellung erhoben, dient der Vergleich mit der Malerei insbesondere seit der philosophischen Ästhetik des

---

[3] Auch wenn sein eigenes Interesse an der Bildkunst, wie Pütz zu dieser Äußerung Manns anmerkt, »entsprechend der Opposition von Abstraktion und Sinnlichkeit[] eher an Graphik als an Malerei, eher an der Linie als an der Farbe« orientiert gewesen sei (Pütz [zit. Anm. 1], S. 280). Vgl. dazu auch Bedenig (zit. Anm. 2), S. 322 f.
[4] Bedenig (zit. Anm. 2), S. 317; Hervorhebung im Original.
[5] Horaz' *Epistula ad Pisones*, zitiert nach der Ausgabe: Quintus Horatius Flaccus: Ars Poetica. Die Dichtkunst. Lateinisch/Deutsch, übersetzt und mit einem Nachwort herausgegeben von Eckart Schäfer, bibliographisch ergänzte Ausgabe, Stuttgart: Reclam 1997, S. 27.

18. Jahrhunderts zur Kennzeichnung eines Bemühens um mimetischen Wirklichkeitsbezug einer visuell gedachten Repräsentation von Welt. »[S]innliche[n] Schein« gilt es dabei durch »quasi-bildliche[], sinnlich-konkrete[] Vorstellungen« zu evozieren.[6] Dieser traditionellen Auffassung des mit dem Bildlichen verknüpften Wirklichkeitsbezugs[7] lässt sich nun aber entgegen halten, dass im Fall der Literatur Bildlichkeit doch zuallererst sprachlich-rhetorisch evoziert werden muss, dass jene Bildlichkeit, die literarische Texte erzeugen, also als ein »virtueller Effekt« der *Semiosis* verstanden werden muss – mithin als ein Akt der ästhetischen Konstruktion mittels arbiträrer und abstrakter Sprachzeichen, die ein eigenes, genuin ästhetisch-literarisches Bezugssystem herstellen.[8] »*Bildlichkeit*« in diesem Sinne, so Eckhard Lobsien, bezeichne damit »auch eine Kunstfunktion, nämlich die Bestimmung von Kunst als Alternativwahrnehmung, als Wahrnehmungsverfremdung oder -erschwerung«, womit der Kunst die Funktion zugewiesen werde, »uns die Welt neu wahrnehmen zu lassen«.[9] Die Verwendung von Farbbildlichkeit in Thomas Manns frühen Texten, so meine hier anschließende These, folgt einer künstlerischen Eigengesetzlichkeit und steht im Dienst einer zeichenhaften Kodierung textinterner Realitätswahrnehmung.[10]

---

[6] Gottfried Willems: Art. [Ut] pictura poesis, in: Reallexikon der deutschen Literaturwissenschaft, Bd. III, hrsg. von Jan-Dirk Müller, Berlin: de Gruyter 2003, S. 82–85, 82. Eine in diesem Sinne »malende[]‹ Darstellung« betont, so Willems, den »Charakter der Literatur als [...] mimetisch-illusionistische Rede«, wobei zwischen der eigentlichen Darstellung, die durch detailreiche Beschreibung ein »Bild« vor Augen stellt, und der uneigentlichen Darstellung unterschieden werden kann, welche im engeren Sinne »Sprachbildlichkeit« u. a. durch bildhafte Vergleiche und Metaphern entwickelt. (Ebd.)

[7] Von einem umfassenden Wirklichkeitsbezug spricht Jürgen Blasius im Zusammenhang mit der philosophischen Deutungstradition der (bildenden) Kunst, in der das Bildnis »traditionell als sinnenfälliges Abbild eines Objektiven begriffen« werde und dort »ein mimetisches Verhältnis, sei es zur Wirklichkeit der Ideen, zur Wirklichkeit von Anlagen und Wesenszügen oder zur Wirklichkeit empirischer Erfahrung« repräsentiere. (Jürgen Blasius: Einleitung, in: Bildlichkeit. Internationale Beiträge zur Poetik, hrsg. von Volker Bohn, Frankfurt/Main: Suhrkamp 1990, S. 7–14, 7.)

[8] Deshalb kann für literarische Texte nur von einem »Bildlichkeitseffekt« gesprochen werden; vgl. dazu die Ausführungen von Eckhard Lobsien: Bildlichkeit, Imagination, Wissen: Zur Phänomenologie der Vorstellungsbildung in literarischen Texten, in: Bohn, Bildlichkeit (zit. Anm. 7), S. 89–114, 92.

[9] Ebd., S. 89.

[10] Die dominant optische Kodierung dieser Realitätskonstruktion steht in einer langen Tradition literarischer Wahrnehmungsgeschichte. In der neuzeitlichen Literatur ließen sich beispielhaft etwa für das Barockzeitalter die metaphysisch aufgeladene Hell-Dunkel-Metaphorik nennen, für die Frühaufklärung die physikotheologisch fundierte Natur- und Lichtwahrnehmung sowie für die Goethezeit die umfassende Bedeutung des Seh- als Erkenntnisaktes, die Michael Titzmann dargelegt hat. (Michael Titzmann: Bemerkungen zu Wissen und Sprache in der Goethezeit [1770–1830]. Mit dem Beispiel der optischen Kodierung von Erkenntnisprozessen, in: Bewegung und Stillstand in Metaphern und Mythen. Fallstudien zum Verhältnis von elementarem Wissen und Literatur im 19. Jahrhundert, hrsg. von Jürgen Link und Wulf Wülfing, Stuttgart: Klett-Cotta 1984, S. 100–120.)

Farben bezeichnen dabei ein besonderes visuelles Phänomen, stellen sie doch ein der Sprache vergleichbares abstraktes Zeichengefüge dar. Denn Farben bezeichnen zunächst keine visuell fassbaren Gegenstände, sondern markieren als Farbqualitäten eher wahrgenommene bzw. wahrnehmbare Eindrücke.[11] Sie sind dabei an sich wertfrei, können aber mit sekundärer Bedeutung aufgeladen werden. So bezeichnet »Rot« zunächst nichts anderes als einen bestimmten Wertbereich auf der Farbenskala, den wir als Rot wahrnehmen. Farben dienen somit zuallererst der Bedeutungsdifferenzierung innerhalb einer Farbskala und sind nicht an sich bedeutungtragend, sondern inhaltsleer. Erst in der Kombination mit Formen nehmen Farben Gegenständlichkeit an und werden somit bildlich konkret, so dass es uns »[d]urch den Gesichtssinn [...] möglich [wird], Farben und Formen zu erkennen und damit Gegenstände, ihren Ort im Raum und ihre Bewegung.«[12] Zugespitzt stellen Farben also zunächst visuelle Zeichen ohne Form zur Verfügung. Als abstrakte Sprachzeichen eingesetzt, können Farben demgemäß die Wahrnehmung vielfältiger Beziehungen in der dargestellten Welt erzählbar werden lassen. So lässt sich etwa das Rot menschlicher Wangen mit dem Rot von Erdbeeren oder dem Rot der Morgensonne korrelieren: Subjekt und Außenraum werden dann über diesen Farbbezug enggeführt.

Thomas Mann setzt insbesondere in seinem Frühwerk Farben in diesem Sinne zeichenhaft ein, um Realitätswahrnehmung und Stimmungen und mit ihnen die Beziehungen von Figuren, Realität und Raum – sowie deren Wandel im Laufe der Erzählung – mittels farblicher Umwertungen zu akzentuieren. In diesem Sinne lässt sich auch Manns Begriff von textuellen »Beziehungen« auf Bezüge innerhalb des Textes übertragen:

Ich liebe dies Wort: Beziehung. Mit seinem Begriff fällt mir der des Bedeutenden, so relativ er immer auch zu verstehen sei, durchaus zusammen. Das Bedeutende, das ist nichts weiter als das Beziehungsreiche [...]. (XI, 123 f.)

Wie durch die Herstellung von Beziehungen erzählerisch Bedeutung geschaffen und vermittelt wird, lässt sich mit Blick auf den Farbeinsatz bei Thomas Mann besonders prägnant erkennen: So wird das initiale glänzende Weiß des Buddenbrookschen Hauses erst dadurch recht bedeutsam, dass es mit dem Blick auf das Romanganze über ein Geflecht kunstvoller Abstufungen, Schattierungen und Umfärbungen jenem finalen Schwarz kontrastiert ist.

---

[11] Zum philosophischen Streit im Anschluss an Galilei, Descartes und Locke, ob es sich bei Farben näherhin um primäre oder sekundäre Qualitäten handele, vgl. Wolfgang Spohn: Reden über Farben, in: Farben. Betrachtungen aus Philosophie und Naturwissenschaften, hrsg. von Jakob Steinbrenner und Stefan Glasauer, Frankfurt/Main: Suhrkamp 2007, S. 226–247.

[12] Stefan Glasauer/Bert Karcher/Jakob Steinbrenner: Zum Ort der Farben in Philosophie und Neurowissenschaft – eine Einleitung, in: Steinbrenner/Glasauer, Farben (zit. Anm. 11), S. 7–13, 8.

2. Farbe als Zeichen bildlicher Formgebung

Eine zentrale Lichtmetaphorik und jugendstilhafte »Farbeffekte[ ]« (2.2, 13)
kennzeichnen Thomas Manns frühe Prosaskizze *Vision*. Was dort vor dem
Auge des Ich-Erzählers farbig aufleuchtet, erscheint im Wortsinne zum Greifen nahe:

> Ganz unten blendet Dammast; quer zacken und runden und winden gewirkte Blätter
> und Blüten. Darauf durchsichtig hingeplattet und dann schlank ragend ein Krystall-
> kelch, halb voll blassem Gold. Davor träumend hingestreckt eine Hand. Die Finger
> liegen lose um den Fuß des Kelches. Um den einen geschmiegt ein duffsilberner Reif.
> Blutend darauf ein Rubin. (2.1, 12)

Als ein »Formencrescendo« (2.1, 12) bezeichnet der Erzähler selbst diesen stei-
genden Vorgang des Aufscheinens, das aber auf dem Höhepunkt »süßes Rätsel«
bleibt und wieder »verschwimmt« (2.1, 12). Zu einem im Ganzen sichtbaren
Arm will sich dem Erzähler die Erinnerung an die Mädchenhand nicht aus-
wachsen:

> Schon wo es nach dem zarten Gelenk im Formencrescendo Arm werden will, ver-
> schwimmt es im Ganzen. [...] Träumerisch und regungslos ruht die Mädchenhand. Nur
> da, wo sich über ihr mattes Weiß weich eine hellblaue Ader schlängelt, pulsiert Leben,
> pocht Leidenschaft langsam und heftig. (2.1, 12)

Die narrative Struktur des Hellwerdens beziehungsweise des Verdunkelns und
die Korrelation von Farbigkeit und leidenschaftlichem Leben finden sich hier
in Manns Werk erstmals vorgeprägt. Auf dem Höhepunkt der titelgebenden
Vision heißt es:

> Langsam löst sich vom Grunde des Kelches eine Perle und schwebt aufwärts. Wie sie
> in den Lichtbereich des Rubins kommt, flammt sie blutrot auf und erlischt jäh an der
> Oberfläche. Da will wie gestört alles schwinden, wie sehr der Blick sich müht, zeichnend
> die weichen Konturen aufzufrischen. Nun ist es dahin; im Dunkel zerronnen. (2.1, 12 f.)

An diese Farb- und Lichtwahrnehmung wird in *Vision* nun eine dominante
Raumstruktur gekoppelt: Helles Licht ist mit einer Aufwärtsbewegung verbunden, die dem Schwinden, Verschwimmen und Verrinnen im Dunkel entgegengesetzt ist. Wird dies in *Vision* als eine farbig-abstrakte und momenthafte
Veränderung geschildert, so gewinnt die Funktionalisierung von Farben in *Der
kleine Herr Friedemann* eine strukturgebende, die Haupthandlung kommentierende Bedeutungsdimension.[13] Nicht mehr ausschließlich stimmungsbezo-

---

[13] Vgl. dazu auch meinen Beitrag: »diese nördliche Neigung« und »meine Liebe zum Meer«.
Zur Konstruktion imaginärer und realer Topographie im Frühwerk Thomas Manns, in: Imago-
logie des Nordens. Kulturelle Konstruktionen von Nördlichkeit in interdisziplinärer Perspektive,

gen als bildhaft-äußerliche Manifestation innerer Befindlichkeit, sondern raum-
und situationsbezogen kennzeichnen Farben im Rahmen einer die gesamte
dargestellte Welt strukturierenden Symbolik die Beziehung der Protagonisten
zueinander und bestimmen damit zugleich deren Charakterzeichnung auch
inhaltlich. Tongebend »grau« ist die sexuell stillgestellte, unerfüllte Existenz
Friedemanns vor Gerda von Rinnlingens Eintreffen, grau das Giebelhaus, das
Gartenzelt (2.1, 88; 94). Was zunächst unterdrückt und ausgeklammert ist, das
leidenschaftlich-Erotische, gewinnt allein in der »dunkelroten Plüschdecke«
(2.1, 88) im Obergeschoss des Hauses Präsenz. Die Farbe Rot konnotiert von
Beginn an die unterdrückte Erotik in Friedemanns Leben, das mit Gerdas
Auftreten sprichwörtlich an Farbe gewinnt: Die graue Welt wird schließlich
gelb – und dann abgedunkelt zu rot. Es sind der »gelbe Jagdwagen« und das
»rotblonde Haar« Gerdas, die Friedemann bei der ersten Begegnung ins Auge
fallen (2.1, 97). Der verführerisch entblößte Frauen-Arm (hier wird er – im
Gegensatz zur früheren *Vision* – *ganz* sichtbar) bedroht Friedemann auf dem
»roten Sammet der Brüstung« (2.1, 100), als Gerda neben ihm anlässlich einer
Wagner-Aufführung im Theater Platz nimmt; und bei seiner verwirrt-ver-
frühten Heimkehr aus dieser schwülen Bedrängnis findet er »eine große, gelbe
Rose, die jemand ihm dort ins Wasserglas gestellt hatte« (2.1, 103) vor. Und so
wandelt sich das bestimmende Grau über Gelb zu Rot: Mit »geröteten Augen«
(2.1, 106) landet Friedemann schließlich vor Gerdas »roter Villa« (2.1, 106)
und bemerkt dort Gerdas nunmehr vollkommen »rotes Haar« (2.1, 107). Von
da an, mit seinem räumlichen Übertritt in ihre Welt, beginnt die Abwärtsli-
nie, die Verdunkelung als Abdunkelung der Farbwerte: Gerda trägt ein »rot
und schwarz gewürfeltes Kleid« (2.1, 106), die Kombination von Leidenschaft
und Tod zeichenhaft kodierend, und diese Farbkombination greift von da an
auch auf Friedemann selbst über, wenn er schließlich »mit geröteten und dunkel umschatteten Augen« (2.1, 113) erneut vor ihr steht. Die Welt des Roten
hat ganz von ihm Besitz ergriffen und verwandelt seine erotisierte Welt nun
in einen tödlich endenden Untergang. Die Funktion der Farben ist hier eine
doppelte: Einerseits zeigt Farbe äußerlich sichtbar an, was psychisch im Inneren der Figuren vorgeht, andererseits schafft Farbe eine spezifisch literarische Wahrnehmungsrealität, indem sie Figuren, Räume, Gegenstände und
psychische Wahrnehmungseindrücke der Figuren (etwa das »Aufhellen« und
»Dunkelwerden«) korreliert. Wie in einem Bild wird so eine ganze Situation
in eine Stimmung getaucht, »eingefärbt« und mit einer inhaltlichen Bedeutung

---

hrsg. von Astrid Arndt u. a., Frankfurt/Main: Lang 2004, S. 177–199, 182 f. – Auf die Bedeutung
von Farb- und Helligkeitswerten in *Der kleine Herr Friedemann* hat erstmals Gerhard Kluge
1967 hingewiesen: Das Leitmotiv als Sinnträger in »Der kleine Herr Friedemann«. Ein Versuch
zur frühen Prosadichtung Thomas Manns, in: Jahrbuch der Deutschen Schillergesellschaft, Jg. 11
(1967), Stuttgart: Kröner 1967, S. 484–526.

verbunden: Es geht abwärts mit Friedemann; den Endpunkt der Verdunkelung markiert der Tod.

Die Korrelation von Rot und Schwarz, von Erotik und Tod, bestimmt bekanntlich noch deutlicher die Farbwelt im *Tod in Venedig*, dort ins Mythische von Eros und Thanatos gewendet.[14] Mit Hinblick auf die farbliche Kodierung erzählt die Novelle dabei den Wandel vom neutralen Ausgangspunkt der Handlung (die »farblosen« Augen des ersten Todesboten, dem Aschenbach am Münchener Nordfriedhof begegnet, sind lediglich »rotbewimpert[]«, 2.1, 503) über die in Todesschwarz gehüllte Gondelfahrt (»So glitt und schwankte er denn, in weiche, schwarze Kissen gelehnt, der anderen schwarzen, geschnabelten Barke nach«, 2.1, 567) und den Genuss verderblicher roter Erdbeeren schließlich hin zum Rot und Schwarz vereinenden Schlussakt am Lido Venedigs.

Wenn bei Friedemann und Aschenbach also in farblicher Hinsicht ein Weg vom Farblosen und Grauen zum Rot-Schwarzen erzählt wird, so markiert dies bei ihnen beiden semantisch den Weg vom Leben zum Tod. Damit ist die Grundstruktur der beiden großen Romane des Frühwerks skizziert, in denen sich eine strukturbildende Umwertung aller Farbwerte ereignet. In den *Buddenbrooks* kodiert zunächst ein allumfassender Verdunkelungsprozess die radikale Entwicklung vom Aufwärts zum Abwärts, vom aufstrebenden Leben und Glück der Familie hin zu deren Ab- und Aussterben.[15]

3. Farbschattierungen in den Buddenbrooks: »Verdunkelung« als narrative Leitsemantik

Mit der Leitsemantik der »Verdunkelung« wird die Abwärtsbewegung des Romans als eine Umtönung der Farbwerte in Aussehen, Kleidung, räumlicher Umgebung und – metaphorisierend – psychischer Verfassung über vier Generationen quasi »sichtbar«. Denn der Prozess fortschreitender Verdunkelung im Äußeren bildet zeichenhaft ab, was im Inneren der Figuren Gestalt gewinnt: zunehmende Selbstbeobachtung und grüblerischer Trübsinn als Folgen erinnernder Selbstvergewisserung.

Die erste Generation der Buddenbrooks ist bei ihrem feierlichen Einzug ins Mengstraßenhaus noch von überwiegenden Weiß- und Gold(gelb)-Tönen umgeben, welche die vornehme Einrichtung des Hauses mit den Figurenmerk-

---

[14] Vgl. dazu auch die Ausführungen von Matías Martínez in seinem Buch: Doppelte Welten. Struktur und Sinn zweideutigen Erzählens, Göttingen: Vandenhoeck & Ruprecht 1996, S. 151–176.

[15] Diese visuell kodierte Strukturlinie steht noch in der Tradition eines realistischen Erzählens vom Tode, das – etwa bei Theodor Storm – rekurrent als Verdunkelungsprozess gestaltet und äußerlich vielfach mit Dämmerungszuständen, mit Abendstimmung und Dunkelheit verbunden sowie innerlich durch bewusstseins- und stimmungsbezogene »Eintrübung« gekennzeichnet wird.

malen harmonisieren: Das weiß lackierte, mit einem goldenen Löwenkopf verzierte Sofa, dessen Polster hellgelb überzogen sind, korrespondiert hier u. a. mit den weißen Haaren der beiden Alten, den weißen Händen Madame Antoinettes, dem »helle[n]« Kichern Monsieur Johanns und dem »hübschen Blondkopf« der noch kindlichen Tony.[16] In dieser ersten Szene des Romans warnt der alte Buddenbrook noch vor allzu früher »Verdunkelung der Kinderköpfe« (1.1, 14). Doch bereits in der zweiten Generation beginnt eine solche sichtbare Verdunkelung, wenn in der Umgebung der Buddenbrooks Rot-, Braun- und Grüntöne zunehmen (vgl. 1.1, 11; 55 f.; 63). Hier taucht, durch Einheiraten in die Familie, erstmals das Motiv der bedenklichen blauen Adern auf (bei der Konsulin Elisabeth, geborene Kröger, vgl. 1.1, 267). Doch überwiegt noch das Attribut »weiß« bzw. »hell«, und als Inbegriff des Fortbestehens im Zeichen der Tradition fungiert das Goldene, insbesondere dann, wenn Familiengeschichte geschrieben, wenn Erinnerungen produziert und verschriftlicht werden (wie z. B. beim Führen der Familienchronik, 1.1, 55 ff.).

Eine Generation später wird das Goldene schon zum Relikt einer vergangenen Zeit, auch wenn auf Thomas nach dem Tod des Großvaters noch dessen »lange goldene Uhrkette« übergeht, an der »ein Medaillon mit dem Wappen der Familie« hängt (1.1, 81). In der dritten Generation aber häuft sich das Attribut »dunkel« in auffälliger Weise: Thomas besitzt dunkelblondes Haar und seine Schwester Tony »starkes Haar, dessen Blond mit den Jahren dunkler wurde« (1.1, 66) – eben jenes Blond, das in der Eingangsszene des Romans noch als »hübsche[r] Blondkopf« dem Bereich des Hellen zugeordnet war. Durch Thomas' Gattin Gerda kommt schließlich dunkelrotes, schweres Haar in die Familie; und überhaupt besitzt sie eine »ein wenig morbide und rätselhafte Schönheit« (1.1, 376), wodurch nicht nur das Dunkle mit »Tod« korreliert wird, sondern auch das verbliebene Weiß zum Verfallszeichen einer latent auf »Leichenblässe« verweisenden »Mattigkeit« erklärt wird:

Das satte Lila, das die Grundfarbe ihrer Robe ausmachte, und in höchst eigenartiger Weise mit dem Dunkelrot ihres schweren Haares zusammenklang, ließ ihren Teint noch weißer, noch matter erscheinen; tiefer und dunkler als sonst lagerten in den Winkeln ihrer nahe bei einander liegenden braunen Augen bläuliche Schatten … Kalt bot sie ihrer Schwiegermutter die Stirn zum Kusse [...] und als Frau Grünlich [...] ausrief [...] antwortete sie lediglich mit einem ablehnenden Lächeln. (1.1, 376 f.)

---

[16] Vgl. 1.1, 9 f. Allein auf den ersten vier Seiten des Romans (der GKFA) kommen die Lexeme »weiß«/»hell« dreizehnmal vor; die Lexeme »gold«/»gelb«/»blond«/»zimtfarben« nicht weniger als zehnmal. In jenen Goldtönen verwirklicht sich zugleich, wie Gero von Wilpert gezeigt hat, die Idee des Goldenen Zeitalters. Zur »Hochstilisierung des bürgerlichen Heldenlebens« zu Romanbeginn greift die großbürgerliche Gesellschaft auf »das Goldene Zeitalter arkadischer Observanz« zurück, »vor dem sie auf Goldgrund gemalt erscheint«. (Gero von Wilpert: Die bildenden Künste, in: Buddenbrooks-Handbuch, hrsg. von Ken Moulden und Gero von Wilpert, Stuttgart: Kröner 1988, S. 259–267, 260.)

Die strukturelle Verdunkelung, die sich in der farblichen Abtönung u. a. vom hellen zum dunklen Blond und von Rot zu Lila in körperlicher Erscheinung und Kleidung abzeichnet, vollzieht sich in einer den gesamten Roman erfassenden farblichen Umkodierung vom Hell des Anfangs zum Dunkel des Endes. Den Zielpunkt dieses Semantisierungsverfahrens markiert die Farbe Schwarz, die schließlich alle anderen Farbwerte übertönt und sie in sich aufnimmt. Bei der Schlussrunde, ein halbes Jahr nach Hannos Tod, als dieser »draußen [...] unter dem [...] Familienwappen« begraben liegt (1.1, 833) und die direkte männliche Linie der Buddenbrooks mit ihm ausgestorben ist, da sitzen drinnen nur mehr verwitwete und vereinsamte Damen beisammen, und »[a]lle acht Damen waren schwarz gekleidet.« (1.1, 833) Das anfänglich aufstrebende »Leben« ist gänzlich umgeschlagen in »Tod«.

4. »Aufwärts«: Farbe als bildliche Reflexion von Form *in* Königliche Hoheit

Werden in den frühen Erzählungen und in den *Buddenbrooks* Farben zeichenhaft eingesetzt, um Bedeutungsstrukturen und Beziehungen einen bildlichen Ausdruck zu verleihen, so gibt sich *Königliche Hoheit*, die märchenhafte Geschichte über einen zum Fürsten verklärten Außenseiter,[17] auf den ersten Blick als eine wahre »Symphonie« der Farben. Thomas Manns zweiter Roman rückt dabei eine vielfach thematisierte »Farbigkeit« – also Farbigkeit an sich – in den Blick: Von »Farbenpracht« (4.1, 19) und »gefärbte[n]« (4.1, 55), »entfärbt[en]« (4.1, 120), »farbigen« (4.1, 56) und »zweifarbigen« (4.1, 182) Gegenständen und Personenattributen ist die Rede, die Färbung und »Gesichtsfarbe« (4.1, 126), das Einfärben und Sich-Verfärben von Personen wird beobachtet (4.1, 29; 66; 89), und eine Fülle an differenzierenden Komposita lenkt immer wieder die Aufmerksamkeit auf Farbigkeit als Beschreibungskriterium visueller Wahrnehmung.[18]

Die Häufigkeit der Verweise auf die explizit benannte Farbigkeit von Gegenständen und Eindrücken in Thomas Manns »lehrhafte[m] Märchen« (XI, 571) suggeriert zunächst, Farben seien in ihrer gesamten Breite im Roman omnipräsent. Tatsächlich unterliegt dem Erzählen hier aber keine die Gesamtentwicklung kommentierende, einzig leitende farbbildliche Strukturlinie. Es sind vielmehr eine Reihe diversifizierter Muster der Farbmodellierung, die wiederum situativ eingesetzt werden, um einzelne Figuren, Geschehnisse und

---

[17] Vgl. Heinrich Detering: »Königliche Hoheit«. Thomas Manns Märchen-Roman, Bonn: Bernstein-Verlag 2010, S. 16.

[18] So werden neben zahlreichen Farbkomposita wie »zitronengelb[]« (4.1, 28) insbesondere solche verwendet, die explizit die Farbigkeit des Bezeichneten aufgreifen, z.B. »kupferfarben[]« (4.1, 25), »naturfarben« (4.1, 60), »lehmfarben[]« (4.1, 59), »sandfarben[]« (4.1, 185), »elfenbeinfarben[]« (4.1, 65 f.), »stahlfarben[]« (4.1, 72), »ockerfarben[]« (4.1, 146), »ziegelfarben[]« (4.1, 246 f.).

Wahrnehmungsperspektiven zu kennzeichnen. Auffällig ist dabei zum einen, dass Anfang und Ende des Romans Farben nur verhalten einsetzen, dass der Hauptteil des Erzählens hingegen immer wieder geradezu von einem exzessiven Farbeinsatz durchzogen ist – wie hier:

Sie befanden sich an der Rückseite des Schlosses. Von einer mit großen Gemälden behangenen Galerie, die sie durchquerten, leiteten teppichbelegte Stufen in den weißgoldenen Gartensalon hinab, hinter dessen hoher Glastür die Terrasse lag. Alles, der große Kristallüster, der von der Mitte der hohen, weiß verschnörkelten Decke herabhing; die ebenmäßig aufgestellten Armstühle mit goldenen Rahmen und Wirkbildbezügen; die schwer herabfallenden, weißseidenen Vorhänge; die feierliche Stutzuhr und die Vasen und goldenen Leuchter auf der weiß marmornen Kaminplatte vor dem hohen Wandspiegel; die mächtigen, löwenfüßigen, vergoldeten Kandelaber, die zu beiden Seiten der Eingangsstufen emporragten: alles erinnerte Klaus Heinrich an das Alte Schloß, an die Repräsentationsräume, in denen er von Kind auf Dienst zu tun gewohnt war [...]. (4.1, 249)

Die Kombination von Weiß und Gold als Farben äußerlicher Repräsentation steigert im Roman, was schon in Klaus Heinrichs Kindheit auf ihn ernsten Eindruck gemacht hatte: nämlich die Kombination von Weiß und Silber, wie sie den Silbersaal im Schloss seiner Eltern exzessiv kennzeichnet. Als Kind war Klaus Heinrich

... gelegentlich allein in den leeren Raum getreten und sah ihn sich an. Es war Winter und kalt [...]. Die Decke, mit versilbertem Arabeskenwerk überzogen, war so hoch, daß eine lange, lange Metallstange nötig war, um den vielarmigen, dicht mit hohen, weißen Kerzen bestecken silbernen Kronleuchter in der Mitte der ganzen Weite schweben zu lassen. Silbern gerahmte Felder mit blassen Malereien zogen sich unterhalb der Decke hin. Die Wände, von silbernen Leisten eingefaßt, waren mit weißer [...] Seide bekleidet. Eine Art monumentalen Baldachins, auf zwei starken silbernen Säulen ruhend und vorn mit einer zweimal gerafften Silbergirlande geschmückt [...], gliederte den Kaminraum vom Ganzen ab. (4.1, 62)

Der Text führt hier vor, welche Funktion Farbe in *Königliche Hoheit* – anders als noch in den *Buddenbrooks* – übernimmt: Sie dient nicht nur der narrativen Formgebung, sondern stellt den Akt der Formgebung zugleich visuell aus und reflektiert in diesem Sinne ihre Rolle für den Roman. Farben werden hier punktuell eingesetzt, sie dienen der Zeichnung von Figuren, Situationen und Stimmungen. So wird Schulrat Dröge in Grau-, Braun- und Gelbtöne getaucht (4.1, 60 f.), und Klaus Heinrichs »Madame aus der Schweiz« (passend zu ihrer Moral) in Schwarzweiß:

Madame aus der Schweiz war eine calvinistische Pfarrerswitwe [...]. Madame war ganz schwarz und weiß: ihr Häubchen war weiß und schwarz ihr Kleid, weiß war ihr Ant-

litz mit der ebenfalls weißen Warze auf einer Wange und schwarzweiß gemischt ihr
metallisch glattes Haar. (4.1, 58)

Damit sind die Stationen des Romananfangs farblich abgesteckt: Schwarzweiße
Moral (Madame war, wie der Erzähler vermerkt, »sehr genau und leicht zu
entsetzen«, 4.1, 58) und kalte, auf Haltung und Zucht drängende Repräsentation, die sich in einer selbstgenügsam strengen Darstellung von »förmliche[m]
Gleichmaß« (4.1, 63) erschöpft, wie Klaus Heinrich die Wirkung des Silber-
saals als Kind empfindet. Bei genauerem Hinsehen zeigt sich nun aber auch in
Königliche Hoheit eine leichte farbliche Veränderung am Ende, doch hier, den
Buddenbrooks entgegengesetzt, eine des moderaten »Aufwärts«: eine Aufhel-
lung und Hinwendung zur Farbe. Die Welt zu Anfang des Romans erscheint
als eine im Wesentlichen durch Grautöne geprägte (und um Weiß und Gold-
akzente ergänzte): »Das Wetter ist mäßig gut, indifferent«, »der Himmel ist
auch nicht klar; er ist gleichmäßig weißgrau«, »auf den Bürgersteigen bewegt
sich Einwohnerschaft, farbloses Volk«.[19] Dem ist das Ende entgegengesetzt,
»als über uns die Himmel sich erhellten und all unsere Not sich in Lust und
Wonne verwandelte« (4.1, 388). Leidlich »bunt[]« (4.1, 393) ist dieses Ende der
Königlichen Hoheit – eine Entwicklung, die mit punktuellen Aufhellungen
verbunden ist: Das Schlusskapitel beginnt mit dem »Aufblühen« Doktor Krip-
penreuthers, der »binnen kurzem nicht wieder zu erkennen war. Er trug sich
aufrecht und frei, sein Gang ward schwebend, die gelbe Farbe verschwand aus
seinem Antlitz, es ward weiß und rot« (4.1, 387). Ein vergleichbarer Farbwech-
sel ließ sich schon zuvor an der Gräfin Löwenjoul beobachten, und zwar in
Form einer auffälligen Verfärbung ihres Gesichts:

… während es war, als ob in ihren übernächtigen grauen Augen etwas wie Haß gegen
Klaus Heinrich aufzuckte, verfärbte sie sich auf eine ganz besondere und selten beobachtete Weise, indem nämlich die eine Hälfte ihres Gesichtes rot, die andere blaß
wurde. (4.1, 246)

Ist der Wandel in der Farbigkeit der dargestellten Welt nun einer, der vom
unbestimmten Weißgrau und vom strengen Silber des Anfangs zum bunten
Ende führt, so werden dabei jedoch bestimmte Kombinationspaare, bestimmte
Farbakkorde, präferiert: die Kombinationen Schwarz-Weiß, Rot-Weiß, Gold-
Rot, Schwarz-Rot. Diese vier Farben Schwarz, Weiß, Rot und Gold domi-
nieren dann auch das Ende; in ihnen wird kodiert, was Klaus Heinrichs
»strenges Glück« (4.1, 399) schließlich ermöglicht. Die Kombination von mo-
ralisch-schlichter Strenge (Schwarzweiß) und kleinen, lustvoll erlebten (und

---

[19] 4.1, 9. Vgl. dazu auch Peter Pütz: Der märchenhafte Ausbruch aus der Normalität in Thomas Manns »Königliche Hoheit«, in: »Das Ungenügen an der Normalität«. Literatur als Gegen-
welt, hrsg. von Jürgen Daiber u. a., Paderborn: mentis 2003, S. 71–82, 72.

latent erotischen) Entdeckungsreisen ins Leben jenseits protokollarischer Regeln (Rot), [20] die es gilt, mit den Repräsentationspflichten (Weiß-Gold) in Einklang zu bringen. Die Entwicklung hin zum »Aufhellen« und »Aufblühen«, die der Roman als eine Zunahme an Farbigkeit präsentiert, geht dabei jedoch einher mit der Ausgrenzung allzu bunter Farben: So scheidet das Violette aus und ebenso das Grüne, die Farbe allzu gefährlicher Selbstreflexion der Außenseiter, wie am Beispiel von Raoul Überbein vorgeführt wird (vgl. 4.1, 88 f.; 383). Das leidlich bunte und »strenge[] Glück« des Endes ist folglich eines, das im Wortsinn auf *Re-präsentation* abgestellt ist. Repräsentation aber, das erläutert der Roman, heißt: »für viele stehen, indem man sich darstellt« (4.1, 97), sich »im Saale anschaulich [...] machen und aus[]stellen« (4.1, 67), zum »Gegenstand allgemeinen Schauens« (4.1, 100) werden. Das Ziel dabei ist, die Menschen »in eine[n] gesteigerten Zustande« (4.1, 105) zu versetzen – und das bedeutet: Farbe hervorzubringen. Denn wenn die Hoheit erscheint, so heißt es im Roman, bekommt die Welt Farbe: Wohin die Hoheit kommt, »da verklärte sich das graue Leben und ward Poesie« (4.1, 175) und »die Wangen der Leute färbten sich höher« (4.1, 66). »Die Erziehung des Farbensinnes«, wie ein in einem Schaufenster ausgestelltes Buch in *Gladius Dei* betitelt ist (2.1, 224), vollzieht sich damit auch für den Leser im Lauf der Lektüre: Der üppigen Ausdifferenzierung des Farbspektrums zum »seltsam [B]unten« (4.1, 14) im Mittelteil folgt die reduzierte, geordnete und gemäßigte Farbigkeit des Endes. Vorreiter für diese Erziehung des Sehsinnes und diesen Einsatz der Farben aber ist in *Königliche Hoheit* die Kunst – jene Kunst Professor Lindemanns, die gleich zu Textbeginn als »Farbenpracht« gerühmt wird. Indem diese Buntheit von der Kunstwirklichkeit (des Anfangs) ins reale Leben des Hofes (am Ende) überführt wird, ermöglicht sich tatsächlich eine »märchenhafte« Verwandlung der Welt vom Schwarzweißgrau in ein moderates Farbenspiel. [21]

5. Farbeinsatz als Tongebung: Der Roman als Symphonie

Im Zusammenhang mit der Entstehung von *Königliche Hoheit* spricht Thomas Mann bezeichnenderweise von »meinem Roman« als von »meiner ›Musik‹«

---

[20] So wird das Rote signifikanterweise ebenso durch Ditlindes »dunkelrote[s]« Samtkleid, das sie während ihres Abenteuers im Alten Schlosse trägt (4.1, 72 ff.), wie durch Immas »rotgoldene[s]« Kleid repräsentiert, das diese trägt, als Klaus Heinrich in ihr die »[k]leine Schwester« erkennt (4.1, 292 f.). Vgl. zu letztgenannter Stelle auch Detering (zit. Anm. 17), S. 43 ff.

[21] Zugleich indiziert diese farbliche Umtönung ganz bildlich die damit verbundene Wahrnehmungsveränderung: die Verwandlung der Stigmatisierungsgeschichte über einen gezeichneten Außenseiter in die Sozialisierungsgeschichte über das Ausgezeichnetsein eines durch die Liebe erlösten »Fürst[en] der Außenseiter«; vgl. zu diesem Aspekt Detering (zit. Anm. 17), S. 13 ff. und S. 39.

(XI, 715). In seinem Frühwerk funktionalisiert er, so lassen sich voranstehende Überlegungen bilanzieren, insbesondere farbliche Bildlichkeitseffekte auf eine Weise, wie er die musikalische Struktur des Leitmotivs begreift: aufeinander abgestimmte, kontrastive oder ähnliche Farbtöne und wiederkehrende Farbakkorde sind es, die die innerliche Stimmungs- und Erfahrungswelt der Protagonisten und die außenräumliche Umgebung in Einklang bringen und dabei die Narration als *Ganzes* strukturieren. Eine verfremdende Weltwahrnehmung, die Lobsien als Funktion von Bildlichkeitseffekten in der Literatur ansieht, gestaltet sich bei Thomas Mann dadurch, dass der Außenraum farblich das Innere der Figuren, ihre sich wandelnde Wahrnehmung, Lebensentwicklung und Stimmung metaphorisch widerspiegelt. Als farbliche »Vertonung« und daraus resultierende »Umtönung« der Welt machen Thomas Manns Texte solche Entwicklungen virtuell sichtbar.

Farbe dient Thomas Mann folglich im Rahmen eines erzählerischen Verfahrens, das an Bildkunst angelehnt visuelle Strukturen im Sinne der Musik zeitlich »orchestriert« und mit ihnen Bedeutung, Stimmung und Wahrnehmung von Realität erzählerisch kommentiert. Farben stehen dabei immer in einem Beziehungsgefüge aller Elemente des Textes und verbinden Figuren synchron mit Raum und Umgebung und anderen Figuren ebenso wie sie diachron den Wandel von raumzeitlicher Realität, Stimmung und Verfasstheit zeichenhaft indizieren.[22] In diesem Sinne funktionalisiert Thomas Mann Referenzen auf bildkünstlerische Farben in einem der Musik vergleichbaren Sinne von Motiv, Motivwiederholung und Variation. Als visuelle Abstrakta werden Farben mithin losgelöst von ihrer gegenständlichen Erscheinungsform, um die Wahrnehmung von Realität zu verbildlichen. Indem Thomas Mann Räume, Objekte und Figuren in Farb-Beziehungen innerhalb eines semiotisch differenzierten Farbsystems setzt, die einzelnen Farbtöne dabei engführt oder kontrastiert, setzt er Farbe ein wie Töne in der Musik.

---

[22] Damit kommt indirekt ein dem Kunsthistorischen nahestehendes bildkünstlerisches Farbverständnis Thomas Manns zum Ausdruck, das als weiterer Beleg für die von Bedenig veranschlagte »ungewöhnliche[] visuelle[] Auffassungsgabe« Manns angeführt werden könnte; vgl. Bedenig (zit. Anm. 2), S. 23. Seit Ernst Strauss' *Koloritgeschichtlichen Untersuchungen*, so führt der Kunsthistoriker Christoph Wagner aus, gelte in der Kunstgeschichte die »ebenso einfache wie fundamentale Erkenntnis, daß die Farbe als ein ›den gesamten Bildorganismus durchwirkendes Medium‹ begriffen werden muß, von dem kein Aspekt der künstlerischen Darstellung letztlich abzutrennen ist«. (Christoph Wagner: Farbe und Metapher. Die Entstehung einer neuzeitlichen Bildmetaphorik in der vorrömischen Malerei Raphaels, Berlin: Gebrüder Mann 1999, S. 15) Am Beispiel der Malerei Raffaels erläutert Wagner, dass »die Farbigkeit insgesamt den ästhetischen Grund [legt], aus dem in einem Bild alle anschaulichen Beziehungen zwischen den durch sie dargestellten Dingen hervorgehen«, und dass es sich dabei »um bedeutende thematische Beziehungen handelt, aus denen die für die metaphorische Sinnstruktur konstitutiven Analogien entstehen.« (Ebd., S. 15 f.)

Volker Michels

»Spitzbübischer Spötter« und »treuherzige Nachtigall«

Thomas Mann und Hermann Hesse

Liebe Freunde Thomas Manns, lieber Silver Hesse, liebe Frau Dr. Bedenig,
der ich ganz herzlich für ihre einführenden Worte und nicht zuletzt für die
erfreuliche Einladung zu danken habe zu diesem Vormittag zu Ehren Hermann Hesses und »Thomas von der Trave«,[1] dem Vorgänger von Josef Knecht
in der Leitung der kastalischen Schulen, wie ihn Hesse in seinem Alterswerk
Das Glasperlenspiel geschildert hat.

Nicht ohne Bewegung erinnere ich mich an meinen ersten Besuch im wunderbaren Thomas-Mann-Archiv. Unvergesslich ist mir die Faszination geblieben, mit der ich – als damals 23-jähriger Medizinstudent – die in den Vitrinen
ausgestellten Exponate zum *Doktor Faustus* kennenlernte, die zeigten, auf welche Weise Thomas Mann aus der drögen naturwissenschaftlichen Fachliteratur
biologische Abläufe exzerpiert hat, um sie dann in den ungleich reizvolleren
poetischen Aggregatzustand seiner zwischen Ernst und Mutwillen spielenden
Fiktionen zu verwandeln.

Erlauben Sie mir meine Ausführungen mit einer weiteren persönlichen Reminiszenz zu beginnen: Neben meinem Schreibtisch hängt, in einem dunklen
Passepartout gerahmt, ein handschriftliches Albumblatt von Thomas Mann,
das ich vor Jahrzehnten im Antiquariat des Basler Erasmushauses erworben
habe, weil es – auf den kürzesten Nenner gebracht – Thomas Manns gesamtes
Schaffen charakterisiert und auch mir selbst immer ein Ansporn war, mich
daran zu orientieren. Es lautet: »Ein Dichter sein, das heißt nicht: sich etwas
ausdenken, sondern es heißt: sich aus den Dingen etwas machen.«

Nur weil seine Beobachtungen, Erlebnisse, Gefühle und Erfahrungen ihm
etwas ausmachten, weil er sie nicht einfach nur hingenommen und durch neue
Wahrnehmungen überlagert und verdrängt hat, sondern stets bemüht war, sich
Klarheit darüber zu verschaffen, konnte er daraus etwas machen. Und was hat
er sich nicht alles bewusst gemacht – und damit nicht nur sich selbst, sondern
auch uns, seinen Lesern! Ohne diese Notiz im Alter von 16 Jahren schon zu
kennen, habe ich nach der Schullektüre des *Tonio Kröger* mein ganzes Taschengeld für 14 Tage in die 1903 erschienene einbändige Dünndruckausgabe

---

[1] BrHe, 203. In Anspielung auf Hesses Figur des Glasperlenspiel-Meisters unterschreibt Thomas Mann seinen Brief vom 8. 4. 1945 an Hermann Hesse mit »Ihr Thomas von der Trave«.

der *Buddenbrooks* mit dem reizvollen Umschlagmotiv von Wilhelm Schulz, das eine Altstadtgasse darstellt, investiert; ein gewichtiger Band aus dem Jahr 1905, die damals antiquarisch noch für fünf Mark zu haben war. Unvergesslich die Ferienwochen, die ich mit diesem Buch verbrachte! Als wäre es gestern gewesen, erinnere ich mich noch an das merkwürdige Wechselbad der Gefühle, das ich bei dieser ersten großen Thomas Mann-Lektüre empfand. Denn es hat sich auch später – bis auf den heutigen Tag – bei jedem neuen Werk, das ich von ihm kennenlernte, stets wiederholt. Gefesselt von seiner unglaublichen Beobachtungsgabe, die schon aus dem unscheinbarsten Detail, dem Gang, der Sprechweise oder Bekleidung eines Zeitgenossen in der Lage war, ein perfektes Psychogramm dieses Menschen zu entwerfen, war ich bestürzt über das vergleichsweise Schnellfertige meiner eigenen Wahrnehmung. Las man dagegen Thomas Manns Beschreibungen, dann erkannte man auf Anhieb Menschen, Konstellationen und Befindlichkeiten wieder, die man selbst schon unzählige Male erlebt hatte, ohne dass einem dabei das Prototypische aufgefallen wäre, weil man sie nicht präzis genug durchdrungen, weil sie einem offenbar zu wenig ausgemacht hatten. Doch obwohl sie bei Thomas Mann in ganz anderen Zeiten, Milieus und Kulturen spielten, waren sie ganz aktuell und gegenwärtig. Das Aufrüttelnde, ja geradezu Peinigende dabei war das Erlebnis der eigenen Insuffizienz: dass man es versäumt hatte, jene Wahrnehmungen, die man aus Thomas Manns Schilderungen sofort wiedererkannte, auch selbst im eigenen Alltag zu entdecken. So ist mir dieser Autor immer ein Stachel im Fleisch geblieben, ein Movens der Ungenügsamkeit mit mir selbst und ein produktiver Ansporn, die Dinge nicht leicht zu nehmen, sondern mir Rechenschaft über sie abzulegen. Denn alles ist deutbar, oder wie Hermann Hesse gesagt hat: Auch »das Stumme spricht«.[2]

Damit sind wir auch schon bei den Gemeinsamkeiten der beiden Autoren. Denn auch Hesse hat kaum etwas erfunden, sondern sich zeitlebens – wenn auch auf ganz andere Weise – Rechenschaft abverlangt über jede neue Erfahrung; und ähnlich wie bei Thomas Mann sind die Protagonisten auch seiner Romane verkleidete Selbstporträts, sind Versuche, ihren unverwechselbaren Typus, also das, was sie von der Norm unterscheidet, zu charakterisieren und damit zu rechtfertigen.

Aus unterschiedlichen Milieus stammend, der eine aus einem großstädtischen und hanseatisch feudalen Kaufmannsgeschlecht, der andere aus den materiell ärmlichen Verhältnissen einer Missionarsfamilie in einer süddeutschen Kleinstadt, waren sie ganz verschiedene Naturelle, aber verwandt in ihrer illusionslosen Sicht der Dinge und einem melancholischen Humor.

---

[2] Volker Michels (Hrsg.): Hermann Hesse. Das erzählerische Werk. Sämtliche Jugendschriften, Märchen und Gedichte, Bd. 10: Gedichte, Frankfurt/Main: Suhrkamp 2012, S. 310.

Lassen Sie mich nun versuchen, anhand ihrer Korrespondenz – sie musste aufgrund neuer Funde anlässlich von Nachauflagen zweimal erweitert werden – zu rekonstruieren, wie es im Lauf der Jahrzehnte zu jener Annäherung kam, die in Thomas Manns Bekenntnis gipfelt, dass er Hesse schon früh als den ihm »Nächsten und Liebsten« (XIII, 842) unter den zeitgenössischen Autorenkollegen gewählt »und sein Wachstum mit einer Sympathie begleitet [habe], die aus Verschiedenheiten so gut ihre Nahrung zog wie aus Ähnlichkeiten. […] Es gibt Dinge von ihm, […] die ich lese und empfinde, ›als wär's ein Stück von mir‹.« (Ebd.) Diese Äußerung stammt aus Thomas Manns Hommage zu Hesses 60. Geburtstag im Jahr 1937 und könnte ergänzt werden durch eine lustige kleine Episode, die ihr beider gemeinsamer Freund, der Schweizer Literaturkritiker Otto Basler, überliefert hat.

Fünf Jahre bevor er starb, hatte Thomas Mann Otto Basler nochmals in seinem Aargauer Heim besucht. Als er am 6. Juli 1950 vor dessen Haustür stand, begrüßte ihn Basler mit dem Schiller-Zitat: »Ein werter, teurer Gast, kein bessrer Mann ist über diese Schwelle noch gegangen.« Darauf habe Thomas Mann einen Augenblick gestutzt, seinen Fuß von der Stufe zurückgezogen und verschmitzt entgegnet: »Aber sagen Sie, lieber Freund, ist denn nicht kürzlich Hermann Hesse dagewesen?« »Ja, das schon«, antwortete Basler, »aber er betrat das Haus von der andern Seite.« »Ach so«, erwiderte Thomas Mann und kam daraufhin beruhigt herein.[3]

In dieser Begebenheit haben wir zwei der Charakteristika, die sein Verhältnis zu Hesse ausmachten: einerseits den Respekt vor seiner schriftstellerischen Leistung, andererseits aber auch das Rivalitätsverhältnis, wie er es gegenüber allen seinen zeitgenössischen Kollegen empfand.

Ein etwas anderes Bild freilich ergibt sich, wenn wir die Zeituhr um etwa ein halbes Jahrhundert zurückstellen. Damals in den ersten Apriltagen des Jahres 1904 sind sich die beiden erstmals persönlich begegnet bei einem Abendessen in einem Münchner Hotel, wo ihr gemeinsamer Verleger Samuel Fischer die beiden Hoffnungsträger seines Verlages miteinander bekannt gemacht hatte. Zu diesem Zeitpunkt war Thomas Manns drei Jahre zuvor erschienener Erstlingsroman, die Familiensaga der *Buddenbrooks* schon in 20.000 Exemplaren verbreitet und das 1904 ausgelieferte Romandebüt des zwei Jahre jüngeren Hermann Hesse, der zivilisationskritische *Peter Camenzind* hatte gerade die 7. Auflage erreicht. In einem Brief vom Juni 1950 erinnert sich Hesse: »… beide waren wir noch Junggesellen, und von jedem von uns versprach man sich Schönes. Im übrigen freilich waren wir einander nicht sehr ähnlich, man konnte es uns schon an Kleidung und Schuhzeug ansehen […].« (BrHe, 277)

---

[3] Zitiert nach: Briefe von Thomas Mann. Vorgelegt von Otto Basler, in: Blätter der Thomas-Mann-Gesellschaft Nr. 5, Zürich 1965, S. 6.

Im Vergleich zum stets salonfähigen Outfit Thomas Manns musste er sich vorgekommen sein wie die legendäre Feldmaus beim Treffen mit der eleganten Stadtmaus. Gleichwohl sah er schon damals hinter die Fassade. Wie er den damals 28-jährigen Kollegen bereits vor dieser Begegnung einschätzte, geht aus seiner Empfehlung von Thomas Manns Novellenband *Tristan* hervor, die Ende 1903 in der Neuen Zürcher Zeitung erschien war. Darin heißt es:

Man könnte beinah glauben, Thomas Mann habe den Ehrgeiz eines Tausendkünstlers. In den ›Buddenbrooks‹ war er der Athlet, der kaltblütig und sicher mit der Zentnerlast eines Riesenstoffes ›arbeitete‹, im ›Tristan‹ zeigt er sich nun als zierlicher Jongleur, als Meister der Bagatelle. […] Die sechs Novellen […] spielen meist nahe an der Grenze des Burlesken und erinnern zuweilen an irgendwelche alte, tolle ›songes drolatiques‹. Sieht man genauer zu, […] erkennen wir in dem Spuk unsre Freunde, Brüder, Vettern, Nachbarn, manchmal auch wohlbekannte Züge von uns selber. […] Es gibt Tage, an denen wir die Welt mit einer Mischung von nüchterner Kritik und uneingestandener Sehnsucht betrachten; an diesen Tagen zeigen Menschen und Dinge uns solche Gesichter, wie Th. Mann sie malt, so zum Lachen ernsthaft und zum Weinen komisch. Wer solche Mischungen braut, ist niemals bloß Artist, sondern muß schon tief aus den Schalen des Ungenügens und der Sehnsucht getrunken haben, ohne die kein Artist zum Dichter wird.[4]

»Die Schalen des Ungenügens« kannten sie beide, vermutlich ohne dass sie von dieser Gemeinsamkeit damals schon etwas wussten. Es war das Trauma ihrer beider Jugend- und Schulzeit, das Bestreben ihre dort erlebten Demütigungen wettzumachen. Denn beide mussten sie das Gymnasium vorzeitig verlassen, Hesse mit 16, Thomas Mann mit 18 Jahren – für letzteren ein lebenslanger Antrieb, es den Schulmeistern zu zeigen, die sich angemaßt hatten, ihn zwei Klassen wiederholen zu lassen. Die Kränkung des Selbstwertgefühls, die daraus entsprang, brachte ihn wie auch den jungen Hesse dazu, alsbald den Gegenbeweis anzutreten und durch ein Lebenswerk zu rechtfertigen, das als Erkenntnis, Fleiß- und Bildungsleistung alles übertrifft, was durch schulische und akademische Wissensvermittlung erreicht werden kann.

Wie unauslöschlich diese frühe Verletzung gewesen sein muss, zeigt sich auch darin, dass noch der 76-jährige Thomas Mann in seinem letzten Werk erneut das Hochstaplermotiv aufgreift und Hesse, gleichfalls im Alter von mehr als 70 Jahren, immer noch träumt, die letzten drei Schulklassen bis zum Abitur nachholen zu müssen, um – wie er sagt – vielleicht »doch noch etwas Rechtes zu werden«.[5]

---

[4] Neue Zürcher Zeitung, 5. 12. 1903; zitiert nach: Herman Hesse. Das essayistische Werk. Autobiographische Schriften. Betrachtungen und Berichte. Die politischen Schriften, Bd. 6: Die Welt im Buch I. Rezensionen und Aufsätze aus den Jahren 1900–1910, hrsg. von Volker Michels, Frankfurt/Main: Suhrkamp 2012, S. 56.
[5] Ebd., Bd. 4: Betrachtungen und Berichte II. 1927–1961, S. 248.

Über den Eindruck, den Hesse 1904 bei der ersten Begegnung der beiden auf Thomas Mann gemacht hat, ist bisher noch kein Zeugnis aufgetaucht, da dieser ja alle seine frühen Tagebücher vernichtet hat. Dagegen erwähnt Hesse das Treffen ganz kurz in einem Brief vom November 1904 an Alexander von Bernus. Darin heißt es: »… ich war in München einmal einen Abend mit ihm zusammen und fand ihn fein und sympathisch.«[6] Deutlich zurückhaltender klingt Thomas Manns erste bisher auffindbare Äußerung über den Kollegen in seiner Antwort auf eine Warnung von Oscar Bie, dem damaligen Herausgeber der im Fischer Verlag erscheinenden Kulturzeitschrift Die Neue Rundschau, anlässlich der Gründung der seit 1907 von Albert Langen publizierten Konkurrenzzeitschrift März. Hatte doch Hesse, der dort als Herausgeber für den Kulturteil zuständig war, Thomas Mann zur Mitarbeit eingeladen. So stand für Die Neue Rundschau zu befürchten, dass dieser sich, der besseren Honorare wegen, auf das Angebot einlassen werde. In seiner Antwort an Oscar Bie jedoch beruhigte Thomas Mann Die Neue Rundschau:»Seien Sie unbesorgt, ich finde den ›März‹ philiströs und ruppig. Politisch: süddeutsch-demokratisch und litterarisch: Hermann Hesse – nun, ich bin kein Ästhet, aber das ist mir zu treuherzig.«[7]

Es mussten noch mehr als zehn Jahre vergehen, bis Thomas Mann seine damalige Meinung über Hesses vermeintliche Treuherzigkeit revidiert hat, wie auch seine Ansicht, dass Demokratie nichts anderes bedeute als die Bestimmung des Niveaus von unten her. Den Anfang machte 1909 Hesses nicht ganz unkritische Empfehlung des Romans *Königliche Hoheit*. Sie setzt ein mit einer Referenz an die *Buddenbrooks*, deren Handlung man mit eigenem Erleben verwechseln könne:

Die Buddenbrooks […] waren so absichtslos, unerfunden, natürlich und überzeugend wie ein Stück Natur, man verlor ihnen gegenüber den ästhetischen Standpunkt und gab sich hin wie dem Anblick eines natürlichen Geschehens. […]
Thomas Mann hat nämlich die Sicherheit des Geschmacks, die auf höchster Bildung beruht, nicht aber die traumwandlerische Sicherheit des naiven Genies. […]
Der naive, ›reine‹ Dichter, scheint mir, denkt überhaupt nicht an Leser. Der schlechte Autor denkt an sie, sucht ihnen zu gefallen, schmeichelt ihnen. Der mißtrauische Intellektuelle, also Thomas Mann, sucht sich den Leser in Distanz zu halten, indem er ihn ironisiert, indem er ihm scheinbar entgegenkommt, ihm Erleichterungen und Eselsbrücken bietet. Dazu gehört die boshafte, übrigens leider häßliche Manier, jede Figur bei jedem Wiederauftreten ihre stereotypen Attribute vorzeigen zu lassen. […]
Das klingt nun alles etwas grämlich und tadlerisch. Aber doch nur, weil wir Thomas

---

[6] Volker Michels (Hrsg.): Hermann Hesse. Die Briefe 1881–1904, Frankfurt/Main: Suhrkamp 2012, S. 537.
[7] Brief an Oscar Bie vom 14. 2. 1907, zitiert nach: J. A. Stargardt Autographenkatalog vom März 1994, Marburg.

Mann lieben und hochachten, müssen wir ihm jene Manieriertheiten so streng anmerken. [...]
Wir möchten einmal ein Buch von Thomas Mann lesen, in dem er an die Leser garnicht denkt, in dem er niemand zu verlocken und niemand zu ironisieren trachtet. Wir werden dies Buch nie bekommen, unser Wunsch ist ungerecht, denn jenes Spiel mit der Maus gehört bei Mann zum Wesen [...]. Inzwischen aber freuen wir uns an seiner ›Königlichen Hoheit‹ und an allem, was von diesem feinen Manne kommt. Sein Unscheinbarstes wird immer noch hoch über dem Üblichen stehen. (BrHe, 46 ff.)

Das naive und das intellektuelle Genie, Spontaneität gegen Konstruktion. Das war nun nicht mehr »treuherzig«, das traf ins Schwarze und reizte Thomas Mann zu einer Entgegnung, mit der ihr Briefwechsel im April 1910 beginnt. Darin lässt er diesen Punkt offen, bestreitet aber ein bewusstes Kokettieren mit dem Publikum und rechtfertigt sowohl die karikierenden Namen seiner Romanfiguren als auch das leitmotivische Wiederholen ihrer Äußerlichkeiten mit seiner Vorliebe für die Dramaturgie seines Lieblingskomponisten:

Oft glaube ich, daß das, was Sie ›Antreibereien des Publicums‹ nennen, ein Ergebnis meines langen, leidenschaftlich-kritischen Enthusiasmus für die Kunst Richard Wagners ist – diese ebenso exklusive wie demagogische Kunst, die mein Ideal, meine Bedürfnisse vielleicht auf immer beeinflußt, um nicht zu sagen: korrumpiert hat. (21, 448)

Es ist Richard Wagners auf Monumentalität, Rausch und suggestive Überwältigung bedachter Trend zum Gesamtkunstwerk und seine Kompositionstechnik des Leitmotivs, auf die Thomas Mann hier verweist. Und tatsächlich war die Musik Wagners sein frühestes Bildungserlebnis, das ihm auch künftig im Guten wie im Problematischen noch viel zu schaffen machen sollte. Wagnersches Nibelungen-Muskelspiel rumort auch in Thomas Manns Stellungnahmen zum Ersten Weltkrieg, die auf eine Verhöhnung der Gegner Deutschlands, der Demokratie und insbesondere der von seinem Bruder Heinrich so hochgeschätzten französischen Nachbarn hinauslief. In seinen 1914 veröffentlichten *Gedanken im Kriege* heißt es:

Mit großem Recht hat man die Kunst einen Krieg genannt, [...] und zwar ist der Dienst des Künstlers dem des Soldaten viel näher verwandt als der des Priesters. [...]
Wie hätte der Künstler, der Soldat im Künstler nicht Gott loben sollen für den Zusammenbruch einer Friedenswelt, die er so satt, so überaus satt hatte! [...]
Was ist, was heißt noch ›Zivilisation‹, ist es mehr als eine leere Worthülse, wenn man sich erinnert, [...] daß unser soziales Kaisertum eine zukünftigere Staatsform darstellt als irgendein Advokaten-Parlamentarismus, der, wenn er in Feierstimmung gerät, noch immer das Stroh von 1789 drischt? [...]
Als ob nicht Luther und Kant die französische Revolution zum mindesten aufwögen. Als ob nicht die Emanzipation des Individuums vor Gott und die Kritik der reinen

Vernunft ein weit radikalerer Umsturz gewesen wäre als die Proklamierung der ›Menschenrechte‹. [...] der deutsche Militarismus [ist] in Wahrheit Form und Erscheinung der deutschen Moralität. (15.1, 30 ff.)

Im Gegensatz dazu hatte Hermann Hesse das militante und auf kolonialistische Expansion bedachte Deutschland als erster freiwilliger Emigrant bereits 1912 verlassen und war in die Schweiz übersiedelt, wo er vier Jahre seiner Kindheit und die letzten Jahre seiner Buchhändlerlehre verbracht hatte. Hier veröffentlichte er vier Monate nach Ausbruch der Kämpfe unter dem Titel *O Freunde, nicht diese Töne!* seinen ersten Aufruf gegen den Krieg. In diesem von der Neuen Zürcher Zeitung publizierten Artikel heißt es:

Ich glaube, es sind sehr wenige, es ist vielleicht nicht einer unter unseren Dichtern und Literaten, in dessen Gesamtwerk später einmal das Beste das sein wird, was er heute im Zorn der Stunde gesagt und geschrieben hat. [...]
Ehre jedem, der mitkämpft, mit Blut und Leben, auf dem Schlachtfeld unter den Granaten! Uns andern, die es mit der Heimat gut meinen und an der Zukunft nicht verzweifeln wollen, uns ist die Aufgabe geworden, ein Stück Frieden zu erhalten, Brücken zu schlagen, Wege zu suchen, aber nicht mit dreinzuhauen (mit der Feder!) und die Fundamente für die Zukunft Europas noch mehr zu erschüttern. [...]
Krieg wird noch lange sein, er wird vielleicht immer sein. Dennoch ist die Überwindung des Krieges nach wie vor unser edelstes Ziel und die letzte Konsequenz abendländisch-christlicher Gesittung. [...]
Daß Liebe höher sei als Haß, Verständnis höher als Zorn, Friede edler als Krieg, das muß ja eben dieser unselige Weltkrieg uns tiefer einbrennen als wir es je gefühlt. Wo wäre sonst sein Nutzen? [8]

Ein halbes Jahr später gründete Hesse in Bern eine Zentrale für Kriegsgefangenfürsorge, wo er bis 1919 hunderttausende von Internierten mit konstruktiver und berufsbildender Lektüre versorgte. Etwa gleichzeitig begann Thomas Mann mit der Niederschrift seiner nach der Kapitulation Deutschlands veröffentlichten *Betrachtungen eines Unpolitischen*, einem mit allen Wassern der Dialektik gewaschenen Rückzugsgefecht aus konservativ-nationalem Dünkel in Richtung Demokratie und Republik.

Es blieb ihm im Ersten Weltkrieg erspart, wie Hesse ins Kreuzfeuer der deutschnationalen Presse zu geraten. Die Angriffe als Drückeberger und vaterlandsloser Gesell, die sich Hesse damals durch seine Mahnrufe zur Völkerverständigung zuzog, hatten ihn ab 1917 genötigt, seine Kritik an der deutschen Kriegsführung unter Pseudonym zu veröffentlichen. Doch hatte die Pressekampagne ihm dermaßen zugesetzt, dass er 1916 darüber krank wurde und sich schließlich einer Psychoanalyse unterziehen musste. Eines ihrer Ergebnisse war die Erzählung *Demian*. Er sandte das Manuskript im Oktober 1917 seinem

---

[8] Neue Zürcher Zeitung vom 3. 11. 1914, zitiert nach: Michels (zit. Anm. 5), Bd. 5, S. 12 ff.

Verleger als das Werk eines angeblich schwer kranken jungen Dichters namens Emil Sinclair. Das war der Deckname, den Hesse auch für seine letzten politischen Mahnrufe verwendet hatte. Doch da man diesen Sinclair im Verlag nicht kannte, ließ man sich dort mehr als ein Jahr lang Zeit mit der Veröffentlichung. Der erste, der bereits auf den Vorabdruck reagierte, war Thomas Mann. Im Mai 1919 notierte er in sein Tagebuch:

Las die Erzählung von Sinclair weiter, mit größter Teilnahme, großer Achtung und auch Unruhe, weil mir das ›psychoanalytische‹ Element darin entschieden geistiger u. bedeutender verwendet scheint, als im ›Zauberberg‹, aber stellenweise auf merkwürdig ähnliche Art. (Tb, 29. 5. 1919)

Weil er den Verfasser nicht erriet, schrieb er kurz darauf an seinen Verleger:

Sagen Sie mir bitte: Wer ist Emil Sinclair? Wie alt ist er? Wo lebt er? Sein ›Demian‹ in der Rundschau hat mir mehr Eindruck gemacht, als irgend etwas Neues seit langem. Das ist eine schöne, kluge, ernste, bedeutende Arbeit. Ich las sie mit größter Bewegung und Freude. Auf so bedeutende Art hat noch keiner eine Erzählung in den Krieg münden lassen. (Reg 19/52)

In den Krieg münden, das sollte fünf Jahre später auch Thomas Manns *Zauberberg*. Dessen Niederschrift hatte er nach einer Unterbrechung zugunsten der *Betrachtungen eines Unpolitischen* damals gerade wieder aufgenommen. Als ein Jahr nach Erscheinen der Buchausgabe des *Demian* der Schriftsteller Otto Flake auf einen Wink seiner Frau hin das Sinclair-Pseudonym lüftete und Hesse den eigentlich für junge Nachwuchstalente bestimmten Fontanepreis zurückgegeben hatte, schrieb Thomas Mann an den Freiburger Literaturwissenschaftler Philipp Witkop: »Sollte ›Demian‹, den ich sehr liebe, wirklich von Hesse sein? [...] Und warum nur das Versteckspiel? – in einem Augenblick, wo er sein Aeußerstes und Bestes gab!« (22, 346) Noch Jahrzehnte später, in seinem Vorwort zur amerikanischen Ausgabe des *Demian*, vergleicht Thomas Mann die Wirkung dieser Erzählung mit Goethes *Leiden des jungen Werther*, weil sie »mit unheimlicher Genauigkeit den Nerv der Zeit traf und eine ganze Jugend, die wähnte, aus ihrer Mitte sei ihr ein Künder ihres tiefsten Lebens entstanden [...], zu dankbarem Entzücken hinriß«. (19.1, 250)

Von nun an intensivierten sich der Kontakt und der Briefwechsel zwischen den beiden. Denn auch eines der nächsten Bücher Hesses, der selbstironische *Kurgast*, lag ganz auf der Wellenlänge des zehn Monate später erschienenen *Zauberberg*. Auf einer Lesereise durch Bayern besuchte Hesse Thomas Mann in München und berichtet darüber in einem Brief vom 25. November 1925:

Nachher war ich zum Abendessen und bis spät in die Nacht hinein bei Thomas Mann, den ich wohl seit 16 oder 17 Jahren nicht mehr gesehen hatte, der sich aber nicht im mindesten verändert hat und in seiner gepflegten und wohlgelaunten Art mir wieder außerordentlich sympathisch war.[9]

Ein Jahr darauf wurde in Berlin die Sektion Dichtkunst bei der Preußischen Akademie der Künste eingerichtet, zu deren Gründungsmitgliedern der ja stets auf Repräsentation bedachte Thomas Mann gehörte. Nur auf seine Bitte hin ließ sich der vergleichsweise zurückhaltende Hermann Hesse dazu bewegen, der Akademie als auswärtiges Mitglied beizutreten, was er freilich 1930 schon bereute und wieder austrat. In einem Schreiben vom November 1930 an Wilhelm Schäfer begründet er diese Entscheidung:

Ich habe das Gefühl, beim nächsten Krieg wird diese Akademie viel zur Schar jener 90 oder 100 Prominenten beitragen, welche das Volk wieder, wie 1914 im Staatsauftrag über alle lebenswichtigen Fragen belügen werden. (BrHe, 59)

Vergeblich suchte Thomas Mann den Steppenwolf von seiner Witterung abzubringen, als er ihm schrieb:

… Sie verkennen durchaus die Grundhaltung der literarischen Akademie, wenn Sie irgendwelche Nachgiebigkeit gegen nationalistische Strömungen von ihr befürchten […]. Ich weiß ja sehr gut, daß Ihnen auch Ihre erste Zusage nicht leicht gefallen ist, und daß Ihnen das Gesellschaftlich-Offizielle, das im Literarisch-Korporativen immer liegt, von Natur widersteht. Aber wem ginge es anders? (BrHe, 62)

Über den Nachsatz wird Hesse geschmunzelt haben angesichts Thomas Manns diplomatischer Elastizität und seiner Lust an öffentlicher Selbstdarstellung. Hatte er seinerseits sich doch bei keiner einzigen Ehrung oder Preisverleihung blicken lassen. So lehnte er die Wiederwahl in die Preußische Akademie rundweg ab und kam in einem Brief vom Dezember 1931 erneut auf die politische Lage zu sprechen, zumal gerade auch Carl von Ossietzky inhaftiert worden war:

… so sympathisch mir die kleine Minderheit der gut gewillten Republikaner ist, ich halte sie für vollkommen machtlos und zukunftslos […]. Von 1000 Deutschen sind es auch heute noch 999, welche nichts von einer Kriegsschuld wissen, welche den Krieg weder gemacht noch verloren noch den Vertrag von Versailles unterzeichnet haben, den sie wie einen perfiden Blitz aus heiterem Himmel empfinden. (BrHe, 65)

In demselben Brief äußert er seine Überzeugung, dass der bevorstehenden Bolschewisierung Deutschlands eine »blutige Welle weißen Terrors« (BreHe, 64) vorangehen werde. Und als dies genau ein Jahr später eintraf, gab Thomas

---

[9] Brief Hermann Hesses an Emmy Ball-Hennings vom 15. 11. 1925, in: Hermann Hesse. Briefwechsel 1921–1927 mit Hugo Ball und Emmy Ball-Hennings, hrsg. und kommentiert von Bärbel Reetz, Frankfurt / Main: Suhrkamp 2003, S. 351 f.

Mann noch vier Wochen vor Hitlers Machtergreifung in einem aus München an Hesse in der Schweiz gerichteten Brief Entwarnung: »Wir sind aber, glaube ich, über dem Berg. Der Gipfel des Wahnsinns scheint überschritten, und wenn wir alt werden, können wir noch ganz heitere Tage sehen.« (BrHe, 74)

Acht Tage später brannte in Berlin der Reichstag. Und Thomas Mann, den ein glücklicher Zufall gerade auf eine Vortragsreise nach Paris und Brüssel geführt hatte, sollte von nun an 14 Jahre lang keinen deutschen Boden mehr betreten. Am 18. März 1933 kündigte nun auch er seine Mitgliedschaft in der Berliner Akademie und notierte in sein Tagebuch: »… zunehmender Erregungs- und Verzagtheitszustand […] Ratlosigkeit, Muskelzittern, fast Schüttelfrost u. Furcht, die vernünftige Besinnung zu verlieren« (Tb, 18. 3. 1933). Drei Tage darauf telefonierte seine Frau Katia mit Hermann Hesse, ihr Mann sei noch ganz gebrochen und liege im Bett. Er stehe an erster Stelle auf der schwarzen Liste derer, die von der neuen Terrorregierung als Volksfeind angeprangert und als vogelfrei erklärt werden. Am liebsten käme er jetzt nach Lugano zu einer Lagebesprechung mit Hesse.

Am 24. März trafen sie ein und blieben einen Monat. In seinem Tagebuch vermerkt Thomas Mann: »… es war gut, daß wir gleich den ersten Abend bei Hesses verbrachten, in dem schönen, eleganten Hause, das ihnen der Zürcher Bodmer geschenkt.« (Tb, 27. 3. 1933) Um dieses Haus hat Thomas Mann den Kollegen immer beneidet. Noch 1941, als auch er ein eigenes Haus an der kalifornischen Küste beziehen konnte, schrieb er an Agnes Meyer:

Meinem Freunde Hermann Hesse, dem Dichter, hat ein reicher Schweizer Mäzen, aus der Familie Bodmer, in Montagnola im Tessin ein schönes Haus gebaut, wo ich ihn oft besucht habe. Der Gute wollte es nicht einmal zum Besitz haben […], das Haus bleibt dem Erbauer, und Hesse wohnt nur eben mit seiner Frau für Lebzeiten darin. – Warum ist in diesem Lande nie eine Stadt, eine Universität auf den Gedanken gekommen, mir etwas Aehnliches anzutragen, sei es auch nur aus ›Ehrgeiz‹ und um sagen zu können: ›We have him, he is ours?‹ (BrAM, 325)

Etwa zehnmal in diesen ersten Wochen seiner Emigration war Thomas Mann mitunter auch mit seiner ganzen Familie bei Hesse, der damals auch von anderen Emigranten stark in Anspruch genommen wurde. Einer davon war Bertolt Brecht, der freilich eine Begegnung mit Thomas Mann tunlichst vermied. Die respektvolle Abneigung war gegenseitig. Für Brecht war der Nobelpreisträger ein, wie er sagte: Krokodil, das ihm und anderen emigrierten Kollegen die Aufträge wegschnappe, während Thomas Mann über den Verfasser der *Dreigroschenoper* bemerkte, man müsse ja leider zugeben, dass dieses Scheusal begabt sei.

Über den Ausgang seiner Besprechungen mit Thomas Mann berichtet Hesse Anfang April 1933:

Inzwischen waren Thomas Manns öfter bei uns, und ich sehe mit Freude, daß er die erste schwere Depression langsam überwindet. Wir verbrachten halbe Tage miteinander. Bei ihm herrscht ja keine materielle Not, vorerst ist er in guten Verhältnissen. Aber was aus seinem Haus und seinen Kindern in München werden soll, weiß er nicht, und dieser Tage läuft sein Paß ab und wird ihm von keinem deutschen Konsulat auch nur provisorisch erneuert [...].[10]

Die nächste Station seines Exils war Südfrankreich. Von dort aus bedankt sich Thomas Mann im Juni 1933 bei Hesse und gesteht ihm: »Ich vermisse die Möglichkeit der Unterredung mit Ihnen.« (BrHe, 82) Und noch 1947 stellt Thomas Mann im Rückblick auf diese Wochen fest: »Es gab nichts Wohltuenderes, Heilsameres in jenen verworrenen Tagen als sein Gespräch.« (19.1, 239)

Weil Hesse im Gegensatz zu Thomas Mann durch seine Distanzierung vom politischen Deutschland ja bereits im Ersten Weltkrieg verfemt und ausgegrenzt worden war, verstand er die Not derer, die sich erst jetzt durch die braunen Machthaber zur Emigration gezwungen sahen, und ihr oft »geradezu rührende[s] Heimweh« (BrHe, 84), das vielen von ihnen zu schaffen machte:

Ich kann es begreifen, wenn ich daran denke, wie schwer es mir in der Zeit des Krieges fiel und wie lang ich dazu brauchte, in mir selbst mit dem sentimentalen Teil der Deutschlandliebe aufzuräumen. (Ebd.)

Rückblickend hat sich Thomas Mann oft und gern an diese Unterredungen mit Hesse erinnert und den Kollegen bis 1938, solange er noch in Europa war, mehrfach wiedergesehen, sei es im Tessin, in Baden bei Zürich oder in seinem eigenen Heim in Küsnacht. Schon 1930, nachdem er selbst den Nobelpreis erhalten und somit für diese Auszeichnung vorschlagsberechtigt wurde, hatte er Hesse auf dessen Roman *Narziß und Goldmund* hin gleichfalls für diese Ehrung vorgeschlagen und wiederholte die Empfehlung 1933 in einem Schreiben an das Stockholmer Komitee:

Ich habe schon Jahr und Tag meine Stimme für Hermann Hesse, den Dichter des *Steppenwolfes* abgegeben, indem Sie ihn wählten, würden Sie die Schweiz, zusammen mit dem älteren, wahren, reinen, geistigen, ewigen Deutschland ehren. Die Welt würde das wohl verstehen und auch das Deutschland, das heute schweigt und leidet, würde Ihnen von Herzen danken. (BrHe, 31)

Diesen Vorschlag musste er noch oft wiederholen, bis endlich, 1946, auch in Stockholm der Groschen fiel.

1938 folgte Thomas Mann der Einladung zu einer Gastprofessur an die Princeton-Universität im US-Bundesstaat New Jersey. Er sollte 14 Jahre in den

---

[10] Ursula und Volker Michels (Hrsg.): Hermann Hesse. Gesammelte Briefe. Zweiter Band 1922–1935, Frankfurt/Main: Suhrkamp 1979, S. 381.

USA bleiben, bis er 1952 wieder nach Europa zurückkehrte, um sich für seine letzten Lebensjahre erneut in der Schweiz niederzulassen. Leider sind einige Briefe Hesses aus dieser Zeit verloren gegangen oder bisher noch nicht aufgetaucht, so z. B. über Thomas Manns Goethe-Porträt *Lotte in Weimar*, diesem verschmitzten Selbstbildnis in der Larve des Dichterfürsten.

In Amerika entstand auch, nachdem er dort die *Joseph*-Tetralogie vollendet hatte, sein Roman *Doktor Faustus*, der ihm ähnlich wie Hesses *Glasperlenspiel* zu einer kritischen Auseinandersetzung mit der kulturpolitischen Vergangenheit und Gegenwart Deutschlands geraten ist. Obwohl er aus Vorabdrucken bereits Teile des *Glasperlenspiels* kannte, war er doch merkwürdig berührt, als das in Deutschland verbotene und in Zürich erschienene Buch einige Monate nach der Veröffentlichung in seinem kalifornischen Exil eintraf. In seinem Tagebuch vergleicht er es mit der Konzeption seines *Doktor Faustus*: »Gewissermaßen erschrocken. / Dieselbe Idee der fingierten Biographie. / Die Erinnerung, daß man nicht allein auf der Welt, immer unangenehm.« (Tb, 9. 3. 1944) Im Vergleich scheint ihm sein *Doktor Faustus* »sehr viel zugespitzter, schärfer und komisch-trauriger«, Hesses *Glasperlenspiel* dagegen »philosophischer, schwärmerischer, religiöser, obgleich auch nicht ohne Herausgeber-Humor und Namen-Komik« (Tb, 10. 3. 1944). Zwei Tage zuvor hatte er bereits in einem Brief an seine amerikanische Gönnerin Agnes E. Meyer geschrieben, für seine Seele

… war es in der Tat etwas wie ein heilsamer Choc, als gestern aus der Schweiz das grosse Spätwerk des alten Hermann Hesse eintraf […]: ›Das Glasperlenspiel‹ etwas völlig Versponnenes, Einsames, Tiefsinniges, Keusches und Dollar-Fernes, unübersetzbar, enorm deutsch. Dabei hat es, schon als fingierte Biographie, aber auch durch die Rolle, die die Musik darin spielt etc., eine unheimliche, geisterhaft brüderliche Verwandtschaft mit meiner eigenen gegenwärtigen Schreiberei. Es ist immer eine eigentümlich verletzende Entdeckung, dass man nicht allein auf der Welt ist. Goethe fragt einmal unverfroren: ›Lebt man denn, wenn andre leben?‹ (BrAM, 543)

Derlei Konkurrenzdenken war Hesse fremd. Das sieht man aus seinen Reaktionen auf die Äußerungen zahlreicher Journalisten und Leser, die sich einen Sport daraus machten, die beiden Autoren gegeneinander auszuspielen. Dann reagierte er stets ungehalten. Einem von ihnen, der glaubte ihm einen Gefallen zu tun, wenn man ihn auf Kosten von Thomas Mann rühmte, hat er geantwortet:

Ich bin betrübt darüber, daß auch Sie, ein scheinbar so guter Leser, Hesse nicht schätzen können, ohne Thomas Mann dafür herabzusetzen. Ich habe dafür gar keinen Sinn, und jede solche Bemerkung eines Lesers, der mich besonders loben möchte, entwertet mir alles, was er sagt. Wenn Sie die Gabe haben, Hesse zu verstehen, Thomas Mann aber nicht, so ist das Ihre Sache. Wenn Ihnen das Organ fehlt, diese entzückend und höchst einmalige Erscheinung im Raum der deutschen Sprache erfassen und ihr gerecht werden zu können, so ist das einzig Ihr eigener Schaden und geht mich nichts an. Aber daß ich, der ich [...] ein treuer Bewunderer von Thomas Mann bin, ständig dazu herhalten soll, gegen ihn ausgespielt zu werden, ist mir höchst widerlich. (BrHe, 27)

Natürlich sind der *Doktor Faustus* und *Das Glasperlenspiel* bei aller formalen Verwandtschaft ganz unterschiedliche Antworten auf die deutsche Zeitgeschichte. *Das Glasperlenspiel* sieht sie im Rückblick aus der Perspektive des 24. Jahrhunderts als eine überwundene kriegerische und feuilletonistische Epoche und entwirft mit der pädagogischen Provinz Kastalien ein Gegenmodell zur Verhinderung solcher Katastrophen. Der *Doktor Faustus* dagegen liefert eine brillante Analyse dieser Epoche und illustriert am Schicksal des Komponisten Adrian Leverkühn die psychologischen und zeitgeschichtlichen Ursachen des Niedergangs. Beide Werke sind auch unter ganz verschiedenen Voraussetzungen entstanden. Hesse hat im Verlauf der Niederschrift seine ursprünglich gleichfalls zeitkritische Konzeption entaktualisiert in der Hoffnung, das Werk im damaligen Deutschland veröffentlichen zu können. Thomas Mann dagegen war sich darüber im Klaren, dass der *Faustus* – wie alle seine seit 1936 entstandenen Werke – nur im Exil erscheinen konnte und dass er von den USA aus das Aktuelle unbefangener und weniger »dollar-fern« beim Namen nennen konnte, als es von der auf gutes Einvernehmen mit den deutschen Machthabern bedachten Schweiz aus möglich war.

Im Januar 1947, vier Jahre nachdem Hesse sein *Glasperlenspiel* abgeschlossen hatte, konnte Thomas Mann das Manuskript seines *Doktor Faustus* vollenden. Als im Oktober die Buchausgabe vorlag, bedankte er sich bei Otto Basler, der ihm Hesses *Musikalische Betrachtungen* zugeschickt hatte:

Dank für seine Musikalien, die charmant bis zum Bezaubernden sind. Es ist wohl gut, daß ich sie nicht zur Zeit des *Faustus* las; leicht hätten sie mich entmutigen können. Diese Gefahr bestand übrigens auch beim *Glasperlenspiel* und wurde nur nicht akut, weil dieses in der celesten Sphäre der Musik spielt, aus der sie durch Beethoven ins Menschliche fiel, um durch Leverkühn ins Höllische zu fallen. Wie verwandt stehen diese beiden Hauptleistungen des heutigen Romans in der Zeit – und wie so gar nicht berühren sie sich auch wieder und sind einander im Wege! Das ist sehr gut. [...] Es sind ja Bruderwerke bei aller Verschiedenheit, und die Deutschen sollten wieder einmal froh sein, daß sie zwei solche Kerle haben, sie wissen aber nie, was sie haben. (BrHe 35 ff.)

In der Tat galten Hesses musikalischen Vorlieben dem 15. bis 18. Jahrhundert, den kristallinen Ordnungen der Harmonielehre Bachs, der Barockmusik, Mozart bis Chopin, Hugo Wolf, Bela Bartók und den auch von Thomas Mann geliebten Schubert und Schumann. Über Thomas Manns Verhältnis zur Musik schrieb Hesse am 27. September 1949 an Karl Dettinger in einem Brief: »Sein

Verhältnis zur Musik sehe ich etwa so: es ist ein romantisch-sentimentales, und er hat mit ungeheurem Fleiß ein intellektuelles daraus gemacht.«[11]

Inzwischen war auch in Montagnola der *Doktor Faustus* eingetroffen mit folgender Widmung seines Verfassers: »Hermann Hesse dies Glasperlenspiel mit schwarzen Perlen von seinem Freunde Thomas Mann.«[12] Gespannt lauerte der nun auf alles, was seine Freunde über diesen seinen neuesten Hochseilakt äußerten. Hesse bedankte sich brieflich mit wohlbegründetem Beifall. Doch offenbar traute Thomas Mann dieser Wertschätzung nicht so ganz und schrieb daraufhin am 10. Januar 1948 an Otto Basler:

Unter uns, es ist mir ziemlich deutlich, daß Hesse nicht sehr angetan ist vom ›Faustus‹. Wenn er direkt davon spricht, läßt er sich nichts merken. Aber voher, als von der Fortsetzung des ›Krull‹ die Rede ist, freut er sich bedeutsam auf den ›Spaziergang in artistischer Höhenluft‹ und auf das ›Spiel mit einer von aktuellen und makaberen Problemen freien Materie‹. Ja, ja, der Faustus ist aktuell und makaber, eine blutige Angelegenheit, – bei der ich, wie Hesse aus Höflichkeit behauptet, ›kaum jemals die gute Laune, den Spaß am Theater verloren‹ habe. ›Kaum jemals‹ ist sehr zart gesagt.[13]

So ganz unrecht hatte Thomas Mann mit seinem Argwohn nicht. Der Frau des Verlegers Bermann-Fischer schrieb Hesse damals zwar, dass er den *Faustus* mit hohem Genuss lese und an Albrecht Goes, dass der umfangreiche Roman ihn ergötze, er sei »scheinbar weitschweifig-versponnen, im Einzelnen aber in jedem Satz präzis und klar geschliffen, so daß man aufpassen muß wie bei polyphoner Musik, um möglichst wenig zu überhören.«[14] Aber nach Beendigung der Lektüre gab es doch auch Vorbehalte. So schreibt er am 20. Januar 1948 an Otto Basler:

Vermutlich hat [Thomas] Mann das ›faustisch‹ Deutsche, wie er es kannte, und wie er es in sich selber trägt, einmal von seiner diabolischen Seite her betrachten wollen, und zwar im Bild der deutschen Musikalität, die ja einerseits eine hohe Begabung, andrerseits auch ein Laster ist, so wie Mann selber vermutlich seine tiefe Liebe zu Wagner selbst als problematisch und gefährlich empfindet. Das wäre das Primäre. Hinzugetan hat er dann noch das andre, das Stück Zeitgeschichte und Schlüsselroman, den schlechteren, aber auch amüsanteren Teil des Werkes, und hat da insofern ins Schwarze getroffen, als München in der Geschichte der reaktionären Tendenzen wirklich eine führende Rolle gespielt hat und vermutlich auch heute noch spielt.[15]

---

[11] Michels, Briefe (zit. Anm. 10), Vierter Band 1949–1962 (1986), S. 36.
[12] Paul Schommer / Gert Heine (Hrsg.): Widmungen von Thomas Mann 1887–1955, Lübeck: Drägerdruck 1998, S. 148.
[13] Brief Thomas Manns an Otto Basler vom 10. 1. 1948, in: Briefe von Thomas Mann. Vorgelegt von Otto Basler, in: Blätter der Thomas-Mann-Gesellschaft Nr. 5, Zürich 1965, S. 6.
[14] Unveröffentlichter und undatierter Brief Hermann Hesses an Albrecht Goes, etwa 1947.
[15] Michels, Briefe (zit. Anm. 11), Vierter Band 1949–1962, S. 457f.

Als »spitzbübischen Spötter«[16] hat Hesse Thomas Mann bezeichnet, während dieser im Lyriker Hesse eine »treuherzig[e]«[17] »Nachtigall« (19.1, 235) sah inmitten all der Kanarienvögel in den Käfigen deutscher Hausbackenheit.

Mit der Kapitulation Deutschlands 1945 hatte sich endlich das von Hitler so großspurig proklamierte Tausendjährige Reich in Schutt und Asche aufgelöst. Und man sollte doch meinen, dass die Prognostiker und zuallererst von dieser Hybris Betroffenen, wie Thomas Mann und all die anderen, die das Regime zum Exil gezwungen hatte, nun in ihrer alten Heimat willkommen gewesen wären. Doch das Gegenteil war der Fall. In langen Debatten begannen die während der NS-Jahre in Deutschland verbliebenen Schriftsteller sich zu Helden einer sogenannten Inneren Emigration zu stilisieren und ihren vor Hitler geflohenen Kollegen vorzuwerfen, diese hätten behaglich von den Logensitzen des Auslands der deutschen Tragödie zugesehen, während sie selbst dem Vaterland treu geblieben und die Katastrophe hätten ausbaden müssen. Wortführer dieser vor allem gegen Thomas Mann gerichteten Kampagne waren Autoren wie Walter von Molo, Frank Thiess und leider auch Manfred Hausmann.

Hermann Hesse dagegen wurde von Emigranten, wie dem Journalisten und zum Pressesprecher der amerikanischen Besatzungszone Nachkriegsdeutschlands avancierten Hans Habe aufs Korn genommen, der ihm zu verstehen gab, sich im Tessin gesonnt zu haben, anstatt wie Thomas Mann, Stefan Zweig und Franz Werfel über den Rundfunk Donnerkeile ins Hitlerdeutschland zu schleudern; mit dem Fazit: »An eine Berechtigung Hermann Hesses noch jemals in Deutschland zu sprechen, glauben wir jedoch nicht.« (BrHe, 208) Als Thomas Mann davon erfuhr, schrieb er an Hesse:

Wie Sie das als Schweizer, in der neutralen Schweiz, wo auch ich 5 Jahre lang so gut wie gänzlich den Mund halten mußte, hätten machen sollen, sagt er nicht. Loslegen, mein Herz waschen konnte ich auch erst in Amerika, wohin Sie nun einmal keinesfalls gehören. Daß Sie für den deutschen Teufelsdreck nichts übrig hatten, wußte jedes Kind in Europa [...]. Deutscher Machtbesessenheit haben Sie schon aufs artikulierteste widerstanden als ich noch in romantisch-protestantischer Verteidigung des gegen-revolutionären und anti-civilisatorischen Deutschtums befangen war. [...] Aber daß Sie als großer Dichter deutscher Zunge allezeit in Deutschland und für Deutschland ›sprechen‹ werden, daran wird keine Press and Publication Section keiner amerikanischen Armee-Gruppe etwas ändern können. (BrHe, 210f.)

Thomas Mann zögerte lange, bis er aus seinem kalifornischen Exil nach Europa zurückkehrte. Denn das Gift, das man in den zwölf Jahren des Tausendjäh-

---

[16] Brief Hermann Hesses vom Dezember 1961 an Erika Mann, in: Hermann Hesse. Ausgewählte Briefe, zusammengestellt von Hermann Hesse und Ninon Hesse, Frankfurt/Main: Suhrkamp 1974, S. 548.

[17] Brief Thomas Manns an Oscar Bie vom 14.2.1907 (zit. Anm. 7).

rigen Reiches gegen ihn versprüht hatte, wirkte immer noch nach. So hatte er gute Gründe, sich 1952 nicht mehr in München niederzulassen, sondern dort, wo auch Hesse war: in der Schweiz.

Hier trafen sie sich nun alljährlich wieder, in Montagnola zumeist und zuletzt für einige Wochen in Nietzsches Sils Maria, wo sie dasselbe Hotel bewohnten. Darüber berichtet Erika Mann in ihrem Rückblick auf das letzte Lebensjahr ihres Vaters:

Erst nach Tisch, abends, kam man zusammen, und obwohl gewiß manches ernste Gespräch geführt wurde, sind diese Stunden mir als vorwiegend heiter und beschaulich in Erinnerung. Hesse lacht gern, kann auf eine bäurisch geruhsame Art mit ausführlichen, exakt illustrierenden Handbewegungen selbst sehr drollig sein, und mein Vater war das dankbarste Publikum. [...] Urgemütlich und plauderhaft, gesellig, ja galant, so kennen wir den ›Steppenwolf‹, dessen Weltscheu und Einsamkeitsbedürfnis verfliegen, sobald er mit Freunden um den Tisch sitzt. Und Freunde waren sie, Hesse und mein Vater, Brüder im Geiste, die nichts aufeinander kommen ließen und sich mannhaft zur Wehr setzten, sobald man den einen gegen den anderen ausspielen wollte.[18]

Und nun, meine Damen und Herren, werden Sie Zeuge eines der Gespräche, das die Familien Hesse und Mann im September 1954 bei der letzten ihrer abendlichen Zusammenkünfte geführt haben könnten. Ich habe es aus ihren Briefen rekonstruiert und hoffe, dass Sie es für legitim halten.[19]

Thomas Mann: »Voriges Jahr haben wir uns ja leider verfehlt. Nun ist endlich doch noch ein Wiedersehen geglückt. Ich kann Ihnen gar nicht sagen, wie geborgen ich mich fühle hier in der Schweiz, die mir auf irgendeine Weise Heimat geblieben ist.«

Hermann Hesse: »Auch mir ist dieses kleine Land immer etwas wie Heimat gewesen, seit ich von meinem 4. bis 9. Lebensjahr einen Teil der Kindheit, danach um die Jahrhundertwende fünf wichtige Lehrjahre in Basel und schließlich seit 1912 mein halbes Leben hier verbracht habe. Zwar sind die Schweizer oft rau und schwerfällig, aber freundlich und gutmütig. Und hat nicht die Geschichte dem eidgenössischen Versuch, Völkerschaften verschiedener Sprachen zu einem freiwilligen Bund von Gleichberechtigten zusammenzuschweißen, recht gegeben? Dieser Bund hat Stürme überstanden, von denen scheinbar viel mächtigere Staatsformen weggefegt worden sind.

[18] Erika Mann: Das letzte Jahr, Frankfurt/Main: S. Fischer 1956, S. 294 f.
[19] Bei der folgenden Gesprächsrekonstruktion habe ich mir erlaubt, etwas freier aus den unterschiedlichen Briefbänden zu zitieren. Die Quellen der Zitate werden daher nicht einzeln belegt.

Aber was rede ich vom Historischen, viel gespannter bin ich auf das, was uns noch bevorsteht und auf die Spiele, die Sie nun nach dem *Doktor Faustus* und dem *Erwählten* jetzt treiben.«

Thomas Mann: »Derzeit tue ich gar nichts Rechtes und probiere innerlich dies und das. Was würden Sie sagen, wenn ich mein *Felix Krull*-Fragment zu einem richtigen Schelmen-Roman ausbauen würde zur Unterhaltung auf meine alten Tage?

Dankbar bin ich Ihnen übrigens für den Stoff meines *Erwählten,* den ich in der von Ihnen herausgegebenen Sammlung der *Gesta Romanorum* entdeckt habe, die vor Jahrzehnten im Insel Verlag erschienen ist. Ganz abgesehen von Ihrem poetischen Werk ist ja auch das, was Sie als Herausgeber geleistet haben, ein Beispiel immenser Hingabe und Belesenheit, ausreichend um das Leben manches gelehrten Literaten zu füllen.«

Hermann Hesse: »Sie wissen längst, wie lieb mir die Gestalt Ihres Hochstaplers ist, dessen Kindheitsgeschichte Sie ja schon vor etwa 30 Jahren veröffentlicht haben. Deren Tonart und Atmosphäre ist mir noch lebhaft in Erinnerung als ein Spaziergang in artistischer Höhenluft, in einer Sphäre, losgebunden von den leidigen Zumutungen der Politik.

Denn politisch hat niemand etwas gelernt, doch gibt es in Deutschland eine sehr kleine, durch Hitler und Himmler auf ein Minimum reduzierte Schicht, die genau Bescheid weiß und zu der ich manche Beziehungen habe. Vorerst muss man zufrieden sein, dass wenigstens keine Machtmittel mehr vorhanden sind, die missbraucht werden können.«

Thomas Mann: »Ja, es kommt nichts Gutes von dort, auch heute nicht. Viel spricht dafür, dass sich in keiner Beziehung etwas geändert hat und ich bin überzeugt, dass ich mich auch politisch im heutigen Deutschland nicht wohler fühlen würde als um 1930.«

Ninon Hesse: »1927 ist in Konstanz anlässlich des 50. Geburtstags meines Mannes eine Strasse nach ihm benannt worden. Als die Nazis kamen, hat man das schnell rückgängig gemacht und ihr den Namen eines ihrer Gefolgsleute gegeben. Jetzt, nach dem Krieg und dem Nobelpreis, ist es plötzlich wieder eine Hermann Hesse-Straße. So wendig ist man vermutlich nicht nur in Konstanz.«

Hermann Hesse: »Dass wir an Deutschland und unseren Beziehungen zu ihm noch viel Freude erleben werden, ist nicht wahrscheinlich. Doch wollen wir nicht vergessen und unterschätzen, dass Ihnen wie mir von einer Schicht, die doch wohl eine Elite ist, die Treue bewahrt wurde und vertraut wird.«

Thomas Mann: »Fürs Erste sind wir froh, wieder in der Schweiz zu sein. Man ist hier reizend zu uns und heißt uns willkommen. In meiner Aufenthaltsgenehmigung steht als Zweckangabe: ›Verbringung des Lebensabends mit schriftstellerischer Betätigung‹. Ist das nicht hübsch?

In Kalifornien dagegen verwunderte sich eine Zeitung, als ich 75 wurde, dass ich trotz meines Alters und meiner Reputation immer noch arbeiten und für den Lebensunteralt sorgen müsse. Das sei ja unerhört. Nun sei es aber höchste Zeit, dass man zu einer Sammlung aufrufe, damit ich mich endlich zur Ruhe setzen könne. Ich habe selten so gelacht …

Bleibt zu hoffen, dass es angesichts der Postflut und all der Zusendungen unverlangter Manuskripte, die zu begutachten und zu vermitteln man mir zumutet, noch dazu kommt, dass ich den Hochstapler-Roman abschließen kann.«

Hermann Hesse: (lacht) »Das kommt mir bekannt vor!«

Thomas Mann: »Einer flehte mich an, ich möge ihm doch reinen Wein einschenken und ihm um Gottes Willen die volle Wahrheit über sein Manuskript sagen. Als ich das mit größtmöglicher Zartheit tat, kam eine Postkarte, worauf stand: ›Herrn Thomas Mann ist zu antworten: Pfui!‹«

Hermann Hesse: »Ja, das Dreisteste, was man sich vorstellen kann, wird von der Wirklichkeit immer noch übertroffen. Es gibt Leute, die schreiben nicht in Alexandrinern, sondern in Archillesversen.

Mir schickte kürzlich wieder mal jemand seine Gedichte mit der Bitte um ein Urteil. Eins davon endete mit den Versen: ›Still wartet (neue Zeile) der hustende (neue Zeile) Kellner.‹

Ich schrieb ihm dazu: ›Still wartet der hustende Kellner ist ein schlichter, einwandfreier Prosasatz. Wenn man ihn in drei Zeilen zerlegt, wird er dadurch nicht poetischer. Der einzige, der dabei etwas gewinnt, ist der ohnehin viel zu reiche Papierfabrikant.‹«

Erika Mann: »Überhaupt die nachwachsende Generation mit ihrer sogenannten Kahlschlagliteratur … Kürzlich hörte ich ein Interview mit Leuten der Gruppe 47, die nach ihren literarischen Kriterien befragt wurden. Einer begnügte sich mit der Antwort, nur nicht zu schreiben wie Hermann Hesse. Das war ihm offenbar Programm genug.«

Hermann Hesse: »Das ist doch gar nicht so schlecht. Nichts gegen Eigensinn und den Wunsch nach Autonomie, aber als literarisches Konzept sind Aversionen vielleicht doch etwas zu dürftig.«

Thomas Mann: »Ich kenne die Unverschämtheiten der jungen Generation da drüben. Das hängt wohl mit der Wirtschaftsblüte in der amerikanischen Lieblingskolonie Westdeutschland zusammen, diesem frechen Wohlsein nach Schandtaten, die mit der Höllenfahrt von 1945 zu Ende gingen, und an die heute zu erinnern nichts weiter als ›bolschewistisch‹ ist. Ich leide gewiss nicht an übertriebenem Selbstbewusstsein, aber die anmaßende Witzelei auch über mich als überlebte Existenz und als altes Eisen ist doch zu dreist. Da ist kein Anstand, keine Bescheidenheit, kein Wissen um das eigene Maß und um andere Maße, keine Dankbarkeit, keine Fähigkeit zum Aufblick, zu Bewunderung und Liebe, ohne die man nichts lernt.«

Hermann Hesse: »Nun, das wird sich geben, Ihr Werk ist stark und nachhaltig genug, um solche Absetzmanöver der Jungen gegen uns Alte zu verkraften. Die werden ihre Pöbeleien schon noch bereuen, sobald dereinst das Gefälle zwischen deren eigenen Hervorbringungen und Ihrem Lebenswerk offensichtlich wird. Auch sind es wohl kaum die Besten unter den Nachwuchsautoren, die sich so verhalten, die wirklich guten profilieren sich auf andere Weise.«

Ninon Hesse: »Vielleicht noch ärgerlicher als die Jungen, die sich auf Kosten ihrer Vorgänger abzugrenzen versuchen, sind die unbelehrbaren Älteren. Als nach der Berner Universität auch eine deutsche Hochschule meinem Mann die Ehrendoktorwürde verleihen wollte, hat es die Mehrheit der Stimmberechtigten abgelehnt. Und anlässlich seines 75. Geburtstags bedurfte es einer Intervention des Bundespräsidenten Theodor Heuss, damit eine geplante Ehrung in der Stuttgarter Liederhalle stattfinden konnte, weil sie der württembergische Kultusminister rückgängig machen wollte. Die Festrede hielt dann Heuss, während der Minister sich mit dem Einwand entschuldigen ließ: Hesse sei zersetzend.«

Hermann Hesse: »Ich denke wie er und habe auch nie an einer Hesse-Feier teilgenommen ... Sind doch Preise und Ehrungen für den Empfänger ja weder ein Vergnügen noch ein Fest, sondern ein kleiner Bestandteil des komplizierten und größtenteils aus Missverständnissen bestehenden Phänomens, das man Berühmtheit nennt. Sie sollten hingenommen werden als das, was sie sind: als Versuche der offiziellen Welt, sich ihrer Verlegenheit inoffiziellen Leistungen gegenüber zu erwehren.«

Katia Mann: »1933 haben unsre lieben Landsleute auch meinem Mann die Ehrendoktorwürde abgesprochen, dafür plant jetzt drolligerweise die naturwissenschaftliche Fakultät der ETH in Zürich, ihn damit auszuzeichnen.«

Hermann Hesse zu Thomas Mann gewandt: »Sie haben kürzlich ein wunderschönes Loblied auf die Vergänglichkeit geschrieben. Es ist für mich eins der bewegendsten Ihrer kürzeren Prosastücke. Wir Dichter sind ja zeitlebens um nichts anderes bemüht als um die Verewigung des Vergänglichen, wobei wir uns freilich klar darüber sind, wie relativ diese Ewigkeit ist.«

Thomas Mann: »Ja, die Beseeltheit des Seins von der Vergänglichkeit kommt in uns Menschen zu ihrer Vollendung. Nicht, dass wir allein Seele hätten, die ganze organische Natur hat sie. Aber die unsere ist die wachste in ihrem Wissen um die große Gabe der Zeit. Uns ist gegeben, die Zeit zu heiligen, sie als einen Acker zu begreifen, den es treu zu bestellen gilt, sie als einen Raum der Tätigkeit zu nutzen, des Fortschreitens zu unseren höchsten Möglichkeiten, um dem Vergänglichen das Unvergängliche abzutrotzen.

Auch deshalb, mein Lieber, sterben Sie ja nicht vor mir! Erstens wäre es naseweis, denn Sie sind zwei Jahre jünger. Und dann würden Sie mir furchtbar fehlen im Wirrsal unserer Tage. Allen Besseren sind Sie ein Halt und ein Licht und mir selbst ist unser freundschaftliches Zusammenstehen ein beständiger Wert und Trost. Sie sind mir ein guter Gesell, Beistand, Beispiel und Bekräftigung und sehr allein würde ich mich ohne Sie fühlen.«

Hermann Hesse: »Sie wissen, dass ich von jeher ein Verehrer der Bipolarität gewesen bin und dass, wo ich liebte und mich angezogen fühlte, es immer die Widersprüchlichkeit und Zweiseelenhaftigkeit war, die mich gewonnen hat.

Womit Sie mich zuerst auf sich aufmerksam machten, mir imponierten und zu denken gaben, das waren der Fleiß, die Geduld und Beharrlichkeit bei Ihrer Arbeit – bürgerliche und hanseatische Tugenden, die mir um so mehr Eindruck machten, je weniger ich selbst sie hatte. Diese Selbstzucht, Disziplin und das stetige treue Dienen hätten genügt, um Ihnen meine Hochachtung zu sichern. Zur Liebe aber bedarf es mehr. Und da waren es denn Ihre unbürgerlichen Züge, die mein Herz gewannen. Ihre edle Ironie, Ihr Sinn für das Spiel, Ihr Mut zur Aufrichtigkeit und zum Bejahen all Ihrer Problematik und nicht zuletzt Ihre Künstlerfreude an Experiment und Wagnis, am Spiel mit neuen Formen und Kunstmitteln, wie sie sich am stärksten wohl im *Faustus* und im *Erwählten* ausgelebt haben.

Doch um auf das Sterben zurückzukommen: Sollten Sie etwa vor mir das Zeitliche segnen (ein schönes Wort, das genau genommen ja eben nichts anderes meint als ein Preisen der Vergänglichkeit), so würde ich dazu allerdings kaum in der Lage sein, sondern einfach sehr betrübt werden, wie kürzlich beim Tod meiner letzten Geschwister. Aber Sie sind ja glücklicherweise noch da und man kann hoffen, sich wiederzusehen.«

Schluss der Hotelszene

Diese Hoffnung hat sich nicht erfüllt. Zwei Monate nach seinem 80. Geburtstag und ein Jahr nach dem letzten Beisammensein mit Hesse im Engadin ist Thomas Mann in Zürich gestorben. Am Tag seiner Beisetzung auf dem Friedhof von Kilchberg schrieb Hesse in der Neuen Zürcher Zeitung:

In tiefer Trauer nehme ich von Thomas Mann Abschied, dem lieben Freund und großen Kollegen, dem Meister deutscher Prosa, dem trotz allen Ehrungen und Erfolgen viel Verkannten. Was hinter seiner Ironie und seiner Virtuosität an Herz, an Treue, Verantwortlichkeit und Liebesfähigkeit stand, jahrzehntelang völlig unbegriffen vom großen deutschen Publikum, das wird sein Werk und Andenken weit über unsere verworrenen Zeiten hinaus lebendig erhalten. (BrHe, 322)

So ist es denn auch gekommen, wie andererseits auch Thomas Manns Vorhersage eingetreten ist, dass Hermann Hesse, freilich erst nach seinem Tod, auf wahrhaft grenzüberschreitende Weise die »Sympathie der Menschheit« gewonnen hat mit einem Werk, das – wie Thomas Mann betonte – »an Vielschichtigkeit und Beladenheit mit den Problemen von Ich und Welt unter den zeitgenössischen seinesgleichen sucht« (19.1, 236).

Henriette Herwig

Der melancholische Jüngling in Hermann Hesses
Peter Camenzind und *Unterm Rad* und Thomas Manns
Buddenbrooks und *Tonio Kröger*

»… das erste und brennendste meiner Probleme war nie der Staat, die Gesellschaft oder die Kirche, sondern der einzelne Mensch, die Persönlichkeit, das
einmalige, nicht normierte Individuum.«[1] Dieser Selbstkommentar Hermann
Hesses zu seinem Erstlingsroman *Peter Camenzind* ist ein rückhaltloses Plädoyer für die Individuation. Es erklärt, warum der Autor bis ins Spätwerk
hinein die prägende Zeit der Kindheit und Adoleszenz in den Blick genommen und dabei mehr auf die psychische Entwicklung des Einzelnen als auf
seine Einbindung in große Massenbewegungen geachtet hat. Mit gutem Grund
gilt Hermann Hesse als Autor der Jugend. Die Themen, die er zeitlebens aufgegriffen hat, prädestinieren ihn dazu: die Ablösung vom Vater und dessen
Wertsystem, die gestörte oder fehlende Beziehung zur Mutter, Probleme der
psychosexuellen Entwicklung, Schwanken zwischen homoerotischer Neigung
und heterosexueller Festlegung, Schwierigkeiten der Berufsfindung oder der
Entscheidung für den Nonkonformismus, soziale Scheu, eskapistische Tendenzen wie die Flucht in die Natur, in den Süden, auf die Straße, nach Indien,
in den Alkohol, in Bücher, in fernöstliche Religiosität, der Ausbruch aus re-
gional, national oder religiös-konfessionell begrenzten Weltbildern und der
scheiternde oder gelingende Durchbruch zum Künstlertum. Auch wenn diese
Themen sich mit zeittypischen Formen der Zivilisationskritik verbinden, mit
Nietzscheanismus, Antiamerikanismus, der Ideenwelt der Reformpädagogik,
der Freikörperkultur-Bewegung, der Psychoanalyse, ist das Grundanliegen,
dem Einzelnen das Recht auf den ihm gemäßen eigenen Weg zuzugestehen,
von bleibender Aktualität. Während Hesse selbst sich schon im Alter von dreizehn Jahren darüber im Klaren war, dass er »entweder ein Dichter oder gar
nichts werden« wollte (SW 12, 48), müssen seine Helden teilweise zahlreiche
Irrwege beschreiten, bevor sie sich ihrer Bestimmung bewusst werden. Häufig
dient dazu die Auseinandersetzung mit einer Spiegel- oder Kontrastfigur oder
die Begegnung mit einer Frau mit Katalysatorfunktion. Immer wieder krei-

---

[1] Hermann Hesse: Gruß an die französischen Studenten zum Thema der diesjährigen Agré-
gation, in: Hermann Hesse. Sämtliche Werke, hrsg. von Volker Michels, Bd. 12, Frankfurt/Main:
Suhrkamp 2003, S. 195–197, 196. Erstdruck in: Neue Zürcher Zeitung, 4. 8. 1951, unter dem Titel
»Über Peter Camenzind«.
   Die in den *Sämtlichen Werken* (2003) veröffentlichten Texte werden nachfolgend im Text
zitiert als SW mit Band- und Seitenangabe in Klammern.

sen Hesses Texte um schwierige Identitätsentwicklungen. Das gilt für *Peter Camenzind* (1903/4), *Unterm Rad* (1904/5), *Knulp* (1915), *Kinderseele* (1919), *Demian* (1919), *Siddhartha* (1922), um nur einige zu nennen. Mit *Unterm Rad* hat Hermann Hesse sich an der literarischen Schulkritik der Zeit beteiligt. *Peter Camenzind* ist ein Entwicklungsroman ohne Entwicklung. *Kinderseele* schildert die Entstehung von Gewissensnot aufgrund eines Diebstahls von Feigen aus der Schublade des Vaters. Knulp macht der Liebesverrat seiner Freundin Franziska zum Landstreicher, aber auch zum Lebenskünstler, der den Philistern zurückspiegelt, was ihnen fehlt. Emil Sinclair muss unter dem Einfluss seines Mentors Demian erkennen, dass das Böse, das er in seinen Feinden vermutet, Teil von ihm selbst ist. In allen diesen Fällen setzt der Selbstfindungsprozess mit einem Abschied von den väterlichen Normen ein. Auch Siddharthas Weg nach innen und durch den Schmutz des Lebens beginnt mit einem Bruch mit dem Herkunftsmilieu, es ist aber ein Bruch durch Überbietung: Aus dem Sohn des Brahmanen, der das Elternhaus gegen den Willen des Vaters verlässt, wird ein pilgernder Asket, ein Reicher, ein Fährmann, der Schüler eines Flusses, ein um die Liebe des Sohnes werbender Vater und am Ende ein Weiser, der auf den Freund seiner Jugend, Govinda, wie ein Buddha wirkt. Wie bei vielen Autoren der Zeit ist der Jüngling als »Hoffnungsträger« der Moderne[2] auch bei Hermann Hesse Melancholiker. Denn die Aufbruchsstimmung um 1900, die den Jugendbegriff zum Fanal für eine neue Zeit werden lässt, ist tief ambivalent. Der Industrialisierungsschub, die Verstädterung, die Frauenemanzipation und die neue Durchlässigkeit zwischen den sozialen Schichten erzeugen ebenso viel Modernisierungsangst wie Euphorie. Die Literatur der Zeit trägt diesen Tendenzen Rechnung, indem sie krisenhafte Adoleszenzverläufe schildert, die oft sogar im Selbstmord enden.[3] Ich möchte die Art der Darstellung von Adoleszenzkonflikten zunächst an Hesses Erstlingsroman *Peter Camenzind* verdeutlichen.

---

[2] Birgit Dahlke: Jünglinge der Moderne. Jugendkult und Männlichkeit um 1900, Köln u. a.: Böhlau 2006, S. 77.
[3] Vgl. York-Gothart Mix: Selbstmord der Jugend. H. Falladas »Der junge Goedeschal«, J. R. Bechers »Abschied«, H. Hesses »Unterm Rad« und der Erziehungsalltag im Kaiserreich, in: Germanisch-Romanische Monatsschrift, Neue Folge, Bd. 44, H. 1, Heidelberg: Universitätsverlag Winter 1994, S. 63–76; Joachim Noob: Der Schülerselbstmord in der deutschen Literatur um die Jahrhundertwende, Heidelberg: Universitätsverlag Winter 1998; Jan Ehlenberger: Adoleszenz und Suizid in Schulromanen von Emil Strauß, Hermann Hesse, Bruno Wille und Friedrich Torberg, Frankfurt/Main u. a.: Lang 2006.

Peter Camenzind

Schon *Peter Camenzind* (SW 2, 5–134), 1903 in der Neuen Deutschen Rund-schau vorabgedruckt und 1904 bei S. Fischer in Berlin als Buch erschienen, ver-bindet die Darstellung der Adoleszenzkrise eines Einzelgängers mit der Epo-chenproblematik der Moderne. Diese wird entlang des Dualismus von Stadt und Land entfaltet. Adoleszenz unter den Bedingungen der Moderne erscheint hier in erster Linie als Heimatverlust.[4] Denn Landflucht und Verstädterung, Technisierung, Medienwandel, Lebensreform, Ästhetizismus, Nihilismus und Säkularisierung machen auch vor traditionellen Agrarländern wie der Schweiz nicht Halt. Im Unterschied zu anderen Romanen des Fin de siècle ist der Titel-held Peter Camenzind aber kein Spross der überlebten Aristokratie oder des Großbürgertums, sondern ein Bauernsohn. Er wächst im fiktiven Schweizer Bergdorf »Nimikon«[5] auf. Schon der aus »nimbus« und »ikon« zusammenge-setzte Name, der mit »Wolkenbild« übersetzt werden kann, verweist auf das Flüchtige, Imaginäre dieser Heimatidylle.[6] Der träge, introvertierte, melancho-lische Junge passt nicht in das bäuerliche Herkunftsmilieu. Seine Integration in die traditionsgeleitete Dorfgesellschaft misslingt schon deshalb, weil die Ehe der Eltern durch den Alkoholismus des Vaters zerrüttet und die Mutter – nicht zuletzt deshalb – frühzeitig verstorben ist. Nach ihrem Tod lebt der Jüngling in einer Schicksalsgemeinschaft mit dem Vater, der ihm fremd bleibt, von dem er aber die Neigung zu grundloser Schwermut geerbt hat. In der Pubertät wird das Gefühl der Einsamkeit und Nichtzugehörigkeit durch die unerfüllte erste Liebe zu einer Dorfschönheit verstärkt, um die er nicht zu werben wagt. Schon vor dem Verlassen des Dorfes für den Besuch der höheren Schule zeigt der Jüngling die Tendenz zur Flucht in die Natur. Aber auch danach bleibt er als »Oberländer […] unter den Unterländern ein Außenseiter«.[7]

Mit der Aufnahme des Studiums in Zürich lernt er die Philosophie Friedrich Nietzsches, die Musik Richard Wagners, die Künstler-Bohème um die Malerin Erminia Aglietti, den Journalismus und die Freundschaft kennen. Doch auch die neue Heimat im Reich des Geistes und der Kunst ist nicht von Dauer. Das städtische Leben entfremdet den jungen Mann der Natur, der Tod entreißt ihm den Freund und die Liebe zu Erminia, die ihrerseits einem gebundenen

---

[4] Eine semiotische Lektüre des Textes anhand der zwei zentralen Isotopien »Heimat« und »Melancholie« entwickelt Ulrich Breuer: Melancholie der Heimatferne. Figuren der Erlösung in Hermann Hesses »Peter Camenzind«, in: Hermann Hesse und die literarische Moderne, hrsg. von Andreas Solbach, Frankfurt/Main: Suhrkamp 2004, S. 155–174, 157.

[5] Da Camenzinds Leben Parallelen zu dem des Schweizer Dichters Heinrich Leuthold auf-weist, könnte dessen Geburtsort Wetzikon den fiktiven Ortsnamen »Nimikon« mit geprägt haben. Ein Schweizer Dorf, in dem es viele Camenzinds gibt, ist Gersau im Kanton Schwyz. Vgl. Martin Pfeiffer: Hesse-Kommentar zu sämtlichen Werken, München: Winkler 1980, S. 77.

[6] Breuer, Melancholie (zit. Anm. 4), S. 159.

[7] Sikander Singh: Hermann Hesse, Stuttgart: Reclam 2006, S. 71.

Mann verfallen ist, macht ihn zu einer lächerlichen Figur. So bleibt neben dem Rückzug in den Regressionsraum der Natur nur die Flucht in den Alkohol, ein selbstdestruktives Männlichkeitsritual. Neben der geographischen, der genealogischen und der sozialen Bedeutung hat Heimat in *Peter Camenzind* demnach auch eine erotische, eine kulturelle und eine spirituelle Dimension.[8] In jeder dieser Hinsichten wird der Titelheld in der ländlichen und in der städtischen Umgebung heimatlos.

Mit dem Aufbruch nach Italien übernimmt der Text das Reisemotiv des klassisch-romantischen Bildungs- und Entwicklungsromans. Doch Peter Camenzind entwickelt sich nicht. Er trifft auch in Italien, im Tal von San Clemente bei Florenz, auf dieselbe Ambivalenz von Schönheit und Einsamkeit, die schon sein Verhältnis zur Schweizer Bergheimat bestimmt hat. In Umbrien findet er sein geistiges Vorbild, Franz von Assisi, aber sein soziales Leben bleibt parasitär. Er genießt zwar die freundliche Aufnahme in der Familie der italienischen Witwe Signora Nardini, doch auf das implizite Angebot, sie zu »heiraten« (SW 2, 93) und in Italien sesshaft zu werden, geht er nicht ein. Dem stehen seine innere Unruhe, seine anders gerichteten erotischen Neigungen und seine unbestimmte Sehnsucht nach einer Heimat entgegen, von der er weiß, dass sie keine ist.

Ein Aufenthalt in Paris, der Metropole der Moderne, empfindet Camenzind als Absinken in den Schmutz der Großstadt. In Basel sucht er kurzzeitig Anschluss an die gebildete städtische Oberschicht, doch auch diese Bemühung ist nicht von Erfolg gekrönt. Der junge Mann wird zwar zu Abendgesellschaften eingeladen, als er sich aber in die junge Patrizierin Elisabeth[9] verliebt, zögert er so lange, seine Liebe zu gestehen, bis es für ein Geständnis zu spät ist – ein Muster, das sich insgesamt drei Mal wiederholt. Der verpasste *kairos*, das dreifache Versäumnis des rechten Augenblicks für die Liebeswerbung, hat offenbar Methode. Mit allzu großer Scheu allein ist er nicht mehr zu erklären. Camenzind will im Grunde nicht erhört werden. Er liebt nicht die Frauen, sondern die Liebe, die Intensivierung seines Lebensgefühls durch sie, die Steigerung der Kreativität. Denn eigentlich sieht er sich selbst als Dichter. Das heimliche Ziel seiner Wanderung ist das Schreiben. In dieser Hinsicht ist er dem Ich-Erzähler in Hesses *Brief eines Jünglings* (SW 6, 445–449) von 1906 verwandt, der schreibt, um von seiner Liebe reden, nicht um die Geliebte erobern zu können.

---

[8]   Breuer, Melancholie (zit. Anm. 4), S. 160.

[9]   Das biografische Vorbild für die Figur der Elisabeth war die Baseler Pianistin Elisabeth La Roche, die Tochter der Pfarrerswitwe Esther La Roche-Stockmeyer, eine Jugendfreundin, die Hesse im Alter von 22 Jahren im Kreis des Baseler Staatsarchivars Dr. Rudolf Wackernagel wiedertraf. In einem Brief an seinen Sohn Bruno von 1930 teilt Hermann Hesse mit, dass er seine Baseler Jugendliebe, »die Elisabeth des Camenzind und der Gedichte«, nach 27 Jahren wiedergesehen habe. Zitiert nach: Hermann Hesse. Personen und Schlüsselfiguren in seinem Leben, Bd. 2, hrsg. von Ursula Apel, München u. a.: Saur 1989, S. 586.

Im erotischen Sinn gibt es auch für Camenzind keine Heimat, weil er das An-kommen bei der Geliebten scheut. Wie Kuhn in Hesses Musiker-Roman *Ger-trud* (1910) sucht Camenzind in der Liebe die Belebung seiner Schaffenskraft, nicht die Bindung an eine Frau.[10] Aber auch die soziale »Heimatluft« findet der entlaufene Bauernsohn nicht bei den Stadtpatriziern, sondern nur bei den »kleinen Leute[n]« (SW 2, 102), im Haus eines Baseler Handwerkermeisters wieder. Bei einem einfachen Schreiner wird ihm Familienanschluss gewährt, nur dort kommt ein Gefühl der Zugehörigkeit auf, besonders bei der geteilten Sorge um die todkranke kleine Agnes. Das städtische Leben mit den techni-schen und zivilisatorischen Errungenschaften der Moderne bleibt in dieser Sphäre ausgegrenzt. Auch diese Familie nutzt jede Gelegenheit zu Wanderun-gen in die freie Natur. Erst in der Wohngemeinschaft mit dem Behinderten Boppi, dem Bruder der Meistersfrau, gelingt dem zivilisationsmüden Jüngling eine Form des Zusammenlebens, die ihn zeitweilig von seiner Einsamkeit er-löst. Doch Boppis früher Tod beendet auch diese Ersatzbeziehung. Er gibt nur noch Anlass zu gnostischen Reflexionen über das kosmische Heimatrecht der Seele.

Im sozialen Sinn ist Peter Camenzind damit wieder heimatlos geworden, eine Lebenskrise, auf die er mit Rückkehr in sein Heimatdorf und Übernahme der Pflege seines alten Vaters reagiert. Die Frage: »Und was ist denn nun bei soviel Irrfahrten und verbrauchten Jahren herausgekommen?« beantwortet er selbst:

Die Frau, die ich liebte und immer noch liebe, erzieht in Basel ihre zwei hübschen Kinder. Die andere, die mich lieb hatte, hat sich getröstet und handelt weiterhin mit Obst, Gemüse und Sämereien. Der Vater, wegen dessen ich ins Nest heimgekehrt bin, ist weder gestorben noch genesen, sondern sitzt mir gegenüber auf seinem Faulbett-lein, sieht mich an und beneidet mich um den Besitz des Kellerschlüssels. (SW 2, 133)

Eine Lebensbilanz von grenzenloser Ironie! Nichts ist, wie es sein sollte. Der Held hat keins seiner Ziele erreicht und keins seiner Probleme gelöst. Er hat nur um unerreichbare Frauen geworben und ist anstelle von Liebesbeziehun-gen Männerfreundschaften eingegangen. Offenbar kann er sich zwischen ver-drängter Homoerotik und Heterosexualität nicht entscheiden. Die versuchte Künstlerexistenz hat ihn in immer größere Menschenscheu verstrickt. Wie Eichendorffs Taugenichts kommt er am Ende seiner Wanderung dort wieder an, von wo er aufgebrochen ist, im Unterschied zu jenem aber um nichts als Enttäuschungen reicher. Das Manuskript, das eine Welt ohne Menschen ent-werfen wollte, liegt unveröffentlicht in der Schublade. Statt es zu vollenden,

---

[10] Vgl. dazu meinen Aufsatz: Musikästhetik und Genderkonstruktionen in Hermann Hesses Roman »Gertrud«, in: »Magischer Einklang«. Dialog der Künste im Werk Hermann Hesses, hrsg. von Henriette Herwig und Sikander Singh, Göttingen: Wallstein 2011, S. 103–118.

plant der Heimkehrer, die Dorfkneipe zu übernehmen und dort den Alkohol auszuschenken, der seinen Vater ruiniert hat – bei seiner eigenen Suchtneigung eine vergleichsweise düstere Aussicht. Das gilt für die Ebene der erzählten Geschichte. Auf der Ebene des erzählerischen Diskurses begegnet der Autor dem Dilemma, dass die Moderne bei erhöhtem »Erlösungsbedarf« zunehmend weniger Erlösungsmöglichkeiten bietet, aber mit Humor.[11]

Warum bleibt die Suchbewegung dieses frühen Helden Hesses so ergebnislos? Ich behaupte, weil er zwischen Stadt und Land, Kultur und Natur, Liebe und Freundschaft oszilliert, weil ihm die Entwicklung der Geschlechtsidentität nicht gelingt und weil sein Durchbruch zum Künstlertum auf halbem Wege stecken bleibt. Der Komponist Gottfried Kuhn wird die Wendung zur Musik in *Gertrud* (1910) radikaler vollziehen, Knulp die Entscheidung für die Landstraße und den freien Gesang des Wanderers auch um den Preis des vorzeitigen Alterns. Doch erst in den 1920er Jahren gelingt Hesse mit Siddhartha die Gestaltung einer Figur, die am Ende ihrer Adoleszenz in sich ruht.

Unterm Rad

Die viel radikalere Schülertragödie *Unterm Rad* (SW 2, 135–280) ist stark von der Biographie des Autors geprägt. In sie sind nicht nur Hesses eigene Erlebnisse im evangelisch-theologischen Seminar Maulbronn eingegangen, das er von September 1891 bis Mai 1892 besuchte, sondern auch die Schulerfahrungen seines jüngeren Bruders Hans, der in der Schule drangsaliert wurde und sich 1935 das Leben nahm. 1903 in Calw entstanden, 1904 in der Neuen Zürcher Zeitung vorabgedruckt und 1905 als Buch erschienen, ist dieser Schul- und Internatsroman das bis heute »wirkungsvollste der Frühwerke«[12] Hermann Hesses. Die politische Brisanz des Romans wurde bald erkannt. Unter dem Nationalsozialismus gehörte er zu den verbotenen Büchern, er konnte erst 1951 wieder erscheinen und selbst dann nur nach Abschwächung der massiven Schul- und Gesellschaftskritik.[13]

Das Internat, das der 14-jährige Hans Giebenrath in *Unterm Rad* auf Drängen seines Vaters besucht, ist das Seminar Maulbronn, eine von »vier […], im sechzehnten Jahrhundert gegründeten, Klosterschulen« im Königreich Württemberg, die seit 1806 »Evangelisch-theologische Seminare« genannt wurden,[14]

---

[11] Breuer, Melancholie (zit. Anm. 4), S. 157.
[12] Volker Michels: Unterm Rad der Fremdbestimmung, in: Hermann Hesse: »Unterm Rad«. Entstehungsgeschichte in Selbstzeugnissen des Autors, hrsg. von Volker Michels, Frankfurt/Main: Suhrkamp 2008, S. 7–32, 7.
[13] Ebd., S. 12.
[14] Klaus Johann: Grenze und Halt. Der Einzelne im »Haus der Regeln«. Zur deutschsprachigen Internatsliteratur, Heidelberg: Universitätsverlag Winter 2003, S. 106.

eine idyllisch gelegene ehemalige Zisterzienserabtei. Für die Aufnahme in eins der Seminare musste man das Landexamen bestehen. Zur Belohnung erhielt man ein staatliches Stipendium, aber nicht umsonst. Der Preis für den staatlichen Unterhalt war die Verpflichtung auf die Theologie.[15] Durch sie sicherte der Staat sich seinen Pfarrer- und Lehrernachwuchs. Für begabte Söhne ärmerer Familien gab es keine andere Möglichkeit, in den Genuss der höheren Schul- und Hochschulbildung zu kommen. Deshalb war der Freiplatz im Seminar, trotz des Akzents auf den alten Sprachen Griechisch, Hebräisch und Latein, sehr begehrt. Nach zwei Jahren wechselte man in ein höheres Seminar, danach ins Tübinger Stift. Nicht nur Hermann Hesse war den Weg durchs Landexamen ins Seminar gegangen, auch so berühmte Vorgänger wie Johannes Kepler, Friedrich Hölderlin, Schelling, Hegel und Mörike,[16] kaum einer unter ihnen, der nicht die erzwungene »Mönchsknechtschaft«[17] beklagte. An diese Tradition der Klosterschulkritik knüpft Hermann Hesse an. Er zeigt am Beispiel eines Schülers, »auf welche Weise man einen gesunden und begabten jungen Menschen am zweckmäßigsten zugrunde richten kann.«[18]

Im Mittelpunkt von *Unterm Rad* steht der 14-jährige Schüler Hans Giebenrath, »ein feiner Kopf« (SW 2, 139), den der Erwartungsdruck seines Vaters und seiner Erzieher in einen sozialen Ehrgeiz treibt, an dem er zerbricht. Hans wächst ohne Mutter nur unter der Obhut eines Vaters auf,[19] der schon auf der ersten Seite als Prototyp eines Spießbürgers charakterisiert wird. Das erklärt auch, warum seine intelligente, früh verstorbene Frau zu Lebzeiten »ewig kränklich und bekümmert gewesen« ist (SW 2, 138). Neben einem solchen Ehemann konnte sie sich offenbar nicht entfalten. Der Weiblichkeitsdiskurs der Zeit schließt von einem solchen Befund auf *Hysterie*. Die Intelligenz des Sohnes ist offenbar das Erbe der Mutter. Für dessen Begabung interessiert der Vater sich aber nur so weit, wie Hans stellvertretend für ihn den Traum vom sozialen Aufstieg in die kirchlichen oder staatlichen Beamtenkreise der Stadt zu erfüllen verspricht. Der Weg zu diesem Ziel führt durch das »Landexamen« (SW 2, 139). Für den »Geldvorteil« der lebenslangen staatlichen Versorgung werden die Söhne von den Vätern »verkauf[t]« (SW 2, 185). Auch Hans zahlt für die Modernisierungschance, durch den Besuch einer höheren Schule über

---

[15] Ebd., S. 107.

[16] Michels, Fremdbestimmung (zit. Anm. 12), S. 16.

[17] Johann, Grenze und Halt (zit. Anm. 14), S. 109, mit Bezug auf Robert Minder: Hölderlin und die Deutschen und andere Aufsätze zur deutschen Literatur, Frankfurt/Main: Suhrkamp 1968, S. 25.

[18] So der Rezensent Arthur Eloesser 1906 in der Berliner Vossischen Zeitung, zitiert nach: Michels, Fremdbestimmung (zit. Anm. 12), S. 7.

[19] Dass die Mutterlosigkeit von Hans keine hinreichende Erklärung für sein Scheitern ist, verdeutlicht das Schicksal Heiners in dem Vorläufertext *Freund Hein* (1902) von Emil Strauß. Heiner hat eine liebevolle Mutter, die seine Entwicklungskrisen mit Verständnis begleitet, doch auch das kann seinen Freitod nicht verhindern.

die Enge seines Herkunftsmilieus hinauswachsen zu dürfen, schon in der Zeit der Vorbereitung auf das Landexamen einen hohen Preis. Dieser besteht im zu frühen Abschied von der Kindheit, im Verlust der Kontakte zu den Klassenkameraden, in dem vom Vater, Schulleiter, Stadtpfarrer und Mathematiklehrer gezielt verstärkten schulischen Leistungsdruck, im Verzicht auf Freizeit, sogar in den wohlverdienten Sommerferien, in der Entfremdung von der äußeren und inneren Natur und in somatischen Symptomen wie Kopfschmerzen und Müdigkeit.

Versuche, diesen Prozess durch Regression in die Welt der Kindheit aufzuhalten, scheitern. Da er das spürt, ist Hans es selbst, der die Angelrute versteckt, das »Wasserrädchen« zerbricht, den »Kaninchenstall« zerschlägt: »Er hieb auf das alles los, als könnte er damit sein Heimweh nach den Hasen und nach August und nach all den Kindereien totschlagen.« (SW 2, 144 f.) Weil er die Knabenfreuden preisgeben musste, »ohne daß etwas Lebendiges und Erlebenswertes« (SW 2, 155) an ihre Stelle getreten wäre, vollzieht er den Abschied von der Kindheit mit einer Zerstörungswut, die an Autoaggression grenzt. Hans gerät durch das internalisierte Leistungsethos »zwischen die Welt der Erwachsenen und seine eigene Altersgruppe«.[20] Der einzige Vorteil, den er davon hat, ist das »eigene kleine Zimmer« und »die selige Ahnung […], daß er wirklich etwas anderes und besseres sei als die dickbackigen, gutmütigen Kameraden und auf sie vielleicht einmal aus entrückter Höhe überlegen herabsehen dürfe« (SW 2, 146). Mit dieser Größenphantasie kompensiert er seine Einsamkeit und den Verlust an Lebensfülle. Seine Opferrolle wird dadurch aber nicht aufgehoben. Denn die Entscheidung, sich als einziger Sohn der Stadt dem Landexamen zu stellen und damit vor allen Altersgenossen auszuzeichnen, fällt Hans nicht ganz freiwillig. Längst hat er die väterlichen Normen verinnerlicht und auf dieser Basis ein falsches Ich-Ideal errichtet. Im Unterschied zu Andreas Solbach würde ich hier nicht von Mitschuld aufgrund von »*superbia*«[21] sprechen, eher von einem »Drama des begabten Kindes«,[22] das gelernt hat, den Mangel an Liebe durch soziale Anerkennung für erbrachte Leistung auszugleichen. Denn Hans »wird nicht um seiner selbst willen geliebt, sondern nur insoweit, als er den Ehrgeiz und das Renommierbedürfnis seines Vaters und seiner Heimatge-

---

[20] Rainer Kolk: Literatur, Wissenschaft, Erziehung. Austauschbeziehungen in Hermann Hesses »Unterm Rad« und Robert Walsers »Jakob von Gunten«, in: Nach der Sozialgeschichte. Konzepte für eine Literaturwissenschaft zwischen Historischer Anthropologie, Kulturgeschichte und Medientheorie, hrsg. von Martin Huber und Gerhard Lauer, Tübingen: Niemeyer 2000, S. 233–250, 241.

[21] Andreas Solbach: Dezisionistisches Mitleid: Dekadenz und Satire in Hermann Hesses »Unterm Rad«, in: Hermann Hesse Today. Hermann Hesse Heute, hrsg. von Ingo Cornils und Osman Durrani, Amsterdam / New York: Rodopi 2005, S. 67–82, 71.

[22] Alice Miller: Das Drama des begabten Kindes und die Suche nach dem wahren Selbst, Frankfurt / Main: Suhrkamp 1979.

meinde befriedigt«.[23] Vom Moment an, da er diese Funktion nicht mehr erfüllt, schenken seine Erzieher ihm keinerlei Beachtung mehr. Er ist für sie sozial tot, lange bevor ihn der Unfalltod im Wasser ereilt. Der Vater lässt auch keine Alternative zur staatlich geförderten Schulkarriere zu: »Aufs Gymnasium! Du meinst wohl, ich sei Kommerzienrat.« (SW 2, 156) Sozialer Aufstieg ja, aber nur, wenn er kostenlos ist. In »seinen strengen, mutterlosen Knabenjahren« ist dem Jungen zudem »die Gabe des Anschmiegens verkümmert« (SW 2, 190). Er hat nur seine Verstandeskraft und einen emotionalen Hunger, der ihn von der Zuwendung anderer abhängig macht.

Als Hans ins Seminar Maulbronn eintritt, verliert er die innere Orientierung. Das durch »Einkleidung«, »Stubenbelegung« und Abschied vom Vater geprägte Ritual der Aufnahme führt bei ihm nicht zur »Integration« in die Klassen- und Stubengemeinschaft.[24] Er bleibt Einzelgänger, bis er in dem frühreifen Mitschüler Heilner einen Freund findet. Durch dessen Einfluss wird ihm bewusst, dass er fremden Stimmen folgt, nicht der eigenen. Wie in vielen Texten, so folgt Hesse auch hier dem »*Prinzip der polarischen Spaltung*«.[25] Hermann Heilner ist der Gegenspieler von Hans Giebenrath, sein »antagonistischer Dämon«.[26] Er hat alles, was Hans fehlt: ein Leben außerhalb der Schule, eine Beziehung zur Literatur, ein Selbstverständnis als Dichter, geistige Unabhängigkeit, Freiheit vom Urteil anderer, Entschlusskraft und Mut zum Nonkonformismus. Als »typische[r] Bohémien der Jahrhundertwende« braucht er »Maulbronn nicht, um ins ›Himmelreich‹ einer (groß)bürgerlichen Existenz zu gelangen«, er kennt »deren Fragwürdigkeit«.[27] Die sozial disziplinierende Funktion des schulischen Drills hat er ebenso durchschaut wie die Inhaltslosigkeit der Lernstoffe:

›Da lesen wir Homer [...] wie wenn die Odyssee ein Kochbuch wäre. Zwei Verse in der Stunde, und dann wird Wort für Wort wiedergekäut und untersucht, bis es einem zum Ekel wird. Aber am Schluß der Stunde heißt es dann jedesmal: Sie sehen, wie fein der Dichter das gewendet hat [...].‹ (SW 2, 193)

Heilner stellt die Ironie bloß, die in der hellenistischen Bezeichnung der Stuben liegt, obwohl ihre Bewohner nach dem Katechismus leben müssen. Seine Rebellion gegen die Paukschule, gegen »Entindividualisierung und lebensferne Lerninhalte« korrespondiert »mit der Ideenwelt« der Reformpädagogik.[28] Auch in seinem Emotionsausdruck ist Heilner unabhängig: Er gibt Hans

---

[23] Michels, Fremdbestimmung (zit. Anm. 12), S. 7.
[24] Kolk, Austauschbeziehungen (zit. Anm. 20), S. 241 f.
[25] Heinz Stolte: Hermann Hesse. Weltscheu und Lebensliebe, Hamburg: Hansa 1971, S. 44.
[26] Solbach, Dezisionistisches Mitleid (zit. Anm. 21), S. 74.
[27] Johann, Grenze und Halt (zit. Anm. 14), S. 156.
[28] Waltraud ›Wara‹ Wende: »Die Schule ist die einzige moderne Kulturfrage, die ich ernst nehme«, in: Solbach, Hermann Hesse und die literarische Moderne (zit. Anm. 4), S. 202–223,

spontan einen Kuss. Er weint, wenn ihm danach ist, ohne sich seiner Tränen zu schämen. Da er gelegentlich auch Anwandlungen melancholischer Verstimmung hat, braucht er den Freund als »Spielzeug«, »Hauskatze« (SW 2, 199), Bewunderer, Tröster, Helfer und Adressaten für erotische Impulse. Innerlich bleibt er dabei aber unabhängig von Hans. Nicht zuletzt deshalb besteht diese Freundschaft die erste Bewährungsprobe nicht. Als Heilner wegen eines Vergehens zu einer Karzerstrafe verurteilt und sozial geächtet wird, bringt Hans aus Angst, das Wohlwollen seiner Lehrer zu verlieren, nicht die Stärke auf, dem Freund beizustehen. Erst der Tod des beim Schlittschuhlaufen verunglückten Mitschülers Hindinger erinnert ihn an seine Schuld gegen Heilner.

Mit der Erneuerung der Freundschaft nach einer Bitte um Vergebung ist das Schicksal von Hans besiegelt. Von nun an nimmt er keine Rücksicht auf das Urteil seiner Lehrer mehr. Er beginnt die Schule zu vernachlässigen und auf Kritik mit schweigendem Rückzug zu reagieren. Seine schulischen Leistungen lassen nach. Er verliert den Respekt der Lehrer und damit seine Selbstachtung. Hatte er vor dem Landexamen für den sozialen Ehrgeiz den Preis des Verlusts seiner Kindheit bezahlt, so zahlt er für die Freundschaft mit Heilner jetzt den Preis des Verlusts seiner Leistungsmotivation. Heilners Spott: »du tust all die Arbeit ja […] lediglich aus Angst« (SW 2, 198) vergiftet sie. Die dekadente Attitüde, die der Großbürger sich leisten kann, weil sie sozial folgenlos bleibt, nimmt dem Kleinbürgerssohn das einzige Mittel, der Enge seines Herkunftsmilieus zu entfliehen. In einer Militärschule wie der, die Musils Törleß besucht, wäre Hans in der Position Basinis. Als der Ephorus einen Versuch unternimmt, Giebenraths Freundschaft mit Heilner zu hintertreiben, setzt Hans sich allerdings zur Wehr. Die Feigheit eines Freundesverrats weist er als Zumutung zurück. Dabei wächst er über die Fixierung auf den Schulerfolg hinaus.

Die zweite Freundschaftsprobe ist damit zwar bestanden, doch Hans wird seines Lebens nicht mehr froh. Die Freundschaft mit Heilner macht einen »bisher unberührten Teil seines Wesens krank« (SW 2, 200). Warum tut sie das? Es ist »keine Freundschaft unter Gleichen«, sie hat eine »Schieflage«:[29] Hans ist in der unterlegenen Position. Heilner instrumentalisiert die Freundschaft für seine eigene Adoleszenz. Er veranlasst Giebenrath, seinen Ehrgeiz preiszugeben, ohne zu erkennen, dass er ein Teil von dessen Identität ist. Damit entfremdet er Hans sich selbst. Die Folge ist Orientierungsverlust. Die Freundschaft ist einseitig. Während sie für Giebenrath existentielle Bedeutung hat, behält Heilner die Freiheit, jederzeit zu gehen. Und das tut er dann auch. Als es zu einem neuen Konflikt mit der Internatsleitung kommt, lässt er Giebenrath im Stich. Dieser reagiert auf die Abwärtsspirale des Schulversagens mit Müdigkeit,

219. Vgl. auch Hellmut Becker / Gerhard Kluchert: Die Bildung der Nation. Schule, Gesellschaft und Politik vom Kaiserreich zur Weimarer Republik, Stuttgart: Klett-Cotta 1993.

[29] Johann, Grenze und Halt (zit. Anm. 14), S. 182.

Schwindel und geistiger Absenz – psychosomatische Symptome, die sich nach dem Ausscheiden aus dem Internat auch beim ersten erotischen Kontakt mit Emma einstellen. Das zeugt nicht nur von Triebunterdrückung, sondern auch von verlorenem Urvertrauen. Die Entwicklung von Hans Giebenrath misslingt, sie »friert ein«, »er bleibt stumm«.[30] Als auch die Mechanikerlehre nicht zur Integration in die Gruppe der Lehrlinge und Gesellen führt, findet der alkoholisierte Giebenrath eines Nachts im Wasser den Tod. Ob das als Unfall, den er quasi angezogen hat,[31] oder als verkappter Freitod zu werten ist, bleibt offen. Der Ausweg aus dem Dilemma der verlorenen Zielorientierung hätte für Hans in der Erkenntnis gelegen, dass er selbst die Anlage zum Dichter hatte, nicht Heilner, der den Verseschmied nur spielt. So gesehen, ist *Unterm Rad* die Geschichte eines gescheiterten Durchbruchs zum Künstlertum.

Buddenbrooks (1901)

Völlig anders erscheinen Kindheit und Jugend Hanno Buddenbrooks in Thomas Manns erstem Roman. In *Lübeck als geistige Lebensform* (1926) hat Thomas Mann bekannt, seine Beschreibung des Zerfalls einer hanseatischen Kaufmannsfamilie um dieses »sensitiven Spätlings« (XI, 380) willen geschrieben zu haben, wie sein gesamtes Werk im Grunde um den schwachen Helden kreist.[32] Hannos Schicksal steht von Geburt an unter einem unglücklichen Stern. Er ist kein Kind der Liebe. Sein Vater, Thomas Buddenbrook, hat die Millionärstochter Gerda Arnoldsen nicht aus Zuneigung geheiratet, sondern wegen ihrer hohen Mitgift, auch aus Freude über den Gewinn an Sozialprestige. Der Eheschließung ging der Liebesverrat an dem Blumenmädchen Anna voraus, das wie Lene Nimptsch in Fontanes *Irrungen, Wirrungen* (1888–1890) zwar auf vorübergehende Nähe, nicht aber auf die Legitimierung der Beziehung hoffen durfte. Obwohl er vom Klassenegoismus seines Standes nicht frei ist und ihm die Liebe opfert, kann Thomas Buddenbrook Anna nicht vergessen. Im Gegenteil: Die ständig schwangere frühere Geliebte gemahnt den Senator ein Leben lang an eine Form von Sinnlichkeit und Fruchtbarkeit, die seiner Gattin fehlt. Gerda wird in dem großen Getreidehandelshaus zwar als »Mutter zukünftiger Buddenbrooks« (1.1, 333) begrüßt. Doch nichts liegt der stolzen Amsterdamerin ferner als die Rolle der Gebärmaschine. Trotzdem gibt der Erzähler die Stimmung im Haus nach der Geburt des ersten Kindes

---

[30] Carsten Gansel: Von Angst, Unsicherheit und anthropologischen Konstanten – Modernisierung und Adoleszenzdarstellung bei Hermann Hesse, in: Solbach, Hermann Hesse und die literarische Moderne (zit. Anm. 4), S. 224–255, 254.
[31] Solbach, Dezisionistisches Mitleid (zit. Anm. 21), S. 73.
[32] Helmut Koopmann: Der schwierige Deutsche. Studien zum Werk Thomas Manns, Tübingen: Niemeyer 1988, S. 5.

mit dem emphatischen Ausruf wieder: »… ein Erbe! Ein Stammhalter! Ein Buddenbrook! Begreift man, was das bedeutet?« (1.1, 435) Man begreift es: Er verkörpert die Hoffnung auf Fortführung der Familientradition. Vom ersten Tag seines Lebens an steht Hanno unter einem ungeheuren Erwartungsdruck. Als letzter Spross der Familie soll er die von seinem Ururgroßvater gegründete Getreidehandelsfirma übernehmen und dem im Niedergang begriffenen Geschäft zu neuem Aufschwung verhelfen. Es ist Ausdruck dieser Hoffnung, dass Hannos Taufe als sozial repräsentatives Fest gefeiert wird, zu dem auch der Bürgermeister geladen ist,[33] er übernimmt sogar die Patenschaft für das Kind. Doch wie seine Mutter hat der Säugling auffällig »bläuliche[] Schatten« (1.1, 435) unter den Augen, ein leitmotivisch wiederkehrender Vorausverweis auf seinen frühen Tod.[34] Als weitere Symptome seiner Hinfälligkeit werden schlechte Zähne,[35] Sensibilität, Mitleid und Lebensangst hinzukommen. Schon der Knabe neigt zu Albträumen, weshalb seine Nächte von der Kinderfrau Ida Jungmann bewacht werden müssen. Mit ihrer Entlassung nimmt das Verhängnis seinen Lauf. Hannos braun gelockte Haare, seine langen braunen Wimpern, seine aus dem »Hellblau« des Vaters und dem »Braun« der Mutter gemischten, ins »Goldbraun« schimmernden Augen (1.1, 435) und seine weichen Arme geben ihm schon dem Aussehen nach etwas mädchenhaft Zartes. Dem entspricht auch sein Verhalten. Da er allem aus dem Weg geht, »wozu ein wenig Mut, Kraft, Gewandtheit und Munterkeit« gehört (1.1, 686), erscheint er den Altersgenossen als Weichling. Insbesondere im Kontrast zu den starken Hagenström-Söhnen[36] wirkt Hanno als sensible, fragile, sozial isolierte Figur, an der nur der andere *outcast*, Kai Graf Mölln, Interesse zeigt. Unter den »hellblonden und stahlblauäugigen, skandinavischen Typen« (1.1, 683) seines Umfelds bleibt Hanno bis zum Schluss ein Fremdling.

Seine Lebensangst wird durch die ambivalente Beziehung zum Vater verstärkt, der nicht versteht, warum der Sohn »so gar keine Fühlung« mit den Altersgenossen aufnimmt, »mit denen er später zu leben und zu wirken haben würde«.[37] Thomas Buddenbrook verlangt von Hanno frühe Einübung in die künftige soziale Rolle. Die Strenge, mit der er das tut, ist die Kehrseite des Selbstzwangs, den der im Grunde sensible Mann sich selbst antut. Wenn er mit Hanno rechnet, ihn Straßennamen, Firmenspeicher und Schiffsnamen abfragt,

---

[33] Festveranstaltungen als Hintergrund für Lebenskatastrophen finden sich im Werk Thomas Manns immer wieder, beispielsweise in *Der kleine Herr Friedemann* (1897), *Luischen* (1900), *Die Hungernden* (1903) und *Tonio Kröger* (1903). Volkmar Hansen: Hanno Buddenbrook soll ein Gedicht aufsagen, in: Internationales Thomas-Mann-Kolloquium 1986 in Lübeck, Bern: Francke 1987 (= TMS VII), S. 11–29, 12.
[34] Barbara Schmied: Hanno und Kai – Zwei Künstler im Konflikt mit der Gesellschaft, in: Runa, H. 17/18, Lisboa: Ed. Gráfica Portuguesa 1992, S. 179–192, 180.
[35] Thomas Buddenbrook wird an den Folgen der Operation eines Backenzahns sterben.
[36] Koopmann, Der schwierige Deutsche (zit. Anm. 32), S. 5.
[37] 1.1, 685; Vgl. Koopmann, Der schwierige Deutsche (zit. Anm. 32), S. 6.

sucht er den Sohn für die praktischen Seiten des Lebens zu interessieren und auf seine künftige Aufgabe als Leiter der Firma vorzubereiten. Weil der Junge den Zweck dahinter spürt, kann er sich über die väterliche Zuwendung nicht freuen. Zeichenhaft für die fehlgeleiteten Erwartungen an das Kind ist das Fiasko beim hundertjährigen Firmenjubiläum: Zur Feier des Tages soll der siebenjährige Hanno der versammelten Familie ein Gedicht vortragen, *Schäfers Sonntagslied* (1805) von Ludwig Uhland.[38] Die Erwartungen sind hoch gespannt, denn Hanno nimmt hier erstmals eine Repräsentationsfunktion wahr. Doch obwohl er gut gelernt hat und den Wünschen des Vaters zu entsprechen versucht, kommt Hanno über den Gedichtanfang nicht hinaus.[39] Er verstummt nach dem Vers: »Ich bin allein auf weiter Flur« (1.1, 533). Während das spätromantische Bild des »Einzelnen in der Weite der Landschaft« bei Uhland für die Erfahrung der Gottesnähe in der Natur steht, wird es hier zum unfreiwilligen Ausdruck der Verlassenheit des Kindes, das vom Vater nur deshalb so gnadenlos »examiniert« wird, weil dieser in ihm die eigene Disposition zur Schwäche zu unterdrücken sucht.[40] Das sinnentstellende Zitat verfehlt zwar den Aussagegehalt des Gedichts, trifft aber die Lebenssituation des jungen Interpreten, der zu etwas abgerichtet wird, das ihm nicht entspricht. Als Reaktion auf die Frage des Vaters: »Gedenkst du dich später immer in Tränen zu baden, wenn du zu den Leuten sprechen sollst?« schwört Hanno sich, äußerlich schweigend, in Gedanken: »Nie, [...] nie werde ich zu den Leuten sprechen!« (1.1, 534)

An Hannos Einsamkeit ändert auch die Initiation in die Welt der Musik durch die Mutter nichts. Gerda Buddenbrook liebt Musik, die der Familie ihres Mannes unzugänglich ist, insbesondere diejenige Wagners. In dieses *Heiligtum* zieht sie sich zurück, in diesen »Tempel« (1.1, 560) nimmt sie den musikalisch begabten Sohn mit, nicht aber ihren Mann, den sie streng in seine Grenzen weist, obwohl er durchaus an Literatur und Kunst interessiert ist. Ohnmächtig muss Thomas Buddenbrook zusehen, wie Gerda ihm den Sohn entfremdet, seinen Bemühungen um Pragmatik die Ästhetik entgegensetzt, sich zur Feier orgiastischen Rauschs mit Herrn von Throta im Musikzimmer einschließt. Das entgeht auch Hanno, dem einfühlsamen Knaben, nicht, dessen mitleidigem Blick der Vater, eine Chance der Verständigung verschenkend, ausweicht (1.1, 715 f.). So wird Gerda Buddenbrook wie Clawdia Chauchat im

---

[38] Das Uhland-Gedicht besteht aus den folgenden drei vierzeiligen Strophen: »Das ist der Tag des Herrn!/ Ich bin allein auf weiter Flur;/ Noch eine Morgenglocke nur,/ Nun Stille nah und fern.// Anbetend knie ich hier./ O süßes Graun! geheimes Wehn!/ Als knieten viele ungesehn/ Und beteten mit mir.// Der Himmel nah und fern,/ Er ist so klar und feierlich,/ So ganz, als wollt er öffnen sich./ Das ist der Tag des Herrn!«, in: Ludwig Uhland. Werke, Bd. 1, hrsg. von Hartmut Fröschle und Walter Scheffler, München: Winkler 1980, S. 20.

[39] Hansen, Hanno Buddenbrook (zit. Anm. 33), S. 16.

[40] Ebd., S. 16 und S. 23.

Zauberberg (1924) zur »Verführerin zum Tode«.[41] Schon ihre roten Haare, ihr weißes Gesicht (1.1, 332 f.) und ihre weißen Zähne (1.1, 527) machen sie zur Todesbotin, zur »Allegorie der todbringenden Schönheit«,[42] eine Technik der Figurenzeichnung, die Thomas Mann auch im *Tod in Venedig* (1912) wieder aufnehmen wird. Für den Makler Gosch verkörpert sie »Here und Aphrodite, Brünnhilde und Melusine in einer Person« (1.1, 323). Die Kälte, die »Neigung zur Migräne« und »zum Rückzug« in verdunkelte Räume, die Unzugänglichkeit sind Eigenschaften, die sie mit dem syphilitischen Komponisten Adrian Leverkühn teilt. (BB Hb, 191)

Da der Sohn musikalisch begabt ist, lässt Gerda ihm Klavierunterricht erteilen. Hanno beherrscht das Instrument schon bald und bringt Nachmittage damit zu, traumverloren am Flügel zu phantasieren. Die mütterliche Musik kann er sich zu eigen machen, die vom Vater verlangte Kunst der öffentlichen Rede hingegen nicht. Doch wohin führt ihn die Musik? Als Pianist bleibt er Dilettant. Reisen und Auftritte vor Publikum sind ihm verhasst. Das heißt auch, dass er das private Fluchtmittel nicht zum Beruf machen und damit eine Alternative zum Kaufmannsstand aufbauen kann, was Kai ihm rät. »Wie sein Onkel Christian [...] unfähig, etwas zu wollen« (BB Hb 187), sucht Hanno in der Musik die Selbstaufgabe wie am Meer. Als er an seinem achten Geburtstag ein Vorspiel wagt, ist es eine Phantasie im Stil von Wagners *Tristan und Isolde* – im Verständnis der Zeit Inbegriff der Dekadenz. Die Musik ist für Hanno ein »Betäubungsmittel«,[43] eine Flucht vor dem Leistungsdruck des Vaters in das Mutterprinzip,[44] vor den Anforderungen der Adoleszenz in den Rausch, vor den Pflichten des Erwachsenenlebens in den Tod. Bezeichnend dafür ist, dass Hanno, im Gegensatz zu seinem Freund, Kai Graf Mölln, »gar nicht erst in den Stimmbruch« kommt.[45] In der Schule ist er ein Versager. Seine Kameraden nehmen ihn nicht ernst. Gegen ungerechte Lehrer kann er sich nicht wehren. Über der Aussicht, mit der Mutter eine Aufführung von Wagners *Lohengrin* zu besuchen, vergisst er seine Hausaufgaben. Kai, der erkennt, wohin es Hanno zieht, rät ihm kurz vor Ausbruch seiner Krankheit leise: »spiele lieber nicht!« (1.1, 823) Hanno schlägt diese Warnung aber in den Wind, setzt sich auch an diesem Nachmittag ans Klavier, spielt und überlässt sich dabei jenem »sehnsüchtigen und schmerzlichen Hinsinken

---

[41] Ken Moulden / Gero von Wilpert: Buddenbrooks-Handbuch, Stuttgart: Kröner 1988, S. 191. Nachfolgend im Text zitiert als BB Hb mit Seitenangabe in Klammern.
[42] Eckhard Heftrich: Vom Verfall zur Apokalypse. Über Thomas Mann, Bd. 2, Frankfurt / Main: Klostermann 1982, S. 57.
[43] Schmied, Hanno und Kai (zit. Anm. 34), S. 189.
[44] Atsushi Imai: Das Bild des ästhetisch-empfindsamen Jugendlichen. Deutsche Schul- und Adoleszenzromane zu Beginn des 20. Jahrhunderts, Wiesbaden: Deutscher Universitätsverlag 2001, S. 49.
[45] Schmied, Hanno und Kai (zit. Anm. 34), S. 185.

von einer Tonart in die andere« (1.1, 825), das seinen Tod vorwegnimmt – eine »Rückübersetzung« von Nietzsches Dekadenzkritik an Wagner »in erfundene Musik«.[46] Doch Hannos Ende ist nicht so ästhetisch wie das kleine musikalische Motiv. Er erkrankt noch in derselben Nacht an Typhus und stirbt einen Tod, der so grauenvoll ist, dass der Erzähler sich bei seiner Schilderung in die Sachlichkeit der medizinischen Fachsprache zurückzieht. Über den Ausgang der Krankheit entscheidet – daran lässt auch sie keinen Zweifel – der Wille zum Leben. Die Familie hält sich von dem Sterbenden fern. Nur Kai küsst dem vermutlich schon grässlich entstellten Freund auf dem Sterbebett die Hände, nur ihm schenkt Hanno, der »sonst niemanden mehr« erkennt (1.1, 836), noch ein Lächeln. Damit ist auch Tony Buddenbrooks Selbstverständnis desavouiert, die für sich in Anspruch nimmt, den kleinen Hanno mehr als alle anderen geliebt zu haben. Es war Kai, der zu Hanno gesagt hat: »Ich weiß, wovon du spielst« (1.1, 820), nicht sie, die noch auf einen Neuanfang der Firma durch den letzten Erben hoffte, als dieser sich schon längst dem Tod verschrieben hatte. Was Schopenhauers Philosophie für den Vater, ist die Musik Richard Wagners für den Sohn.

Wie kommt Kai zu diesem Höchstmaß an Intuition? Kai Graf Mölln ist Hannos Komplementär- und Kontrastfigur. Er begleitet Hanno als einziger Freund durch den Schulalltag. Kais Familie hat den Verfall, der den Buddenbrooks noch bevorsteht, schon hinter sich,[47] der Unterschied ist nur, dass sie von Adel ist. Die Initiative zur Freundschaft geht von Kai aus. Trotz seiner Armut macht er Hanno Geschenke, während Hanno nicht einmal auf den Gedanken kommt, seinem Freund einmal einen Theaterbesuch zu ermöglichen.[48] Wie Hanno ist auch Kai eine Künstler-Figur, im Gegensatz zu ihm aber der Sprache, nicht der Musik zugewandt. Kai, blond und blauäugig, was in der Symbolik Thomas Manns für ungebrochene Vitalität steht, schreibt. Die Sprache ist sein Mittel der Distanzierung von der »preußische[n] Dienststrammheit« (1.1, 796) der Schule, vom autoritären Charakter der Lehrer, von der Brutalität der Klassenkameraden in Folge eines seit der Reichsgründung nationalistisch verrohten Vaterlands. Mit seiner Wortgewalt kann Kai sich Respekt verschaffen, dem, was Hanno nur anekelt, »eine Fratze« schneiden (1.1, 819). Sie befähigt ihn zu höhnischer Ironie und damit zu Rollendistanz und Ambiguitätstoleranz.[49] Dazu gehört auch die Kälte, mit der er Distanz hält zum Machtstreben der Klassenkameraden, zum Untertanengeist, zur Ungerechtigkeit aus Schwäche, wie Hanno sie von Kandidat Modersohn erfährt, sogar zu

---

[46] Heftrich, Verfall (zit. Anm. 42), S. 50.
[47] Schmied, Hanno und Kai (zit. Anm. 34), S. 182.
[48] Ebd., S. 187.
[49] Lothar Krappmann: Soziologische Dimensionen der Identität, 4. Aufl., Stuttgart: Klett 1975, S. 133 und S. 150.

dem, was er liebt. Denn wenn er den Wunsch äußert, »eine so gute Geschichte« schreiben zu können wie Edgar Allen Poes »Geschichte vom Untergang des Hauses Usher«, wird er eines Tages den Verfall der Familie Buddenbrook beschreiben und damit auch Hannos Tod.[50]

Wie der junge Hermann Hesse zwei Seiten seiner selbst auf Hans Giebenrath und Hermann Heilner verteilt, so der junge Thomas Mann zwei Entwicklungsmöglichkeiten seiner Begabung auf Hanno Buddenbrook und Kai Graf Mölln. Die Zukunft, die er Hanno Buddenbrook nicht zugestehen kann, weil die dem Roman zugrundeliegende Dekadenztheorie seinen Untergang verlangt,[51] hat der sprachgewandte junge Kai Graf Mölln. Nur mit dieser Figur wird das Verfallsgesetz durchbrochen, demzufolge der »Abnahme der Lebenskraft« eine »Zunahme der Sensitivität« entspricht (BB Hb, 185), die lebensunfähig macht. Nur Kai gelingt der Aufbruch ins Reich der ästhetischen Freiheit. Wie sein Erfinder wählt Kai den Weg der Distanzierung durch ironische Sprache. In Kai bahnt sich auch schon die Verbindung des Ästhetischen mit dem Ethischen an, wie Tonio Kröger sie kurze Zeit später zum Programm erheben wird, denn Kai bleibt auch als angehender Künstler menschlich.

Den Kontrast zwischen dem todesverfallenen und dem lebenstüchtigen Künstler hat Thomas Mann immer wieder gestaltet, in *Der Wille zum Glück* (1896), *Der Bajazzo* (1897), *Tonio Kröger* (1903), um nur einige zu nennen. Und noch im Spätwerk, im *Doktor Faustus* (1947), wird er der Erzähler-Figur Serenus Zeitblom die Sprache, der Komplementärfigur Adrian Leverkühn die Musik zuordnen, jetzt aber mit dem Wissen um den Zusammenhang von Verfeinerung und Re-Barbarisierung als Gefahr bei beiden.

Tonio Kröger

Verkörpert Tonio Kröger das in Kai erst anvisierte neue Künstlerideal Thomas Manns? Ich meine, nein – oder: nur dem Anspruch nach. Denn der Erzähler untergräbt das hohle Pathos der Selbstpräsentation der Figur mit gnadenloser Ironie.[52] Analog zum lyrischen Ich in einem Altersgedicht Goethes, das von sich sagt: »Vom Vater hab' ich die Statur,/ Des Lebens ernstes Führen,/ Von

---

[50] Schmied, Hanno und Kai (zit. Anm. 34), S. 191, mit Bezug auf Heftrich, Verfall (zit. Anm. 42), S. 102c.

[51] »Das Modell für Dekadenz war seit je der Untergang des römischen Reiches gewesen«, im 19. Jahrhundert kamen Vorstellungen von »Evolution durch natürliche Auslese und Degeneration« hinzu, das biologische Muster dafür war schon bei Zola die Familie. Heftrich, Verfall (zit. Anm. 42), S. 43 f.

[52] Diese und die folgenden Ausführungen stützen sich auf die scharfsichtige Analyse von Rolf Selbmann: Wenn der Erzähler seinen Helden demontiert. Eine Neulektüre von Thomas Manns »Tonio Kröger«, in: Wirkendes Wort, Jg. 57, H. 2, Trier: WVT 2007, S. 269–277, 270.

Mütterchen die Frohnatur/ Und Lust zu fabulieren«,[53] sieht Tonio Kröger sich als »genetisches Mischprodukt« aus der nordisch-blauäugigen Strenge des Vaters und der südlich-braunäugigen Liederlichkeit der Mutter.[54] Seine Flucht vor dem Normenzwang des Nordens in die Fleischeslust des Südens löst aber nur Schuldgefühle, Hass und Ekel aus, so dass er in den Norden zurückkehrt, unterwegs sogar in seiner Heimatstadt Station macht, allerdings inkognito. Als er im Hotel mit einem Zigeuner, Betrüger und Hochstapler verwechselt wird, legitimiert er sich statt mit seinem Namen, dem Ansehen der Familie oder einem Ausweis mit den Korrekturfahnen einer soeben fertig gestellten Novelle, also mit seiner Autorschaft, die er so lustvoll in die Nähe von Betrug und Hochstapelei rückt. Diese Form der Selbststilisierung weist bereits voraus auf die Figur des Felix Krull. Wie aber ist es um Tonios Literatur bestellt? Sie ist nicht viel mehr als ein »Abklatsch von Erlesenem«, gespeist aus Schillers *Don Carlos*, Storms *Immensee* und Versatzstücken aus der russischen und skandinavischen Literatur.[55] Selbst der Erkenntnisekel, den er vor der Malerin Lisaweta Iwanowna ausbreitet und zu einer Kunstphilosophie des Leidens überhöht, der Gedanke, dass man ein Gestorbener sein müsse, um »Schaffender« (2.1, 266) zu sein, ist Zitat. Tonios Leidenspose hält die produktive Künstlerin Lisaweta entlarvend entgegen: »Sie sind ein Bürger auf Irrwegen, [...] ein verirrter Bürger.« (2.1, 281) Damit ist der Held, der sich eben noch als Künstler sah, »*erledigt*« (2.1, 281). Sein »Sang an das Meer« (2.1, 300) auf der Überfahrt nach Dänemark hat schon Ähnlichkeit mit dem Rosalies an den Wasserwind vor ihrem Tod in Thomas Manns letzter Novelle *Die Betrogene* (1953). In *Tonio Kröger* überzeugt die Opposition zwischen Norden und Süden, blauäugigen Bürgern und braunäugigen Künstlern, zwischen denen, die reitend und tanzend durchs Leben gehen, wie Hans Hansen und Inge Holm, und jenen, die schon beim ersten Tanzschritt stürzen, wie Magdalena Vermehren und das blasse Mädchen auf dem Ball in Dänemark, nicht einmal den Helden selbst. Er begreift, wie er an Lisaweta schreibt, dass er seine »Bürgerliebe zum Menschlichen, Lebendigen und Gewöhnlichen« (2.1, 318) in seine Kunst integrieren muss, schwingt sich in der Wahl seiner Worte dabei sogar bis zur Sprache der Lutherbibel (1 Kor 13) auf. Aber macht ihn das schon zum Dichter? Der Brief ist nicht mehr als eine Absichtserklärung, ein Programm, dem weder im gelebten Leben Tonios noch in seinen bisherigen Werken irgendetwas entspricht. Tonio Kröger muss das, was er zu verkörpern vorgibt, erst noch werden. Mit den »großen Pathosgesten des Kunstgesprächs oder des Abschlussbriefes« führt Thomas Mann die Verblendung seiner Figur, ihre Selbststilisierung zum Dichter-Seher, so

---

[53] Johann Wolfgang von Goethe: Werke. Hamburger Ausgabe in 14 Bänden, hrsg. von Erich Trunz, Bd. 1, 14. durchges. Aufl., München: Beck 1981, S. 320.
[54] Selbmann (zit. Anm. 52), S. 270.
[55] Ebd., S. 273.

drastisch vor wie den Tanzlehrer Knaak in seinen als Grazie missverstandenen eingeübten Posen.[56] Und von dieser Form der Abrechnung »mit der Ästhetik der Décadence als einer falsch verstandenen Moderne« nimmt Thomas Mann auch sein eigenes Werk nicht aus.[57] Die Neubestimmung der Kunst nach der Verabschiedung der falschen Gegensätze von Kunst und Leben, nördlich blondem und südlich braunäugigem Typus steht auch am Ende von *Tonio Kröger* noch aus.

[56] Ebd., S. 277 und S. 270f.
[57] Ebd., S. 277.

Hartmut Burggrabe

Familie, Geld und Depression

Jonathan Franzens *Die Korrekturen* und Thomas Manns *Buddenbrooks*[1]

Seit seinem Erscheinen im Herbst 2001 – in deutscher Übersetzung dann im Sommer 2002 – wird Jonathan Franzens Roman *Die Korrekturen*[2] immer wieder mit Thomas Manns genau einhundert Jahre früher erschienenen *Buddenbrooks* in Verbindung gebracht. Ein Vergleich, der für größer angelegte Familien- und Gesellschaftsromane schnell zur Hand ist, dem über einige Schlagworte hinaus aber bisher kaum weiter nachgegangen wurde.[3] Dabei sind es in diesem Fall nicht nur die verhandelten großen Themen – »Liebe, Krankheit, Tod und finanzieller Ruin«[4] –, die die beiden Romane möglicherweise als »verwandt« erscheinen lassen. Bei näherem Hinsehen zeigt sich, dass eine ganze Reihe weiterer Motive des *Buddenbrooks*-Romans in den *Korrekturen* ebenfalls auftaucht und auf unterschiedlichen Ebenen ein Echo findet: Arbeitsethos und ökonomische Weltsicht, der Zusammenhang von Erfolgsdruck und Depression, die Themen Ehe/Sexualität und Altern/Sterben, die Präsenz philosophischer und wissenschaftlicher Diskurse, aber auch einzelne Motive wie die große Bedeutung des Weihnachtsfestes für die Familie oder der Topos des Elternhauses, um nur einige Stichworte zu nennen. Darüber hinaus gibt es in beiden Romanfamilien eine zentrale Figurenkonstellation dreier Geschwister, aus deren Leben heraus diese Themen und Motive in erster Linie entfaltet werden.

Im Folgenden soll versuchsweise eine Art Parallellektüre unternommen werden, um einige Aspekte der Verwandtschaft, aber auch der Differenzen beider Romane zu skizzieren. Der enorme Umfang und die Komplexität der beiden Texte erfordern eine starke Beschränkung und so möchte ich den Fokus ganz

---

[1] Dieser Beitrag geht in Teilen auf meine 2009 an der Freien Universität Berlin verfasste Magisterarbeit zurück. Ich danke meiner damaligen Betreuerin Prof. Elisabeth K. Paefgen für den anregenden Austausch zum Thema.

[2] Jonathan Franzen: The Corrections. A Novel, New York: Farrar, Straus and Giroux 2001. dt. Die Korrekturen. Roman. Aus dem Amerikanischen von Bettina Abarbanell, Reinbek bei Hamburg: Rowohlt 2002. Ich verwende für den Vergleich die deutsche Ausgabe, nachfolgend im Text zitiert als (K).

[3] Am ausführlichsten tut dies Britta Dittmann, die auf knapp einer Buchseite Parallelen und Gemeinsamkeiten der beiden Romane zusammenträgt. Vgl. Britta Dittmann: Buddenbrooks Enkel, in: Die Welt der Buddenbrooks, hrsg. von Hans Wißkirchen, Frankfurt/Main: S. Fischer 2008, S. 240f.

[4] Ebd, S. 240.

auf die genannten Geschwisterfiguren und hier besonders auf die zwei Brüder-
paare richten. Inwieweit lassen sie sich – angelehnt an eine Formulierung Herbert Lehnerts[5] – als »literarische Geschwister« lesen? Selbstverständlich geht
es hier nicht um den Nachweis einer intendierten Bezugnahme Franzens auf
Manns Erstlingsroman; die Absichten und Kenntnisse des späteren Autors sind
für den Vergleich unerheblich.[6] Meine These ist vielmehr, dass sich die Lektüren der beiden Romane gegenseitig anreichern können: Durch die »Brille« des
Korrekturen-Romans kann der Blick geschärft werden für bestimmte Aspekte
der *Buddenbrooks*, können vielleicht Subtexte freigelegt werden, die dort nur
angedeutet oder unterschwellig verhandelt werden. Ein an den *Buddenbrooks*
geschulter Blick kann den *Korrekturen* zusätzliche Dimensionen hinzufügen
und zugrunde liegende Themen und Konflikte verdeutlichen.

Individualität und Familienideal

Die Geschwisterkonstellation der jeweils im Zentrum stehenden Kindergeneration[7] weist mit einem erfolgreich-normkonformen, aber hinter der Fassade
depressiven Sohn (Thomas Buddenbrook bzw. Gary Lambert), einem von der
Norm abweichenden Sohn (Christian Buddenbrook bzw. Chip Lambert) und
einer Tochter, die nicht nur aufgrund ihres Geschlechts mit ganz eigenen Problemen zu kämpfen hat (Tony Buddenbrook bzw. Denise Lambert) deutliche
Parallelen auf. Sie konstituieren sich als Figuren im Kontext des jeweiligen
Romans zu einem Großteil über ihr Verhältnis zur Herkunftsfamilie, zu den
Konventionen und Erwartungen ihrer Eltern sowie im positiven oder negativen
Bezug auf die Lebensentwürfe der jeweils anderen beiden Geschwister. Dabei
ist zunächst festzuhalten, dass die beiden Romane unterschiedliche Konzep-
tionen von Individualität und Figurenpsychologie vermitteln.

Die *Buddenbrooks* lassen sich in dieser Hinsicht mit Claudia Bahnsen als
Grenzfall an der Schnittstelle von »Realismus« und »Früher Moderne« verorten.[8] Das familiäre Werte- und Normensystem bildet hier noch die zentrale und
determinierende Folie für die Charakterisierung, für die relative Individualisie-

---

[5] Herbert Lehnert: Tony Buddenbrook und ihre literarischen Schwestern, Frankfurt/Main:
Klostermann 2002 (= Thomas Mann Jahrbuch, Bd. 15), S. 35–53.

[6] In einem Interview mit dem Spiegel vom 22.06.2002 hat Jonathan Franzen behauptet, die
Buddenbrooks erst nach der Veröffentlichung seines Romans gelesen zu haben: »Ein meisterhaf-
tes Werk, auch wenn der Schluss, diese Häufung von Verfallsmotiven, etwas angestrengt wirkt.«

[7] Das Erzählgeschehen der *Buddenbrooks* umfasst insgesamt vier Generationen, von denen
die hier fokussierte dritte Generation mit Abstand den größten Raum einnimmt. Die *Korrekturen* sind ganz auf die Eltern und die erwachsene Kindergeneration der Lamberts konzentriert.

[8] Claudia Bahnsen: »Verfall« als Folge zunehmender Identitäts- und Existenzunsicherheit.
Eine Studie zu Thomas Manns Buddenbrooks, Marburg: Tectum 2003, S. 17. Bahnsen bezieht
sich hier auf Marianne Wünschs Modell des literarischen Strukturwandels.

rung und das Selbstverständnis der Figuren. Auch die Hauptfiguren bleiben dabei ein Stück weit Vertreter/innen einer Idee, verkörpern jeweils eine bestimmte Position im Streit der beiden Mann'schen Grundprinzipien, dem praktischen Willen zum Leben einerseits und dem Geist, der Verfeinerung andererseits. Gleichzeitig nehmen in der Abfolge der Generationen aber durchaus individuelle Eigenarten und Bedürfnisse und ausdifferenzierte Figurenbeschreibungen zu, die sich mit dieser Folie des familiären Wertesystems, aber auch mit der vom Roman etablierten Wille-Geist-Polarität nicht mehr einfach decken. In der übergeordneten Logik des Romans werden diese Aspekte als Symptome und Stationen des (wenn auch ambivalenten) »Verfalls« präsentiert – im Grunde tragen sie aber, wie neuere Interpretationen betonen, auch schon das Potential für einen weniger deterministischen Verlauf der Geschichte in sich.[9]

Die *Korrekturen*[10] entsprechen mit ihrer Figurenpsychologie dagegen einem komplexen, heutigen Leser/innen aus dem Alltag vertrauten Individualitätsverständnis: Die Hauptfiguren werden als in sich widersprüchliche Individuen beschrieben, die neben der Ebene der Reflexion und bewusst getroffener Entscheidungen auch durch nur halb- oder unbewusste Antriebe charakterisiert und bestimmt werden. Ihrem Verhalten als Erwachsene liegen in der psychologischen Konzeption des Romans nicht ererbte, angeborene Wesenseigenschaften zugrunde wie bei den Buddenbrooks, sondern Kindheitsprägungen und familiäre Konstellationen, aus denen heraus sie bestimmte Muster und Selbstbilder entwickelt haben. Die Figuren selbst sind, wie etwa der alltägliche Umgang mit Begriffen wie »Depression« oder die Präsenz von Psychologie- und Erziehungsratgebern in der Ehe von Gary und Caroline zeigen, zumindest mit einer populärwissenschaftlichen Variante gegenwärtiger Individualpsychologie vertraut. Die Lambert-Kinder stehen nicht exemplarisch für einen als unausweichlich vermittelten linearen Prozess der Familiengeschichte; dennoch lassen auch sie sich als Verkörperungen verschiedener Möglichkeiten und Grade der Bezugnahme zu Eltern und Familienideal lesen, die in der dritten Generation der Buddenbrooks ebenfalls schon angelegt sind.

Das tradierte Familienideal der Buddenbrooks, wie es dieser Generation gegenübertritt, sieht für die männlichen Familienmitglieder eine pragmatische Existenz als lebenstüchtiger und erfolgreicher Kaufmann vor, mit statusgemäßem Lebensstil, standesgemäßer Ehe, gesundem Nachwuchs und ohne allzu vergeistigte Vorlieben und Interessen. Die »Familie« und die persönliche

[9] Vgl. Heide Lutosch: Ende der Familie – Ende der Geschichte. Zum Familienroman bei Thomas Mann, Gabriel Garcia Márquez und Michel Houellebecq, Bielefeld: Aisthesis 2007, hier insbesondere S. 71 f.

[10] Jonathan Franzen wird in der Forschung wiederholt einem »post-postmodernism« zugerechnet, der sich unter anderem durch eine wieder verstärkte »emphasis on character« auszeichne. Vgl. Stephen J. Burn: Jonathan Franzen at the End of Postmodernism, London / New York: Continuum 2008, hier S. 16 ff.

Rolle darin ist aufs Engste mit dem Begriff der »Firma« verknüpft: Den Interessen des Familienbetriebs hat der Einzelne sich zu widmen und unterzuordnen. Fleiß, Selbstdisziplin, ehrliche Geschäfte werden von einem männlichen
Buddenbrook erwartet. Wenn es sich um eine Tochter handelt, besteht ihre
Hauptaufgabe darin, eine für Firma und Familie vorteilhafte Ehe einzuge-
hen und gesellschaftlich zu repräsentieren. Das zentrale Credo, ausgesprochen
vom Vater Jean Buddenbrook gegenüber Tony, lautet bekanntlich: »Wir sind
[...] nicht *dafür* geboren, was wir mit kurzsichtigen Augen für unser eigenes,
kleines, persönliches Glück halten, denn wir sind nicht lose, unabhängige und
für sich bestehende Einzelwesen, sondern wie Glieder in einer Kette [...].« (1.1,
160) Nicht das Individuum zählt also, sondern die Kontinuität von Familie und
Firma. Da das äußere Erscheinungsbild und das soziale Ansehen traditionell an
erster Stelle stehen, gilt schon für die Elterngeneration von Thomas, Christian
und Antonie, dass unerfreuliche Ereignisse, das Bild störende Vorkommnisse,
Streit oder unerwünschte Abweichungen in der Familie nach Möglichkeit versteckt oder verharmlost werden.

Das Ideal, an dem sich die Lambert'schen Kinder in den *Korrekturen* orientieren bzw. abarbeiten, wird anders als bei den Buddenbrooks nicht als über-
individueller, in sich konsistenter Lebensentwurf dargestellt, sondern durch
die Wertvorstellungen und Erwartungen der beiden Elternfiguren, Alfred und
Enid Lambert, die in manchen Punkten auch voneinander abweichen und so
bereits Brüche und Widersprüche in sich bergen. Dennoch kommt uns hier
einiges bekannt vor: Alfred Lambert erwartet von sich und anderen Selbstdisziplin und Härte, er fordert seine Kinder auf, nützliche Berufe zu ergreifen,
wird selbst als »Workaholic« (K 95) gezeichnet, der auf Außeneinsätzen als
Eisenbahner in seinem Element ist und sich, sobald er nicht arbeitet, kaum auf
den Beinen halten kann. Er leidet unter der vermeintlichen Verweichlichung
seiner Zeit, betrachtet Sexualität als unanständig und fordert beim Geschäf-
temachen moralische Grundsätze ein. Enid Lambert wiederum geht ganz in
der »mittelwestlichen« Lebensweise ihrer Heimatstadt St. Jude auf: Sie genießt
die »beschwingte Lauterkeit« (K 490) und die umfassende »Nettigkeit« (K 167)
ihrer Umwelt und propagiert die hier noch intakten konventionellen Vorstellungen von Moral, Höflichkeit, Ehe, Familie und Sexualität; sie teilt Alfreds
Ansichten über nützliche Berufe, legt aber mehr als dieser großen Wert auf
Geld und sichtbaren gesellschaftlichen Status, den sie zur Not auch bereit ist
vorzugaukeln. Ihre Kinder versucht Enid auch als Erwachsene noch massiv in
Richtung ihrer Ideale zu drängen und ist betrübt, dass diese zum Teil »fun-
damental andere, beschämend andere Dinge« (K 173) wollen und für richtig
halten. Auch die Elternfiguren sind in den *Korrekturen* hochkomplex gestal-
tete individuelle Charaktere, deren Leben und Perspektive wie jedem der drei
Kinder auch ein eigener Teil des Romans gewidmet ist.

Die Familienideale der Buddenbrooks und der Lamberts liegen trotz ihrer historischen Distanz und der unterschiedlichen psychologischen Figurenanlage nah beieinander, indem sie – knapp gesagt – eine ökonomisch erfolgreiche, durch nützliche Arbeit bestimmte Existenz im Rahmen ethischer Grundsätze mit einem traditionellen Ehe- und Familienbild und ausgeprägtem gesellschaftlichem Statusdenken verbinden.

Mustersohn mit Depression: Thomas Buddenbrook und Gary Lambert

Thomas Buddenbrook und Gary Lambert erscheinen auf den ersten Blick jeweils als der erfolgreiche und normkonforme Sohn, der von seinen Geschwistern am ehesten den Erwartungen von Eltern und Familienideal entspricht. Hinter dieser erfolgreichen Fassade haben aber beide mit großen inneren Konflikten und mit Depressionen zu kämpfen.

Die Stationen und Symbole des äußeren Erfolgs ähneln sich bei diesen zwei Erstgeborenen sehr: Thomas Buddenbrook, von Anfang an als »kluger, regsamer und verständiger Mensch« (1.1, 71) charakterisiert, tritt im Alter von sechzehn Jahren in die väterliche Firma ein und übernimmt sie, als er dreißig ist. Schon wenig später, so berichtet der Erzähler, herrscht »ein genialerer, ein frischerer und unternehmenderer Geist« (1.1, 292), der viel mit der gewinnenden und dynamischen Persönlichkeit des jungen Chefs zu tun hat. Gary Lambert wird von seinem Bruder Chip schon als Kind als »sein pragmatischer Bruder« (K 365) angesehen, der die Erwartungen der Eltern geschickt zu erfüllen versteht. Zwar lernen wir Gary im ganz auf ihn fokalisierten dritten Teil von Beginn an als mit seiner heftigen persönlichen Krise kämpfend kennen, für die Umwelt stellt sich sein Werdegang aber ebenfalls als Erfolgsgeschichte dar: Nach erfolgreichem Wirtschaftsstudium ist Gary aktuell »Abteilungsleiter bei der CenTrust Bank« (K 195) und ein »hervorragender Portfoliomanager« (K 270). Nach seinem Selbstbild gelingt es Gary, »als Boss den perfekten, zugleich strengen und zärtlichen Vater zu geben, der er daheim nur halbwegs sein konnte«. (K 271) Thomas Buddenbrook kann neben dem geschäftlichen Erfolg in den folgenden Jahren auch die Hochzeit mit der vermögenden Gerda Arnoldsen, die Geburt seines Sohnes Hanno sowie als Krönung des sozialen Erfolgs seine Wahl zum Senator der Hansestadt auf der Haben-Seite verbuchen. Ihren äußeren Höhepunkt findet die Karriere schließlich im Bau des eigenen Hauses, dessen Beschreibung aus Tonys Sicht vor allem groß und luxuriös klingt (vgl. 1.1, 469). Auch bei Gary Lambert korrespondiert mit dem beruflichen Erfolg die Ehe mit einer Frau, Caroline, die durch eine Erbschaft ein großes Vermögen in die Familie einbringt. Das Haus in Philadelphia, das er mit ihr und den drei gemeinsamen Söhnen bewohnt, liegt in einem Viertel mit »stattliche[m] Pro-Kopf-Einkommen« (K 201) und wird gleich zu Beginn des dritten Teils als groß und vornehm beschrieben (vgl. K 195 u. 202).

Das zentrale Problem beider Figuren liegt in der Nichtübereinstimmung von Familienideal und eigenen Bedürfnissen. Dieser Grundkonflikt ist allerdings unterschiedlich gestaltet. Thomas Buddenbrook tut sich bekanntlich schwer, das tradierte Ideal der rein pragmatischen kaufmännischen Existenz auf Dauer zu erfüllen. Immer wieder kommen ihm davon abweichende Bedürfnisse in die Quere: ein Hang zu Literatur und Philosophie und zur (Selbst-)Reflexion, eine ausgeprägte Sensibilität, die ihn vor der erforderten Kühnheit und Härte des Kaufmannsberufs immer wieder zurückschrecken lässt:

Stand Thomas Buddenbrook mit beiden Beinen fest wie seine Väter in diesem harten und praktischen Leben? Oft genug, von jeher, hatte er Ursache gehabt, daran zu zweifeln! Oft genug, von Jugend an, hatte er diesem Leben gegenüber sein Fühlen korrigieren müssen ... Härte zufügen, Härte erleiden und es nicht als Härte, sondern als etwas Selbstverständliches *empfinden* – würde er das niemals vollständig erlernen? (1.1, 516)

Entscheidend ist nun, wie diese Figur mit ihrem Dilemma umgeht: Immer wieder verwirft Thomas Buddenbrook solche Zweifel und Gedanken wenig später als »albern« und »lächerlich« (ebd.) und fällt wieder in seinen Selbstdisziplinierungsmodus zurück, den er mit der protestantischen Leistungsethik von seinem Vater übernommen und perfektioniert hat. Sein Leben lang versucht Thomas, seine abweichenden Bedürfnisse soweit unter Kontrolle zu halten und zu kanalisieren, dass die Erfüllung der vorgesehenen Rolle zumindest nach außen hin möglich bleibt. Die Entscheidung, seine eigenen Bedürfnisse den Interessen von Familie und Firma unterzuordnen, wird auf der persönlichen Ebene zum ersten Mal in der knappen, aber prägnanten Szene deutlich, als er – einundzwanzigjährig – die unstandesgemäße Liebesbeziehung zum Blumenmädchen Anna beendet (vgl. 1.1, 182 ff.). Anders als seine Schwester Tony scheint er nicht einmal ansatzweise zu versuchen, sein Liebesglück der Familie gegenüber durchzusetzen. »Dergleichen muß durchgemacht werden« (1.1, 169), sagt er kurz zuvor zu Tony zu ihrem vom Vater erzwungenen Liebesverzicht und akzeptiert damit fraglos das Primat der Familieninteressen. Mit Gerda Arnoldsen wählt er stattdessen später eine Ehefrau, die in ihrer Weltläufigkeit und ihrer Musikalität die Seiten in Thomas anspricht, die für seine Distanz zur Herkunftsfamilie stehen, die aber als Tochter eines wohlhabenden Kaufmanns bei aller Fremdheit in der Buddenbrook'schen Welt dennoch gesellschaftsfähig ist. Auf der beruflichen Ebene nimmt Thomas zunächst innerlich eine Art ironische Haltung ein, die es ihm, so der Erzähler, ermöglicht, seine Kaufmannsexistenz »gleichzeitig zu belächeln und ernst zu nehmen« (1.1, 398). Die Beschränktheit seiner Welt ist ihm zwar bewusst, geschickt hebt er jedoch auf den Gleichnischarakter seiner Existenz ab: »Wußtest du nicht, daß man auch in einer kleinen Stadt ein großer Mann sein kann? Daß man ein Cäsar sein kann an einem mäßigen Handelsplatz an der Ostsee?« (1.1, 302) Diese trickreiche, zugleich distanzierte und affirmative Haltung bildet aber schon die Grundlage dafür, dass Thomas später, als ihm innerlich der Boden unter den Füßen schwindet, aus dem »Gleichnis« ein »Schauspiel« macht und immer größere Kraft darauf verwendet, nach außen hin den eloquenten, kraftvollen Kaufmann zu spielen und so »die ›Dehors‹ zu wahren« (1.1, 677). Thomas Buddenbrook teilt die überlieferten Grundsätze und Ideale, übernimmt die ihm zugedachte Rolle des Firmen- und Familienoberhaupts und versucht diese nach außen hin und seinen Geschwistern gegenüber auch bis zum Schluss durchzuhalten. Im Konflikt zwischen diesen Idealen und seinen abweichenden Bedürfnissen wählt er, wie die oben zitierte Passage exemplarisch zeigt, den Weg, seine *eigenen* Gefühle zu »korrigieren«, um dem Ideal seiner Väter entsprechen zu können. Dementsprechend wird dieser Konflikt im *Buddenbrooks*-Roman fast ausschließlich als innerer Kampf dargestellt, den diese Figur ihr Leben lang und in zunehmend existentiellen Ausmaßen mit sich selbst austrägt.

Garys Ambivalenz in Bezug auf das Lambert'sche Ideal ist anders gelagert. Seinem Selbstverständnis zufolge ist »sein ganzes Leben als eine Korrektur des Lebens angelegt […], das sein Vater führte […].« (K 252) Was Gary am Vorbild seines Vaters ablehnt, sind dessen eisernes Arbeitsethos, die Härte und Selbstdisziplin, sein autoritäres Verhalten als Vater und Ehemann, seine Genussfeindlichkeit. In den ethischen Grundsätzen des Vaters, die diesen im Romangeschehen mehrmals um größere Summen Geld bringen, sieht Gary übertriebene Beschränkungen, die einem wirklich guten Leben unnötig im Weg stehen. Sie machen Alfred in seinen Augen zu einem »*Verlierer* – eine[m] der Schwachen dieser Welt«.[11] Alfreds *Workaholic*-Leben dient Gary Lambert als Negativvorbild. Noch auf dem Höhepunkt seiner Ehekrise mit Caroline verwirft Gary den verlockenden Gedanken, seine Wochenarbeitszeit zu erhöhen, genau aus diesem Grund: »[I]m Übrigen wusste er nur allzu gut, dass lange Stunden im Büro zu verbringen, um einem unglücklichen Zuhause zu entfliehen, genau die Falle war, in die sein Vater getappt war […].« (K 270) Auch Gary Lamberts Ehefrau Caroline steht gerade für seine vermeintliche Distanz zur Herkunftsfamilie. Das erste der »Carolinischen Zehn Gebote[], aus denen er insgeheim Kraft und Hoffnung schöpfte«, lautet: »1. Du bist kein bisschen wie dein Vater.« (K 256) Die in der Romangegenwart[12] tobende Ehekrise erhält ihre existentielle Dimension daher unter anderem gerade dadurch, dass

---

[11] K 237. Sämtliche Hervorhebungen in Zitaten sind immer aus dem Original übernommen.

[12] Als »Romangegenwart« bezeichne ich den Zeitraum von drei Monaten zwischen Oktober und Weihnachten, der die erzählerische Klammer der *Korrekturen* bildet und in den die zahlreichen Rückblenden und Zeitsprünge der insgesamt sieben Romanteile eingebaut sind.

Caroline ihm vorhält, sich immer mehr der Welt seiner Eltern anzunähern. Tatsächlich entlarvt der Roman Garys Selbstbild mehr und mehr als Selbstbetrug. Was er an den Wertvorstellungen seiner Eltern *nicht* verwirft, ist ihr Status- und Wohlstandsideal, das er vielmehr übererfüllt und auf die Spitze treibt. Sein stark ausgeprägtes Bedürfnis, sich von Masse und Mittelmaß abzuheben, radikalisiert noch das Statusdenken seiner Mutter, wobei er sich, kaum anders als Alfred, in erster Linie über »Leistung« definiert.[13] Garys angeblicher »Widerstand gegen die kleinkarierte Gesinnung seiner Eltern« (K 230) richtet sich auch nicht, wie bei seinem Bruder Chip, gegen die konventionellen Ehe- und Gesellschaftsbilder der Eltern. Diesen versucht Gary vielmehr so weit wie möglich zu entsprechen und ist dabei auch als Erwachsener noch darauf angewiesen, von den Eltern als der Mustersohn anerkannt zu werden, der er schon als Kind sein wollte:

Am liebsten hätte er zu ihr [Enid] gesagt: *Von deinen drei Kindern führe ich das Leben, das deinem bei weitem am ähnlichsten ist! Ich habe genau das, was haben zu wollen du mir beigebracht hast! Und jetzt, da ich es habe, mäkelst du daran herum!* (K 305)

In einer Rückblende erfahren wir, dass sich Gary schon als Kind jeden Abend darin übt, »etwas Langweiliges zu ertragen, das einem Elternteil Freude bereitete. Eine lebensrettende Kunst, fand er. Er glaubte, ihm würde Schreckliches zustoßen, wenn er die Illusionen seiner Mutter nicht mehr nähren könnte.« (K 365) Dieses Muster hat sich bis in die Romangegenwart gehalten. Gary Lambert will sich zwar massiv von seinen Eltern abgrenzen und betont Alfred gegenüber: »Mein Leben hat ein vollkommen anderes Fundament als deins« (K 246). Zugleich fühlt er sich aber verantwortlich für das Wohl der Eltern und will ihnen mit seinem Lebensstil imponieren. Die permanente Gereiztheit, mit der der Roman die Figur Gary charakterisiert, ihre häufige Wut, die seinem Kapitel den Titel gibt,[14] liegen in dieser unaufgelösten Ambivalenz begründet. Gary ist, wie es an einer Stelle heißt, »wütend, weil er ein Lambert war.« (K 295) Anders als bei Thomas Buddenbrook spielt sich der Konflikt zwischen Familienideal und eigenen Bedürfnissen bei Gary Lambert nicht nur im Innenleben der Figur ab, sondern wird auch zwischen den Figuren ausgetragen. Gary Lambert streitet sich in der Romangegenwart fortwährend: mit seinem Vater, mit seinen Geschwistern, mit Caroline. Sein Idealbild wäre – im Gegensatz zu Thomas Buddenbrook – die gelungene Abnabelung von den Lebensentwürfen seiner Eltern, insbesondere seines Vaters.

---

[13] Vgl. K 247. Gary Lamberts in der Familie so wahrgenommener »aristokratische[r] Stil« (K 728) erscheint in der Parallellektüre als Echo von Thomas Buddenbrooks »Neigung zum Superfeinen und Aristokratischen« (1.1, 322).
[14] »JE MEHR ER DARÜBER NACHDACHTE, DESTO WÜTENDER WURDE ER« (K 193)

Die aus dieser Konstellation folgende Lebenskrise, die bei Thomas Buddenbrook und bei Gary Lambert jeweils mit Anfang/Mitte vierzig manifest wird,
wird unter anderem auch als Depression dargestellt. Für Thomas Buddenbrook
fällt der Begriff zum ersten Mal am Tag des Firmenjubiläums:

Es gibt einen Zustand der Depression, in dem Alles, was uns unter normalen Umständen ärgert und eine gesunde Reaktion unseres Unwillens hervorruft, uns mit einem
matten, dumpfen und schweigsamen Grame niederdrückt … So grämte Thomas sich
über das Benehmen des kleinen Johann, so grämte er sich über die Empfindungen, die
diese ganze Feierlichkeit in ihm bewirkte, und noch mehr über diejenigen, deren er sich
beim besten Willen unfähig fühlte. Mehrere Male versuchte er sich aufzuraffen, seinen
Blick zu erhellen und sich zu sagen, daß dies ein schöner Tag sei, der ihn notwendig
mit gehobener und freudiger Stimmung erfüllen müsse. (1.1, 540)

Mit Beginn des *Zehnten Teils*, der vier Jahre später spielt, wird die Krise Thomas Buddenbrooks zum Hauptthema des Romans. Schon der erste Satz schlägt
die Tonlage an: »Oftmals, wenn die trüben Stunden kamen, fragte sich Thomas
Buddenbrook, was er eigentlich noch sei […].« (1.1, 672) Auch in dieser Formulierung wird noch einmal deutlich, dass es sich im Kern um eine Identitätskrise
handelt. Die Kluft zwischen der äußeren Rolle und der inneren Haltlosigkeit
Thomas Buddenbrooks inszeniert der Roman zu diesem Zeitpunkt als schon
nicht mehr überbrückbar. »Wirklich! Thomas Buddenbrooks Dasein war kein
anderes mehr, als das eines Schauspielers, eines solchen aber, dessen ganzes Leben bis auf die geringste und alltäglichste Kleinigkeit zu einer einzigen Produktion geworden ist, einer Produktion, die […] beständig alle Kräfte in Anspruch
nimmt und verzehrt …« (1.1, 677) Ein letztes Aufbäumen des unterdrückten
Persönlichkeitsanteils durchlebt die Figur in ihrem berühmten »Schopenhau-
er-Erlebnis«: Den eigenen Verfall vor Augen und insgeheim mit seinem bal-
digen Tod rechnend, bündelt Thomas noch einmal alle geistigen Kräfte, um
sich über sein Verhältnis zum Tod klarzuwerden. Die Schopenhauer-Lektüre
und mehr noch die darauf folgende nächtliche Epiphanie erlebt er als eine Art
metaphysischen Rausch:

Was würde enden und was sich auflösen? Dieser sein Leib … Diese seine Persönlich-
keit und Individualität, dieses schwerfällige, störrische, fehlerhafte und hassenswerte
Hindernis, etwas Anderes und Besseres zu sein! […]
Durch die Gitterfenster seiner Individualität starrt der Mensch hoffnungslos auf die
Ringmauern der äußeren Umstände, bis der Tod kommt und ihn zu Heimkehr und
Freiheit ruft … (1.1, 724)

Dass Thomas Buddenbrook diese Sichtweise intuitiv zusagt, verwundert nicht,
wenn man bedenkt, dass er ja sein Leben lang gerade unter seiner Individualität,
seinen vom Familienideal abweichenden Persönlichkeitsanteilen leidet. Aus

dem Vorsatz, sich diese neuentdeckte Weltanschauung weiter zu erarbeiten und zu eigen zu machen, wird aber nichts mehr. Schon am nächsten Morgen geniert sich Thomas über seine »geistigen Extravaganzen von gestern« (1.1, 726) und begibt sich in den verbleibenden Monaten bis zu seinem Tod innerlich und äußerlich zurück in die gewohnten Bahnen. So endet Thomas Buddenbrook, auch im übertragenen Sinn, wieder in den »Mauern seiner Vaterstadt, in denen er sich mit Willen und Bewußtsein eingeschlossen […]« (ebd.).

Das Schlagwort »klinische Depression« hängt in den *Korrekturen* wie ein Damoklesschwert über der Figur Gary Lambert. Die Krise, die Gary in der Romangegenwart durchlebt, besteht zu einem Großteil aus seinem Kampf gegen die Depression; und mehr noch dagegen, sie sich und Caroline gegenüber einzugestehen.

> Aus populärpsychologischen Büchern auf Carolines Nachttisch hatte er jedoch gelernt, die Warnsignale der klinischen Depression zu erkennen, und eines dieser Warnsignale […] war die Neigung, in unpassenden Momenten zu weinen, und so hatte er den Kloß in seinem Hals hinuntergeschluckt, war in der teuren Dunkelkammer umhergesprungen und hatte Caroline […] lautstark versichert, wie hellauf begeistert er sei! (K 199)

Vehement und im Laufe des Kapitels zunehmend verzweifelt versucht Gary zu beweisen, dass bei ihm von einer Depression gar keine Rede sein kann. Dafür liefert der Roman vor allem zwei Gründe: Zum einen sieht Gary im Depressions-»Vorwurf« seiner Frau (als solchen erlebt er ihn) vor allem eine perfide Taktik im laufenden Ehestreit. »Jetzt konnte Caroline ihre feindseligen Gefühle als ›Sorge‹ um seine ›Gesundheit‹ tarnen. […] Er attackierte grausam ihre *Person*; sie attackierte heroisch seine *Krankheit*.« (K 279 f.) Zum anderen ist seine Abwehrhaltung mit seiner Angst begründet, nun doch nach seinem Vater zu kommen.

> Wen versuchte er zu überzeugen, und wovon? […] da zwischen ihm und Caroline seit langem Einigkeit darüber bestand, dass Alfred klinisch depressiv war, und man ja wusste, dass die klinische Depression genetische Ursachen hatte und im Prinzip erblich war, blieb Gary gar keine andere Wahl, als […] weiter die Zähne zusammenzubeißen und weiter sein Bestes zu tun, um *Spaß am Leben zu haben* … (K 252)

So ist die Depression im Roman auch in Gary Lamberts Fall als Ausdruck seines Identitätskonflikts inszeniert. Auch der äußere Anlass für den Dauerstreit mit Caroline – die Frage, ob die ganze Familie an Weihnachten zu Garys Eltern fährt oder nicht – führt noch einmal Garys ungelöste Ambivalenz vor Augen. Ihre Auflösung erfährt die große Krise folglich in dem Moment, als Gary in einem Akt der »Kapitulation« (K 328), die er als Befreiung erlebt, endlich eingesteht, depressiv zu sein, und sich zugleich für einen der beiden Pole in seinem Leben entscheidet: nämlich für die Ehe mit Caroline und damit ein ganzes

Stück weit gegen seine Eltern. In symbolträchtiger Parallelisierung stürzt – wie wir 140 Seiten später erfahren – am selben Morgen der Familienpatriarch Alfred vom Oberdeck des Kreuzfahrtschiffes ins Meer.

Beide Figuren kämpfen also in ihrer Krise gegen Persönlichkeitsanteile an, deren Sieg sie als persönliches Scheitern ansehen würden. Bei Thomas Buddenbrook ist das die Seite, die für seine *Abweichung* vom Familienideal und dem Vorbild seiner Väter steht und die er deshalb versucht, im Zaum zu halten. Scheitern würde für ihn bedeuten, die vorgesehene und verinnerlichte Rolle nicht ausfüllen zu können. Gary Lambert dagegen wehrt sich gegen die Seite seiner Persönlichkeit, die für die Nähe und *Ähnlichkeit* mit dem Negativvorbild seines Vaters steht und die er deshalb nicht wahrhaben möchte. Ein Scheitern wäre für ihn, wenn die Abweichung – seine »Korrektur« des väterlichen Lebens – gerade *nicht* gelingen würde. Thomas Buddenbrook bricht nach einer missglückten Wurzelbehandlung mit knapp fünfzig Jahren im Schneematsch auf der Straße zusammen und stirbt einen Tag später nach einer Phase der lallenden Bewusstlosigkeit. Dieser Abgang torpediert als eine Art finaler Kommentar zuletzt auch noch seine lebenslangen Bemühungen, wenigstens der Form nach und nach außen hin dem Ruf und der Würde von Firma und Familie gerecht zu werden. Gary Lambert legt im finalen Weihnachtskapitel in St. Jude einen wütenden Auftritt hin, bei dem er seinen Eltern und Geschwistern mitteilt, »genug von dieser Familie!« (K 747) zu haben, zwingt alle in der Runde, mit kleineren und größeren Unwahrheiten aufzuräumen, und reist dann überstürzt ab. Der Roman inszeniert diesen Abgang als einen bleibenden Rückzug Garys aus dem Lambert'schen Familiengefüge. Ob damit aber tatsächlich eine gelungene Abnabelung von der Familie verbunden ist, beantwortet der Roman am Ende nicht eindeutig.

Auf Um- und Abwegen: Christian Buddenbrook und Chip Lambert

Christian Buddenbrook und Chip Lambert stellen als Jüngere des jeweiligen Brüderpaares in beiden Romanen die Kontrastfigur zum nach außen hin erfolgreichen Bruder dar. Aus Sicht des Familienideals erscheinen sie jeweils als der Abweichler, der Scheiternde, oder, wie das ganze Chip-Kapitel in den *Korrekturen* übertitelt ist: »DER VERSAGER« (K 23). Zwar unterscheidet sich ihr Status im jeweiligen Text deutlich: Christian bleibt gegenüber Thomas vergleichsweise auf seine Funktion als Gegenfigur und auf einige – wenn auch prägnante – Charaktereigenschaften reduziert. Differenzierte Innensichten liefert der Roman für ihn nur selten. Chip Lambert ist dagegen neben seinen Geschwistern und den beiden Elternfiguren eine der fünf etwa gleichwertigen

Hauptfiguren »seines« Romans. Dennoch werden in der Parallellektüre einige Berührungspunkte zwischen den Figuren Christian und Chip deutlich.

1. Beide Figuren scheitern beim Versuch, beruflich und finanziell dauerhaft zu reüssieren. Christian Buddenbrook, der als Kind als »witzig und brillant veranlagt« (1.1, 17) beschrieben wird und als Gymnasiast zunächst »nicht weniger Begabung aber weniger Ernsthaftigkeit« (1.1, 71) zeigt, beschließt mit 18 Jahren, »den wissenschaftlichen Beruf fahren zu lassen« (1.1, 188) und eine Kaufmannslehre in London anzutreten. Das ist der Beginn einer Aneinanderreihung beruflicher Misserfolge, Neuorientierungen und erneuter Niederlagen. Sowohl sein Leben in London, wo er »eine allzu große Schwäche für die Zerstreuungen der Weltstadt, zum Beispiel für das Theater an den Tag« legt (1.1, 259), als auch sein achtjähriger Aufenthalt im chilenischen Valparaiso, von dem er nach seiner Rückkehr fast ausschließlich Revolvergeschichten zum Besten gibt oder Anekdoten, die entweder in Vernügungslokalen spielen oder in denen er sich über Fleiß und Arbeit lustig macht, lassen nur deutlich werden, dass Christian für eine kaufmännische Existenz nicht wirklich geeignet ist. Nach seinem Eintritt in den Familienbetrieb wird auch deutlich, wieso:

… kurz, ich fühle mich so wohl wie nie. Man kommt morgens frisch ins Comptoir, man sieht die Zeitung durch, raucht, denkt an Dies und Jenes und wie gut man es hat, nimmt seinen Cognac und arbeitet mal eben ein bißchen. Es kommt die Mittagszeit, man ißt mit seiner Familie, ruht sich aus, und dann geht's wieder an die Arbeit … Man schreibt, man hat gutes, glattes, reinliches Firmenpapier, eine gute Feder … (1.1, 295)

Nicht der Inhalt des Berufs reizt ihn also, sondern die äußere Form, die *Rolle* des Kaufmanns. In der Tat ist gerade sein Beobachtungs- und Imitationstalent, mit dem er schon als Kind zu unterhalten weiß, eine der wenigen Seiten an Christian, die auch bei der erwachsenen Figur noch durchaus positiv dargestellt werden. Nicht zuletzt gelingt es ihm so immer wieder, die sozialen Rollenspiele seines Bruders Thomas oder die pathetische Emotionalität seiner Schwester Tony[15] zu durchschauen. Auszufüllen vermag er die Rolle des Kaufmanns dadurch aber nicht. Nachdem eine abfällige Bemerkung im »Klub« über die zweifelhafte Ehre von Kaufleuten im Allgemeinen zum ersten großen Eklat mit Thomas geführt hat (vgl. 1.1, 347ff.), verlässt Christian den Betrieb wieder. Auch auf den folgenden Stationen scheint er nie auch nur annähernd den Anforderungen gerecht zu werden und muss diese mal nach einigen Jahren, mal bereits nach vierzehn Tagen wieder abbrechen. Seine letzte berufliche Tätigkeit beendet Christian im Alter von sechsundvierzig Jahren und widmet sich danach zum Privatvergnügen Sprachstudien und kleinen unbezahlten Projekten, die er aber jeweils nach kurzer Zeit nicht mehr weiterverfolgt. Bereits zuvor

---

[15] z. B. Tonys Trauer am Grab des Vaters (vgl. 1.1, 283).

macht der Roman immer wieder deutlich, dass Christian Buddenbrook nicht mit Geld umgehen kann und ständig über seine Verhältnisse lebt. Sein Hang zum Theater, zur Nacht- und Halbwelt kostet mehr, als er verdient, und auch als sein Geschäft überhaupt nichts mehr einbringt, ist er nicht bereit, auf diese Vergnügungen zu verzichten (»Aber man muß doch leben …« [1.1, 445]). Über längere Zeit lebt er vom geringen »Taschengeld, das seine Mutter ihm noch bewilligen konnte« (1.1, 486), und hat so, wie wir während der großen Auseinandersetzung zwischen Thomas und Christian nach dem Tod der Mutter erfahren, von seinem Erbe »bereits dreißigtausend Courantmark im Voraus verloddert« (1.1, 635). Wiederholt muss er sich von den Geschwistern Geld leihen und lebt in seinen Suitiers-Kreisen auf Kosten eines Freundes. Auch die am Ende doch noch vollzogene Hochzeit mit Aline Puvogel stellt sich aus Sicht der Familie als weiteres finanzielles Desaster heraus: Wie von Thomas prophezeit, sichert sich Puvogel so vor allem geschickt einen Anteil am Geld der Buddenbrooks, während sie den gutgläubigen Ehegatten nach kurzer Zeit in eine geschlossene Anstalt stecken lässt. Aus seinen komödiantischen Talenten vermag Christian Buddenbrook zu keinem Zeitpunkt einen alternativen Lebensentwurf zu machen und sich beispielsweise ernsthaft als Schauspieler zu versuchen. Zu einem solchen Versuch scheinen ihm das Selbstbewusstsein und die Entschlossenheit zu fehlen. Der Roman macht an der Figur des verstoßenen Onkels Gotthold allerdings auch deutlich, dass die Familie Buddenbrook eine solche »abwegige« Berufswahl weder unterstützen noch auch nur dulden würde.

Chip Lambert hat bis zwei Jahre vor der Romangegenwart zunächst durchaus eine erfolgreiche akademische Karriere hingelegt. Aus der Erkenntnis heraus, »dass er für nahezu jede ökonomische Aktivität ungeeignet war (abgesehen vom Kaufen: Das konnte er gut)«, entscheidet sich Chip Lambert dafür, »sein Leben geistigen Dingen zu widmen« (K 49) – und damit anders als Christian Buddenbrook, mit dem er die ökonomische Unfähigkeit ja teilt, für einen Beruf, der ihm wirklich entspricht. Dieser weicht zwar von den Vorstellungen der Eltern ab, die ihn lieber als Arzt oder Jurist sähen, umso mehr Arbeitseifer und Disziplin legt Chip aber an den Tag, um »seinen Eltern [zu] beweisen […], dass sie sich irrten.« (K 49) Nach fünfzehn Jahren ist Chip zuletzt »Assistenzprofessor im Fachbereich Text-Artefakte« (K 28). Dann bricht die Karriere aber abrupt und katastrophal ab, nachdem sein wichtigster Förderer einen Schlaganfall erleidet und Chip eine Affäre mit einer Studentin beginnt, die wenig später zu seinem Rausschmiss aus dem College führt. Charakteristisch ist nun, wie die Figur Chip Lambert ihren Eltern gegenüber mit dem eigenen Scheitern umgeht: Noch zwei Jahre später, in der Romangegenwart, wissen Enid und Alfred nichts von dem unschönen und endgültigen Karriere-Ende. Vor dem Kurzbesuch seiner Eltern richtet Chip seine Wohnung in New York eigens so her, dass sie möglichst wenig Angriffsfläche für Nachfragen und Vorhaltungen in Bezug auf seinen Beruf und Lebensstil bietet. Während er sich zu College-Zeiten, wie es einmal heißt, »im Wissen geborgen [fühlte], dass seine Eltern kein falscheres Bild davon hätten haben können, wer er war und für welchen Werdegang er sich eignete« (K 53), hat er unter den gegenwärtigen Umständen nicht genug Selbstvertrauen, um sie mit seiner tatsächlichen Lebenssituation und seinen wirklichen Überzeugungen zu konfrontieren. Da sein aktueller Teilzeitjob und ein geplantes Drehbuchprojekt kaum Geld einbringen, muss sich Chip wie Christian Buddenbrook immer wieder Geld leihen, wodurch er bereits beträchtliche Schulden bei seiner Schwester Denise hat. Entgegen seinen politischen Überzeugungen muss er feststellen, dass sein Selbstvertrauen neben dem beruflichen und dem sexuellen Erfolg (dazu später) auch an das Vorhandensein von Geld gekoppelt ist: »Schuld war das Geld, waren die Demütigungen, die einer aushalten musste, der keines hatte. [...] Er war nicht habsüchtig, er war nicht neidisch. Aber ohne Geld war er kein Mann.« (K 151) Umgekehrt kehrt seine Selbstsicherheit sofort zurück, als er wenig später überraschend wieder über Geld verfügt: »Jetzt, da er Geld in der Tasche hatte, dreißig Hunderter, kümmerte es ihn weit weniger, was seine Eltern von ihm dachten.« (K 183) Anders als sein Bruder Gary, der immer wieder die offene Konfrontation sucht, handelt Chip Lambert seinen Eltern gegenüber über weite Strecken des Romans aus einer grundlegend verunsicherten Position heraus, die ihn die Auseinandersetzung scheuen lässt.

2. Die Identitätsproblematik Christian Buddenbrooks wird, wie die mehrfache Beschreibung seiner Körperhaltung als »ein wenig fragezeichenartig« (1.1, 352) pointiert zum Ausdruck bringt, zu einem großen Teil über seine spezifische Körperlichkeit dargestellt.[16] Anders als Thomas, der seine innere Angegriffenheit bis kurz vor dem Tod auch nach außen weitgehend zu verbergen vermag, wird bei Christian schon als Kind eine schwächere und kränklichere Konstitution sichtbar – verbunden mit der Thomas entgegengesetzten Vorliebe, dies auch dramatisch zur Schau zu stellen. Auch wenn hin und wieder ein Doktor bestimmte Leiden Christians medizinisch bestätigt und er später mehrere Kuraufenthalte verschrieben bekommt, lässt der Roman offen, inwieweit die einzelnen Symptome tatsächlichen Krankheiten entsprechen oder nicht auch zu einem großen Teil seiner hypochondrischen Veranlagung entspringen. So oder so bestimmen seine Leiden Christians Lebenswirklichkeit, tragen dazu bei, dass er keine Tätigkeit lange durchhält und steigern sich später über Schlafprobleme und plötzliche, heftige Stimmungsschwankungen bis hin zu Halluzinationen und suizidalen Zwangszuständen. Gerade in seiner

---

[16] Zum Krankheitsdiskurs des Romans zuletzt ausführlich Katrin Max: Niedergangsdiagnostik. Zur Funktion von Krankheitsmotiven in »Buddenbrooks«, Frankfurt / Main: Klostermann 2008 (= Thomas-Mann-Studien, Bd. XL).

Uneindeutigkeit zwischen psychischen und physischen Aspekten entspricht
dieses Krankheitsbild Christians, wie Manfred Dierks herausgearbeitet hat,[17]
in seinen Symptomen weitgehend dem zur Entstehungszeit des Romans über
die Fachwelt hinaus populären Krankheitsdiskurs der *Neurasthenie*. Nach
Überzeugung der zeitgenössischen Medizin beruhte Neurasthenie auf einer
Degeneration der Nerven und galt als erblich. Gleichzeitig wurde sie, auch
unter dem heute geläufigeren Begriff *Nervosität*, als Reaktion auf die mit hoher
Geschwindigkeit sich modernisierende und industrialisierende Gesellschaft
verstanden, als Ausdruck einer Krise des »Ich[s] der Moderne«[18] – einer Krise
der Individualität. Legt man diese Lesart von Christians Leiden zugrunde,
dann verwandelt sich der *Buddenbrooks*-Roman mit der Neurasthenie einen
medizinischen Diskurs an, der in seinem Changieren zwischen physischem
und psychischem Phänomen der philosophischen Idee des Niedergangs und
des Identitätsverlusts eine für die zeitgenössische Leserschaft plausible Erscheinungsform geben konnte.

Auch in den *Korrekturen* ist Krankheit ein zentrales Thema und Metaphern-
feld, das weit über die hier verhandelten Figuren hinausgeht und eine eingehendere Betrachtung lohnen würde. Christian Buddenbrooks Parallelfigur unter
diesem Aspekt ist weniger Chip Lambert als vielmehr dessen Vater Alfred. Wie
Christian ist Alfred Lambert in der Romangegenwart zu einem Großteil über
das Thema seiner Krankheit – »Parkinson, Demenz, Depression sowie Ner-
venleiden der Beine und des Harnsystems« (K 778) – präsent. Der rapide Abbau
seiner körperlichen und geistigen Fähigkeiten wird wie bei Christian Buddenbrook durch die – befremdete und bestürzte – Wahrnehmung seiner Familien-
angehörigen als auch durch seine Selbstwahrnehmung dargestellt. Anders als
bei Christian erscheinen die eindringlichen Beschreibungen von Alfreds Ängs-
ten, seine verzweifelten Versuche, weiter die Kontrolle über sich zu behalten
und schließlich auch seine klaren Momente, in denen er seine Lage realistisch
einschätzt und Besorgnis äußert, zu keinem Zeitpunkt lächerlich, sondern auf
Empathie der Leser/innen angelegt. Gegen Ende der Romane kommen sich die
beiden Figuren besonders nahe, etwa in ihren Halluzinationen – Christians
Mann auf dem Sofa (vgl. 1.1, 637), Alfreds Kampf mit dem sprechenden Kot-
haufen (vgl. K 392 ff.) – oder in ihren Momenten des Todeswunsches, der sie
sich beide den Sturz aus dem nahen Fenster wünschen lässt; und schließlich in
ihrer jeweiligen Endstation in der Anstalt bzw. Klinik, in die sie gegen ihren
Wunsch verfrachtet werden. Auch der Krankheitsdiskurs in den *Korrekturen*
greift aktuelle naturwissenschaftliche Debatten und Erkenntnisse seiner Entstehungszeit, hier insbesondere der Hirnforschung auf. In vielfältiger Weise

---

[17] Manfred Dierks: Buddenbrooks als europäischer Nervenroman, Frankfurt/Main: Klostermann 2002 (= Thomas Mann Jahrbuch, Bd. 15), S. 135–151.
[18] Ebd., S. 149.

spielen Medikamente und Drogen eine Rolle. Das zentrale Thema Depression schließlich, das im Leben aller fünf (!) Lamberts präsent ist, lässt sich über die individuelle Konstellation hinaus als Signatur der Lambert'schen Gegenwart lesen. Wie die Neurasthenie zur Entstehungszeit der *Buddenbrooks* wurden Depressionen als massenhaft auftretendes (oder diagnostiziertes) Phänomen in den 1990er Jahren weit über Fachkreise hinaus als »Zeitkrankheit« wahrgenommen und dabei als »Reaktion[] auf die allgegenwärtige Erwartung von eigenverantwortlicher, authentischer Selbstverwirklichung«[19] gedeutet. Mit der Angst, an dieser Aufgabe zu scheitern, haben die Lambert-Figuren tatsächlich schwer zu kämpfen. Wieder steht die Krankheit im Roman für eine Krise des Ichs, der Individualität.

3. Liest man Christian Buddenbrooks körperliche Leiden auch als Verweise auf ein neurotisches Verhältnis dieser Figur zur Sexualität, eröffnen sich weitere Parallelen zwischen den beiden Romanen. Wie Anja Schonlau und Claudia Bahnsen aufgezeigt haben, können insbesondere seine Ängste vor dem Nicht-Schlucken-Können, vor seiner zur »Lungenschwindsucht« überhöhten Atemnot, vor einer Lähmung seines Denkvermögens auch als Angst vor klassischen Syphilis-Symptomen gelesen werden.[20] Der nahtlose Übergang von Christians Berichten über das sündhafte Leben in London und die lasterhafte Maria (vgl. 1.1, 287) zu seinen eingebildeten Schluckbeschwerden könnte demnach als Indiz für Christians Sorge gelesen werden, sich durch seine allzu lockere Lebensführung mit der Geschlechtskrankheit angesteckt zu haben. Das für Christian bei aller Unbekümmertheit mit diesem Lebenstil offenbar verbundene Schuldgefühl oder schlechte Gewissen verdeutlicht, dass auch diese Seite ein Teil seiner Identitätsproblematik ist. Einerseits thematisiert der Roman trotz seines vergleichsweise diskreten Tonfalls unmissverständlich Christians stark ausgeprägten Sexualtrieb, dem er offenbar ohne weitere Skrupel nachgibt, und seine Sorglosigkeit, was die Folgen für sein Bild in der Öffentlichkeit betrifft. Das beginnt mit seinem jugendlichen Auftritt in der Garderobe einer Theaterschauspielerin und geht über seine häufig wechselnden Damenbekanntschaften, über die sich die ganze Stadt amüsiert, bis hin zu seiner Eroberung in Giesekes Villa Quisisana. So bildet Christian auch in diesem Bereich das Gegenbild zu Thomas Buddenbrook. Auf der anderen Seite hat er aber die familiären Normen offenbar trotz allem so verinnerlicht, dass

---

[19] Vgl. Alain Ehrenberg: Das erschöpfte Selbst. Depression und Gesellschaft in der Gegenwart, Frankfurt/Main: Campus 2004. Ehrenberg stellt ausdrücklich die Parallele her zwischen Neurasthenie als Phänomen am Ende des 19. und Depression als Phänomen in der zweiten Hälfte des 20. Jahrhunderts. Das Zitat entstammt dem Klappentext der genannten Ausgabe.
[20] Vgl. Anja Schonlau: Das »Krankhafte« als poetisches Mittel in Thomas Manns Erstlingsroman: Thomas und Christian Buddenbrook zwischen Medizin und Verfallspsychologie, in: Heinrich Mann-Jahrbuch, Bd. 15, Lübeck: Schmidt-Römhild 1997, S. 87–121. – Bahnsen, Verfall (zit. Anm. 8), S. 79.

ihm sein Abweichen davon ein permanent schlechtes Gewissen und massives Schuldgefühl verursacht. Er stellt sogar selbst einen direkten Zusammenhang zwischen seinem »Fehlverhalten« und seinen körperlichen Leiden her. »›Ja, seht ihr, nun ist es wieder aus‹, sagte er; ›nun kommt wieder die Strafe. Es rächt sich immer gleich, wenn ich mir mal einen Spaß erlaube. Es ist kein Schmerz, wißt ihr, es ist eine Qual … eine unbestimmte Qual […].‹« (1.1, 593) Obwohl er in dieser Situation explizit auf physiologische Gegebenheiten verweist, scheint Christian im Grunde Thomas' später im Streit geäußerte Auffassung zu teilen, »daß alle diese Widrigkeiten Folgen und Ausgeburten deiner Laster sind, deines Nichtsthuns, deiner Selbstbeobachtung« (1.1, 637). Christian sieht sich selbst demnach durchaus als aktiv handelndes Individuum, das in seinem Leben falsche Entscheidungen trifft und dafür mit Leiden »bestraft« wird. Am Ende ist es gerade sein aus dieser Sicht »ungesunder« Hang zur Sexualität (nämlich seine naive Faszination für Aline) und seine bis zu Wahnvorstellungen fortgeschrittene Krankheit (die Aline zumindest einen Vorwand liefert), die dazu führen, dass er sein Leben in einer psychiatrischen Anstalt beendet.

Ein hochproblematisches, fast pathologisches Verhältnis zum Thema Frauen und Sexualität hat auch Chip Lambert in den *Korrekturen*. Wieder wird dies im Vergleich zu den *Buddenbrooks* deutlich expliziter und auch aus der ausführlichen Innensicht Chips thematisiert. In der Romangegenwart dient Sex für Chip unter anderem als Flucht vor Gefahr und Verantwortung: »Chip sah seinen Vater zitternd und flehend im Türrahmen stehen. Um dieses Bild auszublenden, versuchte er, sich vorzustellen, wie er mit Julia oder dem himmelblauhaarigen Mädchen oder Ruthie schlief […].« (K 48) Zum anderen und ganz zentral ist Chips Fixierung auf Sex Ausdruck seines brachliegenden Selbstbewusstseins. Gleich auf der ersten Seite seines Kapitels heißt es:

Von seinem Platz bei den Metalldetektoren aus beobachtete er […] eine äußerst begehrenswerte Fremde mit gepiercten Lippen und Brauen. Wenn er nur eine Sekunde lang mit diesem Mädchen Sex haben könnte, dann, das wurde ihm schlagartig klar, wäre er imstande, seinen Eltern selbstbewusst gegenüberzutreten, und wenn er im Minutentakt weiter mit ihr Sex haben könnte, solange seine Eltern in der Stadt waren, dann wäre er sogar in der Lage, ihren gesamten Besuch zu überstehen. (K 25 f.)

Mit diesem stark sexualisierten Blick nimmt Chip zumindest in der Romangegenwart offenbar seine ganze Umwelt wahr und sieht in Frauen, denen er begegnet, in erster Linie Sexualobjekte. Gerade seine Fixierung auf Sex führt aber dazu, dass sowohl seine Karriere (zwei Jahre vor der Romangegenwart) als auch seine Beziehung mit Julia (Romangegenwart) in die Brüche gehen. Den Avancen seiner Studentin Melissa zwei Jahre früher, die er eine Zeit lang regelkonform zurückweist, widersteht er in dem Augenblick nicht mehr länger, als er von der gescheiterten Beförderung erfährt (vgl. K 79 ff.). Nach dem beruflichen Rückschlag setzt sich sein Bedürfnis nach Bestätigung durch: Er stürzt sich in eine exzessive Affäre, die der Roman ausgiebig und als einen (durch Drogen verstärkten) permanenten sexuellen Rausch beschreibt (vgl. K 80–89). Chip Lambert wird also sehr stark über den Aspekt der Sexualität charakterisiert und scheint so einerseits als eine Gegenfigur zu seinem Vater Alfred, der seine sexuellen Bedürfnisse mit großem Aufwand unterdrückt. Wo dieser sich übermäßig selbst diszipliniert, agiert jener seine Bedürfnisse selbstbezogen und exzessiv aus. Auf der anderen Seite ist Chip seinem Vater – und Christian Buddenbrook – in diesem Punkt näher als es zunächst scheinen mag, denn auch bei ihm ist das Thema stark mit Schuld- und Schamgefühlen besetzt: Die Diskrepanz zwischen seinen theoretischen, von Feminismus- und Gendertheorien beeinflussten Überzeugungen und seinem Begehren verursacht ihm immer wieder ein schlechtes Gewissen. Die strengen College-Regeln, gegen die er mit seiner Affäre verstößt, hat Chip selbst mit aufgestellt. Dass er sich schließlich dennoch dazu hinreißen lässt, nimmt er – wie Alfred beim ehelichen Sex mit Enid – als Niederlage seiner Selbstdisziplin wahr. So erscheint Chip das selbstverschuldete Ende seiner Wissenschaftskarriere wie bei Christian Buddenbrook als folgerichtige »Strafe« für sein »Fehlverhalten«.

4. Das Ende, das die beiden Romane für ihre »Abweichler«-Figuren bereithalten, könnte gegensätzlicher kaum sein. Für Chip Lambert wird sein unvorhergesehener und turbulenter Vilnius-Aufenthalt in der Romangegenwart zum Auslöser mehrerer grundlegender »Korrekturen«. Die neuartigen Erfolgserfahrungen dort – zum ersten Mal sind in Vilnius wirklich seine kreativen Fähigkeiten gefragt und bringen ihm noch dazu sehr viel Geld ein – und die existentiellen Grenzerfahrungen auf der überstürzten Flucht nach dem politischen Zusammenbruch des Landes rücken sein früheres Selbstmitleid und seine ausgeprägte Selbstbezogenheit stark zurecht und führen seine bisherige Identität zwischenzeitlich auf eine Art Nullpunkt zurück.[21] In dieser Verfassung, die er zugleich als befreiend und furchteinflößend erlebt, stößt er schließlich zur Weihnachtsfamilie in St. Jude, wo der Roman ihn, der gewohnten Wahrnehmungsmuster und Abwehrmechanismen entledigt, weitere überraschende Entdeckungen machen lässt: Hinter der Feindseligkeit seines Bruders Gary erkennt er dessen Angst; ihm wird klar, dass er seiner Schwester und seiner Mutter wirklich am Herzen liegt und dass sein kranker Vater Alfred ausgerechnet ihn, den »Versager«-Sohn, am meisten zu lieben scheint. Folglich wird es Chip sein, der sich in den verbleibenden Monaten intensiv um Alfred kümmert und Enid nach dessen Tod im Haus zur Hand geht. Wie als direkte

---

[21] »Er begriff nicht, was sich zugetragen hatte. Er fühlte sich wie ein Stück Papier, das, einst mit verständlichen Sätzen beschrieben, in die Waschmaschine geraten war. [...] Er hatte völlig aus dem Blick verloren, was er wollte, und da ein Mensch schließlich war, was er wollte, konnte man sagen: Er hatte sich selbst aus dem Blick verloren.« (K 740)

Folge dieser Verantwortungsübernahme beginnt er eine dauerhafte Beziehung mit Alfreds Stationsärztin, heiratet sie und bekommt mit ihr Zwillinge. Er arbeitet als Lehrer und schreibt sogar an seinem Drehbuch weiter. Diese alles in allem, wie Enid feststellt, »wundersame« (K 776) Wandlung macht Chip Lambert am Ende zu einem fast klassischen »verlorenen Sohn«, der nach einigen Um- und Abwegen in den Schoß der Familie zurückkehrt. Gleichzeitig scheint das besonders für Chip sehr dick aufgetragene Happy End aber zumindest zwiespältig: Es kann in seiner Übertriebenheit als ironisches Ende gelesen werden – wofür der Text keine eindeutigen Hinweise gibt – oder aber als eine merkwürdig konservative Auflösung. Denn von diesem Ende her, nimmt man es ernst, scheint alle Kritik, die Chip vorher an den konventionellen Vorstellungen seiner Eltern hatte, vor allem dem »Aroma der Verweigerung« entsprungen, an dem Chip in seiner traumatischen Kindheitsszene am Esstisch Gefallen findet – als, wie Enid dort zu Gary sagt, »bloß eine Phase, die dein Bruder da gerade durchmacht.« (K 373)

Was das Ende Christian Buddenbrooks betrifft, so manifestiert sich sein problematisches Verhältnis zum Buddenbrook'schen Familienideal zunehmend auf der persönlichen Ebene im Verhältnis zu Thomas. Je deutlicher Christians Abweichen wird, desto ablehnender und härter wird Thomas' Verhalten ihm gegenüber. In der großen Streitszene nach dem Tod der Mutter gelingt es Christian als einzigem der drei Geschwister doch einmal, das überlieferte Ideal zu historisieren und damit als im Grunde veränderbar, vergänglich wahrzunehmen: »Herr Gott, Thomas, Mutter hatte doch nicht unbedingt Recht, sondern nur von ihrem Standpunkt aus, auf den ich Rücksicht genommen habe, solange sie lebte. Sie war eine alte Frau, eine Frau aus einer anderen Zeit, mit einer anderen Anschauungsweise …« (1.1, 633 f.) Thomas weist diese Relativierung jedoch scharf zurück und spielt seine Funktion als Familienoberhaupt voll aus, indem er Christian unmissverständlich droht, ihn »zunichte« zu machen, falls dieser sich seinen Anordnungen widersetze (1.1, 640). Anhand der Figur Christians macht der Roman so auch die Unbarmherzigkeit, die normative Gewaltförmigkeit deutlich, die den kaufmännischen Familienidealen bei aller zur Schau getragenen Christlichkeit innewohnt: Die Möglichkeit, Christian in einem tatsächlich abweichenden Lebenslauf zu unterstützen, der im beruflichen und privaten Bereich seinen Bedürfnissen und Fähigkeiten mehr entspricht, wird nie ernsthaft erwogen. Obwohl Christian am Ende aus der Anstalt eindringliche Briefe an seine Verwandten richtet, in denen er sie anfleht, ihn aus diesem »Gefängnis« zu befreien (ein Motiv, das in den *Korrekturen* wieder bei Alfred ein Echo findet), nehmen diese seine Lage offenbar hin und machen keinerlei Anstalten, den Hilferufen nachzukommen. Christian wurde von der übrig gebliebenen Familie als Bruder, Schwager, als vollwertiger Verwandter längst aufgegeben. Noch als der Niedergang der Familie für alle unübersehbar geworden ist, zählt die Wahrung der »dehors« mehr als das persönliche Leid eines Familienmitglieds. So stirbt der Abweichler Christian seinen sozialen »Tod« noch vor dem physischen und hat am Ende noch nicht einmal einen starken Abgang wie sein Bruder Thomas, den Christian bei dessen Tod beneidet hat: »Nie hatte Thomas Buddenbrook seinem Bruder mehr imponiert, als zu dieser Stunde. Der Erfolg ist ausschlaggebend.« (I.1, 757)

Die Korrekturen der Buddenbrooks?

In der Parallellektüre zweier zentraler Figurenpaare sind einige Aspekte deutlich geworden, unter denen sich Manns *Buddenbrooks* und Franzens *Die Korrekturen* ein Stück weit tatsächlich als »verwandte« Romane lesen lassen. Über nur oberflächliche Bezugspunkte hinaus teilen die Figuren ähnliche Veranlagungen, Lebensthemen und Konfliktlinien in Bezug auf das jeweilige Familienideal und ihre Elternfiguren. Auch übergreifend gibt es Gemeinsamkeiten, etwa die zentrale Bedeutung ökonomischen Denkens im Leben aller Figuren oder die Bedeutung von Krankheitsdiskursen für beide Romane. Gleichzeitig machen die hier fokussierten Figurenpaare eine entscheidende Differenz deutlich: Die beiden Romane lassen die Figuren der Kindergeneration bei ähnlicher Grundkonstellation einem geradezu entgegengesetzten Leitbild ihrer Identitätsfindung folgen. Während die Buddenbrook-Geschwister – mit unterschiedlichem Erfolg und Ergebnis – alles daran setzen, die ihnen im Familienideal gegenübertretenden Konventionen zu *erfüllen* und ihre Individualität in die ihnen zugewiesene Bahn umzulenken, ist das Ziel der Lambert-Kinder gerade das Gelingen der *Abgrenzung* von den Eltern und deren Lebensentwürfen.[22] Dem Ideal der Kontinuität, des Tradierens im einen Fall steht das Ideal des Abweichens, des Korrigierens im anderen Fall gegenüber. Während der Niedergang der Buddenbrooks nach traditioneller Lesart zumeist als schicksalhaft und unausweichlich interpretiert wird – die Figuren führen demnach knapp gesagt nur aus, was entsprechend ihrer Funktion im Verfall der Familie in ihrem »Wesen« angelegt ist –, bieten sich in der Gegenüberstellung mit den *Korrekturen* zumindest im Gedankenspiel auch alternative Deutungen an. In einer stärker individuellen Lesart, wie sie hier vorgenommen wurde, wird noch einmal deutlich, dass die *Buddenbrooks*-Figuren an entscheidenden Stellen ihres Lebens just aus der Absicht, zum Wohle der Familie und der Tradition

---

[22] Nicht nur in dieser Hinsicht wären auch Tony Buddenbrook und Denise Lambert unbedingt eine eingehendere Betrachtung wert. Im Vergleich dieser beiden Tochterfiguren, hier aus Platzgründen nicht ausgeführt, werden neben einer noch einmal anders gelagerten familiären Identitätsthematik besonders die grundlegend veränderten literarischen und gesellschaftlichen Geschlechter- und Sexualitätsdiskurse deutlich. Vgl. meine oben genannte Magisterarbeit.

zu handeln, Entscheidungen treffen, die ihr persönliches Unglück noch ver-größern und letztlich auch die Familie einen weiteren Schritt dem Untergang näherbringen. Am Ende der *Buddenbrooks* ist so das Familienideal zwar noch dasselbe wie zu Beginn des Romans – seine Starrheit und Unbeweglichkeit und seine Verinnerlichung auch durch die Kindergeneration hat aber inzwischen die Familie (genau genommen: den männlichen Teil der Familie) nahezu aus-gelöscht. Am Ende der *Korrekturen* geschieht das Gegenteil. Nicht nur sind gelingende Korrekturen im Leben der Kinderfiguren positiv konnotiert – be-sonders bei Chip, auch bei Denise, ambivalenter bei Gary. Nach dem Tod des Vaters, des Familienpatriarchen, kommt es sogar im Familienideal selbst, bei Enid nämlich, zu nachhaltigen Korrekturen. Die Schlusspassagen der Romane bringen diese unterschiedliche Setzung – Tradieren vs. Korrigieren – noch einmal auf den Punkt: »*Es ist so!*« (1.1, 837) lautet der letzte gesprochene Satz in den *Buddenbrooks* statisch. Enid dagegen denkt den dynamischen letzten Satz der *Korrekturen*: »Sie war fünfundsiebzig Jahre alt, und sie würde einiges in ihrem Leben ändern.« (K 781)

Holger Rudloff und Helmut Liche

Infamie

»Pädagogen-Rivalität (quasi erotisch)« in Thomas Manns
Roman *Der Zauberberg*

Im vorletzten Abschnitt des Romans *Der Zauberberg* von Thomas Mann
kommt es zwischen Ludovico Settembrini und Leo Naphta zum Pistolenduell. Über lange Erzählstrecken graben die Kontrahenten sich gegenseitig in
rückhaltlosen Wortgefechten das intellektuelle Wasser ab, um ihrem Schüler
Hans Castorp zu imponieren. Die Pädagogen belagern, belauern und beleidi-
gen sich. Trotzdem setzen sie immer wieder den Disput fort. Doch plötzlich
reißt ihr Gesprächsfaden. Was ist geschehen? Ein ganz bestimmter Ausdruck
Settembrinis bringt für Naphta das Fass zum Überlaufen: *»Infamie«* (5.1, 1055).
Der Erzähler setzt das kursiv. Settembrini schlägt dabei »mit der flachen Hand
auf den Tisch« (ebd.). Und Naphta fragt »mit einer Art von keuchendem Halblachen« (5.1, 1056) wiederholend: »Infamie?« (Ebd.) Warum trifft gerade dieser
Begriff so sehr ins Schwarze und löst bei Naphta den Casus Belli aus, um nach
den bisherigen Wortscharmützeln ein Duell mit Pistolen zu fordern?

Der Zweikampf zwischen Naphta und Settembrini bildet den Höhepunkt
des Abschnitts *Die große Gereiztheit.* Das Duell bereitet zudem den letzten Abschnitt *Der Donnerschlag* vor. Damit kommt dem Reizwort »Infamie«
eine Schlüsselfunktion zum Verständnis des Romanendes und der Figur Leo
Naphta zu. Doch was ist mit diesem Rätselwort gemeint?

Zur Orientierung stellen wir unsere These voran: Für die Duellforderung
eröffnet der Begriff »Infamie« über sprachliche Bedeutungszusammenhänge
hinaus einen Gehalt, wenn man ihn auf dem Hintergrund des von Naphta und
Settembrini diskutierten »kanonischen Rechtes« (5.1, 890), dem katholischen
Kirchenrecht *Codex Iuris Canonici* von 1917, untersucht und nach möglichen
ehrverletzenden Bezugspunkten fragt.

Infamie und sprachliche Bedeutungszusammenhänge

Am 13. Februar 1920 notiert Thomas Mann in seinem Tagebuch zwei Gründe,
die das Duell zwischen Naphta und Settembrini auslösen. Das »Duell« hat
»nicht nur geistigen Haß, sondern Pädagogen-Rivalität (quasi erotisch) zum

Motiv« (Tb, 13.2.1920). Wie gestaltet nun der Erzähler die beiden Motive, also den geistigen Hass und die quasi erotische Pädagogen-Rivalität?

Geradezu nahtlos fügen sich Hass und Rivalität zwischen den Lehrmeistern Hans Castorps in die Sinnentfremdung der Gesellschaft auf dem Zauberberg ein. Ihr Zusammenleben verkommt zu einem »lang angesammelte[n] Unheilsgemenge von Stumpfsinn und Gereiztheit« (5.1, 1075). Ein »Dämon« (5.1, 1034) beherrscht die Insassen des Sanatoriums:

Zanksucht. Kriselnde Gereiztheit. Namenlose Ungeduld. Eine allgemeine Neigung zu giftigem Wortwechsel, zum Wutausbruch, ja zum Handgemenge. Erbitterter Streit, zügelloses Hin- und Hergeschrei [...]. Man erblaßte und bebte. Die Augen blitzten ausfällig, die Münder verbogen sich leidenschaftlich. (5.1, 1034f.)

In der geistlosen Situation der Zeit nimmt Naphtas »höhnische Aufgeräumtheit und Angriffslust«, seine »Sucht nach geistiger Bezweifelung, Verneinung und Verwirrung« in dem Maße zu, wie sie Settembrinis »Melancholie [...] aufs schwerste reizte und ihre intellektuellen Streitigkeiten täglich verschärfte.« (5.1, 1045f.) Beide lassen sich von der Gereiztheit der Umwelt zunehmend infizieren. Der Erzähler lässt keinen Zweifel an den Gründen ihrer Nervosität. Ihre intellektuellen Kraftproben sollen den Schüler Hans Castorp beeindrucken. Er ist das Objekt der Begierde. Castorp ist sich »so ziemlich gewiß, [...] daß seine, des pädagogischen Objektes, Gegenwart vonnöten war, um bedeutende Kolloquien zu entzünden.« (5.1, 1046) Die Erzieher leiden unter erheblichem Konkurrenzdruck. Jeder will das pädagogische Tauziehen für sich entscheiden. Allein das reicht nicht aus, ihren Interessenkonflikt als quasi erotische Pädagogen-Rivalität auszulegen, wie es Thomas Mann im Tagebuch formuliert. Zu prüfen wird sein, an welchen Textstellen ein – wie auch immer ausfallendes – erotisches Begehren gegenüber dem Zauberberglehrling zu Tage tritt.

Im Wettstreit um die Gunst des jungen Mannes in ihrer Mitte veranstalten die Kontrahenten eines »Nachmittags im Februar« eine »Schlittenfahrt« (5.1, 1050). Mit von der Partie sind zwei Gäste des Sanatoriums, Ferge und Wehsal. Die erzählte Zeit ist eindeutig identifizierbar. Das Geschehen spielt im »Februar«, im Februar des Jahres 1913, also 18 Monate vor dem *Donnerschlag* des Ersten Weltkrieges. Dabei hatte alles so hoffnungsfroh begonnen. Eine Schlittenfahrt »unter Schellengeläut«, bei der es »so freundlich durch schneestille Landschaft geht« (5.1, 1051). Auch der Ausflugsort zeigt sich von seiner besten Seite. Das »Eßzimmer« des Gasthauses ist »bäurisch und wohl geheizt. Die Ausflügler bestellten einen Imbiß bei der dienstwilligen Wirtin: Kaffee, Honig, Weißbrot und Birnenbrot, die Spezialität des Ortes. Den Kutschern ward Rotwein geschickt.« (5.1, 1052) In der Schneeidylle wird Hans Castorp von Naphta nachhaltig umworben. Es sind nicht nur die Inhalte seines Redeschwalls, die Settembrini fortan provozieren sollen, nämlich die einseitige Darstellung der europäischen Romantik, der Reaktion und der Revolution im 19. Jahrhundert, die Positionsbestimmungen über die Freiheitskriege oder die Reformation. Es ist vor allem die Art und Weise, wie Naphta seinen Kontrahenten ignoriert und Hans Castorp zu umschmeicheln sucht. Der ironische Erzähler gestaltet Naphtas Verhalten im Kreise der fünf Ausflügler wie folgt:

Wir hätten Lust zu sagen, daß an demjenigen unserer fünf Freunde die Erwärmung durch den heißen und sehr löblichen Kaffee ein höheres Gespräch gezeitigt habe. Doch wären wir ungenau damit, denn dies Gespräch war eigentlich ein Monolog Naphtas, der es nach wenigen Worten, die andere beigetragen, allein bestritt, – ein Monolog, geführt auf recht sonderbare und gesellschaftlich anstößige Art, da der Ex-Jesuit sich nämlich, liebenswürdig instruierend, ausschließlich an Hans Castorp damit wandte, Herrn Settembrini, der an seiner anderen Seite saß, den Rücken zukehrte und auch die beiden anderen Herren völlig unbeachtet ließ. (5.1, 1052)

Naphtas Monolog, dem »Hans Castorp mit halb und halb zustimmendem Kopfnicken folgte« (ebd.), ruft Settembrinis pädagogisches Entsetzen hervor. Er bezeichnet die Ausführungen des Rivalen als »*Schlüpfrigkeiten*«.[1] Schließlich reißt sein Geduldsfaden, »dem Feinde« (5.1, 1055) weiter das rhetorische Feld zu überlassen: »Seine Geduld war zu Ende.« (Ebd.) Ohne Naphtas intellektuelle Belehrungen argumentativ zu widerlegen, führt Settembrini sehr bestimmend aus, »... daß ich entschlossen bin, Sie daran zu hindern, eine ungeschützte Jugend noch länger mit Ihren Zweideutigkeiten zu behelligen!« (Ebd.) Die Worte »Schlüpfrigkeiten« und »Zweideutigkeiten« verlassen jeden sachlichen Diskurs. Settembrini verlagert die Debatte weit weg von den angesprochenen historischen und politischen Ereignissen, um Naphta auf einem anderen Feld anzugreifen. Er wählt die Begriffe »Schlüpfrigkeiten« und »Zweideutigkeiten« aus, weil sie erotisch eingefärbt sind. Sie sind in der Tradition des *Tod in Venedig* lesbar. Hier lässt der geckenhafte Gitarrist seine Zunge »schlüpfrig im Mundwinkel spielen« und drückt »etwas Zweideutiges, unbestimmt Anstößiges« (2.1, 573) aus. Das Mienenspiel gehört als Klischee in den Stigmatisierungskatalog zur Identifizierung sexueller Zwischenstufen. Darauf zielt Settembrinis Wortwahl ab. Es geht um Naphtas Diskreditierung. Eben

---

[1] 5.1, 1055. Wenn Settembrini von »Schlüpfrigkeiten« Naphtas spricht, so verweist er damit auf eine Liebeswerbung. Wirft nämlich Settembrini einem Mädchen eine Kusshand nach, so trällert er dazu: »Du süßes Käferchen, willst du die Meine sein? Seht doch, ›es funkelt ihr Auge in schlüpfrigem Licht‹« (5.1, 97). Zudem betreffen Naphtas »Schlüpfrigkeiten« auch das Thema der Liebesrivalität. Im Abschnitt *Mynheer Peeperkorn (Des Weiteren)* wird das Thema Duell angesprochen. Settembrini weist seinen Schüler Castorp darauf hin, dass der »Ölgötze« Peeperkorn ihm seine »Beatrice« weggenommen hat und bringt damit indirekt eine Klärung durch einen Waffengang ins Spiel. Allein Castorp hält nichts von den Vorschlägen, die der »Mann des Südens« ihm macht, er lehnt es ab, »Gift und Dolch« zu Rate »zu ziehen« (5.1, 885). Schließlich gibt Settembrini dem Dialog mit Castorp eine andere Wendung, denn wie der Erzähler weiß: »... ein Gespräch, das von Eifersucht handelte, war etwas schlüpfriger Boden für ihn« (5.1, 886).

das merkt jener genau, denn er entgegnet: »Mein Herr, ich fordere Sie auf, nach Ihren Worten zu sehen!« (5.1, 1055) Doch Settembrini steigert seine Vorwürfe:

›Einer solchen Aufforderung, mein Herr, bedarf es nicht. Ich bin gewohnt, nach meinen Worten zu sehen, und mein Wort wird präzis den Tatsachen gerecht, wenn ich ausspreche, daß Ihre Art, die ohnehin schwanke Jugend geistig zu verstören, zu verführen und sittlich zu entkräften, eine *Infamie* und mit Worten nicht streng genug zu züchtigen ist …‹ (Ebd.)

Nicht der Jugend im Allgemeinen gilt Settembrinis Besorgnis. Sie richtet sich auf den schwankenden Kadetten Hans Castorp. Ihn will der Pädagoge vor geistiger Verführung und sittlichem Verfall bewahren. Deshalb folgt seiner Beistandsbekundung der alles entscheidende Schlag gegen den Rivalen: Das vom Erzähler kursiv gesetzte Urteil der »*Infamie*«. Der »*Infamie*« sei strengstens zu begegnen, sie solle entschieden gezüchtigt werden. Das Verb »züchtigen« bezeichnet in erster Linie eine körperliche, weniger eine verbale Bestrafung. In diesem Sinne verweist auch die Redewendung von Zucht und Ordnung auf rigide Unterdrückung, besonders auf Reglementierung der Triebstruktur. Settembrini ist bis zum Äußersten entschlossen, Naphtas geistige Lüsternheit zu sanktionieren.

Dabei drückt der Erzähler nicht nur aus, *was* Settembrini sagt, sondern auch, *wie* er es mitteilt. Das *Was* wird durch aggressive Körpergebärden unterstrichen, die ihre Wirkung auf die Versammelten nicht verfehlen:

Bei dem Wort ›Infamie‹ schlug Settembrini mit der flachen Hand auf den Tisch und stand, seinen Stuhl zurückschiebend, nun vollends auf, – das Zeichen für alle übrigen, ein Gleiches zu tun. (5.1, 1055 f.)

Die Tafelrunde gerät über den Vorwurf der »Infamie« und den Schlag auf den Tisch außer sich. Hans Castorp, Ferge und Wehsal, Settembrini und Naphta steht das Entsetzen ins Gesicht geschrieben: »Alle fünf waren sie blaß, mit erweiterten Augen und zuckenden Mündern.« (5.1, 1056) Die Mimik der Beteiligten weist auf etwas Ungeheuerliches hin. Ihre Fassungslosigkeit gilt der Verbalattacke der »Infamie« *und* dem Schlag mit der flachen Hand auf den Tisch, dieser symbolischen Ohrfeige. Naphta unterdrückt einen Wutausbruch. Er antwortet diszipliniert, »leise und nur mit einer Art von keuchendem Halblachen« (ebd.). Peinlichst von den Anschuldigungen berührt, greift er zur Strategie fragender Wortwiederholung: »Infamie? Züchtigen?« (Ebd.) Zugleich quittiert er den Vorwurf mit einer Duellforderung: Herr Settembrini möge wissen, was er ihm nun »schuldig« (5.1, 1057) sei.

Auch Naphtas weitere Körpersprache ist aufschlussreich. Gleich zweimal knirscht er mit den Zähnen, »ein furchtbar unangenehmes, wildes und abenteuerliches Geräusch«, Ausdruck »einer gewissen fürchterlichen Beherrschung« (5.1, 1056). Sinnbildlich bedeutet das Zähneknirschen eine Gleichsetzung von Innen und Außen. Ein Mensch, der mit den Zähnen knirscht, leidet unter starkem inneren Druck. Er muss sehr an sich halten, »weil er sonst hinausschreien könnte, was eine konventionelle Moral ihm hinauszuschreien verbietet.«[2]

Warum muss sich Naphta so »fürchterlich« beim Vorwurf der »Infamie« beherrschen? Warum bleibt ihm einzig die Duellforderung übrig? Welche Moral steht ihm im Wege, dem Gegner eine andere Antwort ins Gesicht zu schreien? Machen wir die Situation noch einmal klar: Durch das Wort »Infamie« erreicht die Pädagogen-Rivalität eine neue Qualität. Die Zeit der Streitgespräche mit »Witz und Schliff, als ob es *nicht* ums Leben, sondern nur um ein elegantes Wettspiel ginge« (5.1, 782), ist vorbei. Statt »die Klinge der Idee zu kreuzen« (5.1, 614), sprechen jetzt die Waffen, es soll »blank« (5.1, 1057) gezogen werden. Doch weshalb nur? Sicher bilden die politischen und historischen Kontroversen der Rivalen den Hintergrund des Zweikampfes.[3] Allerdings besteht im Rahmen der Auseinandersetzung »keine unbedingte funktionale Notwendigkeit zur Beendigung des Streites gerade durch ein Duell.«[4] Den ausschlaggebenden Faktor liefert Settembrinis Bezichtigung der »Infamie«. Dies ist das »Codewort«[5] für die Duellforderung. Es verletzt Naphta so sehr »in seiner persönlichen Ehre«,[6] dass er einen Waffengang fordert. Doch warum hakt er das nicht als eine der üblichen abschätzigen Bemerkungen des Gegenübers ab? Warum leitet er daraus eine Frage der Ehre ab, die auf Sein oder Nichtsein hinauslaufen kann? Warum trifft der Ausdruck der »Infamie« seine wundeste Stelle?

Um das einzuschätzen, ist es aufschlussreich zu prüfen, mit welcher Punktgenauigkeit Thomas Mann den Begriff der »Infamie« in den Textzusammenhang einfügt. Denn der Erzähler verwendet den Begriff nicht von Anfang an. Am 5. Juli 1920 notiert Thomas Mann im Tagebuch den entscheidenden Grund der Duellforderung. Settembrini empfindet die Äußerungen seines Kontrahenten als »obscön«. Statt Naphta war noch ein protestantischer Pastor namens Bunge als Gegenspieler Settembrinis vorgesehen:

[2] Hermann Strobel: »Das Zahnweh, subjektiv genommen …«. Über Zähne, Zahnschmerzen, Zahnärzte und ihre Bedeutung für den Seelenfrieden, Freiburg: Walter 1990, S. 84.
[3] Hans Wißkirchen: Zeitgeschichte im Roman. Zu Thomas Manns »Zauberberg« und »Doktor Faustus«, Frankfurt/Main: Klostermann 1986 (= TMS VI), S. 39–104, 79f.
[4] Michael Thews: Figuren und Modelle: rechts- und staatstheoretische Aspekte in Thomas Manns Roman »Der Zauberberg«, Frankfurt/Main u.a.: Lang 1990, S. 195.
[5] Ute Frevert: Ehrenmänner: Das Duell in der bürgerlichen Gesellschaft. München: Beck 1991, S. 191.
[6] Ebd., S. 192. Ute Frevert erkennt, dass das »Codewort« Naphta in seiner Ehre kränkt. Sie bleibt allerdings den Beweis schuldig, warum gerade der Begriff der »Infamie« Naphta so sehr zusetzt.

Aufregung zu den Dialogen Bunge-Settembrini. Letzterer muß die Äußerungen des Anderen als obscön empfinden und sich getrieben fühlen, die Unschuld H. C. ritterlich davor zu schützen. Hieraus entsteht schließlich die Duellforderung? (Tb, 5. 7. 1920)

Die Niederschrift des Abschnitts *Die große Gereiztheit* mit dem Schlüsselbegriff »Infamie« erfolgt vier Jahre später, sie reicht bis zum 19. September 1924.[7] Welche neue Qualität gewinnt Thomas Manns Erzähler im *Zauberberg*, indem er die ursprünglich vorgesehene Empfindung »obscön« durch den Begriff »Infamie« präzisiert? Mögliche Unterschiede kann ein Blick in Wörterbücher der deutschen Sprache verdeutlichen.

Das *Deutsche Wörterbuch* von Jacob und Wilhelm Grimm leitet das Adjektiv »infam« aus lat. *infamis* ab und erklärt es anhand eines Zitates Lessings mit Ehrvergessenheit und Nichtswürdigkeit eines Verführers oder Betrügers.[8] Ein *Handbuch der Fremdwörter* aus dem Jahr 1910 übersetzt »Infamie« mit »Schändlichkeit, Ehrlosigkeit«.[9] Unter dem Stichwort »obscön« liest man »unanständig, schlüpfrig, unzüchtig, schmutzig«.[10] Umgangssprachlich drücken die beiden Begriffe einen ähnlichen Sachverhalt aus. Im *Wahrig* variiert die Bedeutung von »obszön« zu »infam« nur von »unanständig, schamlos, anstößig«[11] zu »ungeheuerlich, abscheulich, niederträchtig«.[12] Ein erheblicher Bedeutungsunterschied ist nicht abzulesen. In beiden Fällen wird ein höchst verachtenswertes Verhalten bezeichnet. Der *Duden* definiert das Adjektiv »infam« mit »bösartig u. jmdm. auf durchtriebene, schändliche Weise schadend.« Es drückt aus, jemand werde in »hohem Maß« geschädigt.[13] Unter dem Substantiv »Infamie« versteht man »Niedertracht«; eine »infame Äußerung« ist eine »Unverschämtheit«. Gleichzeitig verweist man hier auf das katholische Kirchenrecht und den »Verlust der kirchlichen Ehrenhaftigkeit«.[14] Offen bleibt freilich, aus welchem Grund der besagte Verlust erfolgen soll. Auf einen Ehrverlust zielt auch das veraltende Verb »infamieren« ab. Es bedeutet so viel wie »verleumden, für ehrlos erklären«.[15] Das Adjektiv »obszön« wird in diesem Wörterbuch definiert als »in das Schamgefühl verletzender Weise auf den Sexual-, Fäkal-

---

[7] Vgl. Thomas Sprecher: Davos im »Zauberberg«. Thomas Manns Roman und sein Schauplatz, München: Fink 1996, S. 25; Daniela Langer: Thomas Mann. »Der Zauberberg«, Erläuterungen und Dokumente, Stuttgart: Reclam 2009, S. 289.
[8] Jacob Grimm und Wilhelm Grimm: Deutsches Wörterbuch. Vierten Bandes zweite Abtheilung. Bearbeitet von Moritz Heyne, Leipzig: Hirzel 1877, Sp. 2112.
[9] Friedrich Erdmann Petri: Handbuch der Fremdwörter in der deutschen Schrift und Umgangssprache. München: Melchior Kupferschmid 1910, Sp. 623.
[10] Ebd., Sp. 806.
[11] Wahrig. Wörterbuch der deutschen Sprache, München: dtv 2007, S. 703.
[12] Ebd., S. 517.
[13] Duden. Das große Wörterbuch der deutschen Sprache, 3., völlig neu bearb. und erw. Aufl., Bd. 5, Mannheim u.a.: Dudenverlag 1999, S. 1932.
[14] Ebd.
[15] Ebd.

bereich bezogen; unanständig, schlüpfrig«. Es ruft eine »moralisch-sittliche Entrüstung« hervor.[16]

Erinnert man sich an Thomas Manns Tagebuchnotiz vom 13. 2. 1920, dass die Pädagogen-Rivalität »quasi erotisch« motiviert ist, trifft das Adjektiv »obscön« den Sachverhalt sicher genauer als das Substantiv »Infamie«. Schließlich bezeichnet »Infamie« nur eine allgemeine Niedertracht, eine Unverschämtheit oder eine Ehrlosigkeit. Hingegen bedeutet das Adjektiv »obszön«, wie der *Duden* verrät, nicht nur »unanständig«, sondern es ist »in das Schamgefühl verletzender Weise auf den Sexual-, Fäkalbereich bezogen« und somit »schlüpfrig«. Ludwig Marcuse hebt in seiner Studie *Obszön. Geschichte einer Entrüstung* hervor, dass das Synonym »schlüpfrig« für »obscön« eine sehr aggressive Wortwahl ausdrückt. Was »schlüpfrig« und »obscön« genannt wird, ist »schmutzig«, »schamlos«, »tierisch« oder »schweinisch«. Es thematisiert den Bereich sexueller »Perversionen«.[17] Nicht zuletzt die Bezeichnung »schlüpfrig« knüpft direkt auf der Wortebene an Settembrinis Vorwurf an, Naphta möge seine »*Schlüpfrigkeiten*« (5.1, 1055) unterlassen. So gesehen wäre das ursprünglich gewählte Adjektiv »obscön« für Naphtas Verhalten sicher zutreffender. Doch der Erzähler variiert die Empfindung »obscön« und wählt den Ausdruck »Infamie«. Wie lässt sich das erklären? Auf jeden Fall erfolgt dies in der Absicht, der Duellforderung ein entscheidendes Gewicht zu verleihen. Um das zu begründen, reichen die genannten Eintragungen zur Bedeutung des Wortes »Infamie« in den Wörterbüchern nicht aus. Folglich ist es nötig, den Begriff der »Infamie« auf einen erweiterten Geltungsanspruch zu hinterfragen. Ein solcher kann sich z. B. auf eine Fachsprache beziehen. Hier eröffnet der Begriff »Infamie« über den Sinn umgangssprachlicher Verständigung hinaus eine besondere Bedeutung bei Angehörigen eines bestimmten Berufes oder einer sozialen Gemeinschaft. Da Settembrini seine Wortwahl »Infamie« mit der Versicherung einleitet, er sei gewohnt, nach seinem Wort zu sehen und es werde »präzis den Tatsachen gerecht« (5.1, 1055), zielt er aussagekräftig auf mehr ab, als die allgemeine Ausdrucksweise »Niedertracht« oder »Unverschämtheit« hergibt. Möglicherweise spricht er einen Sachverhalt an, den der *Duden* bis heute einträgt. Wie oben gezeigt, registriert man einen »Verlust der kirchlichen Ehrenhaftigkeit« auf dem Hintergrund des katholischen Kirchenrechts.[18] Eben das ist das Fachgebiet des gelehrten Jesuiten Professor Leo Naphta.

---

[16] Ebd., Bd. 6, S. 2781.

[17] Ludwig Marcuse: Obszön. Geschichte einer Entrüstung, München: List 1968, S. 9.

[18] Nicht nur im katholischen Kirchenrecht ist mit dem Begriff der Infamie der Verlust der Ehrenhaftigkeit angezeigt. Eine derartige Bedeutung des Begriffs zeigt Friedrich Schillers Erzählung *Der Verbrecher aus verlorener Ehre* an, die im Erstdruck 1786 unter dem Titel »Verbrecher aus Infamie, eine wahre Geschichte« erschien. (Vgl. Friedrich Schiller: Sämtliche Werke, 5. Bd., Erzählungen / Theoretische Schriften, 4. Aufl., München: Hanser 1967, S. 1060). – Vgl. Achim

Infamie und der Codex Iuris Canonici

Über das kanonische Recht, also über das katholische Kirchenrecht, geraten die Widersacher im Abschnitt *Mynheer Peeperkorn (Des Weiteren)* nachhaltig aneinander.[19] Beide erweisen sich als vorzügliche Kenner der Materie. Der Jesuit lobt die »Vorurteilslosigkeit des kanonischen Rechtes« (5.1, 890) und setzt es von römischen und germanischen Rechtsvorstellungen ab. Der Humanist hingegen spricht »bissig« über die »›kanonische Portion‹« (ebd.), d. h. er mokiert sich über Erbschaftsregelungen innerhalb des kanonischen Rechts. Der gelehrte Zwist um das katholische Kirchenrecht setzt sich fort, aber wir müssen ihn nicht weiter verfolgen. Ausschlaggebend für unseren Zusammenhang ist der Befund, dass sowohl Naphta als auch Settembrini fachkundiges Detailwissen über das kanonische Recht besitzen. Zu untersuchen bleibt, was sich hinter der Bezeichnung des »kanonischen Rechtes« verbirgt und welche Rolle hier der Begriff der »Infamie« spielt.

Unter kanonischem Recht versteht man das Gesetzbuch der katholischen Kirche. Der Name kanonisch bezieht sich auf das Einteilungsschema in Rechtssätze, sogenannte *canones*, Singular: canon, abgekürzt can. Ein Canon kann in Paragraphen gegliedert sein. Zum Zeitpunkt der zweiten Arbeitsphase Thomas Manns am *Zauberberg* (1919–1924) ist der *Codex Iuris Canonici* (CIC) das geltende Recht für die lateinische Kirche. Der CIC wird am Pfingstfest (27. Mai) 1917 bekannt gegeben. Das Gesetzbuch tritt am Pfingstfest (19. Mai) 1918 unter Benedikt XV in Kraft.[20] Es wird 1983 durch eine Neufassung überholt.[21] Die Promulgation von 1917 erfolgt in lateinischer Sprache. Offizielle Übersetzungen ins Deutsche blieben aus.[22] Die in deutscher Sprache erschienenen Zusammenfassungen sind zwar informativ und übersichtlich, sparen aber wörtliche

---

Geisenhanslüke / Martin Löhnig (Hrsg.): Infamie – Ehre und Ehrverlust in literarischen und juristischen Diskursen, Regensburg: Gietl 2012.

[19] In der Thomas Mann-Forschung werden juristische Fragen thematisiert. Vgl. Thomas Sprecher: Literatur und Recht. Eine Bibliographie für Leser, Frankfurt / Main: Klostermann 2011, S. 238; Thomas Sprecher: Rechtliches im »Zauberberg«, in: »Der Zauberberg« – Die Welt der Wissenschaften in Thomas Manns Roman, hrsg. von Dietrich von Engelhardt und Hans Wißkirchen, Stuttgart / New York: Schattauer 2003, S. 149–161; Michael Thews: Figuren und Modelle: rechts- und staatstheoretische Aspekte in Thomas Manns Roman »Der Zauberberg«, Frankfurt / Main u. a.: Lang 1990. – Das Kirchenrecht kommt dabei allerdings weder in der Forschungsliteratur noch in den Registern vor.

[20] Vgl. Artikel: Codex Iuris Canonici/1917, in: Religion in Geschichte und Gegenwart. Handwörterbuch für Theologie und Religionswissenschaft (RGG), hrsg. von Hans Dieter Betz u. a., Bd. 2, 4. Aufl., Tübingen: Mohr Siebeck 1999, Sp. 409 f.; Artikel: Codex Iuris Canonici (CIC), in: Lexikon für Theologie und Kirche, hrsg. von Josef Höfer und Karl Rahner, 2. Bd., Freiburg: Herder 1958, Sp. 1244–1249.

[21] Artikel: Codex Iuris Canonici/1983 (zit. Anm. 20), Sp. 410. Im geltenden Kirchenrecht, dem CIC von 1983, ist das deutliche Vorgehen gegen sexuellen Missbrauch, das im Codex von 1917 stand, entfallen.

[22] Vgl. Artikel: Codex Iuris Canonici/1917 (zit. Anm. 20), Sp. 409.

Übersetzungen zugunsten von Verweisen aus.[23] Erst 1938 erklärt Heribert Jone das Gesetzbuch des kanonischen Rechts »Kanon um Kanon«[24] für das deutsche Sprachgebiet. Es ist ratsam, die Übersetzung neben dem lateinischen Urtext des CIC zu verwenden. Der CIC von 1917 ist in fünf Bücher eingeteilt: Interpretation von Gesetzen, Personen-, Sachen-, Prozess- und Strafrecht. Für unseren Zusammenhang ist der fünfte Teil relevant, das Strafrecht. Es handelt von Vergehen und Strafen: *De delictis et poenis*. Einen besonderen Abschnitt nehmen Vergehen gegen das Leben, die Freiheit, das Eigentum, den guten Ruf und die guten Sitten an: *De delictis contra vitam, libertatem, proprietatem, bonam famam ac bonos mores*. Unter den kanonisch aufgeteilten Rechtssätzen findet man nun solche, die das Thema der Infamie direkt ansprechen. Can. 2293 teilt die »Infamie« in die »infamia iuris« und die »infamia facti« ein.[25] Unter infamia iuris versteht man die Infamie im Sinne des »allgemeinen Rechts«. Eine infamia facti liegt dann vor, »wenn jemand wegen eines Deliktes oder wegen seiner schlechten Lebensführung den guten Ruf bei anständigen und ernst zu nehmenden Gläubigen verloren hat.«[26] Die infamia iuris kann nur »durch eine Dispens seitens des Apostolischen Stuhles«[27] aufgehoben werden. Die infamia facti ist beendet, wenn der »gute Ruf« wieder erlangt ist.[28] Die Rechtssätze 2357 und 2359 legen fest, in welchen Fällen Laien und Kleriker als infam zu erklären sind. Dazu listet Abschnitt 2357 die für Laien in Betracht kommenden Delikte auf: »Sittlichkeitsdelikte mit Minderjährigen unter sechzehn Jahren, Notzucht, Sodomie, Blutschande, Kuppelei«.[29] Wer wegen eines der Delikte verurteilt wird, ist »damit ohne weiteres der infamia iuris verfallen«.[30] Um den Urtext aufzuschlagen:

Can. 2357. – § I. Laici legitime damnati ob delicta contra sextum cum minoribus infra aetatem sexdecim annorum commissa, vel ob stuprum, sodomiam, incestum, lenocinium, *ipso facto infames sunt* [...].[31]

---

[23] Vgl. z.B. Alois Schmöger: Das neue Kirchenrechtsbuch von 1917 (Codex Iuris Canonici), Salzburg: Pustet 1918; August Knecht: Das neue kirchliche Gesetzbuch. Codex Iuris Canonici. Seine Geschichte und Eigenart, Straßburg: Trübner 1918.

[24] Heribert Jone: Gesetzbuch der lateinischen Kirche. Erklärung der Kanones, Bd. 1, 2. Aufl., Paderborn: Schöningh 1950; Vorwort zur ersten Auflage (1938), S. 9.

[25] Zur Übernahme des Infamiebegriffs aus dem römischen ins kanonische Recht vgl. Peter Landau: Die Entstehung des kanonischen Infamiebegriffs von Gratian bis zur Glossa Ordinaria, Köln/Graz: Böhlau 1966.

[26] Heribert Jone: Gesetzbuch der lateinischen Kirche. Erklärung der Kanones, Bd. 3, 2. Aufl., Paderborn: Schöningh 1953, S. 552.

[27] Ebd., S. 553.

[28] Ebd.

[29] Ebd., S. 609.

[30] Ebd.

[31] Codex Iuris Canonici PII X Pontificis Maximi Iussu Digestus Benedicti Papae XV Auctoritate Promulgatus Praefatione E. MI Petri Card. Gasparri, Vatikan: Typis Polyglottis Vaticanis 1965, S. 633; eigene Hervorhebung.

Abschnitt 2359 regelt das für Kleriker entsprechend, er hängt zusätzlich zur Infamieerklärung noch einen Katalog von Kirchenstrafen an:

> Hat sich ein solcher Kleriker mit Minderjährigen unter sechzehn Jahren schwer versündigt, oder sich des Ehebruches, der Notzucht, der Bestialität, der Sodomie, der Kuppelei, der Blutschande mit Verwandten oder Verschwägerten im ersten Grade schuldig gemacht, dann soll er suspendiert, *als infam erklärt*, jedes Amtes, jedes Benefiziums, jeder Dignität und überhaupt jeder Anstellung enthoben und in schwereren Fällen mit Deposition bestraft werden.[32]

Der Begriff »Sodomie« folgt nicht dem gegenwärtigen Sprachgebrauch. Bestraft wird »die sodomia perfecta, d. h. der geschlechtliche Verkehr mit einer Person desselben Geschlechtes«.[33] Als infam sollen jene erklärt werden, die sich an Minderjährigen schwer versündigen oder die sog. »Sodomie« praktizieren. Der Begriff »Infamie« betrifft auf dem Gesetzeshintergrund des CIC sexuell verwerfliche Delikte.

Selbst wenn die beiden Pädagogen während der Duellforderung den Gesprächsfaden des kanonischen Rechts nicht direkt wieder aufnehmen, bildet es doch – wie oben gesehen – eine konstitutive Basis ihres theoretischen Selbstverständnisses. Für die Annahme, Naphta habe den Vorwurf der *»Infamie«* auf dem Hintergrund des CIC verstanden, spricht zudem seine *notwendige* Kenntnis des Kirchenrechts. Die Rechtskenntnis von Klerikern gehört seit dem Früh-Mittelalter zum festen Bestandteil der Kirche. Kein Priester darf die ihn betreffenden Rechtsnormen ignorieren: »Nulli sacerdotum suos licet canones ignorare [...].«[34]

Naphtas an Settembrini gerichtete Gegenfrage »Infamie? Züchtigen?« (5.1, 1056) wurzelt wohl auch im Rechtsbewusstsein der katholischen Kirche. Die Frage des Jesuiten lässt sich auf dem Hintergrund des CIC als Versuch deuten, es dem Gegner mit gleicher Münze heimzuzahlen. Aus Sicht der katholischen Kirche können nämlich die Freimaurer als eine infame satanische Sekte bestimmt werden. Dafür spricht auch Naphtas langes, nicht abgeschlossenes »Gottesstudium« (5.1, 673), in dem er zu einem »Teufelsbeschwörer[ ]« (5.1, 672) geweiht wird. Seine Ausbildungszeit fällt in die Zeit des Pontifikates von Leo XIII (1878–1903). Von diesem Papst, einem Namensvetter Leo Naphtas, stammt eine der schärfsten Verteuflungen des Freimauerwesens, die Enzyklika *Humanum Genus* (1884). Im CIC von 1917 wird insbesondere im Can. 2335 eine »kirchenfeindliche Zielsetzung«[35] der Freimaurer explizit fortgeschrieben.

---

[32] Heribert Jone, Gesetzbuch (zit. Anm. 26), S. 611; eigene Hervorhebung.
[33] Ebd., S. 610.
[34] Vgl. Betz u. a. (zit. Anm. 20), Bd. 4, Sp. 1269.
[35] Vgl. Klaus Kottmann: Die Freimaurer und die katholische Kirche. Vom geschichtlichen Überblick zur geltenden Rechtslage, Frankfurt/Main u. a.: Lang 2009 (= Reihe: Adnotationes ius canonicum), S. 213.

Infamie und Zahlensymbolik

Vor dem Hintergrund des CIC ist der Stellenwert der Begriffe »Infamie« bzw. »infam« in den Streitgesprächen zwischen Naphta und Settembrini näher zu verstehen. Bevor Settembrini das verächtliche Urteil der »*Infamie*« über seinen Rivalen fällt, kommt das Wort »infam« sechsmal im Text vor. Wie ist das zu erklären? Von Beginn an fällt alles Infame mit dem asiatischen Prinzip zusammen, das mit Naphta eng verbunden ist. Die *erste* Nennung erfolgt, als Settembrini von der »dreimal infamen Allianz der Fürsten und Kabinette« (5.1, 240) spricht, um Hans Castorp die »zwei Prinzipien« zu benennen, die sich »im Kampf um die Welt« gegenüberstehen. Man könne »das eine das asiatische Prinzip, das andere aber das europäische nennen« (ebd.). Die besagte »dreimal infame Allianz« – dargestellt durch Österreich und Russland – verkörpert »die Unbeweglichkeit, die untätige Ruhe«, das initiativlose »knechtische Prinzip der Beharrung« (ebd.). Wie tief nun Naphta dem Bereich des Infamen, des Asiatischen angehört, verdeutlicht bereits seine Herkunft. Er stammt »aus einem kleinen Ort in der Nähe der galizisch-wolhynischen Grenze« (5.1, 663), also aus einer Gegend, in der sich die Kernländer des asiatischen Prinzips, Österreich und Russland, unmittelbar berühren. In diesen Zusammenhang gehört Castorps Zusammentreffen mit seinen russischen Zimmernachbarn. Sie benehmen sich träge, tumb und triebgesteuert und führen Castorp vor, wie ihr »Treiben« aus »Klatschen und Küssen [...] ohne allen Zweifel ins Tierische übergegangen [war]« (5.1, 63 f.).

Bei der *zweiten* Nennung stößt man auf ein Adjektiv. Es erfolgt in Zusammenhang mit dem phlegmatischen Russen Anton Karlowitsch Ferge. Dieser fühlt sich »auf die allerinfamste, übertriebenste und unmenschlichste Weise gekitzelt« (5.1, 471), als Hofrat Behrens ihm das Rippenfell abtastet. Allein das Rippenfell, so Ferge, »das soll nicht berührt werden, das darf und will nicht berührt werden, das ist tabu, das ist mit Fleisch zugedeckt, isoliert und unnahbar, ein für allemal.« (5.1, 470) Bezeichnenderweise fällt die »allerinfamste Weise« des Kitzelns in den Tabubereich des Fleisches.

Die Wortwahl »infam« taucht zum *dritten* und *vierten* Male direkt im Zusammenhang mit Naphta auf. Im Abschnitt *Operationes spirituales* tischt der Jesuit mit einer Legende über die heilige Elisabeth und Konrad von Marburg eine breite Palette perverser Lustpraktiken auf:

Die heilige Elisabeth war von ihrem Beichtiger, Konrad von Marburg, aufs Blut gezüchtigt worden, wodurch ›ihre Seel‹, wie es in der Legende hieß, ›entzuckt‹ worden war ›bis in den dritten Chor‹, und sie selbst hatte eine arme alte Frau, die zu schläfrig war, um zu beichten, mit Ruten geschlagen.[36]

---

[36] 5.1, 686. Der Stellenkommentar zur GKFA merkt zur heiligen Elisabeth an, Thomas Mann

Wie sehr die erzählte Lust am Leiden, am Gehorsam, an Strafen und an der Askese Naphtas eigene – unerfüllte – Sehnsüchte sind, unterstreichen seine weiteren Ausführungen. Von der Prügelstrafe bis hin zu Mordphantasien empfindet er die »tiefste Lust« (5.1, 695). Körperliche Züchtigung preist er als ein durchaus empfehlenswertes »Mittel« an, »die Lust am Sinnlichen zu versalzen« (5.1, 686). Settembrini hingegen verweist die Knechtung des Körpers und die Verteufelung des Geschlechts in den Bereich des Infamen. Die Torturen des von Naphta so außergewöhnlich geschätzten Konrad von Marburg gelten ihm als »infame Priesterwut« (5.1, 597), und im »asketischen Prinzip[ ]« erkennt er »den durchaus infamen und teuflischen Kultus des Nichts« (5.1, 891).

Da es bei der Pädagogen-Rivalität um Hans Castorp geht, bleibt zu fragen, wie dieser auf die Heiligenlegende reagiert. Castorp fühlt sich durch Naphtas Begeisterung für körperliche Strafen motiviert, aus dem Nähkästchen zu plaudern. Hier taucht das Wort »infam« zum *fünften* Mal auf. Castorp bringt eine Anekdote aus früher Jugend vor. Er erzählt sie »rasch« in nur einem Satz, da er mögliche Einwände Settembrinis spürt:

Man lachte, und da der Humanist auffahren wollte, erzählte Hans Castorp rasch von Schlägen, die er selbst einst empfangen: auf seinem Gymnasium war in den unteren Klassen diese Strafe teilweise noch getätigt worden, es waren Reetstöcke vorhanden gewesen, und wenn auch die Lehrer an ihn nicht Hand hatten legen mögen, gesellschaftlicher Rücksicht halber, so war er doch von einem stärkeren Mitschüler einmal geprügelt worden, einem großen Flegel, mit dem biegsamen Stock auf die Oberschenkel und die nur mit Strümpfen bekleideten Waden, und das hatte ganz schmählich weh

habe sie »sicher« aufgrund »deren Bedeutung in Wagners *Tannhäuser*« (5.2, 297) dem *Zauberberg* unterlegt. Das bedarf der Ergänzung. Die Landgräfin Thüringens ist ein Teil von Thomas Manns Heimat, von Lübeck und seiner geistigen Lebensform. Im Heiligen-Geist-Hospital der Stadt Lübeck befindet sich einer der bedeutendsten Bilderzyklen über das Leben der heiligen Elisabeth; Konrad von Marburg ist in den Zyklus eingeschlossen. (Vgl. Thorsten Albrecht/Rainer Atzbach: Elisabeth von Thüringen – Leben und Wirkung in Kunst und Kulturgeschichte, 4. Aufl., Petersberg: Imhof 2007.) In den *Buddenbrooks* wird das Heiligen-Geist-Hospital wiederholt genannt (1.1, 85, 170, 306). Zudem gibt Elisabeth Buddenbrook durch einige Handlungen und Charakterzüge eine komische Karikatur der legendären Heiligen ab; Stichworte: Jerusalemabende, Besuche der Armen im Hause, Verschwendung von Claras Mitgift an Pastor Tiburtius, usw. – Die heilige Elisabeth und der Folterknecht Konrad von Marburg sind lebenslang in Thomas Manns Erinnerungswelt präsent. In einem Brief an Heinrich Marty erinnert er sich, als Knabe seinen Vater »in sein Innerstes« (1.2, 312) begleitet zu haben. Das »Innerste« des Vaters erweist sich als das Heiligen-Geist-Hospital. (Vgl. auch: Peter de Mendelssohn: Der Zauberer. Das Leben des deutschen Schriftstellers Thomas Mann, Frankfurt/Main: Fischer 1975, S. 38–39, 61). – Die Faszination, die die heilige Elisabeth auf Thomas Mann ausübt, hängt sicher auch mit dem Thema der Askese zusammen. Bereits in den Briefen an den Jugendfreund Otto Grautoff wird das bekanntlich ausführlich abgehandelt. Heinrich von Eicken bezeichnet die Elisabethlegende als »eine der ergreifendsten Dichtungen der asketischen Literatur« (Heinrich von Eicken: Geschichte und System der mittelalterlichen Weltanschauung, Stuttgart/Berlin: Cotta Nachf. 1913, S. 683). Der Stellenkommentar zur GKFA merkt zwar an, dass Thomas Mann Eickens Buch herangezogen hat. Dennoch reduziert man die Bedeutung der heiligen Elisabeth auf das Vorbild in Wagners *Tannhäuser*.

getan, *infam*, unvergeßlich, geradezu mystisch, unter schändlich innigem Stoßschluchzen waren ihm die Tränen nur so hervorgestürzt vor Wut und ehrlosem Wehsal [...]. (5.1, 687; eigene Hervorhebung)

Als »infam« empfindet der Sextaner die erlittenen Rutenschläge durch den stärkeren Mitschüler. Das entspricht exakt dem Urteil Settembrinis über das Fehlverhalten Naphtas: »*Infamie*«. So erscheint das Schlüsselwort der Duellforderung im Lichte unsittlicher Vergehen an Minderjährigen. Wie fasziniert Naphta von den Stockhieben auf nackte Oberschenkel und leicht bekleidete Waden[37] ist, lässt sich aus seinen weiteren Reden ablesen. Er propagiert eine »Pädagogik« der »körperliche[n] Zuchtmittel« (5.1, 687), die bis zur »Züchtigung des Kadavers« (5.1, 688) reicht. Der Jesuit präsentiert sich als ein Prügelpädagoge, der sein Triebbegehren hinter der Maske von Heiligenlegenden sublimiert, in denen bis »aufs Blut gezüchtigt« (5.1, 686) wird.

Das *sechste* Mal – und letzte Mal vor der Duellforderung – ist von Infamie die Rede, als Settembrini eine Grundsatzerklärung zur Abwehr des asiatischen Prinzips formuliert. Ein zukünftiger »Weltbund der Freimaurer« werde seine Bemühung danach ausrichten, das Infame platt zu machen und das Motto wählen: »Écrasez l'infâme.«[38] Der Leitspruch klingt wie ein Auftakt zum Duell.

[37] Wie sehr die nackten Knabenbeine einen symptomatischen Wert besitzen, verdeutlicht ein Vergleich mit dem *Krull*-Roman. Hier stellt Felix Krull Lord Kilmarnock das Bild hübscher junger Schotten im Kilt lustbetont vor Augen: »Dort trägt es karierte Röckchen, soviel ich weiß, zu bloßen Beinen, es muß ja ein Vergnügen sein! Dort also können Sie sich aus dem Genre einen brillanten Kammerdiener erwählen [...].« (12.1, 256) Madame Houpflé geht einen Schritt weiter. Sie schwärmt für die »jungen, ganz jungen Männer mit den Hermesbeinen« und nennt sie »das Göttliche, das Meisterwerk der Schöpfung, Standbild der Schönheit« (12.1, 206). Dann bittet sie Felix: »Da liegen deine Hosenträger, nimm sie, Liebster, drehe mich um und züchtige mich aufs Blut!« (12.1, 209) Mit diesem Wunsch wiederholt Houpflé wörtlich das Begehren der heiligen Elisabeth aus Naphtas Anekdote, die so »entzuckt« war, als sie »aufs Blut gezüchtigt worden« (5.1, 686) war.

[38] 5.1, 777. Hans Castorp, der seinem Mentor sowohl persönlich (»Glauben Sie an Gott?«) als auch allgemein (»Glauben die Freimaurer an Gott?«) die Gretchenfrage stellt, erhält die nebulöse um- und ablenkende Antwort Settembrinis: »Écrasez l'infâme.« (5.1, 777) Settembrini vermeidet eine individuelle Antwort und bezeichnet den Schlachtruf als »religiöses Bekenntnis« (ebd.) der Freimaurer. – Das Motto »Écrasez l'infâme« stammt von Voltaire. Maria Manuela Nunes stellt die Formulierung Voltaires in den Zusammenhang der Loge zur Religion: Der »Italiener [...] meidet [...] eine klare Antwort und beruft sich auf ein Motto von Voltaire ›Ecrasez l'infâme‹ als wünschenswert für ein zukünftiges Bekenntnis der Logen zur Religion.« (Dies.: Die Freimaurerei. Untersuchungen zu einem literarischen Leitmotiv bei Heinrich und Thomas Mann, Bonn / Berlin: Bouvier 1992, S. 110.) – Auch Ulla Stemmermann geht auf Voltaires Wort ein. Sie erwähnt, dass Hans Castorp Settembrini »die gleiche Intoleranz gegenüber Andersdenkenden« nachweist, »wie sie Voltaire gegenüber der katholischen Kirche übte.« (Dies.: »Ein einfacher junger Mensch reiste ...«. Thomas Manns Transposition des ›Candide‹ Voltaires in den ›Zauberberg‹, Würzburg: Königshausen & Neumann 2003, S. 121.)
Der Stellenkommentar zur GKFA übersetzt die populäre Parole Voltaires mit: »Zerschmettert die Schändliche, nämlich: die Kirche« (5.2, 335). Jürgen von Stackelberg weist in einem Aufsatz über Settembrini und Voltaire darauf hin, dass die Formel keineswegs dazu dienen kann, »von einem Hass und einer Feindseligkeit« Voltaires gegen die Kirche und die christliche Religion zu

Nach der sechsfachen Nennung infamer Bezüge erfolgt Settembrinis Vorwurf der »*Infamie*«. Die siebente Nennung führt zu Naphtas Tod im Duell.

Ottmar Hertkorn weist darauf hin, wie sehr für Naphta die Zahlen Sechs und Sieben einer Zahlensymbolik gehorchen: »Im Namen Naphtas fehlt der siebte Buchstabe.«[39] Wenn Naphta als »jemand«, im Abschnitt *Noch jemand* in den Roman eingeführt wird, hat er nur sechs und nicht sieben Buchstaben und erscheint als »etwas geringschätzig oder auch geheimnisvoll«[40]. Ausgerechnet das sechste Kapitel ist vor allem ihm gewidmet. Die Überschrift *Vom Gottesstaat und von übler Erlösung* umfasst sechs Worte. Naphta trifft im sechsten Jahr seiner Kur mit Hans Castorp zusammen, sechs Jahre verleben sie gemeinsam auf dem Zauberberg. Das siebente Jahr erlebt der Jesuit nicht

sprechen. (Ders.: Settembrini und Voltaire, in: Germanisch-Romanische Monatsschrift, N.F., Jg. 58, H. 3, Heidelberg: Universitätsverlag Winter 2008, S. 271–278, 275.) Für den Romanisten von Stackelberg sind die Hinweise des Kommentars »nicht anders als dürftig [zu] nennen« (S. 276), da die Aussage Settembrinis, der Satz sei das religiöse Bekenntnis der Freimaurer, nur mit dem Hauptnenner »unstimmig« (S. 278) versehen werden kann. Anhand von Fachliteratur zeigt von Stackelberg auf, dass Voltaires Formel »einem ›Mülleimer-Begriff‹, in den man alles Mögliche hineinschmeißen kann« (S. 275), gleichkommt. Die Redewendung kann sowohl für politische wie auch ideelle Schlag- und Stichwörter benutzt werden. Auch der Hinweis des Kommentars, dass der berühmte »Satz aus einem Brief des Freimaurers Voltaires (vom 28. 1. 1762)« (5.2, 335) stammt, wird bestritten. Von Stackelberg zufolge findet man die Parole keineswegs nur in einem Brief. Zudem sei die Etikettierung des französischen Aufklärers als Freimaurer »irreführend« (S. 277), da Voltaire erst gegen Lebensende unfreiwillig Maurer wird und in seinem Werk die Freimaurer »immer in abschätzigem Sinne« (S. 276) behandelt. – Von Stackelberg entgeht, dass der Kommentar im Hinblick auf das dort erwähnte Buch von Friedrich Wichtl (Ders.: Weltmaurerei, Weltrevolution, Weltrepublik. Eine Untersuchung über Ursprung und Endziele des Weltkrieges, München: J. F. Lehmanns Verlag 1919) ebenfalls irreführend ist. Dem Kommentar zufolge widmet Wichtl auf S. 41 f. einen »Brief des Freimaurers Voltaire (vom 28. 1. 1762)« (5.2, 335). Eine derartige Zitation befindet sich bei Wichtl weder hier noch an einer anderen Stelle seiner Abhandlung.

Thomas Mann beschäftigt sich mit dem geflügelten Wort bereits in den *Betrachtungen eines Unpolitischen*: »Und daß Voltaire, der Voltaire, dem Nietzsche sein Buch widmete, das Ecrasez l'infâme nur gegen das Christentum und nicht gegen *jede* Art von Fanatismus und Scheiterhaufen-Unduldsamkeit sollte gerichtet haben, kann ich nicht glauben.« (13.1, 543) Der Kommentar zu den Betrachtungen übersetzt das Formelwort mit: »Rottet die Ruchlose aus!« Er führt aus, Voltaire habe es als »Fluch auf die Kirche und den Aberglauben« (13.2, 562) in seiner Korrespondenz verwendet. Bezüglich der Geschichte der Interpretation des Zitates sollte jedoch angemerkt werden, dass »aus sämtlichen Stellen« des Briefwechsels Voltaires hervorgeht, »daß ›infâme‹ als weibliches Eigenschaftswort zu denken ist, zu dem man daher ein entsprechendes Hauptwort zu ergänzen hat.« (Georg Büchmann: Geflügelte Worte. Zitatenschatz des deutschen Volkes, 27. Aufl. neu bearb. v. Bogdan Krieger, Berlin: Haude & Spenersche Buchhandlung 1926, S. 297.) – Ein Aufsatz Hermann Kurzkes zur Religion im *Zauberberg* endet mit der an Settembrini gerichteten Gottesfrage Castorps, ohne die Antwort des italienischen Pädagogen wiederzugeben. Erst in *Joseph und seine Brüder* gelingt es Thomas Mann, so Kurzke, »die Religion in den Dienst nicht mehr des Todes, sondern des Lebens zu stellen, und damit auch dem Christentum einen bedeutenden Dienst zu erweisen durch Vorschläge, wie es von einem modernen und aufgeklärten Menschen realisiert werden könne.« (Ders.: Religion im Zauberberg, in: Der ungläubige Thomas – Zur Religion in Thomas Manns Romanen, hrsg. von Nikolaus Peter und Thomas Sprecher, Frankfurt / Main: Klostermann 2011 [= TMS XLV], S. 45–61, 61.)

[39] Ottmar Hertkorn: Glaube und Humanität im Werk Thomas Manns. Darstellung und Bewertung, Frankfurt / Main: Herchen 1995, S. 43.

[40] Ebd., S. 44.

mehr. Über die Zahl Sechs bringt er es nicht hinaus. Die Zahl Sieben bedingt sein Scheitern. Es ist ihm verwehrt, »das siebenjährige Gottesstudium fortzuführen und abzuschließen« (5.1, 673).

Die Liste, in der Naphta den genannten Zahlen folgt, ergänzt Hertkorn durch weitere Beispiele. Für unseren Zusammenhang sind die Befunde ausschlaggebend, weil sie in das Muster der Verwendung der Worte »infam« und »Infamie« passen: Sechsmal thematisiert der Erzähler infame Sachverhalte, um beim siebten Mal einen Schlussstrich unter die Figur Leo Naphta zu ziehen. Ein entscheidendes Wort mit sieben Buchstaben leitet das Finale ein: »*Infamie*«. Die Zahl Sieben ist Naphtas böse Zahl.[41]

Innerhalb der Pädagogen-Rivalität spielen drei Reizwörter Settembrinis die ausschlaggebende Rolle: »Schlüpfrigkeiten«, »Zweideutigkeiten« und »Infamie«. Sie sollen Naphtas erotisches Begehren in Verruf bringen. Der Dreischritt löst das Duell aus. Wie verhält sich dieser Dreischritt zu Naphtas Stammzahl Sechs? Multipliziert man die Zahlen 3 und 6, erhält man die Zahl 18. Es vergehen 18 Monate von Naphtas Tod im Duell bis zum Tod der Zivilisation, dem Donnerschlag; es ist die Zeit von Februar 1913 bis zum August 1914.

Infamie und Ehre

Für Hans Castorp stellt Naphtas Duellforderung als Antwort auf Settembrinis Urteil »*Infamie*« ein Rätsel dar. Wie der Leser hinreichend erfahren hat, neigt der Zauberberglehrling zum Vergessen und Verdrängen. Auch seine als »infam« erlebten Stockschläge vermag er nicht auf Settembrinis Vorwurf der »Infamie« zu übertragen. Bestenfalls kann er mutmaßen oder allgemeine Betrachtungen anstellen:

›Wenn eine wirkliche Beleidigung vorläge! [...] Eine Beschimpfung bürgerlicher, gesellschaftlicher Art! Wenn einer des anderen ehrlichen Namen in den Schmutz gezogen hätte, wenn es sich um eine Frau handelte, um irgendein solches handgreifliches Lebensverhängnis, bei dem man keine Möglichkeit des Ausgleichs sieht! Gut, für solche Fälle ist das Duell als letzter Ausweg da, und wenn dann der Ehre Genüge geschehen und die Sache glimpflich abgegangen ist, und es heißt: Die Gegner schieden versöhnt, so kann man sogar finden, daß es eine gute Einrichtung ist, heilsam und praktikabel in gewissen Verwicklungsfällen. Aber was hat er getan?‹ (5.1, 1059)

---

[41] »Die Märchen- und Mythenzahl Sieben durchzieht den *Zauberberg* weniger als ein Leitmotiv denn als ein vielfältig variiertes Ordnungsmuster.« (5.2, 60) – Die Redensart von der bösen Sieben geht auch auf ein Kartenspiel zurück. Die siebte Karte zeigt das Bild des bösen Teufels. Sie übertrumpft alle anderen Spielkarten. Vgl. Lutz Röhrich: Lexikon der sprichwörtlichen Redensarten, Bd. 2, 3. Aufl., Freiburg u. a.: Herder 1973, S. 947 ff.

Hans Castorp spricht einige Gründe der Duellpraxis an, warum ein Mann von Ehre nach den Waffen verlangt. Ihm ist bekannt, dass es in einem Duell weniger um Rache geht, als um Anerkennung. Der Beleidigte bekundet, seine Ehre notfalls mit dem Leben zu verteidigen. Das Duell muss nicht grundsätzlich spalten, es kann auch vereinen. Es ist ein Kampf zwischen Gleichen. Die Gegner setzen ihr Leben aufs Spiel. Das Leben zu verlieren, den Kontrahenten zu töten, ist nicht das eigentliche Ziel des Duells, möglicherweise aber ein Ergebnis. So kann das agonale Ritual als ein kathartischer Akt aufgefasst werden, der sogar versöhnen kann.[42] Das alles überblickt Castorp, nur über Naphta tappt er im Dunkeln: »Aber was hat er getan?« Settembrinis Vorwurf der »*Infamie*« bleibt ihm schleierhaft. Für ihn liegt darin »keine Beschimpfung« vor, »es hält sich alles im geistigen Bezirke und hat mit dem persönlichen überhaupt nichts zu tun, worin es einzig so etwas wie Beschimpfung gibt« (5.1, 1060). Der Pädagoge widerspricht energisch und verabreicht eine »Zurechtweisung« (5.1, 1061), ohne allerdings die Katze aus dem Sack zu lassen. Was er mit Infamie gemeint hat, gibt er seinem Schüler nicht direkt zu verstehen. Er antwortet nur auf die von Castorp angesprochenen »geistige[n] Bezirke«. Gerade das Geistige bringe »Konflikte und Leidenschaften« mit sich, »die keinen anderen Ausweg lassen, als den des Waffenganges« (5.1, 1060). Denn »das Ideelle ist zugleich auch das Absolute« (ebd.). In diesem Sinne verhält sich das Ideelle der Ehre diametral entgegengesetzt zu dem, was Infamie bedeutet.

Eine ähnliche Rechnung macht Settembrini seinem Schüler bereits an früherer Stelle auf. Im Spannungsfeld der Begriffe »Ehre« und »Mächte[ ] der Widervernunft« (5.1, 539) nimmt der Pädagoge seinen Schützling ins Kreuzverhör. Er hält ihm würdelose Entgleisungen vor, weil jener in der *Walpurgisnacht* in den Armen von Madame Chauchat gelandet ist. Die Abenteuer »im buhlerischen Experiment mit den Mächten der Widervernunft« (ebd.) prangert er als ehrloses Verhalten an. Gleich zweimal fragt er inquisitorisch: »Hat das Ehre? Kann das Ehre haben? Sì o no!« (Ebd.) Als fest in den bürgerlichen Moralvorstellungen verankerter Erzieher proklamiert er eine dichotomische Werteskala. Auf der einen Seite sieht er den Begriff der »Ehre«. Auf der anderen Seite siedelt er Castorps widervernünftiges Verlangen nach Madame Chauchat und Naphtas infame Gelüste an.

---

[42] Vgl. Frevert, Ehrenmänner (zit. Anm. 5) und Winfried Speitkamp: Ohrfeige, Duell und Ehrenmord. Eine Geschichte der Ehre, Stuttgart: Reclam 2010.

Infamie und Duell

Der *Codex Iuris Canonici* von 1917 verwendet den Begriff der »Infamie« nicht nur im Falle sexuellen Missbrauchs. Als infam erklärt werden auch Duellanten. Abschnitt 2351 hält ausführliche Einzelheiten fest. Die *infamia iuris* ziehen sich neben den Duellanten auch die Sekundanten zu. Exkommuniziert werden jene, die ein Duell begünstigen, es erlauben oder es nicht verhindern. Dem Ehrverlust verfallen neben den Duellanten deren Helfer, Ärzte, Zeugen oder Gaffer. Entsprechend heißt es: »§ 2. Ipsi vero duellantes et qui eorum patrini vocantur, sunt praeterea ipso facto *infames*.«[43] Im kirchlichen Strafrecht gilt das Duell als Vergehen gegen das Leben. Bereits eine Herausforderung ist strafbar, selbst wenn es zu keiner tatsächlichen Ausübung kommt.[44]

Der Gelehrte Leo Naphta wird den Sachverhalt mit Sicherheit kennen,[45] selbst wenn der literarische Text das nicht gesondert verhandelt. Die Konsequenzen des Jesuitenordens wird er vor Augen gehabt haben. Einem ehrverlustigen Duellanten wäre die finanzielle Unterstützung ersatzlos gestrichen worden. Zwar sorgt der Orden »für die Seinen« (5.1, 617), aber er lässt sie bei Gehorsamsverweigerung fallen. Naphtas Zukunft sähe düster aus. Das sind Leerstellen. Der Text legt sie allerdings nahe. Denn Naphta nimmt mit der Duellforderung den eigenen Tod nicht nur billigend in Kauf, er strebt den Suizid geradezu an.[46] Dafür spricht sein ursprünglicher Vorschlag: »Er verlangte fünf Schritt Distanz und dreimaligen Kugelwechsel, falls es nötig sein sollte.« (5.1, 1062) Selbst nachdem sein Ansinnen abgelehnt wird, sieht er den tödlichen Folgen zielgerichtet ins Auge. Nach Settembrinis erstem Schuss fordert er ihn auf, nicht in die Luft zu schießen, sondern noch einmal abzudrücken. Als das ausbleibt, greift er selbst zur Waffe. Er »hob seine Pistole auf eine Weise, die nichts mehr mit Kampf zu tun hatte, und schoß sich in den Kopf« (5.1, 1070). Der Erzähler hält das im Stil eines Protokolls fest. Naphta kommt nicht mehr zu Wort. Kein Innenleben, keine Gefühlsregungen, weder Ängste noch Zweifel werden von ihm selber formuliert. Im Sinne des katholischen Kirchenrechts ist Naphtas Selbsttötung ein extrem ehrenrühriges Verhalten. Can. 2350 des CIC schließt ihn von einem christlichen Begräbnis aus. Aber bereits als Duellant hat er das verspielt (vgl. Can. 2351). Es ergibt sich die Kuriosität des doppelten Ausschlusses.

Für unsere Fragestellung ist es interessant zu prüfen, warum Naphta ausgerechnet auf einem »Pistolenduell« (5.1, 1059) besteht. Sicher, als »Beleidigte[r]«

---

[43] Codex Iuris Canonici (zit. Anm. 31), S. 631; eigene Hervorhebung.

[44] Artikel: Zweikampf, in: Lexikon für Theologie und Kirche, hrsg. von Josef Höfer und Karl Rahner, Bd. 10, Freiburg: Herder 1965, Sp.1426–1428.

[45] Diese Annahme vertritt auch Ottmar Hertkorn (zit. Anm. 39, S. 25 f.). Als einziger der uns bekannten Interpreten wendet er den CIC direkt auf Naphtas Duell an.

[46] Über den Zusammenhang zwischen Duell und Suizid vgl. Erkme Joseph: Nietzsche im Zauberberg. Frankfurt / Main: Klostermann 1996 (=TMS XIV), S. 292 f.

besitzt er das Vorrecht, »die Waffe zu wählen« (ebd.). Dabei hätte er den Tod auch im Fechtduell erleiden können, zumal sein Kontrahent in der Jugendzeit gefochten hatte und sich zuversichtlich zeigt, durch »ein paar Stunden Übung« (5.1, 1058) wieder in die notwendige Form zu kommen. Aber »Naphta [wollte] von Hieb und Stich nichts wissen« (ebd.). Leistet die ausdrücklich gewünschte Wahl der Pistolen einen Beitrag, die quasi erotische Pädagogen-Rivalität noch näher auszugestalten und zu erklären? Es gehört zu den Standards der Thomas Mann-Forschung, dass im *Zauberberg* zahlreiche Details verweis- und symbolträchtig aufgeladen werden: Hippes Bleistift, das Fieberthermometer, die Zigarren usw. halten als phallische Symbole her. Der Roman war ursprünglich als eine Parodie auf die Psychoanalyse konzipiert. Die sexuellen Anspielungen wirken überdeutlich. Das Gewebe der Leitmotive muss nicht noch einmal aufgeführt werden. Auch das Pistolenduell ist nach diesem Prinzip gestaltet. Durch die besondere Beschreibung der Pistolen werden nämlich Hippes Bleistift, die Zigarren und das Fieberthermometer noch einmal der Reihe nach zitiert.

Zur Vorbereitung des Duells trifft es ausgerechnet Hans Castorp, die Duellwaffen von Herrn Albin zu besorgen, »sie von ihm *auszuleihen*« (5.1, 1063; eigene Hervorhebung). Das Ausleihen der Duellwaffen bei Herrn Albin entspricht wörtlich der Bleistiftleihe bei Pribislav Hippe, den der junge Castorp gefragt hatte: »Entschuldige, kannst du mir einen Bleistift *leihen*?« (5.1, 187; eigene Hervorhebung) Hippe macht den pubertären Schulkameraden mit dem Gebrauch des Bleistifts vertraut: »Er erläuterte den einfachen Mechanismus, während ihre beiden Köpfe sich darüberneigten.« (5.1, 188) Und Herr Albin folgt dieser Spur entsprechend, indem er Hans Castorp die technischen Eigenheiten der Pistole beim Laden und Schießen erklärt: »Herr Albin unterwies ihn sogar im Laden und gab mit ihm im Freien blinde Probeschüsse aus beiden Gewehren ab.« (5.1, 1063) Zudem knüpft die Beschreibung der Duellpistolen an Castorps Fachgespräch mit Hofrat Behrens über Geschmack und Stärke von Zigarren an. Zu Beginn des Abschnitts *Humaniora* tauschen die beiden Raucher, als »Kenner und Liebhaber« (5.1, 384), ihre Lieblingszigarren aus. Da es eine Reihe von Übereinstimmungen zwischen den besagten Zigarren und den Pistolen gibt, lohnt es sich, einen genaueren Blick auf das Waffenarsenal des Herrn Albin zu werfen:

Außer dem blanken kleinen Revolver, mit dem er die Damen zu ängstigen liebte, besaß er noch ein Zwillingspaar in den Samt eines gemeinsamen Etuis gebetteter Offizierspistolen, die aus Belgien stammten: automatische Brownings mit Griffen aus braunem Holz, in denen sich die Magazine befanden, bläulich stählerner Geschützmaschinerie und blank gedrehten Rohren, auf deren Mündungen knapp und fein die Visiere saßen. (5.1, 1063)[47]

---

[47] Bei der sinnlichen Aufladung der Duellpistolen weicht der Erzähler von einem herrschen-

Bereits die Hinführung zu den Duellwaffen wirkt überdeutlich und komisch. Albins kleines Schießwerkzeug, mit dem er die Damenwelt so gern erschreckt, wird mit dem Zusatz »blank« versehen. Das Adjektiv »blank« bedeutet »bloß, unbedeckt«[48] und legt exhibitionistische Vorlieben des Waffennarren nahe. Die Offizierspistolen seiner Sammlung mit den »blank gedrehten Rohren« erinnern an die Zigarren des Hofrates. Sind die Pistolenläufe gedreht, so sind die Zigarren gewickelt. Behrens fragt seinen Patienten: »Wie schmeckt der Krautwickel, Castorp?« (5.1, 384) Dann nennt er die Zigarre »eine bräunliche Schöne« (ebd.). Entsprechend der Zigarrenfarbe sind die »automatische[n] Brownings mit Griffen aus braunem Holz« ausgestattet. Zudem liegen sowohl die Zigarren, als auch die Brownings in »Etuis« (vgl. übereinstimmend 5.1, 384 und 1063). Befinden sich die Pistolen mit ihren »*gedrehten* Rohren« bereits im gebrauchsfertigen Zustand, so bringen die beiden Raucher ihre ausgetauschten Zigarren erst in Form:

Sie *drehten* die gewechselten Geschenke zwischen den Fingern, prüften mit sachlicher Kennerschaft diese schlanken Körper, die mit den schräg gleichlaufenden Rippen ihrer erhöhten, hie und da etwas gelüfteten Wickelränder, ihrem aufliegenden Geäder, das zu pulsen schien, den kleinen Unebenheiten ihrer Haut, dem Spiel des Lichtes auf ihren Flächen und Kanten etwas organisch Lebendiges hatten. (5.1, 384; eigene Hervorhebung)

Das einträchtige Wechselspiel mit den Zigarren erwacht mit den Offizierspistolen des Herrn Albin zu neuem Leben: Die Waffen liegen zu einem »Zwillingspaar« vereint, als könne die eine ohne die andere nicht sein. Nach den Zigarren und nach Hippes Bleistift fehlt die Zitation des Fieberthermometers nicht. Ebenso wie die Offizierspistolen des Herrn Albin »in den Samt eines gemeinsamen Etuis« gebettet sind, befindet sich das medizinische Messgerät in

den Duelllehrbuch ab. Zwar ist es durchaus verweis- und symbolträchtig, die »blank gedrehten Rohre« mit »Visiere[n]« »auf deren Mündungen« auszustatten. Das widerspricht allerdings der geforderten Beschaffenheit der Waffen, wie sie Gustav Hergsell (Ders.: Duell-Codex, Wien u. a.: Hartleben 1891) vorschreibt. Hier heißt es ausdrücklich, die Pistolen »sollen glatte Läufe haben«, aber »die Visire [sic] [müssen] entfernt sein.« (S. 102) Visire dienen einer exakten Zielerfassung und Optimierung der Trefferwahrscheinlichkeit. Das soll beim Duell offensichtlich vermieden werden. Für die Wahrscheinlichkeit, Thomas Mann habe die Schrift Hergsells für seine Zwecke benutzt, spricht die Übernahme einer Reihe von Details. So gibt Hergsell z. B. den Minimalabstand zwischen den Duellanten mit fünfzehn Schritten an (vgl. S. 108). Dem entspricht die im literarischen Text vorgenommene Bestimmung, »daß die Kombattanten sich auf fünfzehn Schritte gegenüber stehen [sollen]« (5.1, 1062). Vgl. ebenso die Textstelle, in der es heißt, »daß wenigstens die fünfzehn Schritte eine stattliche Entfernung ergaben« (5.1, 1068). Es würde den Rahmen sprengen, weitere Bezüge zwischen dem *Duell-Codex* von Hergsell und dem *Zauberberg* aufzulisten. Für die Annahme, Thomas Mann habe den Text verwendet, spricht noch ein anderer Sachverhalt. In der Erzählung *Unordnung und frühes Leid*, die unmittelbar im Anschluss an den *Zauberberg* entsteht, erhält eine Figur den Namen Max Hergesell. Sollte der Zauberer damit Gustav Hergsell ein literarisches Denkmal gesetzt haben?

[48] Artikel: blank, in: Duden (zit. Anm. 13), Bd. 2, S. 611.

»einem rotledernen, mit Samt gefütterten Etui« (5.1, 101). In einem »Etui« bewahrt auch Peeperkorn jenen »kleinen Gegenstand« auf, der Züge einer »Bril-
lenschlange« besitzt (5.1, 944 f.). Über die Wiederholung der Symbolik hinaus
verweist »das bizarre Instrument« (5.1, 945) antizipierend auf das Duell, da es
Peeperkorn zum Selbstmord dient. Man kann festhalten, in welch vielfältiger
Weise die Pistolen sexuell konnotiert sind. Das Pistolenduell nimmt Züge eines
kriegerischen Liebeskampfes an.

Auf dem Weg zum Duellplatz bleibt die Doppeldeutigkeit der Pistolen vi-
rulent. Ferge trägt die Waffen herbei, indem er »mit einer Hand den Pistolen-
kasten unter seinem Radmantel festhielt« (5.1, 1066). Was so sorgsam mit der
Hand festgehalten und unter dem Mantel versteckt bleibt, wird kurze Zeit
später enthüllt. Hans Castorp erlebt das Hervorholen der Pistolen als uner-
hörte Begebenheit:

> Und Hans Castorp, auf den Mund geschlagen, mußte zusehen, wie Ferge das fatale
> Etui unter seinem Mantel hervorholte, und wie Wehsal, der zu ihm getreten war, eine
> der Pistolen von ihm empfing, um sie an Naphta weiterzugeben. Settembrini nahm aus
> Ferges Hand die andere. (5.1, 1068)

Mindestens das Aufdecken des fatalen Etuis unter dem Mantel erschwert es,
von einer erneuten erotischen Anspielung der Handlung abzusehen. Aber man
kann es sich ersparen zu fragen, was das fatale Etui *ist*. Entscheidend ist, was
das Zeigen *bewirkt*. Dem Zuschauer Hans Castorp verschlägt es Sprache und
Sinn. Mit dem Zutagetreten der Pistolen hat er nicht gerechnet, obwohl er sie
doch von Herrn Albin auslieh. Er fühlt sich »auf den Mund geschlagen«, also
sprachlos, fassungslos und entsetzt. Dass Castorp dem Enthüllungsprozess
des bislang Versteckten zusehen »mußte«, verweist auf eine auferlegte Zwangs-
situation, der er äußerst betroffen ausgeliefert ist.

Wie sehr ihn das verstört, verdeutlicht das dem Etui beigefügte Adjektiv
fatal. Es bedeutet soviel wie »verhängnisvoll; peinlich«[49]. Verhängnisvoll und
peinlich wirkt einerseits das unter dem Mantel bisher verborgene, nun aber
hervorgeholte Etui. Verhängnisvoll und peinlich überrascht es auch Hans
Castorp, den perplexen Zeugen des Geschehens.

Noch weit mehr gibt »das fatale Etui« zu erkennen. Etymologisch hängt das
Adjektiv *fatal* mit dem lateinischen *fatalis* zusammen, mit »vom Schicksal bestimmt; verderbenbringend«. Zudem ist es vom lateinischen Substantiv *fatum*,
von *Schicksalsspruch*, abgeleitet. Neben diesen Wörtern sind auch das lateinische Substantiv *fama*, gleich *Gerücht*, und das lateinische Adjektiv *famosus*,
was so viel bedeutet wie *berüchtigt*, von Interesse. Von *famosus* stammt aber

---

[49] Artikel: fatal, in: Duden. Etymologie. Herkunftswörterbuch der deutschen Sprache, Mannheim u.a.: Dudenverlag 1963, S. 158.

nicht nur das Fremdwort *fatal* ab. Das *Herkunftswörterbuch der deutschen Sprache* des *Duden* verweist in eben diesem Zusammenhang zusätzlich auf die Eintragungen »famos, diffamieren, infam«[50]. Durch die Herleitung des Adjektivs fatal vom lateinischen *famosus* trifft man auf das Fremdwort *infam*. Auf diese Weise schließt sich ein Bogen. Das »fatale Etui« erscheint als *infam*, also als ein infames Etui. Es steht so in einer besonderen Beziehung zum gegen Naphta erhobenen Vorwurf der Infamie.

Duell und Donnerschlag

Im Sinne von Clausewitz' Definition »Der Krieg ist nichts als ein erweiterter Zweikampf«[51] steuert das Duell zwischen Naphta und Settembrini als eine Vorstufe dem apokalyptischen Ende des Romans, dem Abschnitt *Der Donnerschlag* entgegen. Der Ehrenhandel zweier Einzelkämpfer leitet den Kanonendonner der Völker Europas ein. Clausewitz zufolge ist der Krieg »nie ein isolierter Akt«, der »urplötzlich«[52] ausbricht; vielmehr gehen dem »Vorbereitungen«[53] voraus. Die zum Allgemeinplatz gewordene Formulierung, der Krieg sei »eine bloße Fortsetzung der Politik mit anderen Mitteln«,[54] bestimmt die Logik des Krieges als auch die Logik der Politik. Beides wird möglicherweise durch sprachliche Äußerungen forciert. Wolf Kittler formuliert das in seinem Essay über *Kleist und Clausewitz* wie folgt:

Es gibt also keine Gewalt ohne das Wort, aber nicht, weil Sprache und Gewalt ein und dasselbe wären, sondern weil es die Sprache ist, die einer Handlung gleichsam erst den Stempel einer Gewalt-Tat aufdrückt. Einzig und allein deshalb kann das Wort als das Vertretende par excellence *die Stelle* einer Tat vertreten und zwar in einem doppelt temporalen Sinn, nämlich einmal, indem es die Gewalttat, etwa den Gebrauch einer Waffe, suspendiert, also nach ihr kommt, zum anderen aber auch, indem es einer solchen Tat vorausgeht, sie möglich oder nötig macht. Ein Wort kann einen Streit schlichten, man kann ihn aber auch mit einem Wort vom Zaun brechen.[55]

Im Falle des Duells zwischen Naphta und Settembrini geht der Gewalt das bloßstellende Schimpfwort »*Infamie*« voraus. Es bricht den Streit vom Zaun und führt geradewegs zum Waffengang.

---

[50] Ebd.
[51] Carl von Clausewitz: Vom Kriege, 19. Aufl., Bonn: Dümmlers 1980, S. 191.
[52] Ebd., S. 196.
[53] Ebd., S. 197.
[54] Ebd., S. 210.
[55] Wolf Kittler: Kleist und Clausewitz, in: Kleist-Jahrbuch 1998, hrsg. von Günter Blamberger, Stuttgart/Weimar: Metzler 1998, S. 62–79, 64.

Allein das Duell hat seine Vorläufer. Im Abschnitt *Die große Gereiztheit* kommt es zu mehreren zwischenmenschlichen Konflikten in der Lungenheilstätte. Die Zwistigkeiten lassen sich als fatale Kettenreaktionen verstehen. Sie verkörpern sozusagen kleine Kriege der Gegensätze. Am Morgen des Duells lässt Hans Castorp die Sanatoriumsfeindschaften vor seinem geistigen Auge Revue passieren:

> Die zankzerstörte Dame aus Minsk, der tobende Schüler, Wiedemann und Sonnenschein, der polnische Ohrfeigenhandel gingen ihm wüst durch den Sinn. Er konnte sich nicht vorstellen, daß vor seinen Augen, wenn er zugegen war, zwei aufeinander schießen, sich blutig zurichten würden. (5.1, 1066)

Castorps innerer Monolog fasst vier Streitsituationen zusammen. Zielgerichtet münden sie in die Vorstellung, dass »zwei aufeinander schießen«. Das Duell bildet den Gipfelpunkt bereits rumorender Gereiztheiten. Wie wird in den Beispielen der jeweilige Streit vom Zaun gebrochen? Löst auch hier ein bestimmtes Reizwort die Zwistigkeiten aus? Prüfen wir das der Reihe nach.

Das erste Beispiel handelt von der »zankzerstörte[n] Dame aus Minsk«, die an früherer Erzählstelle als »ein Mitglied des Guten Russentisches, eine recht elegante Provinzdame aus Minsk, noch jung und nur leichtkrank« (5.1, 1035) ausgewiesen wird. Über ihren Streit in einem »französischen Blusenhaus« berichtet der Erzähler kurz zusammenfassend:

> Hier zankte sie sich derart mit der Ladnerin, daß sie in letzter Erregung zu Hause wieder eintraf, einen Blutsturz erlitt und fortan unheilbar war. Ihrem herbeigerufenen Gatten wurde eröffnet, daß ihres Bleibens hier oben nun immer und ewig sein müsse. (Ebd.)

Doch worüber zanken die »Provinzdame aus Minsk« und die »Ladnerin« aus Davos so unnachgiebig bis zur Weißglut? Der Erzähler liefert darüber keine Auskunft. Der Verlauf ihres Zankes bleibt eine Leerstelle. Kein auslösendes Wort wird übermittelt.

Ebenso verhält es sich im zweiten Beispiel. Es erzählt von einem »tobende[n] Schüler« (5.1, 1066), einem »dürftigen jungen Menschen« (5.1, 1035). Er erleidet »ganz überraschend und sozusagen aus heiterem Himmel [...] einen Zufall und Raptus, der allgemeines Aufsehen erregte« (ebd.). Mit »überschlagender Stimme« beschwert er sich über die Temperatur seines Tees und beschimpft das Personal:

> Er hob die Fäuste dabei gegen Emerenzia und zeigte ihr buchstäblich seine beschäumten Zähne. Dann fuhr er fort zu trommeln, zu stampfen und sein ›Ich will‹, ›Ich will nicht‹ zu heulen, – während es unterdessen im Saale wie immer ging. Furchtbare und angespannte Sympathie ruhte auf dem tobenden Schüler. Einige waren aufgesprungen

und sahen ihm mit ebenfalls geballten Fäusten, zusammengebissenen Zähnen und glühenden Blicken zu. Andere saßen bleich, mit niedergeschlagenen Augen, und bebten. Dies taten sie noch, als der Schüler schon längst, in Erschöpfung versunken, vor seinem ausgewechselten Tee saß, ohne ihn zu trinken. (5.1, 1036)

Der Fall illustriert auf seine Weise, aus welch fadenscheinigen Gründen ein Streiten losbricht. Die Anlässe zum Zanken sind austauschbar wie der ausgewechselte Tee, der als Kennzeichen von Vergeblichkeit und Sinnlosigkeit dient. Bis zur »Erschöpfung« tobt der Schüler in seinem Kampfeifer, um sogleich sein ursprünglich angestrebtes Ziel aus den Augen zu verlieren. Der vehement eingeklagte Tee, mit dem alles anfing, wird nicht einmal getrunken.

Auch das dritte Beispiel folgt dem eingeschlagenen Muster. Es handelt von der Auseinandersetzung zwischen den Kaufleuten Wiedemann und Sonnenschein. Ihr Streit gründet im Vorurteil des Antisemitismus. Warum Wiedemann zum »Judengegner« wird, bleibt offen, er war es »grundsätzlich und sportsmäßig, mit freudiger Versessenheit« (5.1, 1037). Der Erzähler parodiert Wiedemanns Voreingenommenheiten, die schließlich in einer Rauferei ausarten. Ausgespart bleibt auch hier eine wirkliche Begründung für Wiedemanns stabil gewordene Wahrnehmungstäuschungen. Es heißt nur:

Die Mißidee, die ihn ritt, war zu einem juckenden Mißtrauen, einer rastlosen Verfolgungsmanie geworden, die ihn trieb, Unreinheit, die sich in seiner Nähe versteckt oder verlarvt halten mochte, hervorzuziehen und der Schande zuzuführen. Er stichelte, verdächtigte und geiferte, wo er ging und stand. (5.1, 1037)

Der wirkliche Grund der Sticheleien bleibt erneut eine Leerstelle. Berichtet wird nur von Wiedemanns »Mißidee« und »Verfolgungsmanie«. Schließlich geraten sich Wiedemann und Sonnenschein in die Haare, die buchstäblich zu Berge stehen:

Wiedemann, speichelnd und blutend, wutverblödeten Angesichts, zeigte das Phänomen der zu Berge stehenden Haare. Hans Castorp hatte das noch nie gesehen und nicht geglaubt, daß es eigentlich vorkomme. (5.1, 1038)

In diesem Beispiel fließt nun Blut. Ein dunkles Omen für die zukünftigen Katastrophen auf dem Duellplatz und den Schlachtfeldern. Analog dazu bezeichnet Naphta kurze Zeit nach dem Blutvergießen zwischen Wiedemann und Sonnenschein den Untergang der Titanic als ein »Menetekel« (5.1, 1047) auf einen möglicherweise bevorstehenden Krieg.

Das vierte Beispiel betrifft den »polnische[n] Ohrfeigenhandel« (5.1, 1066). Auch die Backpfeifengeschichte antizipiert sowohl das Duell als auch den Donnerschlag. Mit ihr liegt »eine kaum verhüllte satirische Darstellung jener europäischen Kabinettpolitik« vor, »die mit ihren Erklärungen, Protokollen und

Ultimaten unmittelbar zum Ersten Weltkrieg führte«.[56] Die späteren Duellanten interessieren sich brennend für die polnische Streitigkeit. Mit »verbissenen
und sonderbar hingerissenen Mienen« (5.1, 1045) studieren sie die Protokolle
des Zwists. Hier wird »von einem wahren Ehrenhandel« (5.1, 1039) erzählt,
der seinen Namen aber nur »bis zur Lächerlichkeit verdiente« (ebd.). Auch der
»Ehrenhandel« spart konkrete Belege zur Begründung der Auseinandersetzung
aus. Zwar wird »auf dem durch das Ehrenrecht angezeigten Wege Satisfaktion«
(5.1, 1040) verlangt. Worin allerdings die mehrfach beteuerte »Verleumdung
und Beleidigung« (ebd.) besteht, gerät im Hin und Her des Kesseltreibens über
»verleumderische Besudelung« (5.1, 1043) und über Ohrfeigen in einer Bar aus
dem Blick. Dann wieder ist von einem Verzicht einer Klage im Sinne bürgerlicher Gerichtsbarkeit die Rede und von »einer ganzen Geweihsammlung« (5.1,
1043 f.), mit der eine Gattin ihren Gemahl versehen haben soll.[57]

In den vier Streitfällen lässt der Erzähler die jeweiligen Gründe als Leerstellen, er deutet sie bestenfalls an. Auf diese Weise erhält das auslösende Wort
für den Streit zwischen Naphta und Settembrini, das Wort »*Infamie*«, eine
einzigartig gesteigerte Bedeutung.

Noch ein weiterer Gesichtspunkt ist zu berücksichtigen. Er verbindet die
»Lächerlichkeit« des Ehrenhandels der »polnische[n] Angelegenheit« sowohl
mit dem Duell als auch mit dem Krieg, der Clausewitz zufolge als erweiterter
Zweikampf aufzufassen ist. Die genannten Stichworte »polnische Angelegen-
heit«, »Lächerlichkeit«, »Ehrentrubel« oder »Ehrenhandel« spielen auf eine
Szene aus einem Werk der Weltliteratur an, das bereits Tonio Kröger angele-
gentlich beschäftigt: William Shakespeares *Hamlet*. Dem dänischen Prinzen
Hamlet steht als Kontrastfigur der norwegische Prinz Fortinbras gegenüber.
Ein Gegensatzpaar, das Thomas Mann bestens geläufig ist und das er in seinen
Gedanken zum Kriege (1915) hervorhebt.[58] Fortinbras zieht in den Krieg, um
einen Teil von Polen zu erobern, der weder ein Hauptgebiet Polens noch eine
Grenzmark ist. Militärstrategisch ist der Landstrich bedeutungslos. Auch ökonomisch gesehen bringt er weder für die Norweger noch für die Polen etwas
ein. Sein Gewinn besteht einzig im Prestige. Niemand würde das Land ernst-

---

[56] Stefan Bodo Würffel: Zeitkrankheit – Zeitdiagnose aus der Sicht des »Zauberbergs«. Die
Vorgeschichte des Ersten Weltkrieges – in Davos erlebt, in: Das »Zauberberg«-Symposium 1994
in Davos, hrsg. von Thomas Sprecher, Frankfurt/Main: Klostermann 1995 (=TMS XI), S. 197–
223, 214.

[57] Der polnische Ohrfeigenhandel mit seinen gegenseitigen Verleumdungen, Berichtigungen,
End- und Ehrenerklärungen erinnert an den Streit Thomas Manns mit Theodor Lessing aus dem
Jahr 1910. Lessing insistierte darauf, die Sache mit einem Duell zu erledigen. Nach der Ablehnung
durch Thomas Mann rühmt sich Lessing, dem Widersacher eine zumindest geistige Ohrfeige
verpasst zu haben. Vgl. Klaus Schröter (Hrsg.): Thomas Mann im Urteil seiner Zeit. Dokumente
1891–1955, Hamburg: Wegner 1969, S. 483; Peter de Mendelssohn: Der Zauberer. Das Leben des
deutschen Schriftstellers Thomas Mann, Frankfurt/Main: Fischer 1975, S. 821–834.

[58] Vgl. 15.1, 139.

haft käuflich erwerben wollen. Doch einen Krieg ist es allemal wert, denn hier stehen Werte wie Macht, Reputation und Ehre auf dem Prüfstand. Für seinen Ruhm ist Fortinbras bereit, 20.000 Männer in den sicheren Tod zu schicken. Hamlet erkennt den polnischen Ehrenhandel als eine sinnlose Angelegenheit, als ein Phantom des Ruhms und als Ehrenstreit um einen Strohhalm:

...
But greatly to find quarrel in a straw
When honour's at the stake.
[...] while to my shame I see
The imminent death of twenty thousand men
That, for a fantasy and trick of fame,
Go to their graves like beds, fight for a plot
Whereon the numbers cannot try the cause,
Which is not tomb enough and continent
To hide the slain [...].[59]

Um die Frage der Ehre kämpft man im Duell wie im Krieg. Von der Nichtigkeit der Ehre, die um ein Land von der Größe eines Handtuchs oder um einen Strohhalm ringt, spricht Hamlet. Von beidem erzählt auch der *Zauberberg*. Die 20.000 Mann, die Fortinbras bereitwillig auf dem Feld der Ehre opfert, erscheinen im Sperrfeuer des Ersten Weltkriegs wieder:

Sie sind dreitausend, damit sie noch ihrer zweitausend sind, wenn sie bei den Hügeln, den Dörfern anlangen; das ist der Sinn ihrer Menge. Sie sind ein Körper, darauf berechnet, nach großen Ausfällen noch handeln und siegen, den Sieg noch immer mit tausendstimmigem Hurra begrüßen zu können, – ungeachtet derer, die sich vereinzelten, indem sie ausfielen. (5.1, 1082)

Und auch die Ehre, um derentwillen man um einen winzigen Streifen Land Blut vergießt, erhält Settembrini aufrecht. Zwar spricht er sich grundsätzlich gegen den Krieg aus. Vehement tritt er aber für die »Brennergrenze« (5.1, 583) Italiens ein. Im Angesicht des bevorstehenden Kriegseinsatzes schmiedet er eine Allianz aus Tapferkeit, Blut, Geist und heiligem Eigennutz:

Kämpfe tapfer, dort, wo das Blut dich bindet! Mehr kann jetzt niemand tun. Mir aber verzeih', wenn ich den Rest meiner Kräfte daransetze, um auch mein Land zum Kampfe hinzureißen, auf jener Seite, wohin der Geist und heiliger Eigennutz es weisen. (5.1, 1080)

---

[59] William Shakespeare: Hamlet, Stuttgart: Reclam, 1984, S. 232.

Einem »Geist«, der das »Weltfest des Todes« ermöglicht, widerspricht der *Zauberberg*-Schluss mit seiner Frage nach der »Liebe« (5.1, 1085). Der Liebesgedanke weist auf Castorps Schneetraum zurück. Hier emanzipiert sich der Zauberberglehrling sowohl von Naphta, der »wollüstig und boshaft« ist, als auch von Settembrini, der »immer nur auf dem Vernunfthörnchen [bläst]« (5.1, 747). Der quasi erotischen Pädagogen-Rivalität setzt er seinen »Traum von Liebe« (5.1, 1085) entgegen. Die Liebe, nach der auch der Erzähler im letzten Satz des Romans fragt, übersteigt Verstand und Vernunft. Wie wenig nämlich intellektuelle Bildung und zweckrationale Fähigkeiten dazu beitragen, alle möglichen Weltfeste des Todes in die Schranken zu verweisen, hatte schon Clausewitz 1832 in seiner Schrift *Vom Kriege* erkannt:

Die Erfindung des Pulvers, die immer weitergehende Ausbildung des Feuergewehrs zeigen schon hinreichend, daß die in dem Begriff des Krieges liegende Tendenz zur Vernichtung des Gegners auch faktisch durch die zunehmende Bildung keineswegs gestört oder abgelenkt worden ist.[60]

[60] von Clausewitz, Vom Kriege (zit. Anm. 51), S. 194.

Karolina Kühn

»Das ist vom Reh«

Zur Bedeutungsgeschichte eines Erbstücks der Familie Mann

»... man hat mich mal gefragt, was ich eigentlich werden wollte, was ich am liebsten sein würde, und dann habe ich gesagt: Reh im Zoologischen Garten.«[1] Elisabeth Mann Borgeses Aussage aus einem Gespräch mit Heinrich Breloer (1998) mag zunächst verwundern. Denn die jüngste Tochter von Katia und Thomas Mann engagierte sich für die Meere, bereiste als wissenschaftliche und politische Aktivistin die Welt und hatte sich für einen Wohnsitz »hart am Atlantik, eine halbe Autostunde von der Stadt entfernt, am Rande eines kleinen Fischerdorfes«[2] (Golo Mann) im kanadischen Neuschottland entschieden. Wieso hatte gerade sie als junges Mädchen davon geträumt, ein »Reh im Zoologischen Garten« zu sein,[3] »frei, aber doch geschützt«?[4] Eine kleine, jüngst in Halifax aufgetauchte Plastik regt zu Deutungen dieser ungewöhnlichen Idealvorstellung an.

Elisabeth Mann Borgese selbst berichtet im Interview von der Bronzefigur, die Thomas Mann seiner Frau Katia zum Geschenk gemacht hatte:

Er hat ihr ja ein Reh einmal zu ihrem Geburtstag geschenkt, ein bronzenes Reh, das jetzt auf meinem Schreibtisch steht, und da hat er ein Kärtchen dazugetan: ›Das ist vom Reh; da dem nichts anderes einfällt, schenkt es sich selber.‹[5]

Diese Episode und ihren Bedeutungszusammenhang hatte bereits Erika Mann 1965 im dritten Band der von ihr herausgegebenen Briefe Thomas Manns dargelegt. Katia Mann habe den Vater ein »rehartiges Gebilde von großer Sänfte« genannt. Den Inhalt der Karte gab sie wie folgt wieder: »Unfähig, eine Überraschung zu ersinnen, bringt das Reh sich selbst zum Opfer dar.« (Br III, 621 f.) Das Reh, so Erika Mann 1968 im Gespräch mit Roswitha Schmalenbach, sei

---

[1] Heinrich Breloer: Unterwegs zur Familie Mann. Begegnungen, Gespräche, Interviews, Frankfurt/Main: S. Fischer 2002, S. 37.
[2] Golo Mann an Dieter Chenaux-Repond am 25.4.1984, nach einem Besuch in Halifax; zitiert nach Urs Bitterli: Golo Mann. Instanz und Außenseiter. Eine Biographie, Berlin: Kindler 2004, S. 507.
[3] Elisabeth Mann Borgese dachte dabei evtl. an den Tierpark Hellabrunn oder den Zürcher Zoo, welche die Familie Mann kannte und besuchte. (Vgl. Peter de Mendelssohn: Der Zauberer. Das Leben des deutschen Schriftstellers Thomas Mann, Frankfurt/Main: S. Fischer 1975, Bd. 1, S. 902; Tb, 17.10.1937.)
[4] Heinrich Breloer (2002), S. 37.
[5] Ebd., S. 38.

einer der wenigen Gegenstände aus der Münchner Zeit, die sich noch immer im Familienbesitz befänden.[6]

Indem Elisabeth Mann Borgese im Interview auf das Objekt und seine Symbolgeschichte verweist, bestätigt sie also ein bereits bekanntes Stück Familiengeschichte. Der Wunsch, ein Reh zu sein, fügt jedoch die Auseinandersetzung mit der eigenen Identität hinzu und verweist auf die besondere Beziehung Elisabeth Mann Borgeses zu ihrem Vater,[7] über den sie unbefangen und mit großer Wärme zu erzählen wusste.[8] Wie so häufig bei der Familie Mann überlagern sich Erzähltes und Erlebtes, öffentliche Familienbiografie und individuelle Erinnerungen.

Das Objekt ist zunächst ein Symbol der Verbindung zwischen Katia und Thomas Mann. Die Opfergeste, die in der Karte ausgedrückt und von der Familie erinnert wird, verweist auf die Konnotationen, die sich aus dem Kosenamen ergeben. Das Reh, ein Flucht- und Jagdtier, gilt als »Symbol für das Weiblich-Zarte« und diente vor allem in der Romantik als Symbol der Liebe oder der Unschuld.[9] Die Apostrophierungen »Liebster Rehbock« oder »Lieber Reh« verbinden Männliches und Weibliches und geben dem Kosenamen einen individuellen Beiklang. Die Anrede »Rehherz« kann zudem auch auf einen scheuen Menschen bezogen werden[10] und erinnert – zumindest aus heutiger Perspektive – mit feiner Ironie daran, dass Thomas Mann durch die Unterstützung seiner Frau möglichst vom Alltagsgeschehen verschont werden sollte. Elisabeth Mann Borgese beschreibt die Beziehung der Eltern mit den folgenden Worten: »My father could never have done his work without her help, protection and cooperation. [...] She was his administrator, his hostess, his chauffeur, his cook, his nurse, his consolation.«[11]

---

[6] Vgl. Erika Mann: Mein Vater, der Zauberer, hrsg. von Irmela von der Lühe und Uwe Naumann, Reinbek bei Hamburg: Rowohlt 1998, S. 15. Da die Karte verschollen ist, kann leider nicht geklärt werden, welche Worte dem Geschenk tatsächlich beigefügt waren.

[7] Diese beidseitige Nähe lässt sich unter anderem in den Tagebüchern Thomas Manns verfolgen, z.B. in den vielen detailliert beschriebenen Abschiedsszenen: »Medi sehr lieb und anhänglich« (Tb, 15.11.1940), »Zärtlicher Abschied von ihr« (Tb, 27.11.1940).

[8] Vgl. z.B. Elisabeth Mann Borgese an Marino Parodi, 8.8.1995: »It is absolutely untrue that my father was a ›bad father‹. My father was concerned about every detail of our lives and problems. He read to us, he played with us, he walked with us, he joked with us.« (Elisabeth Mann Borgese an Marino Parodi, 8.8.1995; Elisabeth Mann Borgese Fonds, MS-2-744, Dalhousie University Archives and Special Collections, Halifax, Signatur 8.4.) Vgl. auch Irmela von der Lühe: »Ich gehöre doch zu den Kleinen«. Elisabeth Mann Borgese und das Drama der Meere, hrsg. von Holger Pils und Karolina Kühn, Hamburg: mareverlag 2012, S. 18–33.

[9] Christoph Grube: »Reh«, in: Metzler Lexikon literarischer Symbole, hrsg. von Günter Butzer und Joachim Jacob, Stuttgart: Metzler 2008, S. 293.

[10] Jacob und Wilhelm Grimm: Deutsches Wörterbuch, Bd. 8, bearbeitet von Moriz Heyne, München: Deutscher Taschenbuchverlag 1999, Sp. 558.

[11] Elisabeth Mann Borgese an Marino Parodi, 8.8.1995 (zit. Anm. 8).

Inge Jens verweist in dem von ihr herausgegeben Briefband »Liebes Rehherz«[12] auf die Bedeutung der Plastik als »das zeitüberdauernde Zeichen einer
Zusammengehörigkeit, wie sie auch das Grimm'sche Märchen von ›Brüderlein
und Schwesterlein‹ behutsam und poetisch umschreibt.«[13] Das Reh als Symbol
für einen geliebten Menschen hob Thomas Mann auch 1948 in seiner Antwort
auf eine Umfrage der Welt am Sonntag nach seinem Lieblingsgedicht hervor,
in der er aus dem Eichendorff-Gedicht *Zwielicht* die Verse zitierte: »Hast ein
Reh du lieb vor andern, / Lass es nicht alleine grasen.« (19.1, 395) Besonders
wichtig sei die Verbindung zur Musik, er würde das Gedicht vielleicht »nicht
so lieben, wenn Schumann es nicht so unglaublich genial vertont hätte.« (Ebd.)
Robert Schumanns Liederkreis nannte Elisabeth Mann Borgese explizit als
Verbindung zur Heimat ihrer Kindheit.[14]

Das Erinnerungsstück ist nicht nur Symbol der elterlichen Beziehung, der
damit verbundene Kosename ist darüber hinaus Teil eines Familienjargons.
Erika Mann berichtete im Gespräch mit Roswitha Schmalenbach über die
Sprache der Eltern:

Sie [Katia Mann] sprach sehr komisch, und es hat zweifellos die beiden zusammen-
geführt […]. Sie waren einander ähnlich in dieser Sorte von Humor und in dieser Art,
man würde heute sagen: hochgestochenen Art zu sprechen.[15]

Die Briefe Katia Manns, in denen sie ihrem Mann – immer auch »als Zuträgerin
literarisch verwertbarer Stoffe und Episoden«[16] – detailliert den Familienalltag
schildert, zeigen einen steten Gebrauch dieser spezifischen Sprache, so zum
Beispiel auch ein Brief vom 9. November 1920:

Liebster Reh: Nun wäre der Geburtstag der beiden Großen auch wieder vorüber […].
Mädi und Bibi zeigten sich von ihrer besten Seite, Bibi schäkerte angeregt mit dem
Ofay, und Dulala war höchst allerliebst. Sie läßt den Bibi jetzt immer sprechen, und
wenn er das zu ihrer Zufriedenheit getan hat, sagt sie anerkennend: ›Der Bui iß a
netter Kehrl.‹[17]

Neben Erika Mann übernahm auch Elisabeth Mann Borgese manches dieser
originellen Ausdrucksweise und fügte Eigenes hinzu; in ihren Briefen lassen
sich eine scheinbar mündlich-unbekümmerte Sprachkultur und ein verspielter

---

[12] Katia Mann: »Liebes Rehherz«. Briefe an Thomas Mann 1920–1950, hrsg. von Inge Jens,
München: peniope 2008.
[13] Ebd., S. 9.
[14] Robert Schumanns Liederkreis spielte für die gelernte Klavierlehrerin Elisabeth Mann
Borgese eine wichtige Rolle. Gefragt zu ihrer Herkunft betonte sie: »… was mich eigentlich am
sentimentalsten deutsch fühlen lässt, ist Musik, und besonders die romantischen Lieder, Schumann, Schubert, Brahms und so weiter.« (Breloer [2002], S. 196.)
[15] Erika Mann, Mein Vater (zit. Anm. 6), S. 15.
[16] Inge und Walter Jens: Frau Thomas Mann, Reinbek bei Hamburg: Rowohlt 2003, S. 222.
[17] Katia Mann an Thomas Mann, 9.11.1920. (Katia Mann, Rehherz [zit. Anm. 12], S. 61.)

Abb.1: Reh, Bronze. Privatbesitz.
Foto: Heidi Vogel

Gebrauch der familialen Kosenamen nachlesen. So wird beispielsweise die eigene Arbeit selbstironisch betrachtet, wenn die jüngere an die ältere Schwester schreibt: »Für ein paar Tage musste ich Frau Süssi Gogoi's [!] liebevoller Fürsorge anvertrauen, weil ich nämlich nach Malta musste, zum bunzeln [!].«[18] »Bunzeln« wird für (übereifriges) Arbeiten, der Kosename »Frau Süssi« für Katia Mann, »Gogoi« für Elisabeth Mann Borgeses älteste Tochter Angelica verwendet. Elisabeth Mann Borgese selbst unterschreibt diesen Brief mit der gereimt-possierlichen Verabschiedung »Immerdar, die Dulala«.[19] Der Kosename »Reh« war also nur einer von vielen Spitznamen, die zusammen mit Wortneuschöpfungen eine Art Familiengeheimsprache bilden, in der humorvoll-originelle Metaphorik Zeichen geheimer Verständigung und Zusammengehörigkeit war.

Die Rehfigur selbst galt bisher als verschollen.[20] Eine kleine Statuette, welche mir im Rahmen der Recherche zu der Ausstellung »Elisabeth Mann Borgese und das Drama der Meere« 2012 in Halifax begegnete, lässt mich vermuten, dass es sich hierbei um das vermisste Reh handelt. Eine enge Mitarbeiterin Elisabeth Mann Borgeses hatte die Plastik nach deren Tod 2002 aufgehoben. Es handelt sich um eine etwa 17 cm hohe Bronzefigur, ein männliches Jungtier auf rechteckiger Marmorplinthe. Eine Fotografie von 1999 zeigt die Figur auf dem Schreibtisch des Arbeitszimmers von Elisabeth Mann Borgeses Wohnhaus.

[18] Elisabeth Mann Borgese an Erika Mann, 10.8.1969. (Nachlass Erika Mann, Monacensia. Literaturarchiv und Bibliothek München, Signatur EM B 134.)

[19] Elisabeth Mann Borgese wurde in der Familie zunächst »Lisa«, dann »Medi«, vom Vater »Kindchen« und von der Mutter »Herzensdingerle« bzw., wenn die jüngste Tochter ihr zu zart oder krank erschien, »Kohlweissling« genannt. (Vgl. z.B. Katia Mann an Elisabeth Mann Borgese, 5.5.1941. Nachlass Elisabeth Mann Borgese. Monacensia. Literaturarchiv und Bibliothek München, Signatur EMB B7.) Der Spitzname »Dulala« war ihr von Golo Mann verliehen worden. (Vgl. Kerstin Holzer: Elisabeth Mann Borgese. Ein Lebensportrait, Berlin: Kindler, 2001, S. 24.)

[20] Vgl. »Zur Abbildung auf dem Umschlag«, in: Katia Mann, Rehherz (zit. Anm. 12), vor Beginn der Seitenzählung.

Abb. 2: Elisabeth Mann Borgese an ihrem Schreibtisch in
ihrem Haus in Sambro Head, Neuschottland, Kanada, 1999.
Foto: Peter Sibbald

Das Erinnerungsstück hat wahrscheinlich wie andere Familienerbstücke[21]
den Weg von München über Küsnacht nach Princeton und Pacific Palisades,
zurück in die Schweiz nach Kilchberg und schließlich bis nach Sambro Head
bei Halifax in Kanada gefunden. Auf Elisabeth Mann Borgeses Schreibtisch
platziert, den Blick auf das Meer gerichtet, verband das Reh die neue Wahlhei-
mat Neuschottland mit einem Stück Familiengeschichte.

[21] Nach dem Tod Katia Manns schickte Mathilde Widl einige der Erbstücke nach Halifax. Am
darauffolgenden Weihnachten schreibt Elisabeth Mann Borgese an die ehemalige Kilchberger
Haushälterin: »Die Uhr hängt im Wohnzimmer und schlägt treu die Stunde. Es kommt einem so,
so sonderbar vor. Weihnachten wurde, wie immer, von goldenen Tellern gegessen. Nur dass halt
sonst nichts ›wie immer‹ war.« (Elisabeth Mann Borgese an Mathilde Widl, 26. 12. 1980; Elisabeth
Mann Borgese Fonds, Signatur: 2.39.)

Hermann Kurzke

Neue Quellenfunde zu den *Betrachtungen eines Unpolitischen*

Ein Nachtrag zu Band 13 der GKFA

Die von mir betreute Ausgabe der *Betrachtungen eines Unpolitischen* innerhalb der Großen kommentierten Frankfurter Ausgabe der Werke Thomas Manns ist 2013 in zweiter Auflage erschienen.[1] Ich hatte die Möglichkeit, in den Stellenkommentar einige Neuermittlungen einzutragen. Freilich musste das umbruchneutral geschehen, um die Seitenzählung nicht zu verändern, und blieb deshalb notgedrungen lapidar. Darum erfolgt hier eine etwas leserfreundlichere Mitteilung. Die weitaus meisten Funde verdanke ich Reinhard Pabst (www.literaturdetektiv.de), vereinzelte Wolfgang Klein (einem der Editoren der großen Heinrich Mann-Essay-Ausgabe im Aisthesis-Verlag[2]), noch verstreutere einigen anderen mir verbundenen Forschern.

So kann ich jetzt endlich mitteilen, wer der »zeitgenössische[] Denker« ist (13.1, 23), den Thomas Mann in der *Vorrede* ein paar hochtrabende Sätze sagen lässt. Ich habe mich seinerzeit fast wundgesucht nach diesem Mann; ein »Denker«, dachte ich, müsste ein Mann vom Niveau wenigstens eines Georg Simmel oder Max Scheler sein, aber das wirkliche Ergebnis ist enttäuschend. Thomas Mann las die Stelle in dem Aufsatz *Hexenprozesse* von Arthur Bonus, der im Dezember 1915 in der Zeitschrift März erschienen war.[3] Bonus war ein herzlich unbedeutender evangelischer Pfarrer und Schriftsteller, der im damals renommierten Diederichs-Verlag das Projekt eines germanisierten Christentums verfolgte. Thomas Mann hat ihn offenkundig überschätzt.

Was die unter der Guillotine zu Tode gekommene Girondistin Madame Roland an den Papst schreibt: von evangelischen Grundsätzen, welche Demokratie, Menschenliebe und Gleichheit atmen (13.1, 50), hätte ich eigentlich finden müssen, denn es stammt aus einer bekannten, von mir mehrfach durchgesehenen Quelle, und zwar aus Georg Brandes' *Hauptströmungen der Literatur des neunzehnten Jahrhunderts*.[4] Brandes weist damit eine Berufung der Revolution auf das Evangelium nach:

---

[1] Die erste Auflage des Werkes erschien 2009.
[2] Heinrich Mann: Essays und Publizistik. Kritische Gesamtausgabe in neun Bänden, hrsg. von Wolfgang Klein, Anne Flierl und Volker Riedel, Bielefeld: Aisthesis 2009 ff.
[3] Arthur Bonus: Hexenprozesse, in: März. Eine Wochenschrift, Jg. 9 (1915), Bd. 4, München: März-Verlag 1915, S. 243–251, 248 f.
[4] Georg Brandes: Hauptströmungen der Literatur des neunzehnten Jahrhunderts, Berlin: Reiss 1924, S. 13 f. Thomas Mann verwendete eine Ausgabe von 1900.

Im Namen der Republik schreibt Madame Roland an den Papst: ›Du oberster Priester der römischen Kirche, Du Fürst eines Staates, der Deinen Händen entgleitet, entschlüpft, wisse, daß Du Staat und Kirche nur durch ein uneigennütziges Bekenntnis jener evangelischen Grundsätze bewahren kannst, welche die reinste Demokratie, die zärtlichste Menschenliebe und die vollkommenste Gleichheit atmen [...].‹ [5]

Auch eine der zahlreichen Stellen aus Emil Hammachers *Hauptfragen der modernen Kultur* hatte ich übersehen: Dass die Herrschaft des Volkes nicht Freiheit, sondern Einschränkung bedeute (13.1, 397), ist ebenfalls dort zu finden. [6]

Die Zahl der Zitate, die auf Maximilian Harden zurückgehen, hat sich vermehrt. Dass Dostojewski Deutschland dem »windigen Europa« (13.1, 54) zurechnete, steht in Hardens Aufsatz *Dostojewski*, der sich wiederum in der Sammlung *Literatur und Theater* findet. Aus dem Schluss des Romans *Der Idiot* wird dort nach einer abgelegenen Übersetzung zitiert: »Nein, nein, Alles ist Schwindel, Alles ist Lug und Trug in diesem windigen Europa!« [7]

Der Löwenanteil der Stellen, die dem »Zivilisationsliteraten« zugeschrieben werden, stammt bekanntlich von Heinrich Mann. Nachzutragen ist der Nachweis dafür, dass der Zivilisationsliterat Goethe gegen das »Reich« ausspiele (13.1, 314) – man findet das Gemeinte in Heinrich Manns Aufsatz *Das junge Geschlecht*. [8] Zur Gruppe der weiteren, nur peripher und stets anonym zitierten Zivilisationsliteraten (wie Harden, Hiller, Hasenclever, Hardekopf) sind Franz Blei, Otto Flake, Hermann Bahr und Carl Busse hinzugekommen. Was der »neue Geist« der älteren Literatur zu sagen hat (13.1, 110), steht in Franz Bleis *Über Wedekind, Sternheim und das Theater*. [9] Der Zivilisationsliterat, der sich über Verner von Heidenstam, den Literaturnobelpreisträger von 1916, kritisch äußerte (13.1, 431), war Otto Flake. Die Heidenstam-Rezension bildet den Schluss eines Artikels Flakes über *Nordische Literatur*. [10] Dass der Glaube an der Tagesordnung sei, las Thomas Mann »in den Revuen« (13.1, 555) – es handelte sich um eine Sammelrezension, in der sich Carl Busse über einen katholisierenden Roman von Hermann Bahr äußerte. Sie erschien unter dem Titel *Neues vom Büchertisch* in Velhagen & Klasings Monatsheften. [11] Bahr war bekannt dafür, dass er jede Modeströmung mitmachte, einschließlich der Hinwendung zum Glauben.

---

[5] Ebd.
[6] Emil Hammacher: Hauptfragen der modernen Kultur, Leipzig / Berlin: Teubner 1914, S. 115.
[7] Maximilian Harden: Literatur und Theater, Berlin: Jeckel und Freund 1896, S. 79 f.
[8] Heinrich Mann: Essays und Publizistik (zit. Anm. 2), Bd. 2, S. 220 f.
[9] Franz Blei: Über Wedekind, Sternheim und das Theater, Leipzig: Kurt Wolff 1915, S. 128.
[10] Otto Flake: Nordische Literatur, in: Die Neue Rundschau, Jg. 28 (1917), Berlin / Leipzig: S. Fischer 1917, S. 558–565, 565.
[11] Carl Busse: Neues vom Büchertisch, in: Velhagen & Klasings Monatshefte, Jg. 31 (1916), H. 3, Berlin u. a.: Velhagen & Klasing 1916, S. 429–433, 431.

Auch Diskussionen innerhalb der Arbeiterbewegung hat Thomas Mann zur Kenntnis genommen. Wenn er von der Partei spricht, »die den Kelch der Leiden bis zum bittersten Rest hätte auskosten müssen« (13.1, 417), spielt er nicht nur auf die Ölbergszene im Matthäus-Evangelium an (Mt 26,39), sondern zitiert auch eine Broschüre von »Junius«, d.i. Rosa Luxemburg: *Die Krise der Sozialdemokratie.*[12]

Zwei Heinrich von Treitschke-Stellen ließen sich jetzt enthüllen, ohne dass der Eindruck einer systematischen Treitschke-Lektüre entsteht. Die eine, in der die Geschichte der deutschen Städte als »etwas durchaus Patriotisches« bezeichnet wird (13.1, 125), stammt aus einem Brief, den der preußische Historiker am 18. Januar 1854 noch als Student an seinen Vater richtete.[13] Die andere, in der von Freiheit und Stimmrecht im Nonnenkloster die Rede ist (13.1, 428), entstammt Treitschkes Essay *Die Freiheit* von 1861, der 1912 separat in der Insel-Bücherei erschienen war.[14]

Thomas Manns evangelische Sozialisation spiegelt sich in der (freilich abwehrenden) Anspielung auf das Kirchenlied *Ich habe nun den Grund gefunden, der meinen Anker ewig hält* (13.1, 361). Eine der Stellen, an denen Thomas Mann das »Witzwort« (13.1, 50) von den Juden als den einzigen Christen in Deutschland (zusammen mit dem passenden Kontext einer Begründung des Sozialismus aus dem Christentum) finden konnte, ist der Romanauszug *Die neuen Christen* von Max Brod.[15] Aufschluss über die Quellen, aus denen Thomas Mann seine Buddha-Kenntnisse gewann, gibt zunächst sein 9. Notizbuch.[16] Dort finden sich Exzerpte der buddhistischen Lehren, darunter auch das Stichwort »Anhangen«, das in die *Betrachtungen* aufgenommen wird (13.1, 120). Die Quelle der Buddha-Zitate ist der Aufsatz *Das buddhistische Kunstwerk* von Karl Eugen Neumann, und zwar der vierte Teil desselben, betitelt *Dianoiologie.*[17]

Eine Zitatkette aus dem Kapitel *Politik*, die Thomas Mann mit dem Satz »So aber klang es von allen Seiten« einleitet, lässt sich jetzt vollständig auflösen. Der Satz »Die persönliche Freiheit und die Menschenwürde leidet nirgends bei uns« (13.1, 382) ist in der Edition schon nachgewiesen. Er stammt aus einem Aufsatz von Ernst Troeltsch in dem Sammelband *Deutschland und der Weltkrieg.*[18] Der

---

[12] Junius [= Rosa Luxemburg]: Die Krise der Sozialdemokratie. Anhang: Leitsätze über die Aufgaben der internationalen Sozialdemokratie, Bern: Unionsdruckerei, 1916, S. 12.

[13] Max Cornicelius (Hrsg.): Heinrich von Treitschkes Briefe, Bd. 1, Leipzig: Hirzel 1912, S. 210.

[14] Heinrich von Treitschke: Die Freiheit, Leipzig: Insel 1912, S. 13.

[15] Max Brod: Die neuen Christen, in: Der neue Roman. Ein Almanach, Leipzig: Kurt Wolff 1917, S. 174–186, 180.

[16] Notb. II, 167f.; vgl. auch den Kommentar zu *Süßer Schlaf!* (14.2, 288).

[17] Karl Eugen Neumann: Das buddhistische Kunstwerk IV, in: Süddeutsche Monatshefte, Jg. 3 (1906), Bd. 1, Stuttgart: Adolf Bonz & Comp. 1906, S. 179–191; gefunden von Ernst Braches.

[18] Ernst Troeltsch: Der Geist der deutschen Kultur, in: Deutschland und der Weltkrieg, hrsg.

Satz »Die bürgerliche Freiheit gegen Willkür der Staatsbehörden ist ebenso oder besser geschützt als irgendwo« (13.1, 382) findet sich im gleichen Buch an anderer Stelle, und zwar in einem Aufsatz von Gustav Schmoller.[19] Ebendort[20] fand Thomas Mann auch den Satz »Alles Gerede von einem kulturfeindlichen, unsozialen, despotischen deutschen Militarismus ist ein Gerede von Leuten, die keine Kenntnis von unseren inneren Zuständen haben oder haben wollen.« (13.1, 382) Die die Kette abschließende Wendung »Ein freies und stolzes Volk, *das sich von großen Zukunftskräften emporgetragen fühlt…*« stammt wieder von Ernst Troeltsch aus dessen Buch *Deutsche Zukunft.*[21]

Nicht immer stammen Tolstoi-Stellen aus Tolstoi-Quellen. Tolstois Schilderung des Besuchs von Paul Déroulède in Jasnaja Poljana fand Thomas Mann in dem Buch *Deutschland im Urteil des Auslandes früher und – jetzt.*[22] Er schwächt die deutschnationale Tendenz dieser Quelle leicht ab, so dass die Geschichte eines geleckten Franzosen bleibt, der einem gutmütigen russischen Bauern begegnet. Dieser ist ihm rhetorisch nicht gewachsen, aber menschlich und gestisch überlegen.

Schwer zu finden sind Zitate dann, wenn der Autor falsch angegeben wird. Nicht von Fichte, wie Thomas Mann schreibt, sondern von Friedrich Schlegel stammt die Behauptung, dass der Deutsche die Kunst als eine Tugend und eine Religion treibe (13.1, 345). Sie wurde im Zuge flüchtiger Lektüre übernommen aus Ricarda Huchs *Blütezeit der Romantik.*[23]

Aus Flauberts *Madame Bovary* (Drittes Buch, Achtes Kapitel) schließlich zitiert Thomas Mann im Kapitel *Ironie und Radikalismus* die Wendung von der »vertu sans y croire« – der Tugend ohne Glauben an sie (13.1, 631). In den üblichen deutschen Übersetzungen ist die Stelle kaum wiederzuerkennen. Thomas Mann hat Flaubert in seiner Frühzeit, von seinem Bruder inspiriert, auf Französisch gelesen.

von Otto Hintze, Friedrich Meinecke, Hermann Oncken und Hermann Schumacher, Leipzig/Berlin: Teubner 1915, S. 52–90, 70f.; vgl. 13.2, 451.
[19] Gustav Schmoller: Die deutschen Institutionen und der Geist des öffentlichen Lebens, in: Deutschland und der Weltkrieg (zit. Anm. 18), S. 187–218, 201.
[20] Ebd., S. 216.
[21] Ernst Troeltsch: Deutsche Zukunft, Berlin: S. Fischer 1916, S. 29.
[22] Heinrich Fränkel (Hrsg.): Deutschland im Urteil des Auslandes früher und – jetzt, München: Georg Müller 1916, S. 139.
[23] Ricarda Huch: Blütezeit der Romantik, Leipzig: Haessel 1916, S. 50.

Siglenverzeichnis

[Band arabisch, Seite]   Thomas Mann: Große kommentierte Frankfurter Ausgabe. Werke – Briefe – Tagebücher, hrsg. von Heinrich Detering, Eckhard Heftrich, Hermann Kurzke, Terence J. Reed, Thomas Sprecher, Hans Rudolf Vaget und Ruprecht Wimmer in Zusammenarbeit mit dem Thomas-Mann-Archiv der ETH Zürich, Frankfurt/Main: S. Fischer 2002 ff.

[Band römisch, Seite]   Thomas Mann: Gesammelte Werke in dreizehn Bänden, 2. Aufl., Frankfurt/Main: S. Fischer 1974.

BlTMG   Blätter der Thomas-Mann-Gesellschaft 1 (1958) ff., Zürich.

Br I–III   Thomas Mann: Briefe 1889–1936, 1937–1947, 1948–1955 und Nachlese, hrsg. von Erika Mann, Frankfurt/Main: S. Fischer 1962–1965.

BrAM   Thomas Mann – Agnes E. Meyer. Briefwechsel 1937–1955, hrsg. von Hans Rudolf Vaget, Frankfurt/Main: S. Fischer 1992.

BrB   Thomas Mann an Ernst Bertram. Briefe aus den Jahren 1910–1955, hrsg. von Inge Jens, Pfullingen: Neske 1960.

BrHe   Hermann Hesse – Thomas Mann. Briefwechsel, hrsg. von Anni Carlsson (1968), erweitert von Volker Michels (1975, 1999), 3. Ausg., Frankfurt/Main: Suhrkamp 1999.

BrKer   Thomas Mann – Karl Kerényi. Gespräch in Briefen, hrsg. von Karl Kerényi, Zürich: Rhein 1960.

Ess I–VI   Thomas Mann: Essays, Bd. 1–6, hrsg. von Hermann Kurzke und Stephan Stachorski, Frankfurt/Main: S. Fischer 1993–1997.

Notb I–II	Thomas Mann: Notizbücher 1–6 und 7–14, hrsg. von Hans Wysling und Yvonne Schmidlin, Frankfurt/Main: S. Fischer 1991–1992.
Potempa [Band]	Georg Potempa: Thomas Mann-Bibliographie, Mitarbeit Gert Heine, 2 Bde, Morsum/Sylt 1992–1997.
Reg I–V	Die Briefe Thomas Manns. Regesten und Register, Bd. 1–5, hrsg. von Hans Bürgin und Hans-Otto Mayer, Frankfurt/Main: S. Fischer 1976–1987.
Tb [Datum]	Thomas Mann: Tagebücher. 1918–1921, 1933–1934, 1935–1936, 1937–1939, 190–1943, hrsg. von Peter de Mendelssohn, 1944–1.4.1946, 28.5.1946–31.12.1948. 1949–1950, 1951–1952, 1953–1955, hrsg. von Inge Jens, Frankfurt/Main: S. Fischer 1977–1995.
TMA	Thomas-Mann-Archiv der ETH-Bibliothek Zürich
TM Jb [Band]	Thomas Mann Jahrbuch 1 (1988) ff., begründet von Eckhard Heftrich und Hans Wysling, hrsg. von Katrin Bedenig, Thomas Sprecher, Hans Wißkirchen (ab 2013), Frankfurt/Main: Klostermann.
TMS [Band]	Thomas-Mann-Studien 1 (1967) ff., hrsg. von Thomas-Mann-Archiv der ETH Zürich, Bern/München: Francke, ab 9 (1991) Frankfurt/Main: Klostermann.

Thomas Mann: Werkregister

Kursive Seitenzahlen verweisen auf die Anmerkungen.

Personenregister

Die Autorinnen und Autoren

Dr. Dieter Bartetzko, Feuilleton der Frankfurter Allgemeinen Zeitung, Hellerhofstraße 2–4, 60267 Frankfurt am Main

Dr. Alexander Bastek, Museum Behnhaus Drägerhaus, Königstraße 9–11, 23552 Lübeck

Prof. Dr. Andrea Bartl, Otto-Friedrich-Universität Bamberg, An der Universität 5, 96047 Bamberg

Dr. Katrin Bedenig, Thomas-Mann-Archiv der ETH-Bibliothek, Schönberggasse 15, CH-8001 Zürich

Prof. Dr. Andreas Blödorn, Westfälische Wilhelms-Universität, Germanistisches Institut, Schlossplatz 34, 48143 Münster

Hartmut Burggrabe, Ossastraße 31, 12045 Berlin

Prof. Dr. Henriette Herwig, Heinrich-Heine-Universität Düsseldorf, Institut für Germanistik, Abteilung II: Neuere Deutsche Literaturwissenschaft, Universitätsstraße 1, 40225 Düsseldorf

Karolina Kühn, Stiftung Buch-, Medien- und Literaturhaus München, Salvatorplatz 1, 80333 München

Prof. Dr. Dr. h.c. Hermann Kurzke, Krokusweg 7, 55126 Mainz

Helmut Liche, Schwabenstraße 13, 79211 Denzlingen

Volker Michels, Friedrichstraße 16, 63065 Offenbach am Main

Prof. Dr. Holger Rudloff, Pädagogische Hochschule Freiburg, Institut für Deutsche Sprache und Literatur, Kunzenweg 21, 79117 Freiburg

Tim Sparenberg, Europa-Universität Viadrina Frankfurt (Oder), Heinrich-von-Kleist Institut für Literatur und Politik, DFG-Graduiertenkolleg »Lebensformen und Lebenswissen«, Große Scharrnstraße 59, 15230 Frankfurt (Oder)

Prof. Dr. Michael Thimann, Georg-August-Universität Göttingen, Kunstgeschichtliches Seminar und Kunstsammlung, Nikolausberger Weg 15, 37073 Göttingen

Prof. Dr. Iris Wenderholm, Kunstgeschichtliches Seminar, Universität Hamburg, Edmund-Siemers-Allee 1, 20146 Hamburg

Auswahlbibliographie 2011–2012

zusammengestellt von Gabi Hollender

1. Primärliteratur

Mann, Thomas: Bekenntnisse des Hochstaplers Felix Krull: der Memoiren erster Teil: Roman, hrsg. und textkritisch durchgesehen von Thomas Sprecher und Monica Bussmann, in Zusammenarbeit mit Eckhard Heftrich, Frankfurt/Main: S. Fischer 2012 (= Große kommentierte Frankfurter Ausgabe, Thomas Mann, Bd. 12.1 und 12.2), 446 S. und 897 S.

2. Sekundärliteratur

Ackermann, Gregor, Delabar, Walter und Heißerer, Dirk: 9. Nachtrag zur Thomas-Mann-Bibliographie, in: Thomas Mann Jahrbuch 2012, S. 333–342.

Adánez, Isabel García: El lenguaje no verbal en »Der Zauberberg« y en siete de sus traducciones, in: Lawick, Heike van (Hrsg.): Übersetzen als Performanz: Translation und Translationswissenschaft in performativem Licht, Wien: LIT 2012 (= Repräsentation – Transformation, Bd. 8), S. 171–192.

Adriaanse, Hendrik Johan: Auf der Suche nach Gottesklugheit, in: Peter, Der ungläubige Thomas, S. 63–77.

Alioth, Gabrielle (Hrsg.): Im Schnittpunkt der Zeiten: Autoren schreiben über Autoren: eine Anthologie des PEN-Zentrums deutschsprachiger Autoren im Ausland, Heidelberg: Synchron 2012, 236 S.

Alessiato, Elena: L'impolitico: Thomas Mann tra arte e guerra, Bologna: Mulino 2011 (= Percorsi), 376 S.

Alessiato, Elena: Thomas Mann e le »Considerazioni di un impolitico«: una sensibilità d'artista in »servizio spirituale armato«, in: Cantillo, Thomas Mann tra etica e politica, S. 307–324.

Amrein, Ursula: Im Visier der Nationalsozialisten: Einflussversuche des Auswärtigen Amtes auf die Schweizer Kulturpolitik während des »Dritten Reiches«, in: Blätter der Thomas-Mann-Gesellschaft Zürich, Nr. 34, 2010–2011, S. 16–19.

Armbrust, Heinz J.: »... Dein alter Thomas Mann«: Thomas Mann und Ilse Martens – eine Neubewertung ihrer Freundschaft, in: Thomas Mann Jahrbuch 2012, S. 183–200.

Arnedo, Santiago Martín: El drama sensual en »La muerte en Venecia« de

Thomas Mann, in: Espéculo: Revista de estudios literarios [Online-Ressource], H. 47, 2011, 5 S.

Assmann, Jan: Magie und Sprache in Thomas Manns Josephsromanen, in: Maltzan, Magie und Sprache, S. 259–272.

Assmann, Jan: Mythos und Psychologie in Thomas Manns Josephromanen, in: Gutjahr, Thomas Mann, S. 213–230.

Assmann, Jan: Thomas Mann, Sigmund Freud und die wissenschaftliche Prosa: Dankrede zum Thomas-Mann-Preis 2011, in: Thomas Mann Jahrbuch 2012, S. 167–176.

Bade, James N.: Die Spuren des Rathenau-Attentates in Thomas Manns »Zauberberg«, in: Szendi, Wechselwirkungen II, S. 389–402.

Baier, Christian: Die »Vita Adriani« des Dr. Serenus Zeitblom: hagiographische Elemente in Thomas Manns Roman »Doktor Faustus«, in: Thomas Mann Jahrbuch 2012, S. 75–98.

Bannasch, Bettina: Konstruktionen nationaler Identität in der Literatur des Nachexils: zu Thomas Manns »Doktor Faustus« und Oskar Maria Grafs »Die Flucht ins Mittelmäßige«, in: Butzer, Berührungen, S. 83–100.

Barker, John W.: Thomas Mann, in: Barker, John W.: Wagner and Venice fictionalized: Variations on a Theme, Rochester, NY: University of Rochester Press 2012, S. 37–41.

Bazzicalupo, Laura: Riflessi politici del mito della vita manniano, in: Cantillo, Thomas Mann tra etica e politica, S. 169–196.

Bedenig, Katrin: Thomas Mann und Max Frisch in der Tradition des politischen Schriftstellers – 1945 bis 1955, in: Thomas Mann Jahrbuch 2012, S. 275–290.

Bednarska-Kociolek, Joanna: Castorp von Pawel Huelle als Vorgeschichte für den »Zauberberg« von Thomas Mann, in: Kochanowska-Nieborak, Anna (Hrsg.): Literatur und Literaturwissenschaft im Zeichen der Globalisierung: Themen – Methoden – Herausforderungen, Frankfurt/Main: Lang 2012 (= Posener Beiträge zur Germanistik, Bd. 31), S. 249–256.

Benedict, Hans-Jürgen: Den Mythus humanisieren, die biblische Josephsgeschichte und der Josephsroman Thomas Manns, in: Benedict, Hans-Jürgen: Was Gott den Dichtern verdankt: literarische Streifzüge und Begegnungen, Berlin: EB-Verlag 2011, S. 192–218.

Bennewitz, Ingrid: Wenig erwählt: Frauenfiguren des Mittelalters bei Thomas Mann, in: Thomas Mann Jahrbuch 2012, S. 59–74.

Bergengruen, Maximilian: Die Ökonomie des Luxus: zum Verhältnis von Betriebs- und Nervenkapital in Thomas Manns »Buddenbrooks«, in: Weder, Christine (Hrsg.): Luxus: die Ambivalenz des Überflüssigen in der Moderne, Göttingen: Wallstein 2011, S. 235–256.

Bergmann, Christian: Das Gespräch in der kretischen Laube: das dritte Hauptstück in Thomas Manns Roman »Joseph der Ernährer« aus linguistischer

Sicht, in: Muttersprache: Vierteljahresschrift für deutsche Sprache, Jg. 122, H. 4, 2012, S. 289–297.

Bergmann, Franziska: Poetik der Unbestimmtheit: eine queer-theoretische Lektüre von Thomas Manns Erzählung »Der Kleiderschrank: eine Geschichte voller Rätsel«, in: Börnchen, Thomas Mann, S. 81–94.

Bischoff, Astrid: Das Selbst im Blick: Scham, Blick und Tod in Thomas Manns »Luischen«, in: Börnchen, Thomas Mann, S. 323–350.

Blödorn, Andreas: Tödliche Verschiebung der Perspektiven: das Unheimliche im »Tod in Venedig«, in: Pils, Wollust des Untergangs, S. 22–28.

Blumenthal, Bernhardt: The Ambiguity of Eros in Thomas Mann's »Death in Venice« and Other Writings, in: De Paulo, Craig J. N. (Hrsg.): Confessions of Love: the Ambiguities of Greek Eros and Latin Caritas, New York: Lang 2011 (= American university studies, series 7, theology and religion, Bd. 310), S. 106–112.

Boa, Elizabeth: Walking the Dog: Paths and Thickets in Thomas Mann's »Herr und Hund«, in: Publications of the English Goethe Society, Jg. 80, H. 2–3, 2011, S. 166–179.

Börnchen, Stefan: »Attunement« – »at-one-ment«: »Stimmung« bei Thomas Mann (»Mario und der Zauberer«) und Dan Brown (»The Lost Symbol«), in: Börnchen, Thomas Mann, S. 149–166.

Börnchen, Stefan: Einleitung [zu: Thomas Mann: neue kulturwissenschaftliche Lektüren], in: Börnchen, Thomas Mann, S. IX–XXVIII.

Börnchen, Stefan (Hrsg.): Thomas Mann: neue kulturwissenschaftliche Lektüren, Paderborn: Fink 2012, 436 S.

Börnchen, Stefan: Der Zauberer raucht: zu einer Medientheorie des Rauchens (Thomas Mann: »Mario und der Zauberer«), in: Gutjahr, Thomas Mann, S. 183–212.

Borchmeyer, Dieter: Richard Wagner und Thomas Mann als Erben der romantischen Musikästhetik, in: Hinderer, Walter (Hrsg.): Auftakte und Nachklänge romantischer Musik, Würzburg: Königshausen & Neumann 2012 (= Stiftung für Romantikforschung, Bd. 56), S. 167–184.

Born, Katharina: Erika Mann – Vatersprache, in: Alioth, Im Schnittpunkt der Zeiten, S. 21–28.

Brokoff, Jürgen: Sozialbiologie und Empathieverzicht: Thomas Manns frühe Novellistik und die Poetik des »kalten« Erzählens, in: Börnchen, Thomas Mann, S. 3–16.

Busse, Wolfgang: Kurios! Buchenswert!: die Omnipräsenz Thomas Manns in den Medien von heute, Frankfurt/Main: R. G. Fischer 2012, 422 S.

Butzer, Günter (Hrsg.): Berührungen: komparatistische Perspektiven auf die frühe deutsche Nachkriegsliteratur, München: Fink 2012, 383 S.

Camartin, Iso: »Es ist so!« Aspekte von Religion in Thomas Manns »Budden-brooks«, in: Peter, Der ungläubige Thomas, S. 9–19.

Cambi, Fabrizio: La dimensione etico-politica nella tetralogia »Giuseppe e i suoi fratelli«, in: Cantillo, Thomas Mann tra etica e politica, S. 215–228.

Campe, Rüdiger: Body and Time: Thomas Mann's »The Magic Mountain«, in: Börnchen, Thomas Mann, S. 213–232.

Canton, Kimberly Fairbrother: »Death in Venice« and Beyond: Benjamin Britten's Late Works, in: University of Toronto Quarterly: a Canadian journal of the humanities, Jg. 81, H. 4, 2012, S. 893–908.

Clemens, Manuel: Zuhören und heilen auf dem »Zauberberg«: Bildungsmo-mente bei Thomas Mann, in: Börnchen, Thomas Mann, S. 285–297.

Conte, Domenico: Ur: origini e politica in Thomas Mann, in: Cantillo, Thomas Mann tra etica e politica, S. 119–167.

Comfort, Kelly: The Artist as Dandy-Aesthete: the Self as Art in Oscar Wilde and Thomas Mann, in: Comfort, Kelly: European Aestheticism and Spanish American Modernismo, Basingstoke: Palgrave Macmillan 2011, S. 91–114.

Corkhill, Alan: Thomas Mann: Competing Models of Happiness in »Der Zau-berberg«, in: Corkhill, Alan: Spaces for Happiness in the Twentieth-Century German Novel: Mann, Kafka, Hesse, Jünger, Bern: Lang 2012 (= German Life and Civilization, Bd. 57), S. 17–40.

Corngold, Stanley: On the Margins of Allegory in »Doktor Faustus«, in Butzer, Berührungen, S. 65–82.

Cottone, Margherita: Der Begriff der »poetischen Prosa« in Thomas Manns literarästhetischer Essayistik, in: Arndt, Astrid (Hrsg.): Logik der Prosa: zur Poetizität ungebundener Rede, Göttingen: V & R Unipress 2012, S. 235–252.

Crescenzi, Luca: La »svolta etica« di Hans Castorp nella »Montagna magica«, in: Cantillo, Thomas Mann tra etica e politica, S. 199–213.

Crescenzi, Luca: Wer ist der Erzähler des »Zauberberg«?: und was weiß er ei-gentlich von Hans Castorp?, in: Gutjahr, Thomas Mann, S. 143–166.

Dean, Martin R.: Thomas Mann – Flügelschlag eines brasilianischen Schmet-terlings, in: Alioth, Im Schnittpunkt der Zeiten, S. 43–48.

Delius, Juan D. und Delius, Julia A. M.: Erik Pringsheims Tod in Argentinien – ein bayrisch-puntanisch-schottisches Drama, in: Thomas Mann Jahrbuch 2012, S. 297–331.

Desideri, Fabrizio: Cinema, arte e temporalità nella »Montagna incantata«: bio-scopia: un capitolo trascurato dell'estetizzazione della politica, in: Cantillo, Thomas Mann tra etica e politica, S. 263–278.

Detering, Heinrich: Thomas Mann und die amerikanische Religion, Frank-furt/Main: S. Fischer 2012, 343 S.

Detering, Heinrich: Das Werk und die Gnade: zu Religion und Kunstreligion in der Poetik Thomas Manns, in: Peter, Der ungläubige Thomas, S. 149–165.

Diana, Rosario: La »scelta« della dodecafonia nel »Doctor Faustus« di Thomas Mann, in: Cantillo, Thomas Mann tra etica e politica, S. 325–352.

Dierks, Manfred: »Der Tod in Venedig« als leiblich-seelische Strukturphantasie, in: Gutjahr, Thomas Mann, S. 81–100.

Dobrileit, Margitta: »Dieses Bijou von Schloss«: zu Thomas Manns letzter Erzählung »Die Betrogene«, Düsseldorf: Stiftung Schloss und Park Benrath 2012, 17 S.

Doering, Sabine: Thomas Manns »Zauberberg« als Erinnerungsort in Pawel Huelles »Castorp«, in: Eigler, Friederike (Hrsg.): Post-nationale Vorstellungen von »Heimat« in deutschen, europäischen und globalen Kontexten, Frankfurt/Main: Lang 2012 (= Vielheit und Einheit der Germanistik weltweit, Bd. 9) und (= Publikationen der Internationalen Vereinigung für Germanistik, Bd. 9) S. 329–333.

Donise, Anna: Ironia, politica ed etica nelle »Considerazioni di un impolitico«, in: Cantillo, Thomas Mann tra etica e politica, S. 229–260.

Eğit, Kasim und Eğit, Yadigar: Interkulturelle Aspekte bei der Übersetzung der Romane »Buddenbrooks« und »Effi Briest« ins Türkische, in: Ozil, Şeyda (Hrsg.): Türkisch-deutscher Kulturkontakt und Kulturtransfer: Kontroversen und Lernprozesse, Göttingen: V & R Unipress 2011 (= Türkisch-deutsche Studien, Bd. 2010), S. 279–290.

Elsaghe, Yahya: Hoc signofelix: Religion und Urreligion in den »Bekenntnissen des Hochstaplers Felix Krull«, in: Peter, Der ungläubige Thomas, S. 117–148.

Elsaghe, Yahya: »Königliche Hoheit« als Familienroman, in: Gutjahr, Thomas Mann, S. 45–79.

Elsaghe, Yahya: »La Rosenstiel« and her Ilk: Jewish Names in Thomas Mann, in: Publications of the English Goethe Society, Jg. 80, H. 2–3, 2011, S. 53–63.

Emons, Hans: Schreiben als Komponieren: [Thomas Mann, »Der Zauberberg«], in: Emons, Sprache als Musik, S. 99–111.

Emons, Hans: Die Sonate: Thomas Mann, Thomas Bernhard, Jean Tardieu, Kurt Schwitters, in: Emons, Sprache als Musik, S. 155–173.

Emons, Hans: Sprache als Musik, Berlin: Frank & Timme 2011 (= Kunst-, Musik- und Theaterwissenschaft, Bd. 9), 181 S.

Etaryan, Yelena: Literarische Wechselbeziehungen zwischen »Ein weites Feld« von Günter Grass und »Doktor Faustus« von Thomas Mann, in: Szendi, Wechselwirkungen II, S. 489–498.

Figueira, Dorothy Matilda (Hrsg.): Theatres in the Round: Multi-ethnic, Indigenous, and Intertextual Dialogues in Drama, Bruxelles: Lang 2011 (= Dramaturgies: texts, cultures and performances, Bd. 28), 232 S.

Figueira, Dorothy: Theories of Myth and Myths of Theory in Thomas Mann and Girish Karnad, in: Figueira, Theatres in the Round, S. 197–210.

Filippova, Anna: Versuch einer autointertextuellen Analyse anhand von Beispielen: Thomas Manns »Schwere Stunde«, »Versuch über Schiller« und andere ausgewählte Werke, in: Thomas Mann Jahrbuch 2012, S. 223–236.

Foster, John Burt: Soyinka [Euripides-Nietzsche] Thomas Mann: Intertextual Dialogues across the Twentieth Century, in: Figueira, Theatres in the Round, S. 211–227.

Freschi, Marino: Thomas Mann, le »Considerazioni di un impolitico« e la Rivoluzione Conservatrice, in: Cantillo, Thomas Mann tra etica e politica, S. 11–33.

Galvan, Elisabeth: »Mario e i maghi«: arte e politica in un racconto di Thomas Mann, in: Cantillo, Thomas Mann tra etica e politica, S. 279–305.

Gansel, Carsten (Hrsg.): Störungen im Raum – Raum der Störungen, Heidelberg: Winter 2012 (= Beiträge zur neueren Literaturgeschichte, Folge 3, Bd. 194), 485 S.

Geisenhanslüke, Achim: Infectious Wishes: on Projection and Transference in Thomas Mann's »Dr. Faustus«, in: Börnchen, Thomas Mann, S. 273–284.

Goerke, Britta: Thomas Manns »Der Zauberberg« und James Joyces »Ulysses«: flanieren (im) Erzählen: zwei Romane auf dem Weg in die Moderne, Hamburg: Kovac 2011 (= Schriftenreihe Poetica, Bd. 118), 189 S.

Götz, David: Ein geistreicher Irrtum Thomas Manns?: eine Miszelle zur »Lohengrin-Szene« in »Der kleine Herr Friedemann«, in: Thomas Mann Jahrbuch 2012, S. 177–182.

Gremler, Claudia: »Etwas ganz Peinliches« – queere Emotionalität im »Zauberberg«, in: Thomas Mann Jahrbuch 2012, S. 237–258.

Gut, Philipp: »Aus den Logen und Parterreplätzen des Auslandes«: die Diskussion um Exil und Emigration nach 1945 am Beispiel Thomas Manns, in: Grisko, Michael (Hrsg.): Verfolgt und umstritten!: remigrierte Künstler im Nachkriegsdeutschland, Frankfurt/Main: Lang 2011, S. 49–62.

Gutjahr, Ortrud: Beziehungsdynamiken im Familienroman: Thomas Manns »Buddenbrooks«, in: Gutjahr, Thomas Mann, S. 21–44.

Gutjahr, Ortrud (Hrsg.): Thomas Mann, Würzburg: Königshausen & Neumann 2012 (= Freiburger Literaturpsychologische Gespräche, Bd. 31), 416 S.

Haas, Alois Maria: Jenseits und Unterwelt, in: Sprecher, Zwischen Himmel und Hölle, S. 143–169.

Hamacher, Bernd: Ein »großes und brennendes Problem der Kultur und des Geschmackes«: schreiben und schweigen – über die Dezenz Aschenbachs, seines Erzählers und seines Autors, in: Pils, Wollust des Untergangs, S. 38–46.

Hamacher, Bernd: Zurück in die Zukunft: Thomas Manns Lutherbild und die Modernität des Mittelalters, in: Thomas Mann Jahrbuch 2012, S. 115–128.

Hamann, Christof: Normale deutsche Monster: zu Thomas Manns »Königliche Hoheit«, in: Börnchen, Thomas Mann, S. 33–51.

Hammel-Kiesow, Rolf: Ritter und Kaufleute, Netzwerke und Proto-Globalisierung: das Bild vom Lübecker Mittelalter im frühen 21. Jahrhundert, in: Thomas Mann Jahrbuch 2012, S. 11–26.

Harweg, Roland: Fiktion und doppelte Wirklichkeit: Studien zur Doppelexistenz von Roman- und Novellenorten am Beispiel des Frühwerks – insbesondere der »Buddenbrooks« – von Thomas Mann, Berlin: LIT 2012 (= Sprache, Kommunikation, Wirklichkeit, Bd. 6), 469 S.

Hergheligiu, Raluca: »Entre deux siècles«: Thomas Mann und Marcel Proust an der Grenze zwischen Tradition und Modernität, in: Becker-Cantarino, Barbara (Hrsg.): Aufgaben der Erforschung der Mittleren Deutschen Literatur bzw. der Kulturgeschichte der Frühen Neuzeit, Frankfurt/Main: Lang 2012 (= Vielheit und Einheit der Germanistik weltweit, Bd. 8) und (= Publikationen der Internationalen Vereinigung für Germanistik, Bd. 8), S. 287–292.

Hnilica, Irmtraud: »Ich glaubte ... ich glaubte ... es käme nichts mehr ...«: »Buddenbrooks« als Roman der Einfluss-Angst, in: Börnchen, Thomas Mann, S. 371–382.

Hollender, Gabi: Bibliographie: Thomas Mann und die Religion, in: Peter, Der ungläubige Thomas, S. 195–228.

Honold, Alexander: Frivole Kollisionen: die Klassengesellschaft im Schlafwagen und das Déjà-vu-Erlebnis des »Eisenbahnunglücks«, in: Börnchen, Thomas Mann, S. 193–212.

Honold, Alexander: »Herr und Hund«, eine Wiederbegegnung, in: Gutjahr, Thomas Mann, S. 101–118.

Hünnighausen, Barbara: Nie sollst Du mich befragen – die »Lohengrin-Frage« im »Kleinen Herrn Friedemann«, in: Thomas Mann Jahrbuch 2012, S. 291–296.

Jamme, Christoph: Mitologia illuminata: Thomas Mann e il mito, in: Cantillo, Thomas Mann tra etica e politica, S. 107–117.

Jonas-Schmalfuss, Bettina: Goethe im Exil: Thomas Manns Roman »Lotte in Weimar« (1939) und Gerhart Hauptmanns Erzählung »Mignon« (1946): das Repräsentantenbewusstsein zweier Nobelpreisträger, in: Jonas-Schmalfuss, Bettina: Fiktive Goethedarstellungen in der deutschsprachigen Literatur, Frankfurt/Main: Lang 2011 (= Europäische Hochschulschriften, Reihe 1, Deutsche Sprache und Literatur, Bd. 2022) S. 111–139.

Kadelbach, Ada: »Sie nahm aus ihrem Beutel ein uraltes Buch ...«: Paul Gerhardt bei Matthias Claudius und Thomas Mann, in: Balders, Günter (Hrsg.): »Und was er sang, es ist noch nicht verklungen«: Paul Gerhardt im Spiegel der Literatur, Berlin: Frank & Timme 2011 (= Beiträge der Paul-Gerhardt-Gesellschaft, Bd. 7), S. 27–43.

Kappeler, Manfred: »Wir wurden in ein Landerziehungsheim geschickt ...«: Klaus Mann und seine Geschwister in Internatsschulen, Berlin: Nicolai 2012, 271 S.

Kaiser, Gerhard: »Proust, Joyce and myself« – zur Analyse von schriftstelle-rischen Inszenierungspraktiken am Beispiel des späten Thomas Mann, in: Bierwirth, Maik (Hrsg.): Doing Contemporary Literature: Praktiken, Wer-tungen, Automatismen, München: Fink 2012 (= Schriftenreihe des Gradu-iertenkollegs »Automatismen«), S 169–190.

Kassner, Jürgen: »Vita canina«: der Hund als Allegorie in Thomas Manns »Tobias Mindernickel«, in: Börnchen, Thomas Mann, S. 53–64.

Kakauridse, Nanuli: Thomas Mann-Rezeption in der georgischen Germanis-tik, in: Szendi, Wechselwirkungen II, S. 473–488.

Kehlmann, Daniel: Dionysos und der Buchhalter, in: Pils, Wollust des Unter-gangs, S. 91–99.

Keil, Werner: Adrian Leverkühns Teufelspakt: für Wolfgang Braungart, in: Keil, Werner: Dissonanz und Harmonie: in Romantik und Moderne, Pader-born: Fink 2012, S. 215–226.

Kilcher, Andreas: Religion in Gestalt des Dämonischen: zu Thomas Manns »Doktor Faustus«, in: Peter, Der ungläubige Thomas, S. 79–99.

King, Martina: Vom »heiligen Schwips«: medizinisches Wissen und kunstre-ligiöse Tradition in den Inspirationsszenarien von »Der Zauberberg« und »Doktor Faustus«, in: Sprecher, Zwischen Himmel und Hölle, S. 53–83.

Kinkel, Elke: Thomas Mann in America: a Privileged German's (Ethnic) Sur-vival, in: Bardeleben, Renate von (Hrsg.): American Multiculturalism and Ethnic Survival, Frankfurt/Main: Lang 2012 (= Mainzer Studien zur Ame-rikanistik, Bd. 59), S. 107–120.

Kirschnick, Sylke: Versuch, im Bodenlosen Platz zu nehmen – zirzensische Transgressionen bei Franz Kafka, Else Lasker-Schüler und Thomas Mann, in: Gansel, Störungen im Raum – Raum der Störungen, S. 155–182.

Knápek, Pavel: Hugo von Hofmannsthals und Thomas Manns Beziehungen zu Henrik Ibsen bzw. Norwegen, in: Szendi, Wechselwirkungen II, S. 461–472.

Knöferl, Eva: »Dies Glasperlenspiel mit schwarzen Perlen«: Musik und Mora-lität bei Hermann Hesse und Thomas Mann, Würzburg: Ergon-Verlag 2012 (= Literatura, Bd. 29), 128 S.

Koeppen, Wolfgang: Die Beschwörung der schweren Stunde: die Beschwörung der Liebe, in: Pils, Wollust des Untergangs, S. 69–78.

Koné, Christophe: Aschenbach's Homovisual Desire: Scopophilia in »Der Tod in Venedig« by Thomas Mann, in: Börnchen, Thomas Mann, S. 95–106.

Kontje, Todd: Thomas Mann's Critique of German Expressionism in the »Be-trachtungen eines Unpolitischen« and Beyond, in: Huff, Steven R. (Hrsg.): »Es ist seit Rahel uns erlaubt, Gedanken zu haben«: Essays in Honor of Heidi Thomann Tewarson, Würzburg: Königshausen & Neumann 2012, S. 151–174.

Koopmann, Helmut: Der Autor redet mit sich selbst: aus Vorarbeiten zum Teufelskapitel des »Doktor Faustus«: Nachrede, in: Sprecher, Zwischen Himmel und Hölle, S. 227–232.

Koopmann, Helmut: Da nemico della democrazia a difensore della repubblica: la difficile svolta di Thomas Mann, in: Cantillo, Thomas Mann tra etica e politica, S. 35–57.

Koopmann, Helmut: Ist Gott eine Hilfskonstruktion?: Thomas Mann zur Religion, in seinen Essays, in: Sprecher, Zwischen Himmel und Hölle, S. 35–52.

Kraske, Bernd M.: »Tief ist der Brunnen der Vergangenheit ...«: die Joseph-Romane von Thomas Mann: eine Ausstellung, Bad Schwartau: WFB Verlagsgruppe 2012, 123 S.

Kreisky, Eva: Antifeministische und antidemokratische Tendenzen im Staatsdenken der Zwischenkriegszeit: Männerbundfantasien bei Stefan George, Thomas Mann und Max Weber, in: Krammer, Stefan (Hrsg.): Staat in Unordnung?: Geschlechterperspektiven auf Deutschland und Österreich zwischen den Weltkriegen, Bielefeld: Transcript 2012 (= Gender Studies), S. 119–138.

Krüger-Fürhoff, Irmela Marei: Liebeshändel und Vaterschaftsverwirrungen: reziproke Kopfverpflanzungen als Infragestellung affinaler und genealogischer Verwandtschaft in Thomas Manns Erzählung »Die vertauschten Köpfe« (1940) und Katja Pratschkes Fotofilm »fremdkörper/transposed bodies«, in: Krüger-Fürhoff, Irmela Marei: Verpflanzungsgebiete: Wissenskulturen und Poetik der Transplantation, Paderborn: Fink 2012 (= Trajekte), S. 242–263.

Kurzke, Hermann: Religion im »Zauberberg«, in: Peter, Der ungläubige Thomas, S. 45–61.

Kuschel, Karl-Josef: Lob der Gnade – Lob der Vergänglichkeit: zum doppelten Ausgang des Werkes von Thomas Mann, in: Thomas Mann Jahrbuch 2012, S. 201–222.

Kuznetsova, Irina: The Possessed: the Demonic and Demonized East and West in Thomas Mann's »Der Zauberberg« and Dostoevsky's »Demons«, in: The German Quarterly, Jg. 85, H. 3, 2012, S. 275–294.

Kwirikadse, Nino: Zur Semantik des Titels als Detail des Romans in den georgischen und russischen Übersetzungen von Thomas Manns »Buddenbrooks«, in: Szendi, Wechselwirkungen II, S. 393–408.

Lange-Kirchheim, Astrid: »Die Verwirrungen des Lesers« – Diversität versus Binarität?: Thomas Manns Novelle »Wälsungenblut«, in: Gutjahr, Thomas Mann, S. 143–166.

Lederer, Wolfgang: Disorder and early love: the eroticism of Thomas Mann, Fort Bragg: Cypress House 2011, 1357 S.

Lehmann, Jürgen: Über die Gerechtigkeit von Vergleichen: Thomas Manns Essay »Goethe und Tolstoj«, in: Donat, Sebastian (Hrsg.): Poetische Gerechtigkeit, Düsseldorf: Dup 2012, S. 117–139.

Lemke, Teresa: »Das Deutsche – welch eine sonderbare Seelenverfassung, nirgends sonst vorkommend ...«: Musik als Weg und Ausdruck des Patriotismus bei Thomas Mann, in: Lützeler, Einheit in der Vielfalt, S. 349–354.

Lepper, Marcel: Vorsätzlich: zur Struktur des »Zauberbergs«, in: Börnchen, Thomas Mann, S. 383–400.

Liebrand, Claudia: Queering the Tradition: Thomas Manns Novelle »Mario und der Zauberer« und Boccaccios »Decamerone«, in: Börnchen, Thomas Mann, S. 353–369.

Lörke, Tim: Der dichtende Leib: Gustav von Aschenbach, »Der Tod in Venedig« und die Poetik des Körpers, in: Pils, Wollust des Untergangs, S. 29–37.

Löwe, Matthias: »Fest der Erzählung«: Käte Hamburgers »episches Präteritum« und ihre Deutung von Thomas Manns Joseph-Roman, in: Blawid, Martin (Hrsg.): Poetische Welt(en): Ludwig Stockinger zum 65. Geburtstag zugeeignet, Leipzig: Leipziger Universitäts-Verlag 2011, S. 279–292.

Lühe, Irmela von der: Vom wilden Spektakel zur befreienden Katastrophe: Thomas Manns Erzählung »Mario und der Zauberer«, in: Robert, Poetik des Wilden, S. 421–436.

Lützeler, Paul Michael (Hrsg.): Einheit in der Vielfalt?: der Europadiskurs der SchriftstellerInnen seit der Klassik, Frankfurt/Main: Lang 2012 (= Vielheit und Einheit der Germanistik weltweit, Bd. 5) und (= Publikationen der Internationalen Vereinigung für Germanistik, Bd. 5), 359 S.

Maier, Hans: Laudatio für Jan Assmann: [Verleihung des Thomas-Mann-Preises der Hansestadt Lübeck und der Bayerischen Akademie der Schönen Künste 2011], in: Thomas Mann Jahrbuch 2012, S. 159–166.

Maltzan, Carlotta von (Hrsg.): Magie und Sprache, Bern: Lang 2012 (= Jahrbuch für internationale Germanistik, Reihe A, Kongressberichte, Bd. 108), 315 S.

Marx, Friedhelm: Welttheater: eine religiös-ästhetische Deutungsfigur in Thomas Manns Joseph-Romanen, in: Zwischen Himmel und Hölle, S. 85–98.

Max, Katrin: Ein Chinese, find' ich, hat immer was Gruseliges: spukhaftes in Fontanes »Effi Briest« und Thomas Manns »Der Zauberberg«, in: Robert, Poetik des Wilden, S. 337–362.

Mazzetti, Elisabetta: Thomas Mann in Italia: parte prima: lettere a Enzo Ferrieri, in: Quanto basta online: Fondazione Arnoldo e Alberto Mondadori, Nr. 17, settembre 2011 [Online-Ressource], 13 S.

Mazzetti, Elisabetta: Thomas Mann in Italia: parte seconda: la fortuna editoriale di Thomas Mann in Italia, in: Quanto basta online: Fondazione Arnoldo e Alberto Mondadori, Nr. 18, novembre 2011 [Online-Ressource], 109 S.

Mehring, Reinhard: Una commedia sul matrimonio come piano per la Germania?: l'ultimo poema politico di Thomas Mann, in: Cantillo, Thomas Mann tra etica e politica, S. 59–86.

Mein, Georg: Melodisch getröstet: die Musik und das Erhabene im »Doktor Faustus«, in: Börnchen, Thomas Mann, S. 401–432.

Mertens, Volker: Mit Wagners Augen?: Thomas Manns »mittelalterliche« Werke: »Tristan«-Film und »Der Erwählte«, in: Thomas Mann Jahrbuch 2012, S. 129–144.

Michaelsen, René: »Gefälligkeitszauber«: Thomas Mann und die Operette, in: Börnchen, Thomas Mann, S. 233–254.

Mirabelli, Lorenzo: Cento anni di bibliografia italiana su Thomas Mann: linee di una ricerca in corso, in: Cantillo, Thomas Mann tra etica e politica, S. 355–382.

Mondon, Christine: Ecritures romanesques et philosophie: Hermann Broch, Hermann Hesse, Thomas Mann, Robert Musil, Pessac: Presses universitaires de Bordeaux 2011 (= Crises du XXe siècle), 299 S.

Neuhaus, Volker: »Liebender Mann« oder »unwürdiger Greis«: Goethes letzte Liebe bei Thomas Mann, Stefan Zweig und Martin Walser, Düsseldorf: Goethe-Museum 2012 (= Düsseldorfer Goethe-Vorträge, Bd. 2) 49 S.

Neumann, Gerhard: Richard Wagners Liebestheorie und ihr Reflex in Thomas Manns Zauberberg-Roman, in: Hofmannsthal Jahrbuch 2012, S. 255–276.

Nies, Martin: »Die unwahrscheinlichste der Städte«: Raum als Zeichen in Thomas Manns »Der Tod in Venedig«, in: Pils, Wollust des Untergangs, S. 10–21.

Oguro, Yasaumasa: Neo-Joachismus auf der »geistigen Insel« in München: Kandinsky, Mereschkowski und Thomas Mann, in: Oloukpona-Yinnon, Adjaï Paulin (Hrsg.): Koloniale und postkoloniale deutschsprachige Literatur, Frankfurt/Main: Lang 2012 (= Vielheit und Einheit der Germanistik weltweit, Bd. 14) und (= Publikationen der Internationalen Vereinigung für Germanistik, Bd. 14) S. 451–458.

Papst, Manfred: Literatur als Zitat und Parodie: Thomas Mann im Spannungsfeld der Kulturgeschichte: mit einem Seitenblick auf Gottfried Benn, in: Blätter der Thomas-Mann-Gesellschaft Zürich, Nr. 34, 2010–2011, S. 6–15.

Papst, Manfred: Zur Religion in Thomas Manns Romanen: »Königliche Hoheit«, in: Peter, Der ungläubige Thomas, S. 21–43.

Paulin, Roger: A Poem by Theodor Storm: »Geh nicht hinein«, in: Publications of the English Goethe Society, Jg. 80, H. 2–3, 2011, S. 143–152.

Peter, Niklaus: Religion und Ironie, in: Sprecher, Zwischen Himmel und Hölle, S. 17–35.

Peter, Niklaus (Hrsg.): Der ungläubige Thomas: zur Religion in Thomas Manns Romanen, Frankfurt/Main: Klostermann 2012 (= Thomas-Mann-Studien, Bd. XLV), 234 S.

Pica Ciamarra, Leonardo: Un Goethe politico, in: Cantillo, Thomas Mann tra etica e politica, S. 87–103.

Pietzcker, Carl: Heiteres Spiel mit dem Sog der Ambivalenzen: psychoanalytischer Versuch zu »Lotte in Weimar«, in: Gutjahr, Thomas Mann, S. 231–258.

Pikulik, Lothar: Thomas Mann: der Künstler als Abenteurer, Paderborn: Mentis 2012, 185 S.

Pils, Holger: Thomas Manns »geneigte Leser«: die Publikationsgeschichte und populäre Rezeption der »Bekenntnisse des Hochstaplers Felix Krull«, 1911–1955, Heidelberg: Universitätsverlag Winter 2012 (= Beiträge zur neueren Literaturgeschichte, Bd. 297), 621 S.

Pils, Holger (Hrsg.): Wollust des Untergangs: 100 Jahre Thomas Manns »Der Tod in Venedig«, Göttingen: Wallstein 2012 (= Buddenbrookhaus-Kataloge), 187 S.

Pils, Holger: Zur Einführung: 100 Jahre Thomas Manns »Der Tod in Venedig«, in: Pils, Wollust des Untergangs, S. 6–8.

Pontzen, Alexandra: Indiskrete Zeugenschaft: »Die Betrogene« als strukturell peinvolle Lektüreerfahrung, in: Gutjahr, Thomas Mann, S. 289–312.

Porath, Mike: »Er wollte von keiner Seite behelligt sein …« – Störungen und Gestörtheit der Künstlerexistenz: zum Raumparadigma in den frühen Erzählungen Thomas Manns, in: Gansel, Störungen im Raum – Raum der Störungen, S. 135–154.

Priddat, Birger P.: Über das Scheitern der Familie, nicht des Kapitalismus: neue Einsichten in die ökonomischen Aspekte in Thomas Manns »Buddenbrooks«, in: Thomas Mann Jahrbuch 2012, S. 259–274.

Prokop, Ulrike: Der unheimliche »Doktor Faustus«: zur Auseinandersetzung mit dem Nationalsozialismus im Faust-Roman, in: Gutjahr, Thomas Mann, S. 259–288.

Raviv, Alexander: Was the Real Thomas Mann an Antisemite?: Bd. 2: The Image of the Jew in Thomas Mann's Stories, Berlin: LIT 2012 (Germanistik, Bd. 40), 124 S.

Renner, Rolf Günter: Vater, Mutter und Sohn: der Familienkode des Thomas Mann, in: Börnchen, Thomas Mann, S. 255–269.

Reulecke, Anne-Kathrin: Voyage with Don Quixote: Thomas Mann between European Culture and American Politics, in: Goebel, Eckart (Hrsg.): »Escape to Life«: German Intellectuals in New York: a Compendium on Exile after 1933, Berlin: De Gruyter 2012, S. 371–390.

Rey, Jean-Michel: Histoires de famille, in: Romantisme: revue du dix-neuvième siècle: littératures, arts, sciences, histoire, Jg. 42, H. 151, 2011, S. 11–22.

Ricci, Gabriel R.: Time and Narrative in Thomas Mann's »The magic mountain«, in: Ricci, Gabriel R.: The Tempo of Modernity, New Brunswick, N. J.: Transaction Publishers 2012, S. 45–68.

Riedl, Gerda: Der Gottesbegriff bei Thomas Mann, in: Sprecher, Zwischen Himmel und Hölle, S. 99–126.

Robert, Jörg (Hrsg.): Poetik des Wilden: Festschrift für Wolfgang Riedel, Würzburg: Königshausen & Neumann 2012, 540 S.

Roberts, David: To bring Myth to an End: Thomas Mann's Aesthetic of the Grotesque in »Doktor Faustus«, in: Deiters, Franz-Josef (Hrsg.): Groteske Moderne – moderne Groteske, St. Ingbert: Röhrig 2011 (= Transpositionen: australische Studien zur deutschen Literatur, Philosophie und Kultur, Bd. 3), S. 51–66.

Rohls, Jan: Die Theologie von Thomas Manns »Joseph und seine Brüder«, in: Journal for the History of Modern Theology, Jg. 19, H. 1, 2012, S. 72–103.

Rosendorfer, Herbert: Sesshaft auf kritischerem Felsen, in: Pils, Wollust des Untergangs, S. 101–104.

Roussel, Martin: »Berührung in Distanz« (Novalis): zur Inständigkeit von Thomas Manns literarischer Anthropologie, Börnchen, Thomas Mann, S. 17–32.

Sakalli, Cemal: Zwischen dem Alten und dem Neuen: Zustimmung zu und Zweifel an der geschichtlichen Wandlung in den Familienromanen von Thomas Mann und Orhan Pamuk, in: Takahashi, Interkulturelles Verstehen und kontrastives Vergleichen, S. 231–236.

Sam-Huan, Ahn: Thomas Manns Einfluss auf Yi Cheong-Jun, in: Takahashi, Interkulturelles Verstehen und kontrastives Vergleichen, S. 137–142.

Schaffner, Anna Katharina: Richard von Krafft-Ebing's »Psychopathia Sexualis« und Thomas Mann's »Buddenbrooks«: Exchanges between Scientific and Imaginary Accounts of Sexual Deviance, in: The Modern Language Review, Jg. 106, H. 2, 2011, S. 477–494.

Schahparonjan, Anna: Stilistische Untersuchungen an den Werken von Lion Feuchtwanger und Thomas Mann: eine korpuslinguistische Studie, Hamburg: Kovač 2012 (= Schriftenreihe Studien zur Germanistik, Bd. 47), 250 S.

Schlüter, Bastian: Ein rechtes Kind des 19. Jahrhunderts?: Thomas Mann und die Bilder vom Mittelalter, in: Thomas Mann Jahrbuch 2012, S. 41–58.

Schmidt, Gary: Childhood, Pedagogy, and Psychoanalysis from »Der Tod in Venedig« to »Mario und der Zauberer«, in: Börnchen, Thomas Mann, S. 299–331.

Schoeller, Wilfried F.: Lebensform und Lustrevier: Heinrich und Thomas Mann in Lübeck, in: Schoeller, Wilfried F.: Deutschland vor Ort: Geschichten, Mythen, Erinnerungen, München: Deutscher Taschenbuch Verlag 2011 (= DTV, Bd. 34679), S. 125–131.

Schönfeldt, Sybil: Bei Thomas Mann zu Tisch: Tafelfreuden im Hause Buddenbrook, Zürich: Arche 2012 (= Arche Paradies), 143 S.

Schonfield, Ernest: Melodrama and the Gaze in Thomas Mann's »Der kleine Herr Friedemann«, in: Publications of the English Goethe Society, Jg. 80, H. 2–3, 2011, S. 153–165.

Schomers, Walter Ludwig: Thomas Mann und der französische Zeitgeist der zwanziger Jahre: Essays, Würzburg: Königshausen & Neumann 2012, 114 S.

Schonfield, Ernest: »Buddenbrooks« as Bestseller, in: Woodford, Charlotte; Schofield, Benedict (Hrsg.): The German Bestseller in the Late Nineteenth Century, New York: Camden House 2012 (= Studies in German literature, linguistics, and culture), S. 95–112.

Schwarz, Egon: Die Manns – persönliche Reminiszenzen an Mitglieder der Familie, in: Alioth, Im Schnittpunkt der Zeiten, S. 171–176.

Schwöbel, Christoph: Ironie und Religion: theologische Bemerkungen zu ihrem Verhältnis in Thomas Manns Werk, in: Peter, Der ungläubige Thomas, S. 167–189.

Simut, Ramona: Elements of Cultural Continuity in Modern German Literature: a Study of Goethe, Nietzsche, and Mann, Piscataway, NJ: Gorgias Press 2011 (= Gorgias studies in philosophy and theology, Bd. 3), 371 S.

Sprecher, Thomas: Laudatio für Ruprecht Wimmer: [Verleihung der Thomas-Mann-Medaille der Deutschen Thomas-Mann-Gesellschaft 2011], in: Thomas Mann Jahrbuch 2012, S. 145–150.

Sprecher, Thomas: Zwischen Himmel und Hölle: Thomas Mann und die Religion: die Davoser Literaturtage 2010, Frankfurt/Main: Klostermann 2012 (= Thomas-Mann-Studien, Bd. XLIV), 250 S.

Sprecher, Thomas: Zur Einführung, in: Sprecher, Zwischen Himmel und Hölle, S. 9–15.

Stoupy, Joëlle: Hans Castorp et l'attirance pour le microcosme des »gens d'en haut« – une forme de snobisme?, in: Germanica: études germaniques, Nr. 49, 2011, S. 41–54.

Strowick, Elisabeth: Exzentrik von Wahrnehmung: Thomas Manns wehmütige Mimesis an Theodor Storm, in: Börnchen, Thomas Mann, S. 167–189.

Symington, Rodney: Thomas Mann's »The Magic Mountain«: a Reader's Guide, Newcastle upon Tyne: Cambridge Scholars Publishing 2011, 354 S.

Szendi, Zoltán (Hrsg.): Wechselwirkungen II: deutschsprachige Literatur und Kultur im regionalen und internationalen Kontext: Beiträge der internationalen Konferenz des Germanistischen Instituts der Universität Pécs vom 9. bis 11. September 2010, Bd. 2, Wien: Praesens Verlag 2012 (= Pécser Studien zur Germanistik, Bd. 6), 511 S.

Takahashi, Teruaki (Hrsg.): Interkulturelles Verstehen und kontrastives Vergleichen, Frankfurt/Main: Lang 2012 (= Vielheit und Einheit der Germanistik weltweit, Bd. 13) und (= Publikationen der Internationalen Vereinigung für Germanistik, Bd. 13), 356 S.

Tambling, Jeremy: Opera and Novel Ending Together – »Die Meistersinger« and »Doktor Faustus«, in: Forum for Modern Language Studies: the Journal of Literary, Cultural and Linguistic Studies from the Middle Ages to the Present, Jg. 48, H.2, 2012, S. 208–221.

Tanzer, Ulrike: Thomas Manns Erzählung »Der Wille zum Glück«, in: Tanzer, Ulrike: Fortuna, Idylle, Augenblick: Aspekte des Glücks in der Literatur, Würzburg: Könighausen & Neumann 2011, S. 151–158.

Thomas Mann Jahrbuch 2012, hrsg. von Thomas Sprecher, Ruprecht Wimmer und Hans Wißkirchen, in Verbindung mit der Deutschen Thomas Mann-Gesellschaft, Sitz Lübeck e.V., Frankfurt/Main: Klostermann 2012 (= Thomas Mann Jahrbuch, Bd. 25), 384 S.

Timm, Uwe: Den »Zauberberg« neu lesen, Köln: Verlag der Buchhandlung Klaus Bittner 2012, 46 S.

Tobin, Robert Deam: Queering Thomas Mann's »Der Tod in Venedig«, in: Börnchen, Thomas Mann, S. 53–64.

Tönnesmann, Andreas: Heiligung und Selbstheiligung bei Thomas Mann, in: Sprecher, Zwischen Himmel und Hölle, S. 171–201.

Trebaczkiewicz, Edyta: Auf Wegen und Abwegen der produktiven Rezeption – »Der Zauberberg« von Thomas Mann als Inspirationsquelle für polnische Romanciers im Nachkriegspolen der Gomulka-Ära, in: Lützeler, Einheit in der Vielfalt, S. 355–359.

Vaget, Hans Rudolf: Deutschtum und Judentum: zu Erich Kahlers Bedeutung für Thomas Mann, in: Deutsche Vierteljahrsschrift für Literaturwissenschaft und Geistesgeschichte, Jg. 86, H. 1, 2012, S. 145–164.

Vaget, Hans Rudolf: »Der Leverkühn in jedem seriösen Komponisten« – Thomas Mann und Roger Sessions, in: Archiv für Musikwissenschaft, Jg. 69, H. 3, 2012, S. 240–250.

Vargas Llosa, Mario: Der Ruf des Abgrunds, in: Pils, Wollust des Untergangs, S. 81–88.

Wagner, Eva: »… etwas unbeschreiblich Seltenes und Kostbares«, in: Braun, Peter und Wagner, Eva: Von der Muse geküsst: starke Frauen hinter großen Künstlern, Cadolzburg: Ars Vivendi 2011, S. 74–81.

Warning, Rainer: Ästhetisches Grenzgängertum: Marcel Proust und Thomas Mann, München: Verlag der Bayerischen Akademie der Wissenschaften 2012 (= Sitzungsberichte: Bayerische Akademie der Wissenschaften, Philosophisch-Historische Klasse, Jg. 2012, H. 1), 103 S.

Warning, Rainer: Berufungserzählung und Erzählerberufung: Hartmanns »Gregorius« und Thomas Manns »Der Erwählte«, in: Deutsche Vierteljahrsschrift für Literaturwissenschaft und Geistesgeschichte, Jg.85, H. 3, 2011, S. 283–334.

Weber, Undine S.: Wolfgang Koeppen, Charles Baudelaire und Thomas Mann, in: Maltzan, Magie und Sprache, S. 273–288.

Wenz, Gunther: Thomas Manns Protestantismus, in: Sprecher, Zwischen Himmel und Hölle, S. 203–226.

Wilker, Ulrich: »Hat mit dem gift'gen Munde / den Tod in mich gehaucht«: zur Bedeutung der Salome für Thomas Manns »Doktor Faustus«, in: Börnchen, Thomas Mann, S. 129–137.

Wimmer, Ruprecht: Dank für die Verleihung der Thomas-Mann-Medaille, in: Thomas Mann Jahrbuch 2012, S. 151–158.

Wimmer, Ruprecht: Religion und Theologie in Thomas Manns »Erwähltem«, in: Peter, Der ungläubige Thomas, S. 101–115.

Wimmer, Ruprecht: Schwer datierbares Mittelalter: Epoche und Zeit in Thomas Manns »Erwähltem«, in: Thomas Mann Jahrbuch 2012, S. 99–114.

Wimmer, Ruprecht: Thomas Mann und der Teufel, in: Sprecher, Zwischen Himmel und Hölle, S. 127–141.

Wipplinger, Jonathan: »Ich schnitt in seine Rinde so manches liebe Wort«: Liebe zum Grammophon und grammophonische Liebe bei Thomas Mann, in: Börnchen, Thomas Mann, S. 139–148.

Wißkirchen, Hans: »Lübeck ist überhaupt die Stadt des Totentanzes«: Mittelalterliches im Lübeck-Bild Thomas Manns, in: Thomas Mann Jahrbuch 2012, S. 27–40.

Wolf, Christa: Zeitgeschichten zu Thomas Mann, in: Wolf, Christa: Rede, dass ich dich sehe: Essays, Reden, Gespräche, Berlin: Suhrkamp 2012, S. 13–25.

Wortmann, Thomas: Reifeprüfung: Poetologie, Künstlertum und Sexualität in Thomas Manns Novelle »Gefallen«, in: Börnchen, Thomas Mann, S. 107–126.

Wucherpfennig, Wolf: Die Enttäuschung am Leben, die Kunst, die Macht und der Tod: Thomas Manns »Frühe Erzählungen«, in: Gutjahr, Thomas Mann, S. 119–141.

Zander, Peter: Verführung zur Schaulust: zu Luchino Viscontis Verfilmung »Morte a Venezia«, in: Pils, Wollust des Untergangs, S. 47–55.

Zeder, Franz: Thomas Mann, Hugo von Hofmannsthal und Stefan Zweig: Konstellationen der Brüderlichkeit zwischen Koinzidenz und Konkurrenz, in: Blätter der Thomas-Mann-Gesellschaft Zürich, Nr. 34, 2010–2011, S. 20–37.

Ziolkowski, Theodore: Leverkühn's Compositions and their Musical Realizations, in: The Modern Language Review, Jg. 107, H. 3, 2012, S. 837–856.

Mitteilungen der Deutschen Thomas Mann-Gesellschaft, Sitz Lübeck e.V., für 2012

Thomas-Mann-Tagung 2012, Lübeck:
Thomas Mann und die bildenden Künste

Vom 20. bis zum 23. September 2012 fand die Herbsttagung der Deutschen Thomas Mann-Gesellschaft zum Thema »Thomas Mann und die bildenden Künste« in Lübeck statt.

Thomas Mann hat sich oft als »Ohrenmensch« bezeichnet und die Forschung ist ihm nur allzu bereitwillig in dieser Selbsteinschätzung gefolgt. Der prägende Einfluss der Musik, speziell derjenigen Richard Wagners, ist entsprechend gründlich erforscht worden – nicht zu Unrecht, aber mit der Folge einer gewissen Einseitigkeit. Wer sich Thomas Manns exakte Beschreibungskunst in den Sinn ruft, dem stellt sich unweigerlich die Frage nach dem »Augenmenschen« Thomas Mann. Wie stellt sich das Verhältnis Thomas Manns zur bildenden Kunst seiner Zeit dar? Welchen Traditionen der Kunstgeschichte folgt er? Diese und weitere Fragen sollten in den drei Tagen gestellt und erste Antworten versucht werden.

In der ersten Sektion »Grundlagen« wurden in den Vorträgen *Gegenwartskunst: Thomas Mann und Frans Masereel* von Friedhelm Marx und *»Dann lag das weite alte Haus wohlverschlossen« – Thomas Manns Verhältnis zur Architektur in der Literatur und der Realität* von Dieter Bartetzko sowie in dem Beitrag *Literarische Funktionalisierung sakraler Kunst bei Thomas Mann* von Iris Wenderholm dementsprechend übergreifende Fragen behandelt. Am Abend wurde der Förderpreis der Jungen Thomas Mann-Forscher an Anna Kinder für ihre Dissertation *Geldströme. Ökonomie im Romanwerk Thomas Manns* verliehen. Den Abschluss des Tages bildete ein Besuch des Lübecker Theaters mit der Premiere des Balletts *Der Nussknacker* von Peter I. Tschaikowsky.

Durch die zweite Sektion führten Vorträge zu den »Kunstbezügen« Thomas Manns. Andreas Blödorn hielt seinen Vortrag *Farbschattierungen. Bildlichkeit im Frühwerk Thomas Manns*, Alexander Bastek sprach über *Thomas Mann, Carl Georg Heise und die Bildende Kunst* und Katrin Bedenig referierte zum Thema *Thomas Mann, Ernst Barlach und Alfred Kubin*. Anschließend präsentierten die Jungen Thomas Mann-Forscher aktuelle Projekte mit den Vorträgen *Der »Homunculus Oeconomicus« bei der Arbeit. Männlichkeit und Produktivität in ausgewählten Erzähltexten Thomas Manns* von Ariane Totzke und *Erschöpft. Die »kluge Verwaltung« der Kraft und die Ergographien des arbeitenden Schriftstellers in Thomas Manns »Der Tod in Venedig«* von Tim Sparenberg.

Am Nachmittag fanden diverse Führungen statt, die den »Kunstraum« Lübeck erkundeten. Geführt wurde durch die Sonderausstellung »Elisabeth Mann Borgese und das Drama der Meere« von Holger Pils und Karolina Kühn und es gab eine exklusive Führung durch das Günter Grass-Haus von Jörg-Philipp Thomsa. Angeboten wurden am Abend außerdem auch eine Führung durch Lübecker Kirchen mit Studenten des Kunsthistorischen Seminars der Universität Hamburg und eine Führung durch die Sonderausstellung »Impressionisten im Behnhaus«.

Die dritte Sektion zu den »Werkbezügen« eröffnete Prof. Dr. Andrea Bartl mit dem Vortrag *Das Leben ein Gemälde. Bildende Kunst im Werk Heinrich Manns, erläutert am Beispiel der Novelle »Pippo Spano«.* Es folgte der Beitrag von Michael Thimann *Thomas Mann und das Michelangelo-Bild der Deutschen.* Mit der Verabschiedung seitens des Präsidenten wurde die Tagung beendet.

Mitteilungen der Thomas Mann Gesellschaft Zürich 2013

Im großen Wagner-Jahr 2013 richtete die Thomas Mann Gesellschaft Zürich ihren Fokus auf das ausgeprägte Verhältnis Thomas Manns zu Richard Wagner. Thomas Mann selbst hat betont, »wieviele Bekenntnisse über Wagner, zu Wagner, für und gegen Wagner« er schon abgelegt habe – »es scheint kein Ende damit nehmen zu sollen«.[1] Gleichzeitig war dieses Verhältnis spannungsgeladen wie kein zweites – Thomas Mann hat es auf den Nenner der »enthusiastischen Ambivalenz«[2] gebracht und damit die beiden tiefgreifenden Antriebspunkte genannt, die seine Beschäftigung mit der Musik Richard Wagners charakterisieren: Begeisterung und Kritik.

»Enthusiastische Ambivalenz« war denn auch das Motto der Jahrestagung, die am 8. Juni im Literaturhaus Zürich stattfand. Es kamen zwei Referenten zu Wort, die Thomas Mann und Richard Wagner unter neuen Gesichtspunkten untersuchten: Ursula Amrein und Michael Maar.

Eröffnet wurde die Tagung durch die Untersuchung Ursula Amreins: *Angeblich keine Opposition. Thomas Mann spricht in Zürich über »Richard Wagner und der Ring des Nibelungen« im Jahr 1937.* Ihr Vortrag beleuchtete ein bisher unbekanntes Kapitel Schweizer Kulturpolitik und analysierte die politischen Hintergründe von Thomas Manns Wagner-Rede im Schweizer Exil.

Anschließend warf Michael Maar den Blick des Schriftstellers auf die Dreierkonstellation: *Proust, Wagner, Mann.* Er arbeitete dabei die Stellung der Wagnerschen Musik sowohl im Mannschen als auch im Proustschen Kosmos heraus und zeigte fächer- und länderübergreifende Verbindungen auf.

Zum Abschluss der Tagung moderierte Manfred Papst, Ressortleiter Kultur der NZZ am Sonntag, ein Podiumsgespräch mit beiden Referenten und führte sowohl die kulturpolitischen als auch die kulturhistorischen Themenkreise zusammen.

In der Mitgliederversammlung informierte die Präsidentin über zwei Neuerungen: Nach 25 Bänden der Thomas Mann Jahrbücher erscheint die Jahresgabe der Thomas Mann Gesellschaft erstmals mit einem neugestalteten Cover. Außerdem werden den Mitgliedern der Thomas Mann Gesellschaft die letzten fünf Bände der Thomas Mann Jahrbücher online zugänglich gemacht. Dieses

---

[1] [Meistersinger], X, 928. Erstmals in: Theaterzeitung des Stadttheaters Basel, 1951.
[2] Ebd.

Angebot ist vom Vittorio Klostermann Verlag exklusiv für Mitglieder eingerichtet worden und ermöglicht eine elektronische Suche innerhalb der Jahrbücher. Mitglieder, die dieses Angebot nutzen möchten, werden gebeten, sich
beim Sekretariat der Gesellschaft zu melden (info@thomas-mann.ch), damit
ihre Mitgliedschaft dem Verlag gegenüber bestätigt werden kann. Der Verlag
stellt dann die Kennworte zur Verfügung. Schon bald werden weitere Bände
der Thomas Mann Jahrbücher online zugänglich sein.

Als zusätzliche Veranstaltung lud die Thomas Mann Gesellschaft Zürich
ihre Mitglieder am 16. April ins Zürcher Schauspielhaus zu einem Gespräch
über die Inszenierung von Thomas Manns *Bekenntnisse des Hochstaplers Felix
Krull* unter der Regie von Lars-Ole Walburg ein. Es sprachen die Chefdra-
maturgin und stellvertretende Intendantin am Schauspielhaus Zürich Andrea
Schwieter und die Mitherausgeberin des *Felix Krull* innerhalb der Großen
kommentierten Frankfurter Ausgabe Monica Bussmann. Theaterkritiker
Claudio Steiger moderierte das Gespräch.